电子商务
ELECTRONIC COMMERCE

迈向数字中国的探索与实践
EXPLORATION AND PRACTICE TOWARDS DIGITAL CHINA

刘义理　严　骊　朱茂然　王洪伟　主编

同济大学出版社
TONGJI UNIVERSITY PRESS
·上海·

内容简介

在我国着力打造数字中国、发展数字经济的战略背景下,电子商务的内涵和外延得到了全新的扩展。本书针对我国的电子商务建设和数字经济发展,对新时代背景下电子商务作出了新阐释;重点描述了我国的电子商务"互联网+"行业实践;以创新创业的时代需求为线索,对电子商务商业模式设计、供应链实施、法律环境和创新技能等相关知识进行了全面说明;最后充分探讨了新科技革命对未来电子商务发展的影响。

本书既适合作为高等院校经管类专业的基础课教材,也适合面向所有专业的电子商务选修课,对从事电子商务相关领域的工作人员也有一定的参考价值。

图书在版编目(CIP)数据

电子商务:迈向数字中国的探索与实践 / 刘义理等主编. -- 上海:同济大学出版社,2023.5
　　ISBN 978-7-5765-0590-0

Ⅰ.①电… Ⅱ.①刘… Ⅲ.①电子商务—研究—中国 Ⅳ.① F724.6

中国版本图书馆 CIP 数据核字(2022)第 247111 号

电子商务:迈向数字中国的探索与实践

刘义理　严　骊　朱茂然　王洪伟　主编

| 责任编辑:宋　立 | 助理编辑:蒋佳辰 | 责任校对:徐春莲 | 装帧设计:完　颖 |

出版发行　同济大学出版社　www.tongjipress.com.cn
　　　　　　(地址:上海市四平路1239号　邮编:200092　电话:021-65985622)
经　　销　全国各地新华书店、建筑书店、网络书店
排　　版　南京文脉图文设计制作有限公司
印　　刷　常熟市华顺印刷有限公司
开　　本　787mm×1092mm　1/16
印　　张　25.25
字　　数　630 000
版　　次　2023 年 5 月第 1 版
印　　次　2023 年 5 月第 1 次印刷
书　　号　ISBN 978-7-5765-0590-0
定　　价　88.00 元

本品若有印装质量问题,请向本社发行部调换　　版权所有　侵权必究

序

当今社会，以 ABC（AI+Bigdata+Cloud，人工智能＋大数据＋云计算）为代表的数字技术，已经成为堪与蒸汽技术、电气技术比肩的划时代动力性技术，成为人类社会进步过程中发展最快、渗透性最强、应用最广的关键技术，并成为推动世界经济发展的引擎。实际上，继农业经济、工业经济之后，数字经济正在成为人类社会的主要经济形态。全球范围内传统经济占 GDP 比重逐年递减，数字化新生产方式创造的经济价值占比却显著上升。

为了抓住发展新机遇，建立竞争新优势，我国高度重视发展数字经济，在党的十九大报告中明确提出建设数字中国，并在"十四五"规划中明确提出数字经济产业发展的具体目标。习近平总书记在中共中央政治局第三十四次集体学习时特别强调，发展数字经济是把握新一轮科技革命和产业变革新机遇的战略选择；2022 年的政府工作报告也将数字经济作为政府 36 个重点工作之一，对其表示出前所未有的高度重视。

伴随数字经济大行其道，电子商务乘势而为、迅猛发展。近年来，随着数字技术的快速迭代升级，服务器硬件、外围设备和业务系统软件等基础设施的日臻完善，以及移动互联网的持续渗透和智能手机的广泛普及，网民数量非线性增长，用户电商体验深化，黏性明显提高、购买力较强的中产阶层队伍不断壮大，网购逐步成为网民的生活习惯。同时，企业电子化、信息化基本完成，社会诚信体系也已建立，支撑电子商务的信用环境明显改善，政策法规日趋规范，电子商务真正进入大发展的黄金时期。

数字经济上升为国家战略，电子商务日新月异，必然会对高等教育人才培养提出新要求。我国的新工科建设提出要以新经济为背景，以互联网和工业智能为核心，实现革命性新信息技术对传统工科专业的升级改造，培养勇于实践创新的高素质复合型新工科人才；新文科建设同样强调以全球新科技革命、新经济发展、中国特色社会主义进入新时代为背景，突破传统文科的思维模式，促进多学科交叉与深度融合，推动传统文科的更新升级。时代发展给以多学科交叉融合为特色的电子商务课程带来了重大机遇，同时也对传统教学提出新的挑战，"电子商务"课程的教学改革势在必行。

众所周知，我国的"电子商务"课程由"技"开始，最初是向工科学生传授互联网技术，注重其网站开发能力。而随着我国商业化应用的开展，"电子商务"课程转而向"术"发展，开始面向商科学生，注重学生的网络经营能力和商务能力。当前，在数字经济勃兴的洪流中，在学科交叉融合发展和创新创业风生水起的热潮下，"电子商务"课程实现由"技"向"术"再向"道"的升级正当其时。通过面向所有专业大学生，为新工科和新文科人才培养构建基础性的知识模块，切实担当起数字经济与数字技术融合的教育任务。特别是在"道"的层次，高校要高度重视学生对电子商务时代背景、产业背景和新科技革命背景的认知，致力于构建战略性电子商务知识体系。

同济大学多位老师跨学科合作编写的这本《电子商务：迈向数字中国的探索与实践》，立足新时代、新阶段，回应中国数字经济发展的新需求，从电子商务基本理论、电子商务行业实践、电子商务创新创业和新科技革命与电子商务四个方面，尝试实现新工科和新文科各专业学生信息与数字素养知识要点的广覆盖。本教材的主要特色在于以下四个方面。

一是突出数字技术的新发展。与以往仅仅关注互联网基本原理不同，本书密切关注新科技革命的发展，在悉数介绍大数据、人工智能、区块链和云计算等新科技核心内容的基础上，进一步探讨新科技的产业化及其商业影响，帮助学生拓宽技术商业化视野，建立技术与社会融合的前瞻性思维。

二是强调行业实践。与以往着重覆盖电子商务框架的教材不同，本书更强调电子商务在相关行业的落地，注重总结行业数字化的规律和经验，助力学习者将电子商务与多学科和行业融会贯通。

三是彰显中国特色。与以往以国际经验为主的教材内容不同，在我国电子商务已然走到世界前列的情况下，本书更加重视中国特色电子商务的开展，全面涉及中国电子商务的发展历程、特色实践和趋势研判，帮助学习者更好地投身中国电子商务和数字经济建设。

四是注重理论支撑。与以往过分强调操作经验的教材不同，本书基于各个学科的基本原理，帮助学习者更加深入地理解电子商务本质，通过引入多种商业分析方法，帮助学习者全面认知和分析电子商务的多模多态业务，进而全面提升学习者的电子商务创新创业能力。

本书的编写者来自同济大学的经济与管理学院、创新与创业学院和法学院，经济与管理学院的参与教师来自信息管理、物流管理、市场营销和经济与金融等相关专业方向。他们不仅学术研究出色，在教学领域也倾注了大量精力，讲授的诸多课程荣获国家级精品课程、国家"金课"和上海市精品课程等荣誉，并出版多部专著和教材。特别地，团队多位老师共同建设的"电子商务"课程荣获上海市重点课程，同步建成的"慕课"也获得在线学员的广泛好评。本书对于大学各专业的学子来说，既是一本好教材，也是一本上佳的数字经济工具书；对于相关行业的从业者来说，本书亦是有益的参考书。

教材编写任务繁重，编写者既要根据学习者的要求和特点做到有的放矢，又要在多学科交叉的基础上真正实现学科融合，还要紧跟时代发展与时俱进。当前，数字技术正在依照库兹韦尔定律按规模呈指数级爆炸式发展，海啸般颠覆着很多行业边界与规则，电子商务日益成为解决企业痛点的关键手段和构建核心竞争力的关键所在。由衷希望编写团队能以此次出版为契机，为将《电子商务：迈向数字中国的探索与实践》打造成精品乃至经典教材持续努力。

徐飞 博士

上海财经大学常务副校长，二级教授

教育部高等学校创新创业教育指导委员会副主任

前　言

全球时局正如习近平总书记指出:"近年来,互联网、大数据、云计算、人工智能、区块链等技术加速创新,日益融入经济社会发展各领域全过程,各国竞相制定数字经济发展战略、出台鼓励政策,数字经济发展速度之快、辐射范围之广、影响程度之深前所未有,正在成为重组全球要素资源、重塑全球经济结构、改变全球竞争格局的关键力量。"

对于我国来讲,习近平总书记指出:"面向未来,我们要站在统筹中华民族伟大复兴战略全局和世界百年未有之大变局的高度,统筹国内国际两个大局、发展安全两件大事,充分发挥海量数据和丰富应用场景优势,促进数字技术和实体经济深度融合,赋能传统产业转型升级,催生新产业新业态新模式,不断做强做优做大我国数字经济。"

在国际和国内新战略格局之下,电子商务的重要性、内涵和外延都正在重新构建。电子商务已经不再是一个单纯的在线买卖活动,而是成为一个以互联网为支撑、以信息为纽带的经济活动过程。在关注销售的基础上,同时向上游和下游深度延展,改变着整个社会的经济运行机制。

对中国大学生来说,接受必要的电子商务教育,具备优秀的电子商务素养,不仅是商科相关专业的必要需求,也正在成为所有专业大学生应当具备的基础素养和时代视野。这对于当下的新文科和新工科建设至关重要。

回顾我国电子商务课程的发展历程,可以分为三个阶段。

✅ 第一阶段,网站开发与网页编程是电子商务课程的核心内容。面向的专业更偏技术类。

✅ 第二阶段,随着电子商务业务的普及,从战术角度讲授网店开发与运营成为课程的新核心。

✅ 第三阶段,随着人们越发认识到电子商务在企业战略和运营当中的重要地位,电子商务课程内容也转向对电子商务整体框架的阐释和解读上,涵盖电子商务商业模式、商业类型、在线营销、电子商务法律和电子商务支付等各个方面。

然而在当前的时代格局和国家战略之下,电子商务的课程内容变革势在必行。对于我国学习者来说,尤其需要加强三方面内容:一是重新理解和定义新时代的电子商务;二是深入了解和参与中国电子商务的各项实践;三是及时关注新科技革命对电子商务产生的影响和推动。

为此,本书在内容组织方面进行了如下设置:

(1)电子商务基本理论。从电子商务的影响范围角度,本书将电子商务的发展分为聚焦商务的1.0阶段和渗透到整个社会以及经济领域的2.0阶段,对电子商务发展的新阶段进行了解读和阐释。帮助学习者更好地理解当前形势下电子商务的内涵和外延。

(2)电子商务实践。以"互联网+"思路,从多个行业入手,探讨和分析该领域中国电子商务的发展实践,帮助学习者扎根中国大地,了解我国电子商务发展历史,总结经验,识别挑战,并思考未来。

（3）电子商务创新创业。我国目前积极推进大学生创新创业，本篇全面探讨电子商务创新创业所需的理论知识和技能工具，帮助大学生构建坚实的电子商务创新创业知识基础，结合本专业知识来跨领域、跨学科寻找机会，有力地推动他们的创业实践，为我国的更好发展贡献力量。

（4）新科技革命与电子商务。探讨诸如大数据、人工智能、区块链、云计算和物联网等新科技的基本理论和发展，以及这些新科技正在和将对电子商务产生的影响，帮助学习者及时跟踪新科技革命动态，以正确的方式将新科技集成到电子商务发展当中，发现高质量的创新创意，提前做好服务未来的知识和技能准备。

在内容表现方面，本书充分体现了三个特色。

（1）中国特色：本书的绝大部分案例来自中国电子商务的企业和活动，以期全面提升学习者对中国电子商务的了解，本书第二篇聚焦中国的"互联网+"行业实践，引导学习者深入中国电子商务实践，思考中国电子商务发展中的主题和重要问题，激发学习者投身中国发展和中国建设之中。

（2）理论特色：本书在讲述实践内容的同时，提供相关学科的理论和分析工具，引导学习者从更深的层次理解电子商务的内在发展逻辑，指导他们游刃有余地处理新情况、新问题，获得批判性思维的能力，理智看待和把握未来电子商务的趋势。

（3）科技特色：在很长的一段时间里，互联网（包括PC互联网和移动互联网）相关技术是电子商务中的主要技术支柱，对电子商务的理解和应用也围绕于此。然而，"大""智""移""云""物"等新技术的涌现，必将对未来电子商务的开展产生新的巨大影响。本书一改以往教材仅仅介绍传统的互联网技术的做法，而是将新科技引入教材内容当中，引导学习者以崭新且更加全面的技术视角看待电子商务，尤其是电子商务的未来。

此外，本书设计了合理的学习体系，方便学习者有针对性地获取所需内容。

（1）学习目标。每一章的开始都列出了学习目标，帮助学习者聚焦章节的重要概念。

（2）先导案例。每一章的开始有一个先导案例，帮助学习者建立对章节内容的初始认识，从而能够将接下来的学习与本章的主要内容结合起来。

（3）实际案例。每章当中有相应的实际案例，以适中的篇幅向学习者展示电子商务的理论和工具是如何应用于实际的企业和实际的业务运营，帮助学生深入地理解相关概念和理论知识。

（4）图表。本书中提供了相当丰富的图表，帮助学习者对所讨论的问题建立定量的认识和理解，提升他们解决实际问题的能力。

（5）本章小结。在各章之后提供了本章小结，其中的内容与学习目标，相对应简明扼要地给出本章的重要知识点。

（6）课后习题。每章末尾有与本章内容相关的复习题目，这些题目的设置是帮助学生强化对本章重点内容的学习效果和掌握程度。

（7）章节案例。每章末尾提供了综合案例，比先导案例和实际案例要更加全面和复杂。该部分的设置是为了帮助学习者综合运用本章知识来探索解决实际问题的可行方案，提升学习者解决实际问题的综合能力。

为了更好地提供专业内容，本书组织了同济大学多个学院相关领域的专业教师进行编写。

同济大学经济与管理学院信息系统与信息管理专业的刘义理副教授编写了第 1 章概述，第 2 章商业模式与互联网思维，第 4 章在线旅游与在线招聘，第 12 章人工智能，第 13 章区块链。同专业的朱茂然副教授编写了第 3 章在线零售，李沁芳讲师编写了第 6 章社交商务，王洪伟教授编写了第 11 章大数据，徐德华副教授编写了第 14 章云计算与物联网。经济金融专业的郭英副教授编写了第 5 章互联网金融。物流管理专业的张艳霞副教授编写了第 8 章电子商务供应链实现。市场营销专业的熊国钺副教授编写了第 9 章互联网营销。创新与创业学院严骊副院长编写了第 7 章电子商务"双创"理论与实践。法学院的刘春彦教授编写了第 10 章电子商务法。

刘义理、严骊和朱茂然负责了全书的审阅和统稿工作。

在此，向他们表示由衷的感谢。

非常感谢上海财经大学常务副校长、二级教授徐飞博士为本书作序！徐飞教授在学术和学科领域取得杰出成就的同时，作为教育部高等学校创新创业教育指导委员会副主任，也非常重视和关注教学的开展和指导。基于深厚的学术和教育功底，徐飞教授的序言高屋建瓴，有助于学习者明确电子商务在当前这个崭新时代的重要性。他的鼓励也将推动本书编写团队在今后的可持续提升。

本书的编写获得同济大学创新创业学院教学改革项目的支持，在此特地表示感谢！

在本书成型过程之中，要特别感谢同济大学出版社各位编辑所给予的支持和帮助，他们的辛勤工作帮助本书顺利与读者见面！

特别说明，由于本书中的实际案例大多引自互联网，案例中的表述仅代表原作者观点。本书仅为教学使用。

由于编写者水平有限，书中难免有错误之处，欢迎广大读者批评指正！

编　者

2022 年 7 月

目 录

序
前言

第一篇　电子商务基本理论　001

1　概述　002

1.1 中国电子商务发展　005
1.1.1 中国电子商务的发展现状　005
1.1.2 党和政府的政策引领　006
1.2 电子商务定义　007
1.3 电子商务益处　011
1.4 电子商务类型　013
1.4.1 电子商务的传统分类　013
1.4.2 电子商务的技术分类　015
1.5 电子商务的经济学分析　016
本章小结　020
课后习题　020
章后案例　021

2　商业模式与互联网思维　024

2.1 商业模式与商业模式画布　027
2.2 电子商务的主要商业模式　033
2.3 互联网思维　038
本章小结　042
课后习题　043
章后案例　044

第二篇　电子商务实践　047

3　在线零售　048

3.1 在线零售概述　051
3.1.1 在线零售的优势　051
3.1.2 在线零售的商业模式　052
3.2 新零售　060
3.2.1 传统在线零售面临的挑战　061
3.2.2 新零售模式的要素含义　062
3.3 农村电商　064
3.3.1 农村电商概论　064
3.3.2 农村电商模式　066
3.4 中国在线零售的发展　071
本章小结　075
课后习题　076
章后案例　077

4　在线旅游与在线招聘　080

4.1 在线旅游概述　083
4.2 在线旅游分析与机会识别　085
4.3 在线旅游盈利模式和商业模式　088
4.4 中国在线旅游的发展　092
4.5 基于CEI的在线招聘行业分析　094
4.6 中国在线招聘的发展　096
本章小结　099
课后习题　100
章后案例　101

5　互联网金融　104

5.1 互联网金融概述　107
5.1.1 概念　107
5.1.2 特征　108
5.1.3 互联网金融与传统金融比较　109
5.2 互联网金融理论　110
5.3 互联网金融主要模式　113
5.3.1 互联网支付　114
5.3.2 网络借贷　117
5.3.3 股权众筹融资　121

5.3.4 互联网消费金融	124
5.3.5 互联网金融的其他模式	130
本章小结	**133**
课后习题	**133**
章后案例	**135**

6 社交商务　　138

6.1 社交商务的概念与发展	141
6.1.1 社交商务的发展历程	141
6.1.2 社交商务的主要特点	143
6.1.3 社交商务的基本类型	144
6.2 社交商务与社交平台工具	145
6.2.1 社交商务购物过程及社交平台工具	145
6.2.2 ZMOT 消费者行为周期	146
6.2.3 社交平台用户评论的市场营销价值	147
6.2.4 社交商务商家促进传播效果的工具	149
6.3 社交媒体营销与社交购物	150
6.3.1 社交媒体营销	150
6.3.2 社交购物	152
6.4 我国社交商务的发展	157
6.4.1 我国社交商务行业发展概况	157
6.4.2 社交商务的发展及未来挑战	157
本章小结	**158**
课后习题	**159**
章后案例	**160**

第三篇　电子商务创新创业　　163

7 电子商务"双创"理论与实践　　164

7.1 电子商务创业赛概述	167
7.1.1 创业和创业竞赛的差异	167
7.1.2 创业竞赛的含金量	167
7.1.3 电子商务相关创业赛介绍	168
7.2 电子商务赛事案例解析	170
7.2.1 项目概况	171
7.2.2 项目理念	172
7.2.3 产品及服务	172
7.2.4 市场需求分析	174
7.2.5 核心竞争力	175

7.2.6 营销模式	177
7.2.7 成功案例——上海市杨浦区延吉街道改造	178
7.3 电子商务创业赛的特点	179
7.4 如何准备电子商务创业赛	182
7.4.1 写好一份"有灵魂的"创业计划书	182
7.4.2 完成一个"生动的"路演 PPT	184
7.4.3 展示一场"抓眼球的"的答辩	184
本章小结	**185**
课后习题	**186**
章后案例	**187**

8 电子商务供应链实现　　192

8.1 电子商务订单完成与供应链	195
8.1.1 电子商务订单完成过程	195
8.1.2 供应链运作模式	196
8.1.3 供应链中的订单生产	197
8.1.4 智能化仓储	199
8.1.5 货物配送的"最后一公里"	200
8.2 跨境电商供应链	201
8.2.1 跨境电商概念	201
8.2.2 跨境电商商业模式	202
8.2.3 跨境电商的供应链实现	205
8.2.4 跨境电商的瓶颈	208
8.3 供应链上订单完成存在的问题及解决途径	209
8.3.1 供应链上订单完成存在的问题	209
8.3.2 供应链上订单完成问题的解决途径	210
8.3.3 订单完成过程中的其他问题	212
本章小结	**215**
课后习题	**215**
章后案例	**217**

9 互联网营销　　220

9.1 互联网营销定义	**223**
9.2 互联网营销的三大特性	**224**
9.2.1 大数据	224
9.2.2 社会化媒体	225
9.2.3 移动化	227
9.3 互联网营销的理论基础	**227**
9.4 互联网营销的常用策略	**229**

9.4.1 微博营销	229
9.4.2 App 营销	232
9.4.3 微信营销	234
9.4.4 短视频营销	237
9.4.5 直播带货	238
本章小结	240
课后习题	241
章后案例	242

10 电子商务法 246

10.1 导言	**248**
10.1.1 世界范围电子商务法发展概况	248
10.1.2 我国电子商务立法的发展概况	249
10.2 商务主体制度	**250**
10.2.1 商务主体制度基本规定	250
10.2.2 电子商务经营者	250
10.3 电子商务合同的订立与履行	**265**
10.3.1 合同法概述	265
10.3.2 电子商务合同的特征	266
10.3.3 使用自动信息系统订立或者履行合同的效力	266
10.3.4 电子商务合同的订立与成立	268
10.3.5 电子商务经营者告知及提供保证便利的义务	269
10.3.6 电子商务合同的交付时间	269
10.3.7 电商合同采取快递物流交付方式和服务规定	270
10.3.8 电商合同采取电子支付服务提供者的义务	270
10.3.9 用户核对支付指令的义务和发生错误的责任承担	271
10.3.10 电子支付服务提供者确认支付信息的义务	271
10.3.11 非授权支付中的用户义务和责任分担	272
10.4 数据电文、电子签名与认证制度	**272**
10.4.1《电子签名法》概述	272
10.4.2 电子签名和数据电文含义	272
10.4.3 电子签名、数据电文的适用范围和法律效力	272
10.4.4 数据电文相关规定	273
10.4.5 电子签名相关规定	274
10.4.6 电子签名认证相关规定	276
本章小结	278
课后习题	279
章后案例	280

第四篇 新科技革命与电子商务 281

11 大数据 282

11.1 大数据的定义与特征	**284**
11.1.1 大数据的定义	285
11.1.2 大数据的特征	285
11.2 大数据分析相关技术	**286**
11.2.1 大数据采集技术	286
11.2.2 大数据预处理技术	287
11.2.3 大数据存储与管理技术	289
11.2.4 大数据分析与挖掘技术	290
11.3 大数据在电子商务中的应用	**291**
11.3.1 大数据的商业价值	291
11.3.2 大数据的商业思维	293
11.3.3 大数据下的电子商务	297
11.4 大数据的未来趋势	**298**
11.4.1 历史经验下看大数据	298
11.4.2 大数据下的未来产业	300
11.4.3 关于大数据的未来展望	305
本章小结	305
课后习题	306
章后案例	307

12 人工智能 310

12.1 人工智能的发展	**313**
12.2 人工智能与电子商务	**314**
12.2.1 人工智能的电子商务动力	314
12.2.2 人工智能的企业价值创造	317
12.3 中国的人工智能产业化与产业人工智能化	**321**
12.3.1 人工智能产业政策	321
12.3.2 人工智能产业化	324
12.3.3 产业人工智能化	325
本章小结	327
课后习题	328
章后案例	329

13 区块链 332

13.1 区块链概要 **335**

13.1.1 区块链基本概念	335	14.1.4 云部署模型	363
13.1.2 对区块链的反思	337	14.1.5 云计算的优势	365
13.1.3 区块链的类型	339	**14.2 云计算关键技术**	**367**
13.2 区块链产业化	**341**	14.2.1 虚拟化技术	367
13.2.1 国家区块链政策	341	14.2.2 其他关键技术	372
13.2.2 区块链产业状况	343	**14.3 物联网概述**	**373**
13.3 产业区块链化	**344**	14.3.1 物联网的概念	373
13.3.1 区块链应用的产业价值	345	14.3.2 物联网参考模型	375
13.3.2 区块链的产业应用	347	14.3.3 感知层	377
本章小结	352	14.3.4 网络层	378
课后习题	352	14.3.5 应用层	381
章后案例	353	**14.4 物联网关键技术**	**383**
		14.4.1 感知技术	383
14 云计算与物联网	**356**	14.4.2 通信技术	384
		本章小结	387
14.1 云计算概述	**359**	课后习题	387
14.1.1 云计算的概念	359	章后案例	388
14.1.2 云特性	360		
14.1.3 云交付模型	361	**参考文献**	**391**

第一篇 电子商务基本理论

1. 概述
2. 商业模式与互联网思维

概述

学习目标

- ✓ 定义电子商务
- ✓ 理解电子商务1.0的业务维度
- ✓ 识别电子商务带来的益处
- ✓ 描述电子商务的主要类型
- ✓ 了解电子商务的发展阶段
- ✓ 理解交易成本理论视角的电子商务优势
- ✓ 掌握中国电子商务发展的里程碑经验

先导案例

中国牵手中亚打造数字丝绸之路[1]

中亚区域是古代丝绸之路的交通要地，也是当前"一带一路"倡议中丝绸之路经济带建设的核心区域。近年来，为提升经济现代化水平，顺应世界经济数字化发展潮流，中亚各国采取多项措施催生数字经济全面可持续发展。随着5G、区块链和物联网等新技术的普及，中亚电子商务行业面临着新的挑战和机遇。为应对这些变化，中国正与中亚各国深化合作伙伴关系。

"丝路电商"是按照"一带一路"倡议，与伙伴国发挥各自优势，共同把握数字时代发展机遇的重要举措。中国已经在签署的11个自贸协定中增加了电子商务章节，探索高标准数字经贸规则，构建良好的数字经济发展环境。中国与中亚国家也建立了富有成效的伙伴关系。例如，中国电子商务平台和数字基础设施公司正在支持中亚的数字化进程，格鲁吉亚葡萄酒和哈萨克斯坦蜂蜜在中国的网络商店上大受欢迎。2016年至今，中国已与哈萨克斯坦、乌兹别克斯坦等22个国家建立了电子商务双边合作机制。跨境电商实现贸易额加速增长。2020年，中国跨境电商进出口额达1.69万亿元，同比增长31.1%。

近年来，中国与伙伴国秉持"共商共建共享"原则，共同推动多层次、多领域务实合作，为多双边经贸合作开辟了新空间，形成了一套丝路电商的有效合作机制。

一是加强政策协调，创新合作思路。与伙伴国定期召开电子商务工作组会议，分享电子商务领域的新发展新突破，研究电子商务应用的新模式新业态，探讨电子商务治理的新理念新路径，在跨境电商、中小企业数字化转型、在线消费者保护以及数字减贫等方面深入交流、互学互鉴，不断创新合作思路、挖掘合作潜力。

二是促进互利合作，架起共赢桥梁。支持地方结合区位优势和资源禀赋与伙伴国加强对接，在西安、厦门、郑州和南宁等地举办了多场"丝路电商"主题论坛和政企对话活动，与乌兹别克斯坦等伙伴国合作举办双边推介活动，支持意大利等伙伴国在天猫、京东和拼多多等大型电商平台开设国家馆。第三届"双品网购节"期间，意大利、哥伦比亚等11个伙伴国驻华大使亲自录制视频，向中国消费者推介本国优质产品和旅游资源，打造国别爆款，受到广泛关注和热烈欢迎。今年伙伴国产品的日均网络零售额比3月增长20.9%，其中12国的重点产品实现销售额翻倍增长。俄罗斯白桦茸保健品、意大利彩妆、智利红酒成为网红产品，瓦努阿图纯天然护肤品也受到了关注。

三是开展能力建设，开启云上讲堂。为应对新冠肺炎疫情影响，中国与伙伴国创新开展能力建设合作，组织业内专家与伙伴国政府官员和电子商务从业者视频连线，围绕促进电子商务健康可持续发展、拓展中国和国际市场进行研讨和交流。同时还特别邀请农特产品社群电商、直播电商等领域专家，针对伙伴国特

---

[1] 何诗霏. 分享经验 中国牵手中亚打造数字丝绸之路[N]. 国际商报，2021-09-25（有删节）。

色产品,对中小企业开展专题教学。2020 年四季度以来,"丝路电商"云上大讲堂已举办 35 场直播讲座,涵盖政策法规、发展趋势、创新实践和实操技能等内容,在线观看人次超过 10 万,受到广泛好评。

四是携手共克时艰,打造增长通道。新冠肺炎疫情以来,全球跨境贸易和投资活动受到严重冲击。中国与伙伴国驻华使馆加强联系,结合电子商务示范创建、跨境电商综试区等工作,利用"双品网购节"、进博会等大型经贸活动,帮助奥地利等伙伴国解决产品滞销问题,推动伙伴国产品对接中国消费市场。

中国与伙伴国家积极共享中国电商发展经验。

一是电子商务为中小企业赋能。借助电子商务,中小企业无论规模和地理位置如何,都可以与大企业一样放眼全国甚至全球市场,而且其反应灵敏的特点在电子商务时代更具有特殊优势,在疫情期间更是为中小企业提供了前所未有的机会。例如,一家仅有 20 名员工的中国电动叉车出口商 2020 年首次试水跨境电商,一年之内即拓展了 20 多个国家和地区的市场,出口额翻一番,达到 800 万美元。根据相关数据,此类中小企业被称为"微型跨国公司",虽然面临疫情严峻挑战,但 2020 年其销售额增长 130%,远高于 40% 的跨境电商整体出口增长。

二是电子商务为农民赋能。借助电子商务,中心城市与偏远乡村的距离得以拉近,农民与消费者间架起了桥梁。通过直播带货,一位中国西部地区县长在两小时内就赢得了 1.3 万份订单,销售当地苹果 6 万公斤。来自中国北方山村的一位姑娘,通过网上商店销售有机猪肉,售价是她父亲卖给中间商价格的 5 倍。实践证明,"互联网+农业"模式给中国农村带来了巨大变化,在提高农民收入方面发挥了关键作用。2020 年底中国完成了消除绝对贫困的艰巨任务,成为历史上第一个实现这一壮举的国家,在这个过程中电子商务功不可没。

三是电子商务助力疫情防控。在新冠肺炎疫情期间,电子商务实现了高效运输医疗用品,确保被隔离社区的居民食品和日用品供应,帮助农民及时销售农副产品,电子商务为抗击新冠病毒提供了关键支持。在防控措施最严格的时期,某电商平台在短短 40 天内将 1.8 万吨大米、1 000 万瓶消毒液和 7 亿片婴儿纸尿裤送到消费者家中。

正如习近平总书记所说,丝绸之路体现了和平合作、开放包容、互学互鉴、互利共赢的精神。中国正与相关国家在电子商务合作发展上互学互鉴,推动进一步加深开放包容的互利合作。

电子商务在全球范围内蓬勃发展,以其技术优势打破了实体店的限制,极大地丰富了市场和消费者的选择,推动商业格局和产业生态发生深刻改变。随着信息技术的飞速发展和新技术革命的到来,各种创新创业层出不穷。可以预见,不仅在商业化领域发生数字化变革,整个人类社会的数字化程度也进一步加深。

通过二十多年的探索和奋斗,中国电子商务从最开始以学习、借鉴先进国家的电子商务经验为主,到今天引领世界电子商务发展,与世界各国分享中国电子商务的建设经验,表明中国电子商务的发展已经走在世界前列。

1.1 中国电子商务发展

1.1.1 中国电子商务的发展现状

中国电子商务正处在飞速发展当中。网民数量、网络交易的规模都位居世界领先水平。电子商务发展所需的政府管理和信息技术基础设施为我国电子商务的发展提供了坚实的支撑。

截至 2021 年 6 月[1]，我国网民的规模已经达到 10.11 亿，互联网普及率达 71.6%。同期，我国手机网民规模为 10.07 亿，其比例高达 99.6%。我国农村网民的规模为 2.97 亿，占网民总数的 29.4%，城镇网民规模为 7.14 亿，占网民总数的 70.6%。我国城镇地区的互联网普及率达到 78.3%，农村地区互联网普及率为 59.2%，城乡地区互联网普及率差异日趋缩小。

我国网民的年龄比例也实现了较好的平衡。2020 年以来，为了有效地解决互联网适老化问题，中央和国家机关多措并举、全力推进，取得了显著进展。目前，一方面，我国中老年群体网民规模增速最快，50 岁及以上网民占比为 28.0%。另一方面，青少年是祖国的未来，引导青少年正确使用互联网对于我国的发展至关重要，在国家和政府的积极行动下，已经为我国青少年营造了健康的上网环境，且通过在线教育等优质应用来扩展互联网在青少年群体当中的普及。我国 6~19 岁网民的规模达到了 1.58 亿，占网民总数的 15.7%。

自 2013 年起，我国已连续八年成为全球最大的网络零售市场。2020 年，我国网上零售额达 11.76 万亿元，较 2019 年增长 10.9%。其中，实物商品网上零售额为 9.76 万亿元，占社会消费品零售总额的 24.9%。截至 2021 年 6 月，我国网络购物用户规模达 8.12 亿人，占网民整体的 80.3%。随着以国内大循环为主体、国内国际双循环发展格局的加快形成，网络零售不断培育消费市场新动能，通过助力消费"质"与"量"双升级，推动消费"双循环"。在国内消费循环方面，网络零售激活城乡消费循环；在国内国际双循环方面，跨境电商则发挥稳外贸作用。

数字经济成为驱动我国经济高质量发展的关键力量。如今，信息技术与实体经济加速融合，信息消费渗透衣、食、住、行、娱各个领域。2020 年，我国数字经济规模达到 39.2 万亿元，占 GDP 比重为 38.6%，总量位居世界第二。

目前，我国各地积极推进基于数字化、网络化、智能化的新型城市基础设施建设，提升城市建设水平和运行效率。农村电网水利、公路等基础设施数字化升级改造不断加快，智慧物流设施更加完善。

我国 31 个省级政府已构建覆盖省市、县三级以上的政务服务平台，提供身份验证、纳税证明、房地产登记和学位证书等数据查询服务。我国电子政务发展指数国际排名从 2018 年的第 65 位上升到 2020 年的第 45 位。

---

[1] 中国互联网信息中心. 第四十八次中国互联网络发展状况统计报告 [EB/OL]. 2021-09-15. https://www.cnnic.cn/hlwfzyj/hlwxzbg/hlwtjbg/202109/P020210915523670981527.pdf.

1.1.2 党和政府的政策引领

中国电子商务及互联网行业的发展得到了党和政府的正确引领和有力推动。党的十八大以来，以习近平同志为核心的党中央高度重视互联网、发展互联网、治理互联网，作出了一系列重大决策、重要部署，提出了一系列新思想、新观点、新论断，形成了习近平总书记关于网络强国的重要思想，推动我国网信事业取得历史性成就。

习近平总书记指出互联网的价值和重要作用[1]，"互联网给人们的生产生活带来巨大变化，对很多领域的创新发展起到很强带动作用。我们要用好互联网带来的重大机遇，深入实施创新驱动发展战略"。"互联网是20世纪最伟大的发明之一，给人们的生产生活带来巨大变化，对很多领域的创新发展起到很强带动作用。互联网发展给各行各业创新带来历史机遇。要充分发挥企业利用互联网转变发展方式的积极性，支持和鼓励企业开展技术创新、服务创新、商业模式创新，进行创业探索。鼓励企业更好服务社会，服务人民。要用好互联网带来的重大机遇，深入实施创新驱动发展战略"。

习近平总书记在第二届世界互联网大会开幕式上的讲话中进而指出[2]，"十三五"时期，"中国将大力实施网络强国战略、国家大数据战略、'互联网+'行动计划，发展积极向上的网络文化，拓展网络经济空间，促进互联网和经济社会融合发展。我们的目标，就是要让互联网发展成果惠及13亿多中国人民，更好造福各国人民"。

党的十九大报告指出，未来我国将加强应用基础研究，拓展实施国家重大科技项目，突出关键共性技术、前沿引领技术、现代工程技术、颠覆性技术创新，为建设科技强国、质量强国、航天强国、网络强国、交通强国、数字中国、智慧社会提供有力支撑。

2015年，"互联网+"被写入政府工作报告。李克强总理在政府工作报告中提出，"制定'互联网+'行动计划，推动移动互联网、云计算、大数据、物联网等与现代制造业结合，促进电子商务、工业互联网和互联网金融健康发展，引导互联网企业拓展国际市场"。2015年7月4日，国务院印发《关于积极推进"互联网+"行动的指导意见》，积极推进"互联网+"计划的落实。"互联网+"在之后的多届政府工作报告中均被提及。

在2020年发布的《中华人民共和国国民经济和社会发展第十四个五年规划和2035年远景目标纲要》中，"数字中国"首次被单列为一个重要的章节。纲要指出，我国在未来要迎接数字时代，激活数据要素潜能，推进网络强国建设，加快建设数字经济、数字社会、数字政府，以数字化转型整体驱动生产方式、生活方式和治理方式变革。

在数字经济方面，要充分发挥海量数据和丰富应用场景优势，促进数字技术与实体经济深度融合，赋能传统产业转型升级，催生新产业新业态新模式，壮大经济发展新引擎。

在数字社会方面，要适应数字技术全面融入社会交往和日常生活新趋势，促进公共服务和社会运

---

[1] 新华网. 习近平：要用好互联网带来的重大机遇 深入实施创新驱动发展战略[EB/OL]. 2015-12-16. http://www.xinhuanet.com/politics/2015-12/16/c_1117484307.htm.

[2] 新华网. 习近平在第二届世界互联网大会开幕式上的讲话（全文）[EB/OL]. 2015-12-16. http://www.xinhuanet.com/world/2015-12/16/c_1117481089.htm.

行方式创新，构筑全民畅享的数字生活。

在数字政府方面，要将数字技术广泛应用于政府管理服务，推动政府治理流程再造和模式优化，不断提高决策科学性和服务效率。坚持放管并重，促进发展与规范管理相统一，构建数字规则体系，营造开放、健康、安全的数字生态。

2021年9月26日，在"致2021年世界互联网大会乌镇峰会的贺信"中，习近平总书记更是庄严承诺："中国愿同世界各国一道，共同担起为人类谋进步的历史责任，激发数字经济活力，增强数字政府效能，优化数字社会环境，构建数字合作格局，筑牢数字安全屏障，让数字文明造福各国人民，推动构建人类命运共同体。"

党和政府对数字中国的政策引领，不仅为中国电子商务的发展提供了助推力，更为重要的是为今后中国电子商务建设指出了方向和目标，这将会帮助我国电子商务以一种更为精准和高效的方式以及前所未有的高速度和高质量同步前进。

1.2 电子商务定义

自从人类社会出现了商品和商业交换，就产生了商务活动。商务，是货物/服务的买卖，或者交易行为的总称（图1-1）。人们为了生产优良的商品、扩大市场占有率、获得更多的利益回报，会进行各种各样的商务活动。

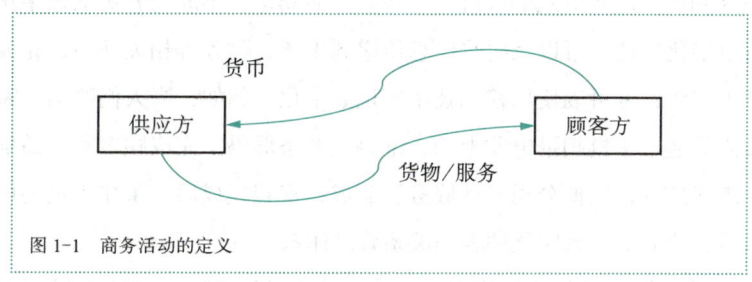

图1-1　商务活动的定义

在电子商务出现之前，人们一般利用面对面、信函、电话和传真等传统媒体来实现交易和管理。随着信息技术和互联网的出现及其优势的展现，人们逐渐将这些新工具引入商务活动当中，以期望获得更好的商业回报，从而产生了电子商务。

因此，从经验的角度，电子商务可以定义为：使用互联网、Web和移动应用等技术工具进行的商务活动。举例而言，传统的互联网商务主要包括三个维度的活动：订单下达、订单处理和产品配送。商务活动中，只要在任一维度采用了互联网及相关信息技术，就可以将该商务活动视为电子商务（图1-2）。

在人们所熟悉的淘宝、京东以及国外的Amazon和eBay等电商网站上，顾客一改以往在物理门店购买的习惯，变成坐在电脑前面直接在网站上下单，从而把传统零售业务当中订单下达的物理化方

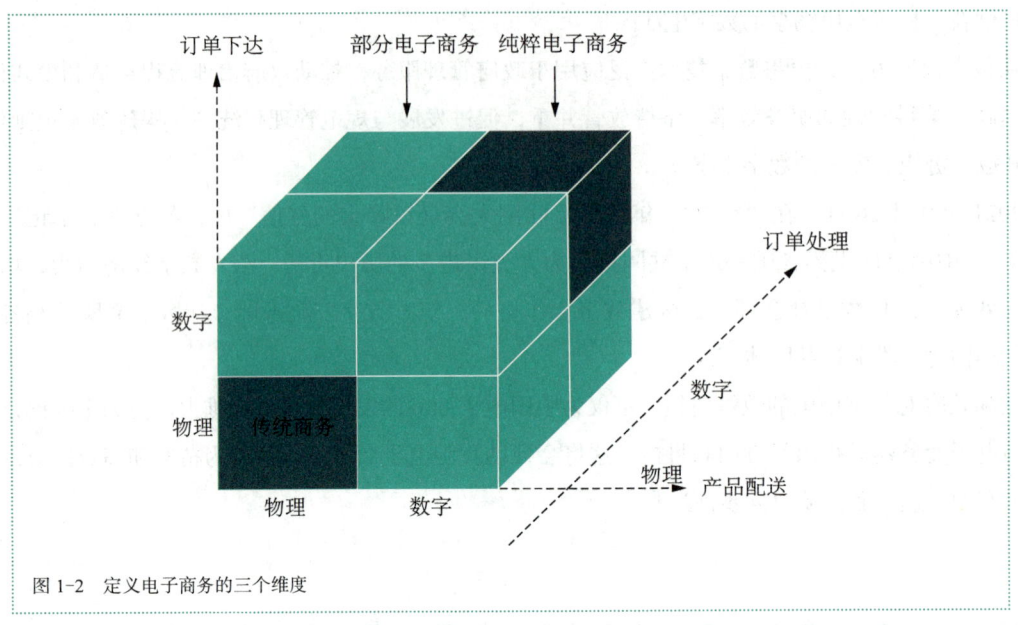

图1-2 定义电子商务的三个维度

式转化成数字方式。

被华尔街日报推崇为"比奥林匹克运动员跑得还快"的中国快递,则改变了传统商务当中顾客需要到场提货的方式,顾客和商家可以在线联系物流服务,人们可以在家中或者工作单位等自己希望的地点获得商品。在物流过程中,顾客还可以通过网络平台,有效跟踪物流服务的进度信息。

伴随着订单下达和产品配送方式的改进,订单处理活动也在不断向着更加数字化的方向发展。网站对订单信息进行数字化处理,可以及时将信息传递到生产、财务等相关环节,完成订单实施。即使是原先的现场服务等工作,也可以使用移动技术实现数字化。例如,当人们购买了家用电器享受上门安装服务时,安装人员通过手机扫描电器上的二维码或者条形码,完成顾客和产品信息的确认,通过手机拍照上传作业现场照片,以便公司确认服务已完成;安装完成后,工作人员还可以积极推荐客户扫码关注企业公众号,建立更加数字化的客户关系管理体系。

在线媒体则是纯粹电子商务的典型代表。音乐产品从音乐CD到MP3下载再到网易云音乐、酷我等在线音乐平台,新闻出版从纸质书到电子书,再到在线新闻网站和App。在线媒体全面实现了订单下达、产品配送和订单处理三个维度活动的完全数字化。

随着电子商务的全面展开,人们越来越认识到,电子商务不仅仅是使用信息技术和互联网代替原有的人工操作,来单纯提高企业运作效率。更重要的是,电子商务正在构建全新的商业运作模式,并越来越成为企业业务活动开展的驱动力。因此,从信息技术和互联网所产生的作用和价值角度可以给出更加正式的电子商务定义,即:电子商务是指发生在个人和组织间数字化驱动的商务活动。

不管是从经验的角度,还是从信息技术和互联网的作用角度,对电子商务的定义主要集中在商业领域。这种视角的定义通称为电子商务1.0,也就是商务互联网化。随着互联网技术的进一步发展,以及在线社交平台的涌现,对商务活动的思考也需要一个更广阔的供需视角。

实际案例 1-1　"车厘子自由"与冷链物流市场的新机遇

2019年春节前，对车厘子和樱桃的争论成为各大网络论坛的热门话题，车厘子和樱桃究竟是两种水果，还是同根同源，"车厘子是外国的樱桃，樱桃是中国的车厘子"。一翻嘴仗之后，有网友建议大家买两种水果来试吃比较。然而不买不知道，一买吓一跳，车厘子远高于樱桃的价格，让众多网友咋舌。于是"车厘子自由"成为又一个热门话题。

网络上的热烈讨论引发了我国对车厘子的消费热潮。2019年1月下旬，每日优鲜发布的《2019生鲜年货消费报告》显示："全国年货各品类爆款王"里，智利车厘子销量同比涨了32倍多；京东零售子集团大数据也显示，2019年春节期间，线上车厘子产品销售规模同比增长134%，客单价同比增长86%。

车厘子的爆红，对冷链技术提出了更高的要求，让背后的冷链物流行业涌现出风云际会的广阔机遇。以车厘子为代表的生鲜，是电商中门槛最高、要求最高的品类之一，其中物流运输环节起到关键作用。随着国内生鲜电商市场的崛起，物流需求带动冷链物流市场快速发展。在农产品巨大的市场需求与政策加持下，各大企业纷纷开始冷链物流体系建设。电商领域，京东、苏宁已开始布局；在快递企业中，顺丰、菜鸟、申通等也已加速抢占市场，形成了传统物流企业、自营电商、专业冷链服务商、合资物流企业四大类竞争者并存的局面。冷链市场群雄逐鹿，除了京东、顺丰、阿里这样的商业巨头，一些专注生鲜流通、冷链垂直领域的初创企业，也高歌猛进。庞大的市场规模，集中度极低的行业，给了这些初创企业更多获得资本青睐的机会。生鲜及冷链物流行业已经成为资本热捧的对象。

这一事件中，互联网反映的消费者生活产生了直接的消费需求，消费需求引发了后续的商品交易，交易热度成为驱动相关产业进步的直接推手，因此，一个"生活—需求—供给—生产"的新商业循环正在形成。这样的事件在新时代中不是少数，而是越来越多。电子商务的内涵，已然从一个和传统商务并列的方式选项，拓展到了"数字生活引发更高效率商务活动"的驱动力逻辑圈。电子商务2.0时代正在到来。

简而言之，电子商务2.0，就是基于生活互联网化而引发的商务活动，更正式的说法，就是个人和组织需求的互联网明示以及由此产生的整个社会数字化供给活动，体现为"万物互联，效率提升，浑然一体"。

电子商务2.0主要实现三个关键活动：

（1）连接，实现万物互联，万物皆可连，开发物联网技术；

（2）效率，构建满足互联网交易的新功能、新设施、新技术；

（3）集成，推进人们生活和经济社会发展的数字一体化进程。

电子商务 2.0 的体系框架（图 1-3），最底层是基础设施，包括通信网络、联网设备以及互联网信息处理技术。目前来看，最近大热的量子计算、大智移云物[1]、虚拟现实和区块链等技术，正在成为新一代数字社会的强大技术支撑。这些技术的基础设施化，将进一步推动整个人类社会生活的数字化、网络化和智能化。

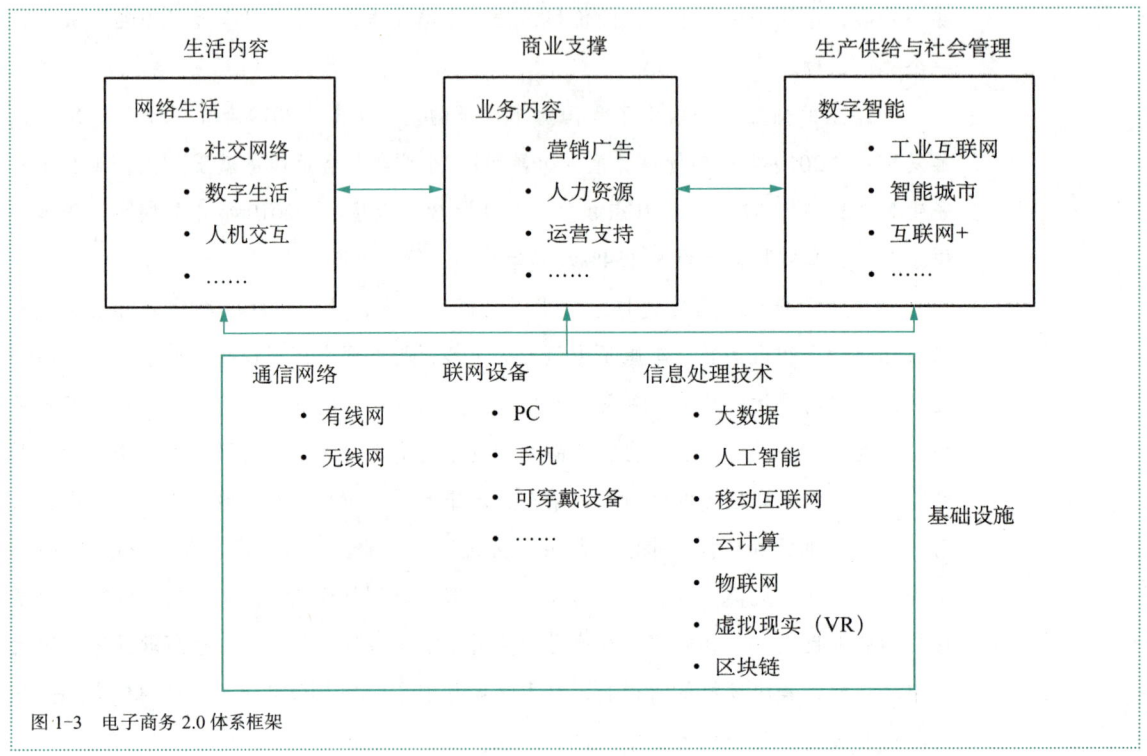

图 1-3　电子商务 2.0 体系框架

基础设施之上，是扩展的商业逻辑层，包括人们生活方式和生活内容的数字化和网络化，面向互联网需求所明示的商业活动创新创业，以及支持商业活动的新式生产和管理活动。2.0 时代与 1.0 时代的商业业务活动呈现出不同的面貌。电商 1.0 时代，主要通过个人和个体企业的个性化发挥展现多姿多彩的风貌。而在电商 2.0 时代，很多商业功能将逐渐变得标准化和智能化，追求高效完成消费者提出的各种要求。于网络卖家而言，电商 1.0 时代的网络卖家，在电商 2.0 时代将被分化为货品采购和专业在线服务两种角色。货物采购的职责就是确定网络热销的商品，并找到合适的供应商进行货物采购。而在网上称呼消费者"亲"，并提供 24 小时客户服务则很可能由人工智能技术所支持的专业服务来实现。

[1]　大智移云物是大数据、人工智能、移动互联网、云计算和物联网的简称。

1.3 电子商务益处

电子商务带来的益处并不是绝对的，对电子商务影响的理解需要建立在与互联网之前的传统商业活动相比较的基础之上。

在电子商务之前，货品的销售和营销通常采取大众营销和销售驱动的做法。营销者们将消费者视为广告活动的被动接受对象，通过品牌宣传活动，对消费者产生特定的影响，形成消费者对产品的长期认知和购买行为。受限于地理和社会边界，企业只能够通过固定的销售渠道来售卖他们的产品，而消费者则无法更便捷地搜索和了解产品的最优价格和质量。这就造成了信息不对称。

信息不对称是指在市场经济活动中，各类人员对有关信息的了解存在差异：掌握信息比较充分的人员，往往处于比较有利的地位，而掌握信息贫乏的人员，则处于比较不利的地位。市场中卖方比买方更了解有关商品的各种信息，掌握更多信息的一方可以通过向信息贫乏的一方传递可靠信息而在市场中获益，买卖双方中拥有信息较少的一方会努力从另一方获取信息。

信息不对称的现象不仅导致消费者无法获得最优产品，也影响了制造商。由于不能准确了解市场需求，制造商们只能进行大量生产，然后依靠消费渠道进行推式销售。

建立在互联网及相关信息技术基础上的电子商务，有效降低了信息不对称的影响，使商家可以更好地了解消费者的需求，并应用这些信息进行更具效率的生产和经营活动。消费者可以通过更丰富的信息做出更好的购买决策。

因此，通过与传统商业活动的比较，可以发现电子商务所带来的多方面益处。

（1）随时随地。

传统商务条件下，消费者必须在一个特定的时间到一个特定的物理场所去进行交易。而电子商务环境下，随时随地成为交易活动的鲜明特点。

从消费者角度来看，人们可以在办公桌前、在家中或在车里等任何一个地点进行商务活动，也可以在任意的时间甚至是工作间隙连入互联网进行交易。相比较不方便移动的台式机和有线网络，笔记本特别是智能手机和无线网的应用，进一步加深了随时随地的程度。

从企业的角度来看，随时随地开展的电子商务突破了传统商务的地理和时间限制，降低了交易成本，可以帮助制造商更快地获得客户和订单，精确安排生产活动和销售活动，降低对资源的浪费，节约成本。

（2）全球市场。

互联网和相关的信息技术让商业交易可以跨文化、跨地区和跨国家开展。大部分的传统商务，都是本地化或者区域化的。对于吸引更大范围的受众则能力有所不及。

相比之下，互联网可以很轻松突破地理界限，并覆盖全球顾客。理论上，电子商务形成的潜在市场规模，应该等于世界上在线人口的总数。对于初创型企业来说，电子商务提供了一个前所未有的良好环境，为他们提供了在电子商务出现之前所无法触及的全球市场。

全球市场带来的一个直接结果，就是人们倾向于遵循相同的技术标准和统一的做法来进行经济活动。统一的技术标准和商业规则有效降低了企业的市场进入成本。

对消费者来说，统一的标准和规则也降低了他们的搜索成本。搜索成本是指消费者发现合适商品需要付出的努力。通过形成一个单一的全球市场，消费者都可以使用同一种方式来便捷、快速、准确地发现他们需要了解的产品价格和产品描述。

（3）丰富信息。

电子商务技术让所有的市场参与者，无论是消费者还是商家，都能够获得更加丰富的信息，这种丰富性表现在形式、数量和质量三个方面。

传统的商务活动中，信息的表达形式和信息传递的范围之间有一个平衡，传递范围越大，信息形式就越简单；反过来，信息形式越丰富，传递范围就越小。这个问题在互联网时代有了新的解决方案。人们以网站为载体，综合各种媒体形式，包括文本、图片、视频乃至一对一的在线聊天功能，在任意范围内传递产品信息，说服潜在顾客。

无论是通用型搜索引擎还是网站内嵌的搜索功能，都能够帮助电子商务参与者高效访问全球的网络资源。数量的提升给现代商业带来了一系列变化。但是商家获取到丰富信息并不意味着他们可以借此为所欲为，他们必须考虑到消费者当下所拥有的信息状况。

实际案例1-2　"大数据杀熟"何时休？

中国经济网报道：2021年5月，武汉的大学生小段和室友由于错过学校门禁时间，便打算一起订购学校对面的酒店，她们惊奇地发现，两人的手机同时用某手机App查看同一家酒店的相同房型时，价格却不一样：小段的手机上显示双人标间收费195元，而经常旅游住宿的室友手机上却显示230元。"大数据杀熟"现象不仅出现在线上旅游票务平台上，今年"6·18"期间，23岁的小冯在初中同学的推荐下打算购买某电商超市的牛奶，正打算下单时，小冯发现作为新用户的他比作为老用户的初中同学价格低8元。"我初中同学之前还花钱购买了他们的VIP会员，这个会员购买其超市的东西还可以享受额外95折，没想到他打完折后的价格比我还高8元。"小冯说道。

消费者迫切希望价格公开透明，对乱象进行规范治理。2020年10月1日，《在线旅游经营服务管理暂行规定》已正式施行，明确规定"在线旅游经营者不得滥用大数据分析等技术手段，侵犯旅游者合法权益"，给"大数据杀熟"划了红线。十三届全国人大常委会第三十次会议于2021年8月17日至20日在北京举行，8月13日，全国人大常委会法工委举行记者会通报表示：个人信息保护法草案将对应用程序（App）过度收集个人信息、"大数据杀熟"等行为做出有针对性规范。

（4）社交互动。

电子商务所采用的互联网及相关信息技术允许各种各样的互动，包括用户与商家之间的互动以及用户与用户之间的互动。这是电视、广播等传统媒体无法做到的。

电子商务的互动性则让在线商家能够以面对面方式接触顾客。网络论坛和社交网络、点赞、分享和评论等功能，都让消费者能够更活跃地与商家交互。电子商务之前的大众媒介，主要采用一对多的模式，内容在一个中心位置，由少数专家来创造生成，大众被迫进行群体性的选择，消费某个标准化的产品。电子商务技术改变了这种传统模式，消费者和用户们可以在一个更大的范围里面来创造、分发和消费内容，从而提供了独一无二的多对多大众交流模式。

1.4 电子商务类型

为了更进一步地研究电子商务，特别是在具体的电子商务实践当中，人们往往需要将目光聚焦到特定的领域，这就需要对电子商务的类型进行细分。

1.4.1 电子商务的传统分类

在很长一段时间里，学术界和实业界对电子商务按照交易形式和主要参与者来进行划分，其基本逻辑和分类结果如图 1-4 所示。

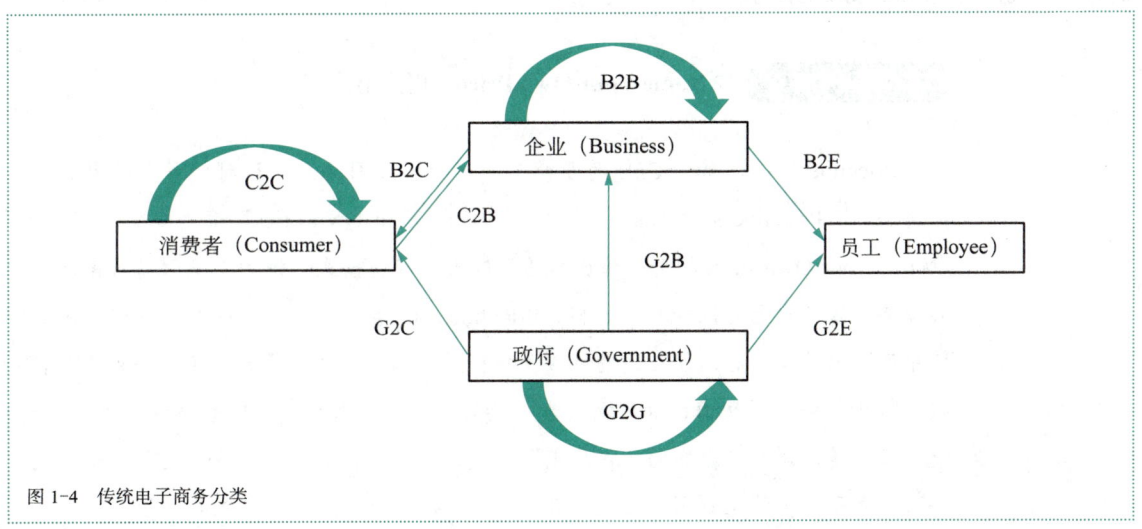

图 1-4　传统电子商务分类

在所有的分类当中。企业间电子商务、企业消费者间电子商务和消费者间电子商务是最常见的三种类型。

企业间电子商务（Business to Business，B2B），是指企业之间通过互联网和其他网络或信息技术进行产品、服务和信息的交换。具体来说，包括在线的商务洽谈、订货合同签订、货款支付、票据签发、货物配送和监控等过程。虽然 B2B 电子商务与人们的日常生活距离比较远，并不像其他两种电子商务类型那样为人们所熟知，但却是当前很多国家电子商务交易中份额最大的。

实际案例 1-3　上海腾道的 B2B 服务

上海腾道（Tendata）是一家以大数据＋人工智能为基础，专注于国际贸易领域的数据收集、挖掘、应用及服务，同时以行业咨询、贸易促成为延伸服务的综合性信息服务商，致力于为外贸企业提供海外营销的整体解决方案。腾道外贸通，拥有 65 国的海关数据、141 国的互联网数据、198 国的商业数据，超过 1.8 亿条全球企业信息，每天 100 亿条贸易数据滚动，可快速智能筛选出一亿两千一百万名高管、决策人联系方式，包含邮箱、电话、社交媒体等，还能同步显示公司黄页、产品图片和网址，同时提供 17 款可视化报告，帮助外贸企业精准地定位分析市场，让用户快速找到所需精准的采购商和供应商。

企业与消费者间电子商务包括两种类型：企业对消费者的电子商务和消费者对企业的电子商务。企业对消费者的电子商务（Business to Consumer，B2C），是指企业向个体消费者销售产品和服务，由于客户都是个体消费者，所以这种类型也被称为在线零售。亚马逊和京东都属于这种类型。消费者对企业的电子商务（Consumer to Business，C2B），指的是个人利用互联网将产品服务销售给组织，或者个体消费者寻找商家，委托商家将自己的产品和服务销售出去。中国是全球唯一一个 B2C 电子商务销售规模超过 B2B 规模的国家。

实际案例 1-4　"Name Your Own Price（用户出价）"

Priceline 是一家基于 C2B 商业模式的旅游服务网站，是目前世界上最大的在线旅游公司。Priceline 最独特的，是他的"Name Your Own Price"商业模式。事实上，"Name Your Own Price"是一种逆向拍卖的模糊交易模式，消费者输入对所需酒店的各项要求以及自己可以接受的价格，Priceline.com 会自动从自己的数据库或供应商网络中匹配出最佳酒店，仅在消费者接受报价后才知道具体是哪家酒店，并且消费者在接受报价后将不能反悔，如果消费者不接受，则可以通过调整某些参数来重复竞价。这种模式遵循了经济学中的"保质期"越近，商品价值越小的原理。比如飞机起飞前一天，卖不出去的位置理论价值是 0，对于供应商来说，多卖一个赚一个。

这种独特的商业模式建立了巨大客户黏性，Priceline 通过这种模式帮助供应商平滑淡季波动，这在旅游行业尤为突出，有利于有效整合资源。这种定价模式并不适合所有人群，它只对价格敏感型客户起作用，对时间效率要求较高的商务人士或者高端客户并没有足够的吸引力，因为他们不缺钱。所以，Priceline 主要是针对价格敏感型客户和希望能够低价旅行的消费者设计自己的产品和服务，而正是这部分价格敏感的群体构成了 Priceline 的主要客户群。

消费者对消费者电子商务（Consumer to Consumer，C2C）是指消费者直接与其他消费者进行交易。eBay 最初的业务模式就属于 C2C，个体用户之间在 eBay 平台上进行个人物品的买卖。

企业内电子商务包括所有组织内部的电子商务活动，组织内的机构和个人利用网络进行商品、信息和服务的交换，企业对员工电子商务是指企业内部电子商务的分支组织，通过网络将产品服务信息等传递给员工。这种类型中的员工主要是指外派的员工。

电子政务（E-Government）指的是政府机构利用网络向企业、个人或者内部员工提供商品、服务和信息，或是从企业、个人或者内部员工那里购买商品、服务和信息（简称 G2C、G2B、G2E）。此外，政府机构和机构之间也可以利用网络开展商务活动，这就是 G2G 电子商务。

沿着这种逻辑，企业还可以设计其他的电子商务类型，如企业—企业—消费者（B2B2C）电子商务。例如，阿里巴巴鼓励厂家通过阿里巴巴 B2B 平台将产品或服务销售给淘宝的网络卖家，再由网络卖家将其销售给消费者。这里第 1 个"B"指的是厂家或者供应商，第 2 个"B"指的是网络卖家。通过建立这种关系，阿里巴巴消除了阿里巴巴 B2B 平台与 B2C 平台（淘宝、天猫）之间的鸿沟，形成了从生产制造到销售到消费的电商生态系统，完成了一个商业闭环。

O2O 电子商务（Online to Offline/Offline to Online），是指通过重新设计信息技术和商业模式，形成线上和线下相融合的电子商务类型（图 1-5），是 B2C 模式的一种进阶类型。人们熟知的大众点评网和口碑网，都是 O2O 电商的典型代表。

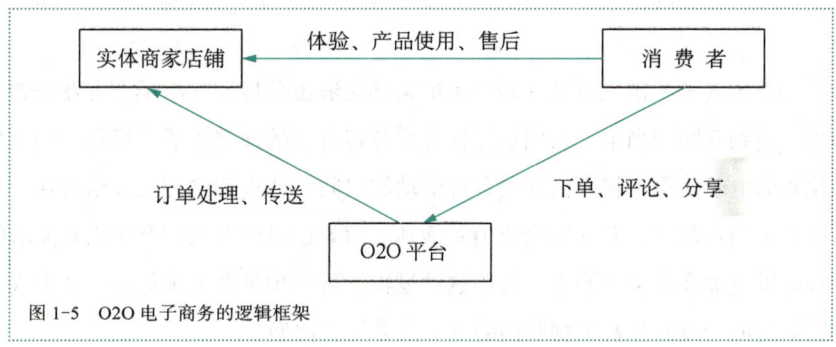

图 1-5　O2O 电子商务的逻辑框架

1.4.2　电子商务的技术分类

与以商务活动参与者为分类标准不同，最近蓬勃涌现的电子商务类型，都与支持该种商务活动的技术要素联系在一起。包括以下几种。

移动商务（Mobile Commerce），是指采用移动技术和移动设备进行的商务活动。一般来说，传统电子商务的各种应用，在移动商务当中都有所体现。各种传统的电子商务业务，现在都将移动平台作为连接客户和商业伙伴的主要阵地。

社交商务（Social Commerce），是指通过社交网络或在线社交关系驱动的基于社交计算的商务活动。所谓社交计算，指的是信息技术与社会行为的一种融合。通过各种计算机和网络等技术（如博客、维基、社交媒体平台等工具）来加以实现。传统信息技术的目标是帮助企业降低成本，提高生产率，社交计算则更加关注改善人与人之间的合作和交流，关注用户创造的内容。在社交计算和社交商务活动中，人们通过网络互相协作，不仅可以从专家那里得到建议，也可以从信任的朋友那里得到意见，作为购买商品或者服务的依据。

基于地理位置的电子商务（Location-based e-Commerce），是指通过 GPS 技术获取顾客当下的地理位置，进而展开的各种电子商务活动。本质上，基于位置的电子商务是一种将商业活动的特定时间和特定地点结合在一起的移动商务。

> **实际案例 1–5** "LBS+ 电子商务"——获取客户的想象空间
>
> 在本地生活服务领域，LBS 的作用是非常基础性的，能够使本地生活电商不再受展示页面的限制，根据用户所在的地理位置来展示不同的服务内容，而这些服务与用户的位置息息相关。
>
> 新闻客户端需要根据用户位置推送本地新闻，网易新闻客户端 4.0 版本中一大亮点就是其"本地宝"资讯服务平台，将其接入大众点评等优质的第三方服务商，为用户提供美食、活动、旅游、房产等多方位的线上优惠和线下服务活动。
>
> 而酒店 App 则需要根据用户位置搜索附近酒店；团购 App 需要告诉用户附近优惠；打车 App 则需要知道用户所在的位置并迅速调用附近最近的出租车来接客。

通过以上类型电子商务的定义可知，新技术的采纳能够覆盖传统的电子商务业务领域，更好地将人们的生活场景连接到互联网当中。人们通过社交商务将自己的社交生活转移到了网络环境。移动商务和基于地理位置的电子商务，将人们开展各种活动的时间、地点和内容完美结合在一起。人们可以在特定场景当中产生消费欲望，并立即完成消费活动。商家也可以在人们产生消费需求的最近时间和地点，为消费者提供更加高质量的服务。按照这种逻辑，可以预见在未来将出现基于人工智能的电子商务、基于大数据的电子商务和基于物联网的电子商务等新类型。

1.5 电子商务的经济学分析

经济学的主要研究课题之一是对稀缺资源的配置。一般而言，资源配置的重要方式包括市场机制和政府行为（如征税和补贴等）。市场机制（Market Mechanism）是通过市场竞争配置资源的方式，即资源在市场上通过自由竞争与自由交换来实现配置的机制，也是价值规律的实现形式。具体来说，它是指市场机制内的供求、价格、竞争和风险等要素之间互相联系及作用。大多数经济学家认为市场机制是配置资源的有效方案。

然而市场机制并非在所有领域都能够有效地发挥作用，现在有大量的商务活动发生在等级制组织的内部。当前经济活动的基本单元"企业"就是一个等级制组织。著名的"安东尼模型"理论认为,企业的经营管理活动主要分为战略规划、战术决策和业务处理三个层次。战略规划层主要负责企业目标的设定与变更,为实现该目标对资源政策等进行规划和预算;战术决策层主要负责落实企业目标利用资源的具体过程管理;业务处理层又叫运作控制层,主要负责以高效的方式具体执行某些特定业务(图1-6)。

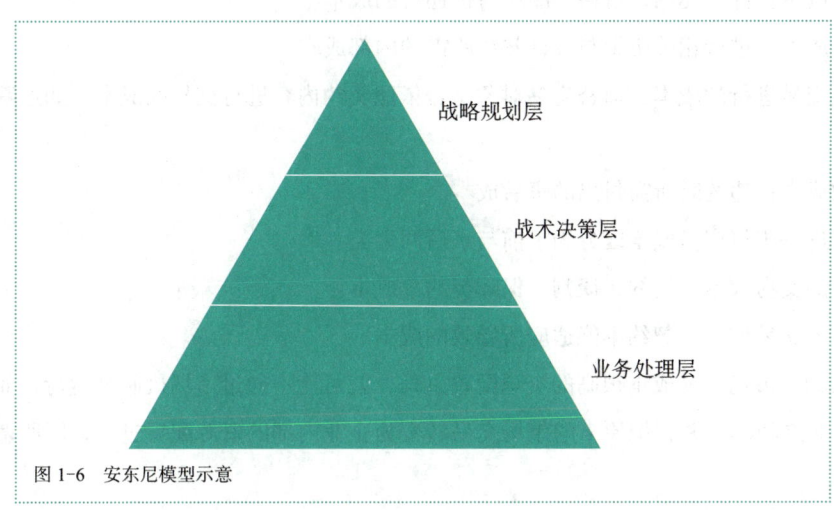

图1-6 安东尼模型示意

在等级制的企业当中,大量业务活动完全在组织内部进行,只有当企业购买原材料或者销售产成品的时候才参与市场活动。事实上,如果市场机制真的是唯一有效的资源配置机制,那么企业每一个阶段的活动都应当以市场机制开展。为此,诺贝尔经济学奖得主罗纳德·哈里·科斯(Ronald Harry Coase)在1937年发表的一篇文章 The Nature of the Firm 中提出了一个深刻的问题:为什么参与商务活动的个人经常会创建企业来组织这些活动?

科斯研究了商家把经济活动从市场转移到等级制企业的原因,就是交易成本的存在。交易成本是买家和卖家收集信息和协商交易时所发生的全部成本总和,一般包括:信息搜索和获取成本、中介费和销售佣金、为了进行交易在设备和人员上的投资等。

以经典的纺织业为例。在初始阶段,市场生产者是个体手工业者或者是家庭手工业工厂,经销商需要到手工业者的市场上进行采购。在这种过程中,经销商和个体纺织工人为了达成交易,都必须承担一定的交易成本,内容如表1-1和表1-2所示。

表1-1 经销商的交易成本组成

序号	1	2	3	4	5
交易成本内容	寻找合适的工人	走访并协商价格	送货安排	质量检验	……

表1-2 个体纺织工人的交易成本组成

序号	1	2	3	4
交易成本内容	购买编织机器	购买原材料	投资的不确定性	……

经济学家奥利弗·伊顿·威廉森（Oliver Eaton Williamson）对交易成本的组成进行了系统化的研究。他认为，交易成本包括以下六个方面。

（1）搜寻成本：商品信息与交易对象信息的搜集。

（2）信息成本：取得交易对象信息与和交易对象进行信息交换所需的成本。

（3）议价成本：针对契约、价格、品质讨价还价的成本。

（4）决策成本：进行相关决策与签订契约所需的内部成本。

（5）监督交易进行的成本：监督交易对象是否依照契约内容进行交易的成本，如追踪产品、监督和验货等。

（6）违约成本：违约时所需付出的事后成本。

后来他又进一步将交易成本区分为事前与事后两大类。

（1）事前的交易成本：签约、谈判、保障契约等成本。

（2）事后的交易成本：契约不能适应所导致的成本。

对于复杂的、市场交易成本很高的资源配置过程，就可能不通过市场机制来运行，而通过企业的构建或者是企业之间的合并，把原来的市场交易转变为企业内部的资源配置过程，即所谓"内在化"，从而降低费用。

就上述实例而言，当整个过程中交易成本很高的时候，经销商和个体纺织工人就会寻求成立企业这种组织来取代市场上所进行的交易活动（图1-7）。

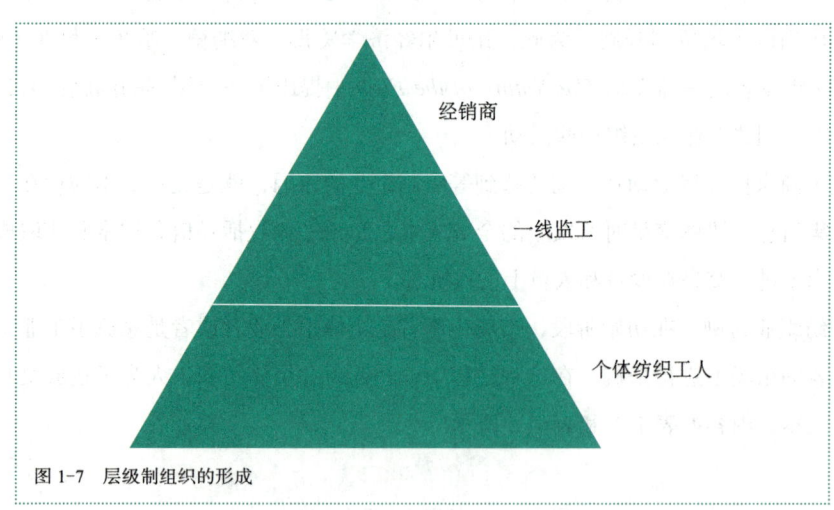

图1-7　层级制组织的形成

企业在垂直一体化过程中建立监督和控制系统也会产生成本，即管理成本。科斯提出，管理成本包括以下四个方面。

（1）组织内部成本，包括：构建正式组织结构框架所需要的成本和内部组织管理机制的运行成本。

（2）外部交易成本，包括：搜寻成本、谈判成本和履约成本。

（3）机会成本：管理者的机会成本是指管理机构和人员之间的摩擦和协调时间过长，组织资源的利息支出增加造成的损失，以及错过市场和投资机遇的代价。

（4）委托代理成本，包括：监督激励成本、承诺成本、剩余损失等。

根据交易成本理论的观点，市场机制的运行是有成本的，制度的使用、安排和变更也是有成本的，一切制度安排的产生及其变更都会受交易费用的影响。当人们处理一件事情时，如果交易中需要付出的代价太多，人们可能要考虑采用交易费用较低的替代方法甚至是放弃原有的想法；而当一件事情的结果大致相同或既定时，人们一定会选择付出较小的一种方式。

在商业活动的早期，管理成本一般都会低于交易成本。生产工艺复杂、采用流水线作业的行业更倾向于采用等级制组织和垂直一体化。20世纪企业界的生产和管理创新提高了等级制活动的效率和效果，流水线和其他批量生产技术把复杂工作分解成粒度更小并易于监督的步骤，计算机技术的出现提高了高层管理者监督控制下属开展具体业务的能力。监督手段的改进和日益普及保证了企业垂直一体化的规模和层次不断增加。

在商业活动进一步发展的实践当中，事情发生了反转。人们发现大型企业的监控系统渐渐显示出不匹配企业规模扩大的迹象，一个企业的生存能力某种程度上越来越取决于管理层有效跟踪监督基层业务活动的水平。这导致人们重新思考降低交易成本的方法。

电子商务和互联网的出现给企业降低交易成本的任务提供了新思路。一方面，互联网技术提供了一种高效低廉的信息获取途径；另一方面，电子商务带来的全球性市场，能够提供更加丰富的人力资源、物质资源和财务资源，从而降低了相关的交易成本。

仍以纺织业为例。电子商务和互联网带来的全球化市场，极大提升了纺织工人出售产品的可能性，如果纺织工人在互联网上可以发现足够的采购订单，那么他们的交易成本将大大减少，即使他们的生产能力偏向某些方向，他们也可以组成专门生产特定款式的规模较小的工厂。这样，一些技术工人将会离开经销商而去创办自己的企业。一些企业的营销人员也会离开公司去创建市场调查公司，研究商家的采购和市场需求，把调查结果卖给经销商和生产企业。同理，经销商也会由于电子商务和互联网的存在而改变组织形式和运作模式，发现合适的降低交易成本和管理成本的方法。这样一来，网络型经济结构应运而生。越来越多的企业专注于自身的核心竞争力，而将不重要的业务外包，在一定程度上实现了扁平化运作（图1-8）。

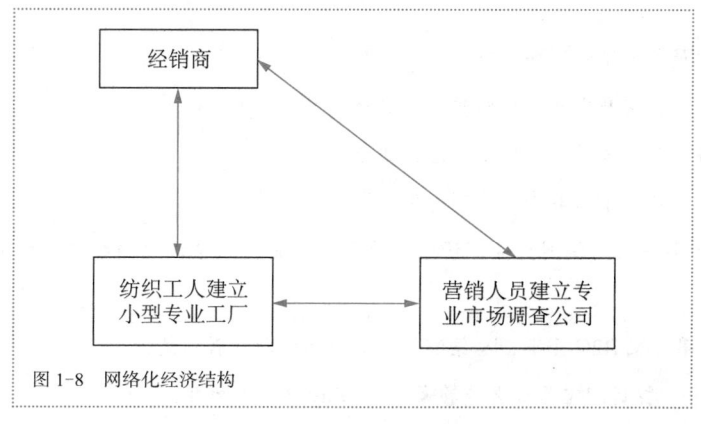

图1-8 网络化经济结构

本章小结

（1）电子商务的定义。电子商务 1.0 定义为商务互联网化时代，从经验角度来说，电子商务可以定义为使用互联网、Web 和移动应用等技术工具进行的商务活动。更加正式的定义是指发生在个人和组织间数字化驱动的商务活动。电子商务 2.0 定义为生活互联网化时代，简单地说，就是基于生活互联网化而引发的商务活动；更正式地说，就是个人和组织需求的互联网明示以及由此产生的整个社会数字化供给活动，体现为"万物互联，效率提升，浑然一体"。

（2）电子商务的益处。主要体现在：随时随地、全球市场、丰富信息和社交互动。

（3）电子商务的类型。传统的电子商务分类建立在参与者的关系之上，包括 B2B、B2C、C2C 等基本类型。关系方向的不同会造就不同的业务类型，如 C2B。在此基础上覆盖更多的参与方，还可以有 B2B2C 和 O2O 等类型。新型的电子商务分类建立在支撑技术上，包括基于移动技术的移动商务，基于社交计算的社交商务，以及基于位置的电子商务，属于移动商务的子类别。当前以"大智移云物"等为代表的新科技革命会产生新的电子商务类型。

（4）电子商务的经济学分析。从交易成本的角度来看，电子商务和互联网是企业降低交易成本的新思路和有效方法。交易成本是指买家和卖家收集信息和协商交易时所发生的全部成本总和。传统交易中需要付出的代价太多，人们必然要采用交易费用较低的电子商务方式；而当一件交易的结果大致相同或既定时，人们一定会选择付出较小的电子商务方式。

课后习题

1. 什么是电子商务？电子商务 1.0 和 2.0 的定义有何区别？
2. 什么是信息不对称？
3. 电子商务带来哪些益处？
4. 试着给出各种电子商务类型的具体实例，包括 B2B、B2C、C2C、社交商务、移动商务和基于位置的电子商务等。
5. 电子商务的发展经历了哪三个阶段？
6. 什么是交易成本？交易成本包括哪些组成部分？
7. 什么是管理成本？管理成本包括哪些组成部分？
8. 目前你感受到哪些电子商务带来的新变化？
9. 瀛海威是我国第一家互联网企业，研究该公司的历史，总结该案例给电子商务从业者带来了哪些启示。
10. 8848 是我国第一家 B2C 企业，总结它带来的成功经验和教训是什么。
11. 综合相关资料，探讨淘宝为什么能够赢得和 eBay 之间的战斗。

章后案例

"必要"和"C2M"会必胜吗？[1]

在毕胜看来，C2M（Customer-to-Manufacturer，顾客对工厂）模式落地的时间点已经到了。市场价上万的奢侈品女包，生产成本只有百元，从生产到消费要经过20多个加价环节，有100多倍的加价，但如果能够以消费者需求为开端，用互联网数据驱动生产制造，直接连接消费者与生产制造商，把所有的流通环节、库存全部打掉，用户下单后再生产，不仅能实现零库存，也能最大限度降低产品成本。

在一次垂直电商是"骗局"的演讲里，他分析道，正是高额成本，如流通、库存以及流量等成本让电商模式失去盈利的可能。"所有零售企业解决不了的问题就是库存。"毕胜说，而应对的最好方法就是打掉库存。具体而言，就是从用户直达制造商，从制造商直达用户，去掉不必要的环节，保证商品的品质。

毕胜把这种模式称为C2M，也就是必要做的事情，即负责搭建平台，和用户直接打交道，而产品的生产和设计、售后均由工厂来主导。在必要的商业模式中，必要商城根据不同品类的商品拿走不同比例的扣点。而在每件商品总共20元的利润中，生产商拿走绝大多数的份额。

但要成为必要商城的合作伙伴，毕胜提出了四个"必须"：必须是全球顶级制造商，必须拥有自己的柔性制造链（每一家制造商的改造成本至少在5 000万元以上），必须接受必要的定价体系（在制造成本的基础上加价不超过20元），必须与全球顶级的设计机构合作。

想清楚了C2M模式怎么做，实际操作却并不容易。在这背后，必要必须面对两个问题：第一，顶级供应商凭什么跟着必要一起干？第二，制造商如果想做C2M，就需要改造生产线，这至少耗费数年投资数千万。

毕胜坦言，事实上必要没法说服这些顶级供应商，而是他们会自己说服自己。因为面临制造业下滑，奢侈品的订单也会变少，让他们越做越蹒跚，要想办法解决这个问题。"他们也上天猫开过店，结果被库存压死了。你想它卖件衣服，就是赚个加工费，真要压着几千件衣服，他不白干了？"

而且即便是供应商的思维转变过来了，也要靠时间去打磨、保证商品质量。"给国际最顶级的奢侈品做制造的工厂，原来都是批量制造，现在突然改成柔性制造，团队、加工工艺都需要改。"这也让毕胜对记者调侃，必要创下了史上上线最慢的互联网公司记录——20个月。

必要平台原本计划在2014年11月上线，但当时正好赶上一个模具开废了，只好又等了40天。可在40天后，工厂工人因为春节放假了，想要上线只好等到春节后的3月份。但很快，新的问题又来了，必要第一个上线的品类是女鞋，原来的工厂做的是批量制造，也就是提前6个月生产，其中鞋底和鞋面需要6个月粘合晾干，但必要的模式是用户下单立马生产，中间没有晾干过程，结果鞋底掉了，只好又等工厂花了一个多月找到能够瞬间粘合的环保胶，产品才最终顺利上线。

---

[1] 胖鲸头条. 拼多多和阿里纷纷入局C2M——C2M从哪里来，又将带中国制造去往何方, https://baijiahao.baidu.com/s?id=1673603187922426783&wfr=spider&for=pc. 搜狐财经. 毕胜卷土重来 有"必要"吗？https://business.sohu.com/20150922/n421881879.shtml.（有修改）.

2015 年必要的月营业额在 200 万元左右，毕胜对记者坦言，现在必要最担心的还是商家的问题。"互联网企业有一个引爆点，必要正在逐步朝那个引爆点进发，一旦到了，有可能像小米一样，一秒钟卖了 40 万副眼镜。但一旦那样的话，我们可能是接不住的，商家就会骂我们，用户也会骂我们饥饿营销。但是不到这个数又不行，必须这样。"因此，他认为必要平台现在最重要的仍是内功。比如用户体验被人吐槽、开发结构跟不上。"我们技术人员将近 40 个人，现在已经 7 个品类了，一个品类不到三个人，现在没办法，只能是'边赛车边换轮胎'。"

C2M 的概念其实与德国政府在 2011 年汉诺威工业博览会上提出的工业 4.0（互联网工业）、中国政府在 2015 年提出的互联网＋的概念一脉相承，指的是现代工业的自动化、智能化、网络化、定制化和节能化。它的终极目标是通过互联网将不同的生产线连接在一起，运用庞大的计算机系统随时进行数据交换，按照客户的产品订单要求，设定供应商和生产工序，最终生产出个性化产品的工业化定制模式。这也被称为继蒸汽机、电气化、自动化之后人类的第四次科技革命。

在渐显严峻的国际经济形势与逐步升高的贸易壁垒的大背景下，国内制造业产能过剩的问题愈发突出，国务院也发布相关意见，要帮助外贸企业纾困，鼓励外贸企业拓展销售渠道，促进国内消费提质升级。在这一大背景下，C2M 直接对接工厂，有助于消解品牌溢价，使工厂不再受制于签约的品牌，而以反向定制的模式对接供需，优化了产业链。一时之间，C2M 似乎成为中国工厂低价值以及中国制造业过剩产能的解药。各大平台的 C2M 模式以提供线上销售渠道、营销支持、新品研发建议、数字化改造赋能工厂为主要方向，希望能够促进供需匹配，助力国内制造产业升级。

2018 年 12 月 12 日，拼多多推出"新品牌计划"，宣称将以 C2M 模式帮助 1 000 家工厂打造爆品。2019 年底，阿里巴巴在淘宝事业群下专门成立 C2M 事业群，布局了以产业带为核心的 C2M 战略。之后，京东和苏宁也纷纷入局，推出京喜产业带厂直优品计划和苏宁 C2M 生态。

2015 年 4 月，拼多多以拼团模式和爆品运营逻辑，踩着下沉市场，野蛮生长起来。在不到四年时间里，从岌岌无名的小应用跻身成为电商巨头，并在美国纳斯达克证券交易所挂牌上市。拼团模式和爆品运营逻辑的背后，就是用需求侧去推动供给侧的效率提升。拼多多的实践强调，反向定制不能简单理解为"私人定制"，而是应该把重点放在"反向"上，通过洞察消费者尚未感知的需求，去重新组织和生产。在中国现阶段下，打造爆品依旧是对接供需、减轻库存压力、带来现金流的有力路径。而互联网电商多年来积累的海量消费者数据已经为爆品的打造提供了坚实基础。

拼团模式通过批量购买为消费者提供低价诱惑，鼓励了消费行为，有效缓解了产品滞销、库存积压的情况，甚至为工厂创收。其主要运营爆品而非店铺和品牌的逻辑（应用主页面采用推荐流的形式，向特定顾客推荐其可能感兴趣的产品）也是为了让"货找消费者"，提升供需对接效率。

除此之外，拼多多更推出"新品牌计划"实现直接对接工厂。区别于一般意义上高附加值的品牌价值，新品牌不追求过分溢价，通过直接对接工厂实现产品品质和性价比的把控。2018 年 12 月 12 日，拼多多对外宣称将扶持 1 000 家工厂，将使制造业的价值回归制造本身，放大制造环节的附加值，从而保证制造业的持续稳定发展。

针对千家参与"新品牌计划"的工厂，拼多多推出了一系列帮扶计划，包括大数据支持、专家诊断、研发建议等，并在一定范围内倾斜流量、推荐位资源，以增加商品曝光度，支持其品牌化建设。

在之前，制造型企业对行业风向和消费者偏好的把握稍有偏颇，就不得不花费极大精力去库存，导致陷入不良周期，更有甚者就此倒闭。拼多多利用数亿活跃用户带来的平台大数据总结、分析和预测消费者需求信息，以此指导工厂生产，同时用算法帮助每一款产品精准匹配其消费者，消除生产端的不确定性，并降低其生产、流通环节的负担。这其实是将毕胜C2M模式中的"反向定制、以需定产"从"私人定制"的含义转变为"大数据精准营销与精准研发设计"，以达到供需对接，同时保持直接对接工厂以实现产品低价优质，这更加符合中国市场当前发展阶段。

传统模式中，各类中间商在攫取价值的同时也起到了层层质量把控的作用，因此如何把控产品质量成为直接对接工厂模式的一个顽疾。拼多多对"新品牌计划"的入选工厂要求十分严格，目前扶持的厂牌集中在顶尖日用品厂商，比如国内顶尖锅具制造商浙江三禾、亚洲最大的日用玻璃器皿生产工厂安徽德力、江苏丝飘纸业、广东新宝电器等。

阿里的C2M从建立智慧生态开始，帮助优化制造产业。在2018年的云栖大会上，马云提出了"新制造"这个概念，他表示，新制造不同于传统的规模化、标准化制造，它讲究的是智慧化、个性化和定制化，"未来的机器吃的不是电，未来的机器用的是数据"。

"新制造"的概念与工业互联网、互联网+的概念不谋而合。阿里在未来三年内的发展方向——帮助企业进行数字化改造，建立智能数字产业带工厂生态。

2019年年底，阿里巴巴在淘宝事业群下专门成立C2M事业群，布局了以产业带为核心的C2M战略：个人端，2020年3月，阿里正式推出淘宝特价版，采用工厂直供的方式为消费者提供质优价廉的商品；企业端，2018年11月，淘宝启动天天工厂计划，表示在未来三年，将通过数字化升级帮助1 000个产业带工厂升级为产值过亿的"超级工厂"，为产业带企业创造100亿元新订单，在全国范围内重点打造10个产值过百亿元的数字化产业带集群。

平台宣称为工厂提供四大基建服务：新品研发、线上营销、物流运输以及金融等方面的支持。新品开发就是将阿里平台分析得到的消费者偏好及需求呈现给商家；营销服务指流量支持；供应链服务主要是菜鸟网络本地菜鸟仓支持；金融服务主要指蚂蚁金服小额贷款的利率折扣。一方面，根据商务部研究院研究员周密研究，淘宝C2M通过数字化生态系统的建设和优化，不断改进消费互联网和工业物联网互通互联的效率，让产业带工厂能够快速响应消费者需求，降低库存需求，促进供需匹配，节省社会资源。截至2019年底，阿里已经改造工厂2 000余家，数字升级产业带20多个。

总的来看，C2M形成了一个新的商业生态，未加入生态的中小厂商有被淘汰的风险，而加入生态的厂商对平台形成依赖。有理由想象，C2M模式将会给未来的制造业提供一片新的天地。

思考题

1. 在传统的电商领域，存在哪些加价的环节？这些环节的存在是必要的还是不必要的？
2. 基于交易成本理论，思考C2M模式的合理性。
3. 从必要的实践来看，C2M的落地还存在哪些问题？
4. 试着比较拼多多模式与必要模式的异同。
5. 试着比较阿里模式与必要模式的异同。
6. 在C2M模式里面，我们没有看到网络卖家的身影。那么未来的电子商务当中，是不是可以消除网络卖家或网络零售商这一角色？你的理由是什么？

商业模式与互联网思维

学习目标

- ✓ 定义商业模式
- ✓ 了解商业模式的基本要素
- ✓ 掌握商业模式画布方法
- ✓ 描述电子商务商业模型的主要类型
- ✓ 了解互联网思维的基本内容

先导案例

小米模式:铁人三项的威力[1]

2018年5月3日,小米正式向香港交易所提交IPO招股书,7月9日上午9:30,随着雷军在香港交易所敲锣成功,小米公司正式在港交所挂牌上市。按照上午封盘的16.98港元计算,小米市值达到3 799亿港元,约合484亿美元。一家小小的创业公司,十来个人,只用了两年半时间,却成功赶超华为,毗邻苹果,一跃成为中国第一、世界第三的智能手机品牌,让人不可思议!火箭般蹿升的小米,到底采用了怎样成功的商业模式呢?

面对这个问题,小米给出了一个整合式的概念:独特且强大的"铁人三项"模式。"铁人三项"指的是硬件、互联网服务和新零售。小米对外放出了一张商业模式图。

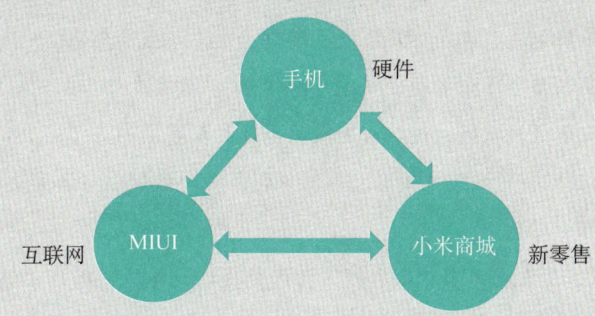

其中,硬件版块的业务是小米自身三大硬件体系:手机、电视、路由和外部的生态链智能硬件;互联网版块的业务包括MIUI、互娱、云服务、金融、影业;新零售版块则包含小米商城、全网电商、小米之家、米家有品四项。2017年小米收入为1 144.78亿元,其中手机为805亿元(70.3%),IoT与生活消费品为234亿元(20.5%),互联网服务为98.9亿元(8.6%),其他6.88亿元(0.6%)。虽然小米收入中手机占到非常大的比重,然而小米并不认为自己是单纯的硬件公司,而是一家以手机、智能硬件和IoT平台为核心的互联网公司。

一直以来,外界对小米的商业模式存在诸多争议。创始人雷军则坦言:"小米的商业模式极其复杂,很难用简单的语言描述出来。我在2010年开始创办小米的时候,其实思考过很长时间,今天的局面和创办时候的想象差不多,只是规模比想象更大一些。"

雷军表示,很多人都认为互联网是一种技术手段,"在2000年做卓越网的时候,我也这么认为,当我把卓越网卖给亚马逊之后,花了一年多时间来思考,我发现(互联网)除了是技术手段以外,更多的是一

---

[1] 钛媒体,20180509,http://www.eepw.com.cn/article/201805/379601.htm(有删节)。

种方法论,如何以互联网的方式思考和解决问题,并令很多互联网企业在短时间内崛起"。早在2010年,中国已经成为全球制造中心,但是雷军认为中国制造的产品并未获得足够的世界认可。雷军表示,"中国制造的产品质量无法得到认可,关键在于整体社会的运营效率偏低,如何实现商品从研发、生产制造、市场销售、服务全环节打通从而提高效率。一件衬衣的生产成本可能是100元,在商店的售价却高达1 000元。商品本身的制造成本并不高,但流通环节的成本很高,导致好的商品卖不出去,因此必须改善全过程的流通效率。整个小米要解决流通效率问题"。

小米追求的不仅仅是线上开展业务,更在走一条"线上线下全部打通,以品牌零售为核心"的道路。在小米商城迅速崛起之后,2016年年初小米之家正式面世,小米走出了开拓线下渠道迈出的第一步。作为小米的官方直营零售体验店,用户在小米之家除了可以体验、购买小米全线产品外,还能享受咨询服务和售后保障。雷军指出,"小米之家每平方米的销售额甚至超过苹果店的50%,可能只需要5%~6%的成本就完成所有销售环节……当前,每个月我们新增5~10家小米之家,计划在3~4年时间达到1 000家。销售规模远超想象,基本上每个店开业第一天的销售额都超过100万元,第一个月全部实现盈利。几个月的尝试表明,小米之家的费用率不到4%,而一般零售店的费用率则达到30%~40%"。雷军自己总结为,"用电商成本做线下零售店"。

小米追求构建自己的商业生态系统。在过去数年,小米先后在插线板、路由器、平衡车、空气净化器、净水器、电风扇、电饭煲等数十种智能设备领域进行布局,并计划在未来持续扩大产品生态链。

然而,雷军坦言,要复制整个小米的商业模式"非常难",最难在于小米是一个软件、硬件和互联网相融合的模式,极少数公司有这样的基因,能够同时做软硬件和互联网的公司在全世界来讲也是凤毛麟角的。"在小米创办初期,主要是四家公司的模式集合,包括摩托罗拉、微软、谷歌和金山软件模式,小米是冲着'铁人三项'来的。"

雷军表示:"对我来说,怎么把每个产品做好,为用户提供无与伦比的产品体验才是问题的根本。"所以小米建立了如下的价值观:第一,和用户交朋友;第二,要有合适的产品组合;第三,坚持高品质、高性价比。"当高品质、高性价比植入消费者的印象以后,用户觉得在小米买什么东西都不是要钱的,现在小米之家都是像超市一样摆着筐的,很多人都是拿着筐买东西。"

从以上案例中可以看出,小米的成功很大程度是在互联网思维的指导下,构建了合理的商业模式。因此,在电子商务快速发展的时代,深刻理解商业模式,进而实现互联网思维的落地,是每一个电子商务从业者需要认真思考的问题。

2.1 商业模式与商业模式画布

作为一个让企业满足消费者需求的系统，商业模式组织管理企业的各种资源（资金、原材料、人力资源、作业方式、销售方式、信息、品牌和知识产权、企业所处的环境和创新力等，又称输入变量），形成能够提供消费者必须购买的产品和服务（输出变量），因而具有自己能复制而别人不能复制，或者自己在复制中占据市场优势地位的特性。简单来说，商业模式就是企业通过什么方式或途径来获取收益。例如，一个餐馆可以通过出售菜肴来获得收益；一个衣服制造商则通过销售成品衣服来获得收益；快递公司通过提供快递运输服务来获得收益；等等。好的商业模式是一个企业成功的关键。

商业模式也提供了包含一系列要素及其关系的概念性工具，用以阐明企业的商业逻辑。商业模式有效描述了产生可持续盈利收入相关的基本要素，包括价值主张、盈利模式、市场机会、竞争环境、竞争优势、营销战略、组织发展和管理团队等。当然，电子商务的商业模式，更关注使用和发挥互联网、Web 和移动 App 等信息技术的独特优点。

在设计和分析商业模式时，商业模式画布（Business Model Canvas）是一种非常有效的方法。它是一种用来描述商业模式、可视化商业模式、评估商业模式以及改变商业模式的通用语言。商业模式画布由 9 个基本构造块构成（图 2-1），涵盖了客户（我们为哪类人群提供服务/产品？Who）、提供物（我们具体提供什么服务/产品？What）、基础设施（我们要怎么提供服务/产品？How）和财务生存能力（我们要怎么通过这些服务/产品赚钱？Money）四个方面，可以方便地描述和使用商业模式，构建新的战略性替代方案。

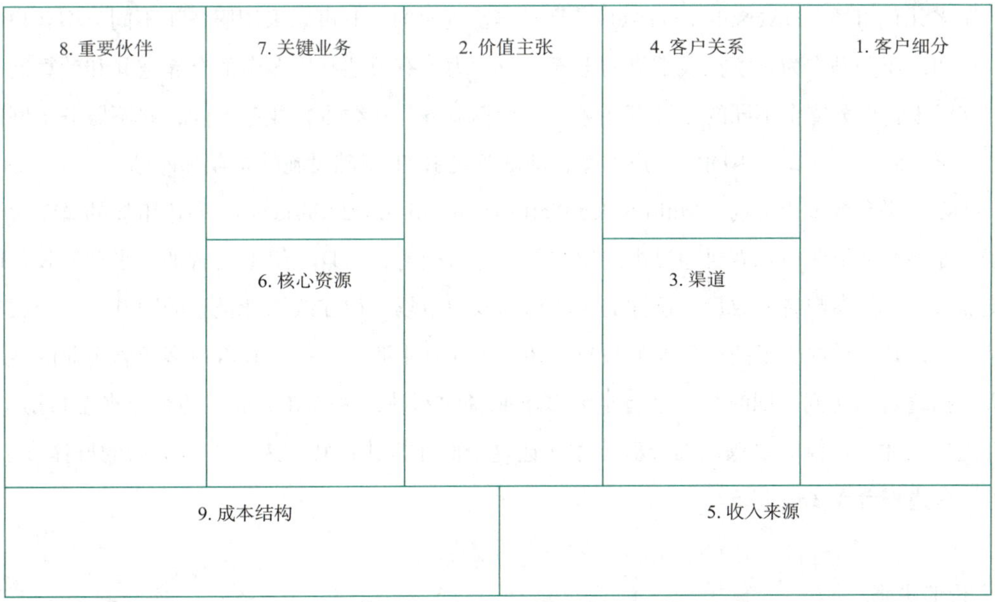

8. 重要伙伴	7. 关键业务	2. 价值主张	4. 客户关系	1. 客户细分
	6. 核心资源		3. 渠道	
9. 成本结构			5. 收入来源	

图 2-1　商业模式画布模板

1. 客户细分

这个模块用来描绘一个企业想要接触和服务人群或组织。客户是任何商业模式的核心。没有客户就没有企业的长久存活。为了更好地满足客户，企业有时候需要把客户细分为不同的类型。每个细分类型的客户一般具有共同的需求，易于采用共同的行为，或者具有其他共同的属性。企业需要决定自己究竟要服务哪类客户，不服务哪类客户。

客户细分模块决定着其他的模块。企业需要根据客户的类型来决定自己的价值主张；根据客户的特点，选择合适的接触客户的渠道；采取客户喜欢的方式来构建与客户的长期、密切关系；根据客户的经济状况和客户愿意为产品或服务支付的费用来设计自己的盈利模式。

常规的客户细分类型主要包括以下几种。

（1）大众市场（Mass Market）。面对大众市场的商业模式，意味着不需要对客户进行过于详细的区分。一般绝大多数顾客都有可能使用该公司的产品或服务，而且顾客获取和使用服务的方式基本相同。然而，随着电子商务的发展，企业对客户需求的获取日渐精细，更进一步的客户细分是大势所趋。即使是淘宝、京东之类的在线零售平台，不仅提供大众所需要的各类产品，也提供各种不同类型顾客所需要的相关服务。

（2）利基市场（Niche Market）。菲利普·科特勒将其定义为一个没有被服务好的，然而有一定可能获取利益的小市场。一般而言，由于缺乏同大企业竞争的资源和能力，中小型企业更适合瞄准利基市场挖掘自己的客户。

（3）细分市场（Segmented Market）。在同一个客户类型下，某些客户还是有着略微不同的需求和问题。在当今竞争激烈的商业环境中，瞄准这些不同，更能够帮助企业获得成功。识别细分市场的方法有很多，如可以通过物理维度（地区、城市规模、人口、密度、气候等）和人口维度（年龄、婚姻状况、性别、收入状况、职业教育程度、社会等级等）进行细分。

（4）多元化市场（Diversified Market）。具有丰富资源的企业可以采用服务于不同类型客户的商业模式。比如，亚马逊作为一家在线零售的电商企业，为了有效地利用多余的存储空间和计算能力，开展了与在线零售业务完全不同的云计算业务。云计算业务与在线零售业务不同，并不服务于网络购物的个体买家，而是面向完全不同的客户类型，即缺乏足够IT基础设施的企业和网站。

（5）多边平台或多边市场（Multi-Sided Platforms/Multi-Sided Markets）。多边市场的概念起源于双边市场。如果有两组参与者需要通过中间层或平台进行交易，而且一组参与者加入平台的收益取决于另一组加入平台的参与者的数量，这样的市场称为双边市场。如在线招聘类型的网站，一个成功的在线招聘网站，其成功取决于拥有足够多数量的招聘企业和求职者。一个有着更多招聘企业的网站，更容易吸引招聘者的访问；同时，一个有足够多求职者的网站，也会吸引更多的企业来发布招聘信息，寻找合适的人才。这就需要双边细分群体才能让这个商业模式运转起来。如果参与的群体多于两方，则产生了多边平台或多边市场。

2. 价值主张

企业的价值主张是要素当中最为重要的，也是需要认真确定的，企业的价值主张是其商业模式的核心。价值主张定义了一个企业的产品或者服务是怎样满足消费者需求的。在开发或者分析一个企业价值主张的时候，需要理解用户为什么选择同这家企业进行业务往来而不是其他企业，这家企业提供的产品或服务在哪些方面是其他企业所不能够或者没有提供的。一般而言，企业更需要从消费者的角度来识别自己的价值主张。对电子商务的用户来说，他们的期望主要包括对个性化和定制化产品的需要，对降低产品搜索成本的需要，对成本节约和便宜价格的需要，以及操作简易的需要等。然而具体到某个特定的市场和行业，应对用户的价值需要重新并准确识别。

> **实际案例 2-1**　途家：中国民宿游客不止需要 Airbnb

途家在线信息技术（北京）有限公司，创立于 2011 年，是一家依托国际分散式酒店管理和业务标准、结合线下旅游地不动产存量、线中呼叫中心、线上度假公寓在线订房交易系统的新型公司。途家考虑到中国用户的特点，构建了类京东的自营 B2C 模式、类天猫的小 B2C 模式和类 Airbnb 的 C2C 模式。创始人罗军认为，之所以选择混合而非单一的 C2C 模式，"第一，从房客来说，房子质量没法保证；第二，从房东来说，房东没有广阔的渠道订单来源，而且中国房东还没有接受共享经济的理念；第三，从经营方来说，大部分不成气候，没有形成市场"。因此，途家针对中国游客和房主的特点，有意识控制了 C2C 模式的节奏，对其他两类模式设计出自己的特色服务。

在自营 B2C 模式中，为保障用户体验，途家规定房间里的口杯上不能有唇印，床单上不能有一根发丝，厨房里的调料包、洗衣机上的洗衣粉都必须是未经拆包的，而且房间里绝不能有一只蟑螂、老鼠。

在对待房主利益上，途家也力求细中有细。以房间里的一个水龙头为例，途家要求是每天擦拭。因为在罗军看来，"水龙头如果不每天擦的话，一年就可能损坏了。业主将房子交给我们最合算，我们两个星期开窗户、打蜡，并提供接送服务"。并且，按照途家规定，如果业主房间物品出现损坏，途家会先行赔付，再与租户进行沟通协商。

在采用小 B2C 模式时，为了确保第三方公寓民宿经营机构提供房源的安全、卫生，途家在前期一般都会派专门的线下团队审核第三方旅店资质、验证房源真假，并亲自拍摄房间图片，保证上传网站的图片皆为实景图。

3. 渠道

渠道模块用于描述企业如何与客户进行沟通和接触。借助渠道，企业可以有效地向客户传递其价值主张。一般而言，企业与顾客的接口主要包括宣传、分销和销售等方式。好的渠道能够帮助企业有效地向客户宣传公司的产品和服务、传递公司的价值主张，能协助客户购买公司的产品和服务，并为其提供售后支持。与此同时，好的渠道还要能够保证公司及时获得客户真实的反馈，更好地提升企业产品和服务。电子商务企业可以通过自己的网站或 App 建立与客户之间的直接渠道，也可以通过其他合作伙伴来构建间接渠道。针对不同的业务，直接渠道和间接渠道在成本和效益方面也有所不同。因此，渠道管理需要在不同类型的渠道之间找到平衡点，通过整合渠道来创建更好的客户体验，提升客户满意度，获得最大的业务收益。

4. 客户关系

客户关系模块用来描述企业与特定的客户类型之间建立的关系类型。一般而言，客户关系的驱动因素包括客户获取、客户维系和提升销售三个方面。例如，一个新建立的电商平台，在早期希望吸引更多的访问量，因而对客户采取积极策略。比如，建立与客户密切联系的在线社区，积极了解客户需求，解决客户问题，并鼓励客户提供意见和建议来共同创造产品，或者提供丰富多样的奖励和激励措施。经过一段时间的发展，市场达到饱和，商家可能会转而聚焦现有客户，并努力提高在每个客户身上的平均收入，从而建立与以前不同的处理策略。以客户服务为例，则表现为从原来的人工和个性化服务，逐渐转向自助服务和自动化服务。

5. 收入来源

企业盈利模式描述了该企业将如何产生收入、创造利润，从而获得原有投资的优异回报。虽然盈利模式的主要功能就是产生利润，但是也必须注意到，有时候利润并不意味着一个公司的成功。目前，主要的电子商务盈利模式包括广告盈利模式、注册盈利模式、事务/服务中介费模式、销售模型和联盟营销模式等。选择合理的盈利模式是和选择合理的价值主张同等重要的任务。对潜在用户的特点进行全面和准确的识别是构建成功盈利模式的关键。企业必须准确地回答以下问题：什么样的价值让客户愿意支付费用？他们现在付费购买的产品和服务是什么？他们的支付方式是什么？他们更愿意怎样完成支付？每一种收入占总收入的比例是多少？

> **实际案例 2-2** 易订网：师从 Opentable 后的盈利模式转变

OpenTable 是美国领先的网上订餐平台，OpenTable 网络提供方便的网上餐厅预订餐车和电脑化的预订。虽然美国航线和酒店基本上完成了从电话预订到网络预订的迁徙，但是餐饮行业因为餐店规模和服务特点限制基本上还保留着电话以及纸笔预订的形式。OpenTable 的市场定位正是将人们从低效耗时的电话订餐引向方便高效的网络订餐。在 Opentable 的总收入中，有 54% 来自餐厅的月租费，它把标准化的订餐软件卖给餐厅，并收取月租费。42% 来自每一笔订单的佣金，每次分别向订餐者和餐馆收取 0.25 美元和 1 美元，还有 4% 来自给餐厅第一次装软件的"初装费"。

中国台湾的易订网以 Opentable 模式切入，但南橘北枳。美国人需要 Opentable 是因为在美国出去吃饭先订座已经是习惯，无论是就餐者和餐馆都没有把这个看作是新玩意儿，只是让他们更方便而已。而在中国，这个方式的出现就要同时教育商家和用户。对餐饮商家来说，对这种互联网新事物充满疑惑。对于广大用户来说，外出就餐也没有那么强的计划性。餐馆很多，这家没位置，随时可以去另一家。为此，创业团队明确了自己的价值主张：

（1）通过锁定目标用户，增加中高端餐馆的客流；

（2）帮助餐馆做好CRM（客户关系管理），收集更多的用户反馈；

（3）通过EDM（电子邮件营销）等手段帮助商家向潜在目标用户推广宣传。

最终他们决定只做中高端餐馆的生意，相较于Opentable，易订网只有20%~25%的收入来自订座系统的维护费和月费，另外70%是来自独家销售餐券的分成，还有5%~10%来自广告收入。由此可见，他们的主要属性其实已经从订座转移到了营销，通过合作商家提供的独家餐券销售来提升客户的黏性。

6. 核心资源

核心资源用以描述商业模式有效运转所需要的最重要的资源，这些资源使得企业能够有针对性地创造和实现价值主张，并有效地接触市场和客户。核心资源可以是实体资产、金融资产、知识资产或人力资源。当然，不同的商业模式所需要的核心资源也有所不同。比如，小米的核心资源是其智能手机，而对于阿里巴巴来说，淘宝和天猫网站平台则是他们的核心资源。此外，对核心资源的识别也可以按照不同维度来进行。例如，价值主张的实现需要哪些核心资源？良好的渠道建设需要哪些核心资源？良好的客户关系管理需要哪些核心资源？

7. 关键业务

关键业务活动是企业成功运营所采取的最重要的动作。对平台类电商企业而言，最关键的业务就是网站平台的开发和运营，对服务类电商企业而言，丰富高效的在线服务设计与开发则是他们的关键业务活动。而对于所有电商平台来说，有效的营销和推广是他们共同的关键业务活动之一。

8. 重要伙伴

企业要想让商业模式有效运转，需要特定的合作伙伴。合作关系正日益成为当今商业模式的基石。通过这种关系，企业可以有效地创建联盟来优化商业模式，降低风险或者获得资源。因此，建立买方-供应商关系可以有效帮助企业优化资源配置和降低成本。例如，在线旅游社区需要鼓励活跃用户撰写游记和攻略，以提高平台的吸引力。

> **实际案例2-3** 星巴克中国终于支持微信了

2016年12月8日，刚被任命为星巴克中国首席执行官的王静瑛在星巴克西雅图总部的投资者会议（Investor Day）上介绍了星巴克在中国的情况，包括目前中国的开店情况、云南一位伙伴的故事，当然，影响最大也最广的就是宣布和腾讯的合作——从今天开始，在全部门店支持微信支付。中国大陆地区将近 2 500 家星巴克门店一次性接入了微信，接下来消费者在星巴克消费时只需要在微信端打开"钱包"，然后进行扫码付款即可，操作方式和此前微信在别的场景当中已经提供的体验完全一致。

星巴克原本在中国只准备和 Apple Pay 合作。但是相比在中国还没有打开局面的 Apple Pay 来说，大众对微信支付的认知度和使用频率都明显更高。

值得一提的是，星巴克和微信的合作并不只限于移动支付。已经公布的是从次年年初开始，星巴克还会在微信上提供社交礼品的服务，届时可通过微信直接为好友送出礼品卡或者其他产品或服务，"星巴克将成为中国首家在微信上推出社交心意传递体验的零售品牌"。这同时意味着星巴克和微信可能在更深层面上的合作还有更大的可操作性。

近年来，星巴克与肯德基、麦当劳两大西式快餐品牌在咖啡领域的竞争越发白热化，星巴克此举也是为了能够弥补自身在移动支付领域以及线上营销方面的短板。相比之前"固执"的星巴克，肯德基和麦当劳无论是在线上还是线下都已经积累了一定的资源和运营经验，也更加了解国内消费者的需求。如今，肯德基、麦当劳均已上线现磨咖啡产品，相比于星巴克一直坚守的中高端定位，肯德基和麦当劳的咖啡产品具有更强的价格优势，并且二者在已有门店的基础上上线咖啡产品的难度比星巴克新开门店的难度小很多，而二者在外卖、移动支付方面均领先于星巴克，星巴克能否通过快速双向布局以实现弯道超车仍有待市场检验。

9. 成本结构

成本结构用于描述运营一个商业模式所引发的所有成本。为客户创造和提供价值、建设渠道、维护客户关系和建立盈利模式都会引发成本。这些成本可以在确定关键资源、关键业务与重要合作之后进行计算。虽然在每个商业模式当中成本都需要最小化，但是低成本结构对于某些商业模式来讲并不是最重要的，很多企业的商业模式都介于成本驱动和价值驱动两个极端之间。

除了商业模式画布，人们还会使用另外一些方法和工具来识别自己的市场机会和竞争优势。比如，迈克·波特教授的五力竞争模型和 SWOT 分析方法等。这些方法可以单独使用，也可以和商业模式画布集成在一起使用。例如，在使用五力竞争模型分析市场的新进入者、同行业竞争者和潜在的替代产品的时候，可以帮助识别商业模式画布当中的企业价值主张，从而把企业所提供的产品和服务同以上三者的内容区分开来。再比如，使用 SWOT 分析来识别企业潜在的机会和威胁的时候，可以帮助企业识别可以选择的重要合作伙伴。

有的时候，企业尤其是初创企业，为了更快更好地获得投资人青睐，也会采用更简洁的方式来描述自己的商业模式。主要报告内容包括企业的业务介绍、市场预期和自身的竞争优势。

2.2 电子商务的主要商业模式

电子商务从发端到现在，主要商业模式包括以下几种。

1. 在线零售

基于互联网所开设的零售店铺通常被称为在线零售商或者线上卖家。主流的在线零售商仅仅在互联网上运营零售业务。在线零售商有各种各样的规模，从在线零售平台巨人规模的电商（淘宝、亚马逊等）到平台上小规模的网络卖家。在线零售模式下，客户不需要到实际的物理店铺去进行购买，他们仅仅需要连接互联网，使用个人电脑或者是智能手机即可下单。

随着电子商务的发展，一些传统的零售商也开始建立自己的在线渠道，通过网络销售自己的产品。学者们将其称为砖瓦鼠标式企业，苏宁和沃尔玛就是这种商业模式的范例。

还有一些厂家在互联网上建立自己的直销渠道，直接将产品销售给消费者（B2C）和卖家（B2B）。

随着网民规模的不断增加，在线零售商的市场机会也在不断扩大。因为在线零售的进入成本较低，所以非常多新的在线零售商也在不断涌现，从而使得该市场的竞争更加激烈。由于零售的盈利模式依赖于消费者购买产品，因此竞争非常激烈。新的在线零售商若要与现有竞争者区别开来，往往需要开发细分战略，明确识别潜在的目标客户和市场需求。

2. 网络社区

网络社区并不是电子商务开展后的新现象。互联网的出现，使得具有相同爱好和思想的个人能够更方便地交换意见。网络社区创造了一个在线环境，消除了用户们在地理和时间上的限制，方便他们进行买卖或兴趣分享。

大多数网络社区在初期为用户提供免费的服务，然而随着电子商务的进一步开展，越来越多的网络社区提供者开始产生对盈利的兴趣或是面临盈利的压力，他们不断尝试各种可以变现的方式。

有的网络社区能够提供具有一定深度和广度的专业信息，提供者向感兴趣的用户收取一定的注册费用，以便用户在社区当中获得对他们有价值的信息内容。有的网络社区能够吸引大量的访问者和注册用户，这就使得网络社区成为一个理想的广告和营销的空间，网络社区提供者由此可以接受广告商的业务，在适当的页面放置广告、收取广告费。随着网民对网络社区的兴趣增加，在网络社区中生产出大量的内容，并通过互动功能形成共识。这就使得很多以用户生成内容（UGC）为特色的网络社区通过引导用户形成共识来为企业营销，进而收取相应的费用。

随着电子商务 2.0 时代的到来，人们越来越多的生活内容实现了数字化。获取这些在线数字化内容成为企业了解客户需求、建立竞争优势的关键环节。网络社区可以通过适当销售社区用户数据来获得盈利。

由于网络社区的扩展主要依赖社区成员之间的推荐，营销成本较低，而用户黏性较高，所以成为具有一定专业知识的电子商务创业者的优先选择。

3. 内容提供

与网络社区所提供的 UGC 不同，在一些特定的专题方面，人们更倾向于获取专业的内容，如数字视频、音乐、照片或艺术作品等。相当多的网民愿意花费更多的钱来获取专业的在线内容。提供商可以通过各种不同的盈利模式来获得收益，包括收取注册费和售卖数字产品。

有的内容提供商并不对信息内容收费，他们通过信息内容来吸引大量读者，进而通过广告方式盈利。这种方式也被称为免费增值服务［"Freemium"——Free（免费）+ Premium（增值服务）］。免费增值商业模式，通过向用户提供免费内容或补贴价格，来实现向用户销售另一种利润更高产品的目的。有很多在线新闻网站，用户可以自由免费阅读新闻，然而也有很多内容的阅读受到限制，通常只是呈现一个标题或者前导性文本，更多后续的深度内容则作为一个产品进行销售。

还有一些内容，提供商并不拥有内容，而是聚合内容，对原有的信息增加附加价值，再向其他人分发。例如，有的数据分析公司收集多种产品的在线价格，对这些信息进行分析，并以报表的形式展现给相应的企业用户，并收取一定的费用。电子商务初创公司希望通过提供内容来盈利往往面临着不小的困难，除非企业拥有一个其他竞争者所无法获取的独特的信息来源。而很多时候，这个商业领域都被传统的内容提供商们所占据。

4. 门户服务

门户服务一度被视为最有价值的互联网业务。作为用户进入互联网的初始入口，理论上门户网站能够吸引最大的流量，从而产生一个最具价值的营销和广告场所。

电子商务早期诞生了大量的新闻门户网站。考虑到互联网初期大量网民的信息需求，这些网站允许用户免费阅读内容，借此吸引大量用户访问。并通过提供免费的服务，如电子邮箱和日历等，尽量延长访问者在门户网站的停留时间。这样门户网站能够吸引到大量的广告商。早期我国的三大门户网站——新浪、搜狐和网易，都采取了这种商业模式。由于这样的新闻门户网站通常收集各行各业的信息以面向各行各业的用户，因此也被称为"水平门户"。有的新闻门户网站则聚焦于一个特别的主题或市场，构建垂直新闻门户。显然，垂直新闻门户的用户数要比水平门户低很多。但是这样的细分市场对广告商来说依然有着足够的吸引力，且愿意在这些网站支付费用来接触他们的目标客户。

随着互联网应用的深入，人们使用互联网的初始行为已经不仅仅是阅读新闻。从而互联网门户类型不断丰富。

（1）搜索引擎成为相当多网民的互联网门户。网民浏览互联网的行为，从最初为了娱乐的感性行为逐渐向理性行为转变。为了更直接地定位到自己想要阅读的信息，越来越多的人开始使用搜索引擎。这样搜索引擎就成为新的互联网门户。基于庞大的流量，搜索引擎可以收获更多的广告收入，如百度和谷歌等。但是新搜索引擎的机会并不多，数据显示，由于用户的品牌认知，排名前 5 的搜索引擎往往能够获得 90% 左右的流量。

（2）社交媒体平台成为新时代的互联网门户。人们的社交生活向互联网平台的搬迁，使得对社交媒体的访问成为很多网民连接互联网的初始操作。社交媒体平台由此成为新的互联网应用入口。

（3）浏览器成为一部分网民的互联网门户。无论是PC机上安装的浏览器程序还是手机上安装的浏览器，现在都不只是一个软件工具，其默认主页提供多个连接到在线服务的链接。用户可以很方便地通过这些链接获取自己所需的内容和服务。不同的浏览器提供的热门互联网应用链接不尽相同。

（4）智能手机/硬件正在成为新的互联网门户。无论用户连接互联网是为了访问哪个网站或是使用哪一种类型的浏览器，本质上都是在应用一种软件。而在软件之前，用户得以接触互联网的工具是硬件。随着智能手机的出现，制造商们有意识地将其打造为其用户的互联网门户，不同品牌的智能手机，搭载着各种不同的互联网服务，包括应用商店、浏览器以及默认的新闻客户端等。从而为其用户提供了一个进入互联网世界的大门和中心枢纽。

实际案例2-4 智能音箱，下一个互联网门户？

美国互联网时代的三大巨头，亚马逊、谷歌、苹果纷纷完成以智能音箱为入口的语音交互生态布局，这也将成为未来彼此竞争的重要战场。

最早将智能音箱玩出新高度的是亚马逊。2014年11月，亚马逊推出了一款全新概念的智能音箱Echo，把智能语音交互技术植入到传统音箱中，进而让音箱有了人工智能的属性。尤其是内建的"Alexa"语音助手可以像你的朋友一样与你交流、讲笑话给你听，还能为用户播放音乐、新闻、网购下单（当然只能通过亚马逊的电商平台）、Uber叫车、叫外卖、念做菜的食谱、提供交通路况、当作闹钟等。另一个重大功能是对用户家庭里的智能家居设备的控制（如智能灯、空调、电视等）。

在不排除Echo未进入中国市场的影响因素的情况下，BAT、京东、小米等国内巨头的入局对智能音箱的普及起到了至关重要的作用。几番博弈发展至今，中国市场已逐步成为全球主力，智能音箱出货量已经跃居全球第一。知名数据机构Canalys的报告显示，2020年Q1中国市场智能音箱出货量全球占比51%，首次超过美国，成为全球最大智能音箱市场；AVC 2019智能音箱H1报告显示，2019年上半年中国智能音箱市场销量为1 556万台，同比增长233%。

5. 交易中介

交易中介是帮助消费者完成特定类型交易的企业。使用这种模式的在线中介的价值主张是为消费者节约时间和金钱，在这个过程中，大部分交易中介为用户们提供及时信息和意见。比如，在线求职网站就为求职者提供了一个强大的招聘市场，也为雇主们提供了一个庞大的人才市场。招聘者和求职者被平台的方便性和现实性所吸引，愿意在平台上完成求职和招聘工作。

在线交易中介收取的费用一般比传统中介低。但是，考虑到他们所吸引的消费者和顾客的数量，由此产生的潜在收益仍然非常可观。大多数在线中介通过收取每次交易的手续费或分成来获得收益。因此，吸引新用户和鼓励他们更为频繁地进行交易，是这类企业提高收益的关键。

6. 在线市场

在线市场创建者建立了一个数字环境，买家和卖家可以在其中相遇，展示和搜索产品及服务，并识别合理的价格。在互联网时代之前，市场创建者依靠物理场所来建立一个市场。互联网改变了传统市场的建立方式，让市场创建者可以在数字空间完成相同的业务。市场创建者可以通过向交易各方收取服务费来获得收入。

市场创建者和交易中介的最大区别，就在于交易中介是帮助消费者完成各类交易，他们是市场活动中的各类代理。但是，在线市场中的买家和卖家是其各自的代理，他们需要自己获取信息来找到合适的交易对象，并利用自己的能力来完成交易活动。

在线市场通过向商家收取入驻的费用或是向用户收取一定的交易费用来获得收入。只要存在商业活动，交易市场的创建者就可以获得收益，这就是在线交易市场企业从一开始就能够获得盈利的原因。在线交易市场创建者们并不需要生产成本或者是库存成本。但是市场创建者必须有非常充足的财务资源，并通过有效的营销计划来吸引足够多的买家和卖家。

> **实际案例2-5** 土巴兔的成功之道
>
> 随着数字经济的蓬勃发展，传统行业正在努力转型求变，作为一个拥有亿级庞大市场的家居家装行业，更需要加速数字化转型，并在变革中不断焕发出新的生机。
>
> 土巴兔，2008年7月诞生于中国深圳，成立之初就致力于让家健康、舒适、充满爱。土巴兔以互联网家装平台业务为核心，依靠互联网与大数据技术，以线上化的形式连接业主和家装企业，从信息推荐、交易保障、质量监督和评价反馈等多个角度，为家装行业参与者提供渗透到家装各环节的服务。
>
> 截至2020年12月31日，土巴兔平台累计入驻了130多万名设计师、逾11万家装修公司以及9 000多家家具材料供应商，业务覆盖国内300多个城市。根据国内知名数据服务商Talking Data发布的《2020年移动互联网报告》显示，2020年头部家装App中，土巴兔App安装量位居榜首，已成为用户在装修时的首选互联网家装App，成为名副其实的互联网家装领先品牌。

7. 在线服务

在线服务提供商们通过互联网提供各种各样的服务。有的在线服务是免费的，如社交媒体平台，让用户免费上传各种短文本和图片，再如在线地图、在线文档和在线邮件服务等。有的在线服务则是收费的，如在线的财务管理服务。

服务提供商们借助自己的知识和能力来服务互联网上的客户，他们的普遍价值主张就是为客户提供更高效率更低成本的知识服务。客户的类型不仅仅包括个人消费者，也包括各种类型的企业。比如，当下流行的云计算服务，就是向各种企业提供服务分享计算能力和存储能力。

很多时候在线服务的业务并不是单独存在的。他们往往和其他的电子商务业务结合在一起。比如，有一些在线数据存储服务提供商，也提供法律方面的意见。旅游中介们往往会提供旅游规划的服务。事实上，将各种服务集成到企业提供的硬件产品当中，是一个非常有效的商业战略。

实际案例2-6　UCloud：中国云计算第一股

1996年9月，季昕华进入同济大学电气自动化控制专业就读，在计算机课上首次接触到了电脑，这次邂逅改变了他的人生轨迹，他马上就被计算机深深吸引了。很快，季昕华从一名不知道怎么开机的电脑盲变为了一位名副其实的电脑高手。毕业后，季昕华先后担任华为公司安全团队负责人、腾讯公司安全中心副总经理、盛大在线首席安全官和盛大云计算公司CEO等职务，拥有多年的安全管理、产品研发和企业运营工作经验。2012年，季昕华从盛大离职，和好友莫显峰、华琨一起开始筹建自己的云计算公司UCloud，中文名为上海优刻得信息科技有限公司。

UCloud提供中立、安全的云计算服务平台，公司自主研发IaaS、PaaS、大数据流通平台、AI服务平台等一系列云计算产品，并深入了解互联网、传统企业在不同场景下的业务需求，提供包含公有云、混合云、私有云、专有云在内的综合性行业解决方案。2020年1月，UCloud优刻得正式登陆科创板，成为中国第一家公有云科创板上市公司，同时成为中国A股市场首家"同股不同权"的上市企业，开创了中国A股资本市场及公司治理的先河。

依托公司在莫斯科、圣保罗、拉各斯和雅加达等地部署的31大高效节能绿色云计算中心，以及中国北、上、广、深、杭等11个地方的线下服务站，UCloud在全球已有3万余家云服务消费用户，间接服务终端用户达到数亿人。

虽然电子商务的商业模式可以划分为上述类型，但这并不意味着电子商务从业者只能选择其中之一来开展业务，他们完全可以根据实际情况采取以上一种或几种的混合模式。常见的电子商务商业模式和盈利模式，如表2-1所示。

表2-1　常见的电子商务商业模式和盈利模式

商业模式	盈利模式
在线零售	广告盈利
网络社区	销售盈利
内容提供	交易费用
门户服务	会员费
交易中介	许可费
在线市场	免费—收费模式
在线服务	联盟收费

另外，这些商业模式并不仅仅针对 B2C 市场，也同样适用于 B2B 业务。但是由于 B2B 的传统力量和习惯更强，目前其商业模式与 B2C 有着较大不同，该领域所采用的商业模式更像原有业务的互联网版本。随着新科技革命的到来，功能更加强大的信息技术（人工智能和区块链等）被引入电子商务中，我们期待更多成功的电子商务新商业模式出现。

2.3 互联网思维

互联网思维是相对于工业化思维而言的。一种新技术带来的影响需要从工具层面、应用层面逐渐过渡到社会思维层面，且往往需要经历很长的过程。因为这种影响有一定的滞后性，就容易造成旧制度和新时代在人们观念中的错位。越是曾经行业的头部企业，其转型越是艰难，这就是"创新者的窘境"，是指一个技术领先的企业在面临突破性创新时，会因为过度适应原有生态系统而在创新转型时面临失败。

因此，所谓互联网思维，就是要求人们立足互联网技术所带来的影响，构建反映新时代发展规律的认知方式或思维结构。在商务领域，即改变过去传统工业时代的思维方式，基于互联网所带来的强大信息服务能力，重新审视人类社会所有商业活动的运行规律，创建有效指导互联网时代商业活动的行为准则。

提出互联网思维的百度公司创始人李彦宏提出："我们这些企业家们今后要有互联网思维，可能你做的事情不是互联网，但你的思维方式要逐渐从互联网的角度去想问题。"这种观念已经逐步被越来越多的企业家、甚至企业以外各行各业及各个领域的人所认可。

一般而言，要想获得电子商务领域的成功，需要遵循三个互联网思维的核心理念。

1. 用户思维

互联网的产生，在最大程度上消除了信息不对称。越来越多的互联网用户，通过大量的信息来源，可以有效地进行商品和服务的比较，选择对自己价值最大的方案。在这种环境中，如果企业不能充分地了解用户的需求，获得用户的认可，用户就可能并可以轻易转向竞争对手或者选择其他替代产品。因此，互联网思维当中最重要的就是用户思维，需要在价值链的各个环节，都以"用户为中心"的原则去考虑问题。只有深刻理解用户的需要，才能获得用户的认同，才能够获得商业合同。

从互联网的行业实践来看，用户思维的落地主要分为三个层次。

（1）充分了解客户需求。

成功的互联网产品都能够通过各种方式接触终端客户，准确识别他们的痛点和痒点。在此基础上生产的产品和服务，能够更加容易被购买，从而最大程度上减少对渠道的依赖，降低运营成本，构建起竞争优势。

之前工业时代虽然也提倡"用户至上",但是建立在"推式"生产基础上的业务开展实际上并不是以用户的详细需求为出发点。企业主要通过与对手的竞争来占领市场,竞争对手推出一个新产品,同类企业就会紧盯该产品进行模仿和研发。久而久之,商业变成了一场竞争,而不能满足用户的需要。互联网思维就是要把企业拉回商业的本质,即以客户为核心。

(2)鼓励用户参与。

"按需定制"和"个性化"之所以成为很多互联网业务的宣传口号,其根本目的在于吸引用户参与,让用户对产品产生更高的认同感。

互联网的存在让用户参与产品设计的方式变得更为简单,他们可以加入产品设计的在线讨论群,对产品提出各种意见。参与的用户既是设计者,以后也会是产品的拥护者和购买者。在新的互联网时代,要求企业在更高层次上来实现"客户为中心",不仅听取客户的需求,更要让客户参与商业过程的每一个环节,从需求收集、产品构思到产品设计、研发、测试、生产、营销,再到服务等。只有充分汇聚用户智慧的企业,才能够和用户共同赢得未来。

(3)强调体验至上。

在产品和服务的生产和销售全过程当中,构建反馈闭环,重视每一个步骤的细节,力争超出用户预期,为他们带来更多的惊喜。

用户体验(User Experience,简称UE/UX)是用户在使用产品过程中建立起来的一种纯主观感受。ISO 9241—210标准将用户体验定义为:"人们对于使用或期望使用的产品、系统或者服务的认知印象和回应。"通俗来讲,就是"这个东西好不好用,用起来方不方便"。因此,用户体验是主观的,且其注重实际应用时产生的效果。用户体验,包括用户在使用一个产品或系统之前、使用期间和使用之后的全部感受,包括情感、信仰、喜好、认知印象、生理和心理反应、行为和成就等方面。三个影响用户体验的因素包括系统、用户和使用环境。

实际案例2-7　手机壁纸也要最漂亮的

雷军在接受记者采访时谈到,他发现用户需要漂亮的壁纸。在小米论坛和MIUI论坛上,用户对于手机壁纸资源的讨论和交流非常多。于是从小米手机一代开始,一有时间,雷军就和设计部门的设计师在一起讨论壁纸、挑选壁纸,他自己看过近万张壁纸,最后雷军决定出资100万元征集漂亮的手机壁纸。

2. 数据思维

用数据驱动商业决策是互联网企业的典型特征。从桌面互联网到移动互联网,再到物联网,体现了整个社会逐渐数据化的过程。万物互联的前提是万物的数字化,数据成为企业运作业务的关键资源。

随着数字化不断深入人们的生活,越来越多的用户信息以数字形式被记录在互联网上。用户的身份资料、喜好、浏览习惯、观点和意见以及行为历史等,都能够帮助企业形成更精准的画像。数据变成了资产,通过强大的大数据分析技术就可以挖掘数据资产价值,并将它变现为用户价值、股东价值甚至社会价值。

物联网技术通过物物互联能够更加精准地反映人类生活的物理世界,也更加便于观测人们在物理世界中的生活状态,这为企业进一步精准识别用户需求提供了信息支持。

实际案例2-8　大数据是自动驾驶汽车的未来

自动驾驶汽车需要大数据的最简单原因是,没有数据它们什么也看不见。尽管自动驾驶汽车配有摄像头和传感器,使它们能够查看周围环境并与之互动,但如果不能获得可靠的数据流、了解周围的情况并对未来作预判,它们就完全不起作用。一些自动驾驶汽车消耗数据的速度已经超过了汽油消耗。

自动驾驶汽车在进行测试时会产生大量数据,每辆汽车每秒就会产生 6 GB~8 GB 的数据。仅仅在2017年,该领域就创造了大约 250 EB 的大数据(1 EB= 1 024 PB,1 PB=1 024 TB)。汽车厂商需要先进的概念来处理这些数据并从中获取价值。

高德汽车产品总经理刘浩表示,无人驾驶和自动驾驶的前提是海量的数据处理能力,这无法单纯依靠传感器来实现。另外,刘浩认为,从车的功能分类上看,自动驾驶汽车行业可分为三种:第一种是提供整车业务的,包括特斯拉和谷歌;第二种是提供相关出行服务的,以 Uber 和滴滴为代表的;第三种是类似于高德或者是谷歌这样提供基础出行服务的。

3. 颠覆式创新思维

颠覆性创新理论是由哈佛大学商学院商业管理教授克莱顿·克里斯坦森(Clayton M.Christensen)提出的理论。他认为颠覆式创新往往意味着创造出更简单、更容易和更便宜的商品,从而重新定义竞争格局,直至把原来的行业领先者挤出市场。

总结国内外颠覆式创新的成功案例,可以看到颠覆式创新一般具备以下特征。

(1)非竞争性。

所谓非竞争性是指颠覆式创新并不与原有主流市场争夺用户,而是通过满足新的消费者来求得生存与发展。当颠覆式技术发展到一定程度,新产品的高性能就会吸引原有主流市场的顾客,从而使顾客脱离原来的主流市场,进入新的市场领域。

(2)初始阶段的低端性。

颠覆式创新与维持性创新立足的市场基础不同。颠覆式创新通常立足低端市场,维持性创新则往往占据高端市场。由于颠覆式创新在初始阶段的低端性,容易被原有的主流市场参与者所忽略。采用这种战略的新进入者,可以避开现有高端市场的激烈竞争成长和壮大。

(3)简便性。

简便性使得使用者范围更加广泛,并使产品价格更加低廉,为颠覆式创新的发展提供了良好市场条件；同时，简便性也容易使原有的主流市场竞争者对其缺乏重视，为创新的市场扩散提供良好条件。

互联网为电子商务创业者发现颠覆式创新的机会提供了一个巨大的空间，诸多电子商务创业者利用互联网构建自己成功的电子商务业务，填补了传统行业的空白，并开始对传统行业产生巨大的影响。即使在电子商务行业内部，颠覆式创新的实践也屡见不鲜。

实际案例2-9　hao123：上网从这里开始

对网民上网入口的竞争一直存在于各大互联网巨头之间。各个著名的门户网站以大量的新闻内容吸引顾客，主流的搜索引擎则通过简洁的搜索框来帮助用户到达想去的网站。大家各显神通，想尽办法吸引用户。然后，在这个激烈的竞争中，一个初中生创办的平平无奇的网站居然脱颖而出，成为很多网民的上网主页。这个网站就是李兴平创办的hao123。

李兴平的父母均为农民，他初中毕业后即返家谋生。当时，网络在中国逐渐普及，迷上了上网的李兴平在当地网吧找了一份网吧管理员的工作。网吧管理员的身份让李兴平天天泡在网上，泡在那些打游戏、聊天、上网的网民中。很快，他发现来网吧的很多人都不知道如何上网，上网后又不知道去哪里找到所需要的内容。于是，李兴平开始有意识地去做网站地址搜集分类工作，爱琢磨的他想到要做一个"网址大全"式的东西。半年后，李兴平的个人主页开始有了hao123的雏形，他当时给它起的名字就是"网址大全"。这个主页把当时中国排名前5 000位的站点进行分门别类，按用途组合在一起。随后他开始做一些点击广告以及网站联盟等，随着流量增大，网站的固定广告也随之而来。

网站有了收入，他需要正式注册一个名号，"hao123"一下子跳入他的脑海。"当时并没有什么太多的考虑，也没有特别的含义，只是觉得它简单，好记。"李兴平回忆说。经过一段时间的发展，百度的李彦宏清楚看到了hao123的价值，他认为虽然hao123特别简单，但简单到无法去超越。最终，百度以5 000万人民币的价格收购了hao123，而hao123也为百度贡献了至少4亿元的营收。

事实上，我国对互联网思维内容的讨论层出不穷。研究者总结了各种互联网思维（表2-2）。这些思维内容根据具体的电子商务实践和成功案例总结，具有经验性。它们在一定程度上反映了我国电子商务发展的相关规律。人们可以把这些成功经验总结与电子商务商业模式理论相结合，来创新和建立符合中国特色与发展的成功商业模式和业务。

表 2-2　互联网思维的具体内容

1 用户思维	2 草根思维	3 粉丝思维	4 服务思维	5 爆点思维	6 社交思维
7 产品经理思维	8 极致思维	9 痛点思维	10 简约思维	11 微创思维	12 迭代思维
13 颠覆式创新思维	14 流量思维	15 免费思维	16 信用思维	17 跨界思维	18 整合思维
19 开放思维	20 平台思维	21 顺势思维	22 连接思维	23 大数据思维	24 物联网思维

来源：安杰．一本书读懂 24 种互联网思维 [M]．台海出版社，2015．

本章小结

1. 商业模式的定义。商业模式作为一个让企业满足消费者需求的系统，组织管理企业的各种资源（资金、原材料、人力资源、作业方式、销售方式、信息、品牌和知识产权、企业所处的环境和创新力等，又称输入变量），形成能够提供消费者必须购买的产品和服务（输出变量），因而具有自己能复制而别人不能复制，或者自己在复制中占据市场优势地位的特性。简单地说，商业模式就是通过一定方式或途径来获取收益。

2. 商业模式画布。商业模式画布由 9 个基本构造块构成，涵盖了客户（我们为哪类人群提供服务／产品？Who）、提供物（我们具体提供什么服务／产品？What）、基础设施（我们要怎么提供服务／产品？How）和财务生存能力（我们要怎么通过这些服务／产品赚钱？Money）四个方面。通过商业模式画布，可以方便地描述和使用商业模式，构建新的战略性替代方案。

3. 电子商务的主要商业模式包括在线零售、网络社区、内容提供、门户服务、交易中介、在线市场和在线服务等。电子商务从业者可以根据实际情况采取以上一种或几种的混合模式。这些商业模式可以应用于 B2C、B2B 和其他电子商务市场。随着新科技革命的到来，功能更加强大的信息技术（大智移云物和区块链等）被引入电子商务中，未来会有更多成功的电子商务新商业模式出现。

4. 互联网思维。互联网思维是相对于工业化思维而言的。要求人们立足互联网技术所带来的影响，构建反映新时代发展规律的认知方式或思维结构。在商务领域，即改变过去传统工业时代的思维方式，基于互联网所带来的强大信息服务能力，重新审视人类社会所有商业活动的运行规律，创建有效指导互联网时代商业活动的行为准则。最为重要的三个互联网思维是用户思维、数据思维和颠覆式创新思维。也包括其他具体的互联网思维内容。将互联网思维应用于商业模式的构思和创新将更有助于获得成功。

课后习题

1. 什么是商业模式?
2. 哪些因素是构建电子商务商业模式时需要考虑的?
3. 商业模式画布方法的基本模板是怎样的?各个模块间的关系是怎样的?
4. 试着给出与商业模式画布各个模块相关的电子商务成功和失败的案例。
5. 电子商务的主要商业模式包括哪些?
6. 网络社区带来的商业机会是什么?
7. 什么样的在线内容具有较高的商业价值?
8. 互联网门户可以有哪些形式?
9. 什么是互联网思维?
10. 互联网思维最重要的内容有哪些?
11. 应该如何融合互联网思维、商业模式的理论与方法和新科技革命,构建符合中国国情、具有中国特色的电子商务新商业模式?

章后案例

知乎的变现之路?[1]

2003年,周源进入东南大学攻读研究生。2004年,他前往上海一家加拿大公司的研发中心工作,负责数据库接口的开发。一年后,周源发现自己虽然很喜欢写代码、当工程师,但这离他最初"开一家科技公司"的想法距离很远。2010年8月,周源开始做知乎。"我们希望做出一种产品,帮助大家组织和分享知识经验。大家有问题,可以来这里提问,整个社区能帮着找到能够回答的人。同时,这些内容可以沉淀下来——这就是知乎的想法。"

未来的知识是网格化的,作为克莱·舍基坚定的拥护者,周源相信每个人都有"富余"的知识、经验和见解。正所谓萧伯纳的苹果理论:交换苹果,则你我各得一只苹果;交换思想,则你我各有两种、甚至更多思想。认知盈余和分享欲望,是供给方——也就是回答者行为成立的根本。人的最高需求是获得尊重,实现自我价值。所以"好为人师"是人之本性,人们总喜欢指出演员念错的台词,以及广告牌上的错别字。知乎上数万个问题,就成了人们表现的机会。更何况,知乎带有强烈的"去中心化"属性:强调对问题而非大V的关注,很多热门回答者都是小透明。一些热门问题下,多年前的回答至今还能获得不错的长尾流量。这种问答结构,也恰好适应需求端——提问者的阅读习惯。信息粒度很关键,资讯软件的频道划分太粗,搜索引擎的引导太细。知乎上真实用户的提问,正好介于零散信息和精准搜索之间,激发了人们的好奇心。人群目标的共同特征是:不满于庸俗、粗鄙的信息环境,不甘于被机器"喂养",却又不愿为此付出更多,比如下功夫调教RSS阅读器,或者去图书馆寻找答案。提问者渴望快餐化、随取随用的知识。

2011年1月26日,知乎正式上线。在最早的200位用户里,包括了李开复、马化腾、王兴、王小川、徐小平等企业家和知名VC。在知乎"冷启动"的前40天里,种子用户共创造了8 000个问题和2万个回答。高质量的人群和内容聚集让"知乎邀请码"一度跟2021年初火爆的Clubhouse一样,成为一个身份的象征。2011年一个邀请码,在淘宝上甚至能炒到百元。早期的知乎把维系社区品质当作最重要的工作,周源经常用城市建设的思维去思考知乎的模式。如何让知乎在规模扩张的同时保持有序,周源对此一直极端慎重。

2012年,周源曾问团队成员:你们想做一个服务少数用户的产品,还是一个服务大众的产品?所有人的回复都是后者,这才让他下定了开放的决心。2013年4月,知乎开放注册,一年时间里用户数量即由40万攀升至400万,芜杂之声随之涌入。知乎开始进行密集的功能迭代,走类似微博的下沉路线。具体表现为,一方面扩大回答者的多样性,一方面降低普通用户的使用门槛。如何保持扩张的同时人气不散?知乎采取的是"洁癖式"的管理策略。某2011年就入驻知乎的历史知识作者向作者回忆:"那时知乎不涉及任何内容商业化运作。有外部代理商私下联系大V,但做得很隐蔽。"

---

[1] 主要资料来源:吴怼怼.知乎七周年:从小众走向大众,知乎经历了什么? http://www.woshipm.com/it/929708.html;邱智丽.知乎要变现难不难.http://www.affta.cn/140/25591.jhtml;知乎上市招股书;等。有修改。

不过 2016 年后，随着知识付费成为风口，玩家涌入，市场环境急剧变化。2015 年 12 月 31 日，罗振宇在水立方做了近 4 小时的跨年演讲；5 个月后，他推出了知识服务 App "得到"。5 月，付费问答平台"分答"上线，42 天收获付费用户 100 万人次。6 月，喜马拉雅上线付费音频《好好说话》，首日销售额突破 500 万元。知乎的商业化成为公司外部和内部共同关注的话题。

2016 年的愚人节，知乎的新功能"值乎"上线。一些大 V 内容的关键部分被打码，可通过付费查看完整信息。周源在官方视频里"带货"时称："很多人老是问我们怎么商业化，我很烦。于是我就带着一个团队做了一个商业化的东西，不就赚钱吗。" 2016 年 5 月，知乎举办了知乎盐 club 第三届，并正式推出了实时问答产品"知乎 Live"。之后，知乎上开启付费授权转载的问答达到 40 多万篇，截至 9 月 20 日，共计 557 场 live 中，参与者人均消费为 52.8 元，重复购买率达 37%。上线 4 个月以来，知乎 Live 演讲者的平均时薪已经超过 1 万元，其中最高单场收益达 15 万元，人数最多的一场 live 有近 43 000 人参与。

知乎在变现路径上获得的一系列成果提升了周源的自信，他一改原来对知乎商业模式问题的回避，开始主动讲起知乎的变现问题，"知识付费是共享经济的一个新形态，对于知乎而言，知识付费的形成更是一种释放，或者说产生一种新的高质量信息的生产方式"。"用户与用户之间产生一种供需关系，彼此有目的地交换信息，形成了一个知识市场"。至此，知乎的野心就不仅仅停留于问答社区，而是要构建一个知识服务市场，不仅成为认知盈余的优质信息平台，还要成为知识经济的基础设施。致力于围绕知识供求建立起一系列市场机制，并让知识供应者可以从中获得收益。

知乎的营收一度主要来自两个方面：盐选会员与商业广告。其中，知乎 90% 以上的营收都来自广告，剩下约 10% 的收入来自知识付费服务（会员）。在开始商业化之后，知乎明显不甘于此，在商业化进程上做过很多尝试。

激励用户贡献知识之外，对知识的生产和再组织为知乎商业化带来新的落脚点，这是知乎未来变现的重要方向。而对于知识最大的结构化体现就是图书，此前知乎曾和出版社合作推出了知乎周刊、一小时、知乎·盐三个出版物系列。"通过社区的方式生产一本书的优势在于，能高效率、低成本地挖掘作者。社区沉淀点赞、关注度等数据对出版社非常有价值。"周源表示。据悉该板块上线以来，已经产生了 2 600 万销售量电子书。知乎自己出版的电子书在 2015 亚马逊免费中文电子书排行榜 Top10 中，就占据了 4 席。

除了为品牌制作原生广告、搭建场景、设计线下活动之外，知乎还开始为品牌提供一些特殊工具，如"品牌提问""亲自答"等。2017 年，据知乎官方披露，其商业化收入已达到 2016 年的 5 倍。2018 年，知乎的商业化进一步走向多元。4 月，知乎上线电子书产品"知乎读书会"；6 月，知乎升级推出付费会员打包服务"知乎大学"。2019 年 3 月，知乎推出新的会员体系"盐选会员"，并向电商迈进。当年，知乎打造了男性种草社区"CHAO"；2019 年 9 月，知乎又内测了"好物推荐"等产品功能。问题回答者可以在回答的文章中插入商品卡片，为京东商品导流。如果用户购买该商品，问题回答者可以获得相应的收益。2019 年 10 月，知乎直播功能正式上线。知乎迫不及待要跟上直播的潮流。在直播场景中，用户可以更加轻松、直接地分享知识、经验和见解，展开实时的讨论交流，获得来自主播的专业解答。在知乎直播间里，用户可以通过"评论弹幕""提问""对谈"等多种功能与主播进行互动。主播收获来自用户的支持与认同，从而获得相应收益。

2019 年 8 月 12 日，知乎完成了史上金额最大的 F 轮融资，总额 4.34 亿美元。由快手领投、百度跟投，腾讯和今日资本等原有投资方继续跟投。有了资本的助推，知乎在商业化道路上越发加紧步伐。从最初的线下聚会「盐 club」，到线上知识付费「值乎」、「知乎 Live」和「知乎直播」，再到电商领域的「好物推荐」和如今的「小蓝星推荐榜」，知乎都在努力实现变现。

对于知识变现，国内更早的先例是豆瓣，同样是以"兴趣和发现"为逻辑建立人与物的联系，但在商业化变现方面，豆瓣社区先后试水电商，推出线上购票业务，豆瓣音乐付费版 FMPro，以及电子书等业务，但基本上都折戟沉沙。"如果产品只有好的用户体验，却没有好的用户价值，做商业化就会非常困难，当商业化东西伤害了用户体验，这两件事情就很难协调了。"豆瓣创始人兼 CEO 杨勃曾如此说道。"考虑知乎特有的文化氛围且处于创业阶段，商业变现需要以更加巧妙的方式呈现，进行一步步的尝试。"知乎投资人、启明创投主管合伙人甘剑平告诉《第一财经日报》记者。

在一些媒体人看来，知乎近年来探索的回答中植入商品链接的带货形式不仅破坏了用户的阅读体验，更是自降质量水平引起创作者们的反感；正在尝试的直播带货形式也收效甚微，因为知乎用户与大 V 之间的关系本就是相对平等交流，很少存在粉丝盲从心理，用户在知乎观看直播并购买的习惯也还没有养成，甚至知乎直播在互联网上掀起的水花也少得可怜。

在一段时间内，知乎与广告商的关系也颇为尴尬。随手一搜就能看到，经常在知乎 App 推荐流里出现的安居客、还呗、基因宝等品牌广告在知乎的搜索结果几乎都是负面信息。以安居客为例，默认显示的前三条回答为"安居客百分之五十以上都是假房源""安居客上的房源绝对百分百的虚假""安居客软件其实没太大的问题，只是中介太烦人"等吐槽内容。品牌方花大价钱合作，却被知乎引以为傲的真实属性打败，这样搬起石头砸自己脚的品牌营销翻车案例在知乎上并不少见。此外令部分老知乎用户心寒的，还有官方自产虚构低质量内容。2019 年，知乎推出全站会员服务"盐选会员"，最初定位是通过盐选专栏的优质内容获得付费收入。但仔细观察就能发现，盐选热度榜的前 20 位中，经常有十几个栏目为虚构或非虚构的故事会栏目。年底，知乎甚至开设了官方账号"故事档案局"，专门收集和转载各种惊悚刺激的故事和段子，这样打着官方标签的虚拟创作如今屡见不鲜，"编"也成了正大光明的创作手段。

如何在不破坏社区氛围的同时植入广告，平衡社区理性文化和商业步伐，在变现方式探索上，不管是知乎还是 Quora 都显得小心翼翼，而有效的盈利模式也仍在探索之中。

美东时间 2021 年 3 月 5 日，中国综合性内容平台知乎正式向美国证券交易委员会（SEC）递交上市申请，计划以发行美国存托股票（ADS）的形式在纽约证券交易所挂牌上市。根据招股书，知乎营收主要来自几方面，包括线上广告、付费会员、商业内容解决方案以及其他服务（包括在线教育、电商）等。2020 年，上述四项业务营收占总收入的比例分别为 62.4%、23.7%、10% 及 3.9%。其中，付费用户收入较 2019 年增长 264.2% 至 3.2 亿元；在线教育和电商服务收入增长 1 082.9% 至 806.6 万元。

思考题

1. 知乎最初创建的时候，定位为一个知识分享社区，创始人是如何定义目标用户的需求？
2. 随着知识付费风潮的涌现，知乎开始建立自己的商业模式，迄今为止，都有哪些业务？
3. 尝试使用商业模式画布方法绘制知乎的商业模式逻辑。
4. 结合豆瓣的商业化之路，试着探讨知乎的商业模式中哪些是合理的？哪些需要进一步审视？
5. 根据互联网思维和商业模式的理论，试着给出你对于知乎未来发展的判断。

第二篇 电子商务实践

❸ 在线零售

❹ 在线旅游与在线招聘

❺ 互联网金融

❻ 社交商务

3 在线零售

学习目标

- 定义在线零售 1.0
- 理解在线零售的优势
- 了解在线零售的商业模式
- 定义在线零售 2.0——新零售
- 了解中国农村电商的发展与商业模式
- 了解中国跨境电商的发展与商业模式
- 掌握中国在线零售的发展趋势

先导案例

"双11": 全球范围的购物狂欢节[1]

2009年中下旬,时任淘宝商城总裁的张勇和他的团队,为了做大淘宝商城的品牌,策划了一个嘉年华式的网上购物节,出于偶然地选择了"双11"这个日子。选择11月,是因为它刚好处于"十一"黄金周和圣诞促销季中间,此时的天气也刚好是人们添置冬装的时候。但11月没有节日,只有被网友戏称为的"光棍节"的"11·11"。于是张勇"一拍脑袋":"那正好,光棍儿没事干就多买点东西吧。"

看似偶然的故事,诞生了一个新的消费节点。2009年前,11月11日不过是一个普普通通的日子,然而之后它却成了一个标志性节点,一个销售传奇,一个网络卖家、平台供应商、物流企业的必争之地。

2009年第一个"双11",只有淘宝商城中李宁、联想、飞利浦等27个商户参加了,但是超乎所有人预想,整个平台交易额是5 200万元,这是当时日常交易的10倍左右。商家也没有想到互联网的聚合力量那么大,当天早晨,货就卖得差不多了,很多商家临时到线下补货,甚至出现董事长批条子直接从经销商地面店临时调货到网上卖的现象。后来,"双11"成为电商消费节的代名词,甚至对非网购人群、线下商城也产生了一定影响力。

"双11"从电商催生的回馈用户促销活动,发展成线上线下集体狂欢的购物节,甚至走向全球市场,实现了全球买、全球卖的大目标。"双11"的成交量也逐年快速增长,而且,现在"双11"活动并不局限于一天,周期逐渐被拉长,"双11"进入新的发展周期,不再是单纯的"网购狂欢节"了。

"双11"的全球化是阿里巴巴逐步推进的过程。2014年开始,阿里巴巴就将全球化的概念带入"双11",阿里巴巴开启全球化,既想让国内消费者买到喜欢的国际品牌产品,又想帮助中国优质商品走向全球。2015年被视为"双11"全球化元年,更加强调"全球买"。2015年10月13日,阿里启动了"2015天猫双11全球狂欢节"。作为消费者的节日,阿里做出一项重大创新,打造了一场属于全球消费者的"双11春晚"。通过"双11春晚","双11"从一个购物狂欢节升级成为全民盛典,全球的消费者和商家像欢度春节一样,在移动互联的时代里,通过多屏多场景互动,获得崭新的体验。据公开数据,2015年"双11"有4万多个商家、3万多个品牌和600万种货品参与,包括了来自美国、欧洲、日本、韩国等25个国家和地区的5 000多个海外大牌。当天全球产生成交的国家和地区达到205个,其中日本、美国、韩国、德国、澳大利亚成为进口成交TOP5国家。

与往年不同,2020年的"双11"狂欢购物节有2个购物节点,分别是11月1日和11月11日,每波依然分为3个阶段:预售、预热、正式。第一波:2020年10月21日0点—11月03日24点;第二

---

[1] 由百度百科.双十一购物狂欢节. https://baike.baidu.com/item/%E5%8F%8C%E5%8D%81%E4%B8%80%E8%B4%AD%E7%89%A9%E7%8B%82%E6%AC%A2%E8%8A%82/6811698?fr=aladdin 等资料汇编。

波：2020年11月04日0点—11月11日24点。2020年"双11"销售额再创新高，其中天猫销售额突破4 900亿元，京东销售额突破2 700亿元，与此同时，直播电商的快速发展为此次"双11"期间电商销售额的高速增长贡献了较大的力量。根据星图数据公布的数据显示，2020年"双11"当天全网实现销售额为3 328亿元，11月1日—11月3日实现1 921亿元，合计"双11"期间实现销售额5 249亿元，同比增长28%，其中"双11"期间（10月21日—10月31日，11月4日—11月10日）的预售销售额也达到了1 386亿元。

当人们讨论电子商务的时候，其实大多数时间是在讨论B2C业务，而人们在讨论B2C业务的时候，大多数时间在讨论的就是在线零售业务。自从亚马逊奠基性地将B2C电子商务带入人们的生活，在线零售就成为目前电子商务最成功和最具影响力的领域。"双11"购物节乃至购物季的现象，展现了在线零售业在我国和世界范围内的蓬勃发展状况。因此，在探讨"互联网+"行业应用的开篇前，我们首先来研究"互联网+"零售行业，即在线零售业务。

3.1 在线零售概述

零售商实际上是销售中介，他介于制造商和客户之间。尽管有许多制造商直接将产品销售给消费者，但是主要的销售渠道还是要依靠批发商与零售商。制造商通常有很多产品，他们需要利用零售商来提高零售的效率，接触各地众多的客户。在实际环境里，零售是在商店或厂家的直销店里完成的，客户要购物就必须亲自去商店。

在互联网上开展的零售业务称为在线零售，是指互联网上的销售中介帮助消费者和制造商在虚拟环境下完成交易。

3.1.1 在线零售的优势

理论上，在线零售与传统的物理场景销售相比较具有四个优势。

第一，由于互联网大大降低了搜索成本和交易成本，消费者会利用网络寻找成本最低的产品。经济学家认为，在线消费者是理性的、成本驱动的，而不是感知价值或品牌驱动的，随着互联网的普及，消费者将越来越多地转向网络购物，低成本、高服务、高质量是在线零售商家获得竞争优势的关键所在。

第二，在线零售市场的进入成本远低于建立实体店面的成本。在线商家在营销和订单履行方面理论上比线下商店更高效。与仓库、履行中心和实体商店的成本相比，构建复杂的订单输入、购物车和订单实施系统并不困难，建立一个功能强大网站的成本几乎是微不足道的。在线零售的获客成本也要低得多，因为搜索引擎等互联网服务几乎可以立即将客户与在线供应商联系起来。

第三，随着制造商或其分销商进入市场，并与消费者建立直接关系，在线零售市场将不再需要传统的零售中介或中间商。在这种情况下，传统的零售渠道，如实体店、售货员和销售队伍等，将被单一的线上主导渠道取代。

第四，如果以电子商务 2.0 的角度来观察在线零售给消费者带来的变化，我们还会发现它间接降低了消费者的生活成本。可以用米兰·昆德拉的著名小说题目"生活在别处"来描述在线零售给消费者生活带来的益处。在很长的时间里，商业环境成为人们选择居住地的重要条件。人们在工作之外，需要进行购物、餐饮、娱乐等一系列的活动，所以会优先选择附近具有相关设施的地域居住、生活。因此，越是具备充分商业设施的地方，其居住成本就越高。商业设施的选址同样需要考虑一个区域内生活的居民数量、密度和购买能力，只有人口多、密度大且购买力强的居住地才能吸引商家开设商铺，提供各种优质的商业服务，获得更高的商业回报。由此，商业发展和生活需要的双螺旋推动着人们生活成本的上升。然而在线零售成功地降低了这些附属设施与人们的生活居住地的必然关联。即便人们居住的附近没有商场和超市等，他们依然可以通过互联网获得所需的生活用品，更重要的是，需要的花费比以前更少。因此，人们就有可能选择房产价格不高的郊区或者人口密度不高的地区居住和生活。

虽然，传统零售和在线零售的比较可以看到在线零售的优点更多，但事实上，在线零售业务也存在着两大挑战。

首先是客户忠诚度的维系。传统零售业务的客户，实名居多、匿名少；近距离多，远距离少，可以通过面对面的交流和社区认同，较好地提升和维系客户的忠诚度，而在线零售的客户地域广泛，一般不需要进行实名认证或注册，同时由于选择很多，客户忠诚度相比较而言不是很高。

其次是竞争形势的建立。由于传统零售业务的实体门店主要面临的是本地竞争，地理条件限制了竞争对手的数量，竞争对手较少。在线零售商要面临的竞争对手要多得多，甚至要跨越国界，在全球范围内进行竞争。由于用户可以使用互联网服务，很方便地进行商品价格、质量、售后服务和品牌等要素的对比，导致竞争的激烈程度也要高得多。

总体来说，由于互联网可以更好地让消费者与供应商进行沟通，即便面临的竞争压力更大，在线零售的市场适应性也要高于传统零售业务。

3.1.2 在线零售的商业模式

在线零售的企业和其他企业一样，需要建立一定的商业模式。按照配送渠道的不同，在线零售商的商业模式可以分为以下 6 种类型。

1. 目录零售商

这一类别是由传统的目录零售商转变而来。早期目录零售商是通过向潜在消费者邮送产品目录来开展自己的业务，人们收到产品目录之后，以电话或邮件通知目录零售商的形式进行下单。目录零售商再向制造商进行购买并发送给消费者。目录零售商每年要打印和邮寄数百万份目录，这些材料通常只在用户收到后的 30 秒内起作用。目录零售商通常需要建立集中式的呼叫中心，与快递公司合作来提供优质的服务和货品送达。近年来，由于目录销售增长率持续下降，目录零售商遭遇困境，一部分目录零售商开始建立自己的实体商店，一部分被传统的百货公司收购，还有一部分试图通过建立强大的在线影响力来获得新生。

互联网信息传递的高效率和低成本使得目录零售商发现了其中的商机，并积极拥抱互联网，如 Land's End（实际案例 3-1）。目录零售商已经拥有非常高效的订单输入和配送系统，然而他们也面临着许多与实体店相同的挑战，他们必须利用现有资产和竞争力来适应新技术和新环境，建立可靠的在线业务。未来，他们需要提供丰富的服务功能来赢得消费者，获得好评的功能包括实时视频聊天、反映购物者偏好的产品推荐、基于购物者位置和推荐来源的内容显示等。

> 实际案例 3-1　　Land's End 的互联网之路 [1]

服装目录零售商 Lands' End 成立于 1963 年。该公司创始人 Gary C. Comer 表示，在为客户提供出色的、愉悦的个性化服务的理念指引下，该公司逐渐获得了成功。它发行图文并茂的邮寄目录，来吸引顾客的眼球，率先通过免费的 800 电话来帮助顾客与公司取得联系并签下订单。

在互联网时代，Lands' End 又走在了行业的前列，是通过 Web 渠道为客户提供商品的首批商家之一。Lands' End 网站的销售额从 1999 财年的 6 100 万美元增长到 2000 财年的 1.38 亿美元。在此期间，超过 3 800 万名访问者浏览了该网站。

2005 年，Lands' End 在纽约的白原购物中心（White Plains）开设了第一家服装专卖店，开始拥有自己的形象和品牌，其设计、包装及比较重要的客服都设在客户触手可及的地方，只有生产制造是外包的。

2. 制造商开展的直接销售

与传统目录零售商拥抱互联网的原因相同，制造企业也乐于在互联网上向个体消费者开展直接的销售活动。例如，Dell 和联想等计算机设备公司就通过互联网向个人用户直接销售计算机产品。

制造商的互联网零售业务有时面临渠道冲突的挑战。有的制造商同时拥有线上和线下多个渠道。产品零售商这样的线下渠道，有时会在价格上直接与制造商的互联网直销平台竞争，从而造成渠道冲突。当制造商转型为互联网直接销售模式时，由于缺乏营销经验，可能会面临很多挑战。比如，如何开发一个快速响应的在线下单和订单履行系统？如何获取客户？如何基于市场需求同供应链伙伴进行有效合作等。在互联网零售战略下，制造商们必须适应从供给推动模式向需求拉动模式的转变。这些挑战随着电子商务的深入，正得到越来越好的解决。

> 实际案例 3-2　　工业 4.0 时代的前店后厂模式

随着电子商务对实体店的冲击，贵州家具行业做出了积极应变：一种以体验、感受为目的，以低价位、多品牌、满足个性化定制为特点的"前店后厂"模式正在贵州长田家具产业城兴起。在这里，消费者可直接面对厂家和看得见、摸得着的原材料，通过网络平台即可购买到称心如意的家具。

贵州长田国际家具产业园是首个提出"工业 4.0"概念的家具产业集群园区，"工业 4.0"概念包含了由集中式控制向分散式增强型控制的基本模式转变，目标是建立一个高度灵活的个性化和数字化的产品与服务的生产模式。在这种模式中，传统的行业界限将消失，并会产生各种新的活动领域和合作形式。

---

[1] https://www.chinapp.com/gushi/84855，有删节。

据悉，长田国际家具产业城建成后将集家具研发、生产、销售、展示和原材料供应为一体，带动贵州家具产业向集群化、规模化、品牌化、专业化和一体化方向发展，并努力打造"八大平台""六大街区"。"八大平台"即：技术支持平台、知识产权保护平台、投融资平台、中介服务平台、人才平台、展示交易服务平台、电子商务平台和孵化平台；"六大街区"为：家居文化创意区，贵州民间艺术生产区，文化休闲旅游步行街，油画、工艺品设计、复制及展示区，艺术家原创及作品展示区和孵化大楼。园区产业内容包括家具研发设计生产、展示批发、物流、会展、商业中心、购物、娱乐、艺术创意和旅游等。

3. 纯粹的网络零售商

纯粹的网络零售商是指单渠道电子商务公司，其几乎所有收入都来自在线销售。网络零售商面临着非同寻常的战略挑战，他们必须从头开始建立业务和品牌，快速建立新的渠道，并面对许多虚拟商户竞争对手（特别是在较小的利基领域）。由于这些公司没有任何实体店，因此它们不必承担与开发和维护实体店相关的成本，但在构建和维护电子商务业务、构建订单履行基础设施和开发品牌方面，同样面临着巨大成本。随着市场的成熟和越来越多新进入者的出现，客户获取成本变高，学习曲线陡峭。与所有零售公司一样，他们的毛利率是销售商品的零售价格与零售商的商品成本之间的差额，考虑到与传统零售商的竞争，其单位毛利率需要更低。因此，网络零售商必须实现高效运营以保持利润，同时尽快建立品牌，以吸引足够多的客户来支付运营成本。

在看到互联网带来的巨大商机之后，更多纯粹的网络零售商纷纷出现。我们所熟知的亚马逊、京东，都是纯粹网络零售商的典型代表。与邮购零售商不同，纯粹的网络零售商更愿意以一个独立的身份加入到交易活动当中，通过大量采购商品和再销售来获取更高的收益。简单类比的话，纯粹的网络零售商走的是大型超市的路径，即大批量、低成本采购，大批量、低价格销售。

实际案例3-3 京东：从线下到线上零售商的彻底转型

1998年6月18日，24岁的刘强东，带着工作两年攒下来的12 000块钱，在北京中关村租了一个4平方米的摊位，开始了自己的创业。当时的京东叫京东多媒体，主营业务是给婚纱影楼的视频编辑提供硬件和系统，后来业务扩大，扩展到光盘、刻录机和录像机等设备的销售。

2003年，北京暴发"非典"疫情，全城零售业遭受重创。京东公司账面资金只有两三千万元不到，而一个月就亏损800万元。没有办法，京东的员工开始在网络上发帖推销光盘。京东的员工用纸和笔，把订单记录下来，让客户汇款，通过邮政系统寄出光盘。刘强东就此对互联网产生了巨大热情。2004年1月1日京东多媒体网站正式上线，线上业务的增速远高于线下。初步尝到了互联网甜头之后，刘强东想要彻底转型电商，他觉得线下的用户体验不好，而电商的体验远远超过线下，用户足不出户就可以买到产品，还能够拿到发票。刘强东认为，企业最重要的就是专注，所以他想全力发展线上业务。

经历了1998年到2006年的打基础阶段，2007年开始，京东打开了一个新世界，成为一家全品类综合性的电商公司。2014年5月，京东在美国纳斯达克证券交易所正式挂牌上市。

4. 虚实结合的零售商

这种类型的零售商也称为"砖瓦鼠标式"零售商。这类零售商通常是由传统的零售商转化而来的。传统零售企业在原有实体店网络作为主要零售渠道的前提下，开发了零售网站作为辅助销售渠道，从而构建自己的全渠道零售体系，如沃尔玛、苏宁等。但是现在也出现了反过来的情况，网络零售商凭借自己在网络环境中建立的网络品牌优势，开始建立实体店铺进行产品销售，如苹果、小米等。

"砖瓦鼠标式"零售商虽然有着实体建筑和大型销售人员的高成本，但他们也拥有许多优势，如品牌、全国性的客户群和仓库。大规模采购订单容易让他们与供应商保持良好关系，并且拥有训练有素的员工。这些零售企业习惯于以微薄的利润运营，并在采购和库存控制系统上投入巨资以控制成本。

"砖瓦鼠标式"零售商开通线上渠道面临的主要挑战是如何将其优势和资产用于网络，建立可信任网站，建立基于互联网的快速响应系统，并有效平衡线上和线下的销售渠道。

实际案例3-4　苏宁：线上、线下一个都不能少

改革开放初期，老百姓的消费结构发生着巨大变化，由"温饱型"开始逐渐过渡到"小康型"，家用电器逐步成为消费热点。1990年12月26日，张近东以10万元成立了一家名为"苏宁交电"的两层店面，并命名为南京苏宁交家电公司。

为了发展综合电器连锁零售模式，苏宁砍掉50%的批发业务。1999年，南京新街口旗舰店开业，标志着苏宁电器从空调专营转型到综合电器全国连锁经营。2000年，苏宁全面推进全国电器连锁发展，成立苏宁电器连锁集团股份有限公司；2002年，苏宁电器连锁网络从南京走向浙江、北京、上海、天津、重庆等地，初步建立了全国连锁发展的战略布局。

苏宁对于线上渠道的关注开始得很早，2005年率先与新浪合作组建B2C部门，同年苏宁网上商城一期面世；2009年试运营苏宁易购，并于2010年开始上线运用。然而对于一直主攻线下的苏宁来说，实体零售转战线上不那么简单，加之当时消费者大都以淘宝价格做对比，苏宁易购要争夺用户，只能以微利甚至是亏本降价销售。在当时，线上渠道如何开拓、如何定位、如何发展成为实体零售业的普遍难题。2012年8月14日上午，刘强东在其个人微博连开三枪直接向苏宁电器宣战，下午，苏宁

易购宣布应战。8月15日上午9点，中国互联网上史无前例的家电价格战正式开打。这场价格战让苏宁开始处于水深火热之中。

最终，张近东选择了一条虚实融合的路，即线上便利与线下体验结合的O2O模式。2013年2月，苏宁电器更名苏宁云商，提出要做"电商+店商+零售服务商"。张近东对苏宁转型这样总结道："苏宁的转型，经历了'+互联网'和'互联网+'两个阶段。'+互联网'就是将原有线下的资源和能力拓展到线上去，开展数据化的运营；而'互联网+'则是让融合后的互联网技术再反哺线下，通过嫁接、叠加，不断改造和优化线下实体的业务流程和零售资源。简单说，就是先互联网化，成为'云商'，再把互联网上整合的资源带到线下，变成各种业态，最终实现了线上线下的O2O融合运营。"

5. 网络卖场

网络卖场提供了一个公共的互联网空间，很多独立的网络卖家和网络店铺在其中销售自己的产品，平台提供方则通过提供在线服务来获取自己的收益。在这方面最典型的就是ebay和淘宝。网络卖场的出现促使电子商务的从业者和研究人员来思考所谓的"平台价值"和"开放思维"。阿里巴巴创始人马云在多个场合公开宣称阿里巴巴和淘宝最重要的使命之一是要帮助其他人成功，通过阿里生态而不是阿里巴巴集团自身的繁荣来定义自己的成功。

时至今日，大量原先纯粹的网络零售商也开始向平台化转化，例如，亚马逊和当当都允许其他卖家在自己的平台上进行销售活动。

实际案例3-5　亚马逊Amazon Marketplace的前世今生

亚马逊于2000年11月推出电商平台Marketplace，允许第三方在亚马逊网站开店，利用亚马逊的流量及用户优势，出售包括书籍、音乐、DVD、视频游戏、电子产品和软硬件工具等商品。

对于商家和个人卖家来说，在亚马逊平台销售商品，月租费及交易佣金不算高，但却能够分享亚马逊庞大的用户资源、基础设施以及品牌影响力。平台业务极大满足了亚马逊用户的长尾需求，加盟商家越多，亚马逊为买家提供的选择越多，越能吸引更多的用户。另外，配合使用亚马逊物流服务FBA，进一步提升卖家订单量，也使得亚马逊的物流、服务器等基础设施得到了充分利用。

平台第三方卖家的GMV[1]从2019年的2 000亿美元增长到了2 950亿美元，增长量为950亿美元，增长率为47%；亚马逊自营的GMV从2019年的1 350亿美元增长了450亿美元至1 800亿美元，增长率为35%；平台总GMV从2019年的

---

[1] GMV，成交总额，全称Gross Merchandise Volume。

3 350亿美元增长到了2020年的4 750亿美元，GMV增长率达42%。亚马逊全球GMV的62%由第三方卖家贡献，贡献率高于2019年的60%和2018年的58%。数据显示，随着亚马逊市场GMV的一再增长，TOP卖家所占的比例越来越小。数量更多的小卖家创造的GMV数额越来越高。随着小卖家和新手卖家的入场，大卖家的GMV数额增长也越来越难。

据电商咨询公司MP2019年数据，亚马逊美国站的中国卖家比重大约为41%，而在欧洲站，中国卖家更为活跃。其中，亚马逊西班牙站点的中国卖家占据半壁江山，约为49%，随后依次为法国站、意大利站和英国站，分别为44%、42%和38%，排在最后的为德国站，约占30%。

6. 导购型零售商

导购型零售商是指为用户提供更加贴近其要求的服务型在线零售商。随着越来越多在线零售商涌现，买家面临着一个庞大的选择范围。如何根据自己的购买动机及时高效地搜索到合适的产品，对买家而言是一个巨大挑战。买家所付出的时间精力越来越多，信息获取和购物决策效率却越来越低。举例来说，一个价格敏感型顾客为了寻求更低价格的商品，需要在各大在线零售平台进行搜索和比较，这是一个非常费时费力的复杂过程。那么，有什么方法可以让这位顾客更方便地找到他所中意的低价商品呢？导购服务应运而生。

有的导购型零售商直接将合适的商品呈现在用户面前，有的导购型零售商则是将合适的商家呈现在用户面前。

导购型零售商的存在，也能够给日益增长的卖家群体提供较好的服务。因为，随着在线零售业的蓬勃开展，在线卖家数量也有了极大增加。虽然互联网数字化的形式可以将卖家信息放到在线零售网站，但这并不意味着这些卖家的信息都有机会呈现在潜在用户面前。在实际的购买当中，虽然买家可以通过关键词查找到成千上万的结果，但很少有用户会浏览超过三页以上的卖家信息。为了解决这个问题，在线零售平台通过分配流量的方式，在不同时段为不同商家提供展示机会。但在庞大的卖家基数面前，这一方案的效果仍然难以令广大卖家满意。

之所以使用导购而不是引流的概念，是因为导购零售商不仅将用户指引到目标网站，更重要的是，导购业务能够将买家直接引导至具体的网络卖家乃至产品，有效降低买家的信息获取成本，同时极大提高潜在用户向实际客户的转化率，为卖家带来更多收益。

人们熟知的新闻门户网站也能够吸引大量的读者、业绩用户，也放置各种形式的广告或链接，为相关商家提供引流服务，然而将这群新闻的阅读用户转化为特定商家的客户，却需要用户额外的信息阅读和分析工作，用户向客户的转化率较低，所产生的效果与导购型零售不可同日而语。

根据用户的购买动机，目前在线零售的导购逻辑主要有三种：价格导购、品质导购和知识导购。

（1）价格导购。

价格导购是指通过提供更低的价格选择将消费者与网络卖家乃至产品连接起来的服务。实现更低的价格供给服务，一般有三种策略：一是价格搜索引擎，通过网络机器人采集信息，比较各大在线零售平台的商品价格，产生一个价格由低到高的列表，为顾客提供相应的购物链接；二是团购，基于"薄利多销"的理念，团购型网站力求吸引更多客户，聚合成较大的购买群体，从而可以在供应商处获得更低价格的商品或服务；三是优惠信息搜索引擎，通过搜索相关卖家在特定时间内开展的各种优惠活动信息，如打折、红包、返现等促销信息为用户提供更低价格。

实际案例 3-6　挑到：购物助手，超值商品每日海量快报

挑到是一个致力于基于互联网的购物推荐和点评平台，力求帮助用户挑到最满意的商品。平台尝试解决广大网购用户面临的三类主要问题：想买某类商品但不知道买什么品牌型号，明确购买品牌型号但想以合适价格购买，没有实际购买需求只是淘淘便宜货。针对这三种情况，挑到网（挑到 App）提供三种解决方案，口碑商品推荐服务，价格监控和推送服务，全网优惠信息聚合推荐服务。挑到网每天收录 6 000 多条国内外各大电商的优惠信息，包括京东、亚马逊、苏宁、淘宝、天猫、唯品会、考拉、亚马逊美国、亚马逊日本和 6pm 等。面对海量信息，挑到两大利器帮助解决。

"关键字监控"功能：通过"关键词监控"实时对关注的商品关键字进行监控，一旦有符合要求的商品信息会第一时间通过挑到 App 和挑到微信公众号推送，不错过每根羊毛。

"降价监控"功能：复制粘贴需要监控的商品链接，点击"添加监控"，挑到会自动获取商品数据，只需在"监控价格"处输入自己理想的价格即可，待关注的商品达到设定理想价格，挑到会第一时间通过挑到 App 和挑到微信公众号推送。

挑到声称推荐任何产品均不以营利为目的，即不以是否营利作为编辑判断信息是否发布的标准。网站尽可能公开公正，介绍商品也会尽量避免直接介绍个人卖家。网站无法保证介绍的商品价格为市面上的最低价，更无法保证用户看到文章的时候该物品的价格仍旧有效，所以用户需要时常浏览，或者通过各种推送接收优惠信息。挑到希望每个人都能买到价廉物美的产品，更希望有限的特价资源能被更多网友看到并享受到，希望大家在满足自身需求的基础上理性消费。

（2）品质导购。

品质导购是指通过满足消费者对品质的特定要求，将适合的供应商或商品推荐给用户。不同的人群对商品或服务的品质有着不同的要求。这些要求很难直接反映在在线零售平台的搜索功能或过滤条件当中。比如，有的消费者根据自身的经济条件，乐于选择适合中产阶层的消费品；有的运动爱好者则根据自身的技能水平，选择一些进阶或者半专业的运动器材或教练服务；有的消费者则需要购买价格不菲的正品而摒弃假冒商品；等等。

实际案例3-7　得物：运动潮流装备平台

在各大电商平台，"物美价廉"的概念在很长一段时间里充斥在消费者的脑海里。但随着消费者的消费观和消费能力升级，尤其是"90后""00后"的年轻人，他们更为注重品质。当一批体育爱好者在天猫和京东的官网买不到想要的球鞋，又害怕花重金淘到假货的时候，"得物"以专业的素养，垂直的核心业务出现在大众视野。

得物App早期是虎扑在2015年孵化的一个纯社区形态的产品，其核心业务在于"球鞋鉴定"。二手球鞋交易这个领域源于限量版球鞋的稀缺，过去一些著名品牌经常采用限量发售某款球鞋的营销策略，这导致球鞋领域的供需不平衡，于是球鞋转卖和二手球鞋交易应运而生。一双42码、市场价1 299元人民币的Travis scott x Air Jordan 1 High OG 篮球鞋，在网上最高售价近12 000元，几乎是原价的10倍。但是，这种没有标准、没有监管的球鞋交易形式存在着很多问题，首当其冲的就是假货问题。由于很多假鞋的生产工厂就是为大牌球鞋做品牌代工的，很多假鞋跟真鞋在质量上相差无几，这让市场上存在的大量假鞋和仿冒鞋难以分辨。于是球鞋鉴定就成为市场上一个热门服务领域，得物开创性地推出了"先鉴别，再发货"的购物流程，为国内的消费者带来全新的购物体验，让用户可以放心购买到品类丰富的经鉴别为正品的运动潮流装备。

据2020年9月16日人民网报道，目前国内每3个年轻人就有1个人使用得物App。

（3）知识导购。

知识导购，是指通过提供消费者相关领域的专业知识，在为消费者答疑解惑的同时，将消费者与卖家和产品连接起来。消费者出于对知识获取的需求和知识提供者的信任，更乐于购买知识提供者推荐的商品或服务。

实际案例3-8　宝宝树：大型育儿网站

宝宝树于2007年在中国率先开创了专注年轻家庭的在线社区，目前已成为中国领先的母婴类社区平台。宝宝树致力于连接及服务年轻家庭，并以"让年轻家庭享受美好的生命旅程"为使命，以"建筑一个以互联网为基础，但不拘泥于互联网的爱的平台，精准满足中国年轻父母知识获取、交流交友、记录成长、消费购物的四大核心需求，从而培养健康、友爱、智慧、勇敢的宝树一代！"为愿景。强大的社交功能和优质内容为平台提供了全面的产品和服务，以满足中国年轻家庭学习、交流、记录和购物的四个核心需求。

经过 12 年的发展历程，宝宝树在中国母婴在线平台中成为最受信赖的品牌。宝宝树现已经超过美国母婴社区 Babycenter，居全球第一。宝宝树的注册用户达到 1 600 万，月独立访问用户数量已达 5 500 万人次，覆盖八成孕期到孩子 6 岁的中国互联网妈妈，家庭日记上传量达到 2 000 万条并以每天 1 万篇的上传量增长，家庭照片日上传量高达 22 万张，累积存储达到 2.2 亿张，每天都有近 20 万条育儿问题与互动解答。在宝宝树上活跃的年轻妈妈群体多数为"80 后"乃至"85 后"，日益凸显出对互联网从知识、交流到记录乃至电子商务的巨大依赖和需求。宝宝树的用户通过在网站获取相关的育儿知识，建立起对该社区的信任，进而通过该网站进行购物活动。这种一站式知识获取与产品获取的方式，相比一般的购物网站，同样降低了购物者们的交易成本，缩短了从知识认知到产品购买的路径，从而提升了用户向客户的转化率，为商家带来了更多流量和业务量。

其中，宝宝树孕育 App 活跃用户量自 2018 年以来实现三连涨。如仅按平台用户登记宝宝生日日期人数于户籍登记新生儿数量占比统计，2020 年度超过 64% 的中国新生儿父母是宝宝树孕育 App 用户。宝宝树上半年全平台平均月活跃用户总数约 1.03 亿，其中移动端 App 活跃用户总数 2 040 万，较 2019 年年底上涨 7.9%，次月平均留存率达 65.2%；上半年公司小程序平均 MAU[1] 达 310 万，社群覆盖粉丝数逾 18 万。

在线零售最基础的功能就是搭建消费者与卖家和产品的联系。然而，建立联系的效率有高有低。初期的在线零售网站将消费者和卖家放在一个网络平台上面，由消费者自行寻找目标卖家和产品，消费者交易成本较高，而卖家想要联系消费者也只有有限的途径，效率同样不高，导购零售电商的存在从不同方面有效解决了这个问题。

3.2 新零售

"纯电商的时代很快就会结束，未来的十年、二十年将没有电子商务，取而代之的是'新零售'。线上、线下和物流结合在一起才会产生新零售。"这是马云在 2016 云栖大会上的发言。作为新零售的代表，盒马鲜生、无人超市和自动售卖机等新业态纷纷涌现，但是给人的初步感觉就是"电商"搞"店商"。这种变化在一定程度上让电商拥护者们感到困惑。因为原来对在线零售的理解就是网上商务，如淘宝、天猫和京东等，线上开店降低物理店铺运营的大量成本。这到底是在线零售原来的理解错了呢？还是说电商的发展已经走到尽头，不得不回归实体店铺了呢？

---

[1] MAU，月活跃用户人数，全称 Monthly Active User。

3.2.1 传统在线零售面临的挑战

从中国的实际情况来看，虽然我国在线零售发展快速，但在线零售占社会零售的比重仍不高。根据国家统计局网站信息，2018年1~6月份，中国社会消费品零售总额为180 018亿元，同期我国网络零售市场的交易规模达35 804.9亿元，网络零售市场占比不到1/5。2019年社会消费品零售总额411 649亿元，比上年增长8.0%，而全国网上零售额106 324亿元，比上年增长16.5%，占比为25.8%。2020年，受疫情影响，社会消费品零售总额391 981亿元，比上年下降3.9%，而同年的全国网上零售额117 601亿元，占比为30%。在线零售尚未达到与传统零售分庭抗礼的局面。这意味着，更大的零售机会仍然在实体门店。

此外，我国的互联网用户数量趋于稳定。中国互联网络信息中心（CNNIC）在京发布第48次《中国互联网络发展状况统计报告》显示，截至2021年6月，我国网民规模达10.11亿，较2020年12月增长2 175万，互联网普及率达71.6%。十亿用户接入互联网，形成了全球最为庞大且生机勃勃的数字社会。其中我国网络购物用户规模达8.12亿，较2020年12月增长2 965万，占网民整体的80.3%。这一数字已很难再快速增长。

互联网用户上网时间接近极限。中国互联网中心2018年的报告还显示，我国每周人均上网时长达到27小时。截至2021年6月，我国网民当年的人均每周上网时长为26.9小时。简单计算一下，每周27小时，即每天约4小时，扣去每天工作8小时、睡觉8小时，剩下近一半的时间都在上网。国内互联网流量红利已经接近了天花板。

这些情况说明了一个问题：互联网世界的膨胀已经接近阶段性的边界上限。那么，在线零售商们的未来在哪里呢？第一种方案是继续精耕细作，在现有的网上地盘竞争。事实上这种竞争已经导致纯电商模式的边际获客成本持续上涨。第二种方案是深挖互联网用户的更多需求，从网上走到网下，到传统产业的地盘抢生意。新零售采用的就是第二种方案的思路。

新零售的出现是基于对零售业态发展的系统思考。回顾零售业的发展，经历了4次革命。

第1次革命，百货商店的出现。1852年前后，出现了第一家百货商店，零售行业由古老的家庭作坊自给自足为主，剩余物品随缘交易的方式转变为专业售卖、囤货流通的方式。百货商店的变革带来两大变化：一是实现了产品生产的批次化，保证了产品数量，降低了原本因货物数量少导致的价格高现象；二是让原本售卖商品数量单一的商店，开始往品类多、数量多、可选择性多的百货商店转变，用户从此不用再为买几种商品而四处奔波。

第2次革命，连锁商店的兴起。1859年，美国大西洋和太平洋茶叶公司建立了世界上第一家连锁商店，连锁店建立了统一化管理和规模化运作的体系，提高了门店运营的效率，降低了成本。运用同样的商品、同样的运作交易模式，由原本一家店铺开始向更多的店铺发展，让更多的人、更多的地方开始体验百货商店和零售行业带来的改变，且连锁商店的选址更贴近人们生活聚集的中心，使购物和生活变得更加便捷。

第3次革命，超市的兴起。超级市场大约在1930年开始发展成形，开创了开架销售、自我服务的模式，创造了一种全新体验。随着科技进步，百货商店引入了基于计算机的收银系统、核算系统和订货系统等，同时不同人员的功能划分进一步明晰，极大加强了销售能力，商品流通速度和周转效率大大提升。

第4次革命，电商的兴起。电子商务使得购物者们跨越了地域限制，大大增加了商品的选择范围，让更多的商品流通起来。电商的出现，也颠覆了多年来形成的多级分销体系，减少了货物在中间商流通的次数，因而可以大大降低终端客户在购买时的价格。

新零售的出现被认为是零售业的第5次革命。其主要目的是要解决传统电商一直遭受诟病的体验感和货物延时送达的问题。新零售希望通过线上线下的结合，增强客户对商品的体验感，同时加强货物配送的及时性，能够让客户在最短的时间收到自己心仪的、价格适中的商品。

3.2.2 新零售模式的要素含义

新零售被视为在线零售的2.0版，是指利用互联网在各种场景帮助消费者完成交易。新零售的产生受益于对零售商业本质的再认识。零售的基本构成要素包括人、货和场。传统零售和新零售的差别在于价值创造和价值获取的方式。传统零售的三要素，是以"货"为核心，围绕"场"进行布局，"人"到"场"去买货，场提供销售服务。在百货商场和连锁店时代，三要素中突出的是"货"，货品全，品质好，价格优惠；到了超级购物中心时代，三要素中突出的是"场"，是在超级购物场所，可以进行一站式购物，可以吃穿娱乐一体；新零售时代，三要素中更强调的是"人"，即人的购物体验。由于"人"和"货"都可以被数字化记录与分析，可以为消费者提供个性化的服务。

1. 新零售模式中"人"的要素

传统互联网技术的发展，大数据、人工智能、物联网和云计算等新科技革命的涌现，让人与人的交互，人与商品的交互以及人和企业的交互都变得更加简单便捷。这在客观上推动了零售从原先以企业为中心的时代，向以消费者为中心的时代转化。

电子商务时代，企业能够更精准地识别用户。用户进行大量线上渠道的交易，可以为企业提供消费者的各种行为数据，包括浏览、购买和咨询等，从而方便企业对用户进行多维度的精准画像。这种画像能够帮助企业有效识别用户的需求和爱好。比如：消费者的购买偏好是什么？消费者的购买能力怎样？消费者的购买时间习惯怎样？消费者的购买周期怎样？消费者对所购产品的品牌和品质要求是什么？等等。这使得新零售商们能够在合适的时间、合适的地点，以合适的方式，给消费者提供所需要的合适商品。

2. 新零售模式中"货"的要素

在传统的零售业务当中，企业占据主导，企业生产什么产品，市场上就销售什么产品，消费者不得不在这个产品集合当中做选择。这种情况下，传统零售业的竞争主要聚焦在产品的成本和价格，所以商家最常用的促销方式就是价格战。越来越激烈的市场竞争和价格战，不仅让商家所能得到的利润越来越低，也让消费者过度追求更低维度的价格。

新零售业期待通过线上与消费者之间的有效互动提升用户的参与度，让用户随时表达自己的个性化需求，以此来引导产品个性化生产。这种情形下，对用户来说，商品价值不再是单纯的使用价值，也包含了产品为用户带来的便利社交、自我价值体现和其他多种情感，因而乐于支付更多的费用，从而为企业带来更高的利润；对企业来说，产品供给来自潜在消费者的需求，降低了营销费用和无效生产带来的成本压力。

3. 新零售模式中"场"的要素

新零售将"场"视为消费者的"消费"场景，而非单纯的交易场所和提货场所，更强调场景为消费者带来的优质体验。

传统零售中，"场"通常是指交易和提货场所，如超市、零售店和连锁店等。消费者在这个场所寻找自己所需商品，然后完成付款，带着商品离开场地。传统零售的场所很难形成对消费者的黏性，也缺少跟消费者互动的机会。

新零售要将传统的交易场所转变为人们的需求满足场景，这一场景不仅仅包括线下的场地，也包括线上的购物空间。从提供影响消费者需求产生的广告、评论和用户社区，到提供满足人们需求而设置的最近距离的实体商品和场所，再到提供满足人们消费方式的场地环境和技术手段，所有"场"的设置都是紧紧围绕着"人"来进行设计和提供的。满足消费者对于"场"的需要还体现在获得现场和快递的结合。电子商务时代，人们对产品的消费被分成两个阶段：一是体验性消费阶段，人们通过在现场获得对商品的直接认知，而建立对商品的需求；二是使用性消费阶段，基于第一阶段的体验认知，根据人们日常生活的需要，消费者希望能够在自己家中或其他场所获得同样的商品，这就需要快递服务的介入。新零售需要对顾客的这种情况做出反应。

实际案例 3-9 盒马鲜生：新零售的标杆

盒马鲜生以其独有的线上线下一体化模式，打造"生鲜食品超市＋餐饮＋App电商＋物流"的复合型商业综合体，被称作"新零售标杆"。

盒马鲜生门店选址通过淘宝、支付宝的用户分布进行大数据筛选，了解目标客户的整体用户画像及线上购物活跃程度，选址通常在大型社区周边，附近居民消费水平偏中上。

盒马鲜生主打生猛海鲜，以入口可见的海鲜区为特色，如俄罗斯帝王蟹、波士顿龙虾等精品海鲜，并且提供生鲜加工和现场烹饪，更有休息区可供团体或者家庭现场聚餐。除此以外，自由产品线"日日鲜"系列也是每日下午4点售罄，限量供应，人气火爆。盒马鲜生门店多以规则的矩形为主，设计简单大气，整个门店以海洋蓝颜色为主调，店内干净整洁，所有产品一览无余，购物环境舒适，生鲜售卖区有各种工具可供顾客自行挑选海鲜，互动性强；生鲜加工区有展示区，更像是开放式中央厨房；将"餐厅"纳入超市卖场，让消费者有了更多逛店的理由。

盒马鲜生在科技上的运用值得关注，首先是店内随处可见的自助支付系统，消费者可直接扫码支付，唯一的弊端就是不能用支付宝直接支付，必须下载盒马App。"区块链溯源"技术被用到了生鲜区的多宝鱼身上，通过扫描鱼身的二维码手链进行溯源，了解到鱼的产地、产期和运输信息等，消费者的体验感很好。

盒马鲜生通过大数据，使其供应链能支撑起巨大的SKU，满足消费升级下消费者的多样选择。同时，应用互联网等新科技，使其能大大提高效率。从供应链、仓储到配送，盒马都有自己完整的物流体系，即货品统一化、配送标准化和配送高效化，同时满足了商品新鲜和用户急需的两大消费需求，并且实现智能拼单，无论是门店的订单还是线上订单，系统会自动合并同类项，将两个订单合并配送。

2020年6月2日，《2019年中国连锁百强》出炉，其数据显示，2019年连锁百强销售规模约2.6万亿元，同比增长5.2%，占社会消费品零售总额的6.3%。其中，苏宁易购、国美零售和红星美凯龙分别以3 787.4亿元、1 276.5亿元和1 256.3亿元的销售规模居百强榜前三。另外，盒马鲜生2019年销售额为400亿元，同比增长185.7%，门店总数为250家，同比增长67.8%，销售和门店增长率位于连锁百强榜首。

3.3 农村电商

习近平总书记在陕西省柞水县小岭镇金米村考察脱贫攻坚情况时表示，电商作为新兴业态，既可以推销农副产品、帮助群众脱贫致富，又可以推动乡村振兴，因而大有可为。近年来，"直播+电商"等网购新方式风生水起，这种新业态也在向农村地区延伸，在一些地方，手机已成为新农具，直播已成为新农活。电商给脱贫攻坚和乡村振兴赋能，既方便消费者，又促进农副产品"走出去"，实现了多赢。

3.3.1 农村电商概论

农村电商是农村电子商务的简称，即利用计算机和互联网等新技术为涉农领域的生产和经营提供网上交易或销售服务的过程。主要包括农产品电商和农资电商。

农村电商得到了我国政府的大力支持和推动。在国家层面，我国的"十五"规划开始逐渐加强信息技术在农产品交易中的应用，"十一五"和"十二五"期间，政策规划重点在于完善农村流通体系和健全农业社会化服务体系，为农村电商发展打下基础。"十三五"期间，开始重点推进农业信息化建设，加快发展农村电子商务。"十四五"规划则提出了加快培育完整内需体系、扩大电子商务进农村覆盖面等措施。自 2006 年以来，多项农村电商相关的政策出台，切实推进了农村电子商务的开展（表 3-1）。

表 3-1 国家层面有关农村电商的政策

发布时间	发布部门	政策名称
2006 年 5 月 18 日	商务部	《新农村商务信息服务体系建设工程》
2015 年 5 月 7 日	商务部	《关于大力发展电子商务，加快培育经济新动力的意见》
2016 年 7 月 18 日	财务部商务部，国务院扶贫开发领导小组	《关于开展 2016 年电子商务进农村综合示范工作的通知》
2017 年 8 月	商务部，农业农村部	《关于深化农商协作大力发展农产品电子商务的通知》
2018 年 11 月 7 日	商务部办公厅	《关于进一步突出扶贫导向，全力抓好电商扶贫政策贯彻落实的通知》
2019 年 12 月	国家发展改革委，财政部，商务部，农业农村部	《关于实施"互联网+"农产品出村进城工程的指导意见》
2020 年 1 月 20 日	农业农村部，中央网络安全和信息化委员会	《数字农业农村发展规划（2019—2025 年）》
2020 年 6 月 24 日	商务部办公厅，财政部办公厅	《关于设立农村电商公开课的通知》
2020 年 7 月 14 日	市场监管总局，国家发展改革委等	《关于支持新业态新模式健康发展激活消费市场带动扩大就业的意见》

在此期间，根据 CNNIC 数据可知，我国农村网民规模日益扩大（图 3-1）。同时，中国农村网络零售额也逐步增长（图 3-2）。

图 3-1 2014—2020 年中国农村网民规模统计

图 3-2　2014—2020 年农村网络零售额统计

农村电子商务，不仅可以改变农村落后面貌、消灭贫困、促进农村经济发展，也是我国全面奔向小康的一个重要途径。具体来说，农村电商有四个明显优势。

一是降低农产品交易成本。涉农企业通过网络发布交易信息、处理网上订单、安排实际生产，提高交易效益。此外，可以迅速从网上获得更多的供应链服务，减少了中间环节，缩短了农户与市场的距离。

二是减少农产品生产的盲目性。农产品市场具有季节性和时段性，农业信息传递速度慢、信息准确性差容易引发盲目生产和经营。发展农村电商，能有效减少或消除信息不对称，为农产品生产和销售及时提供全面的市场信息，使涉农企业和农户在准确把握市场需求的前提下，合理、高效地安排生产与流通。

三是打破产销之间的时空距离。农村电商平台依靠互联网，成功使涉农企业冲破传统市场局限，进入跨地区乃至跨国的网络市场，从而快速便捷地打开更广阔的市场，也扩大市场选择性。

四是实现农业信息化。农村电商网络交易平台的建立，使农业生产销售、运输过程中信息的获取与全球市场同步，有益于实现农业生产的标准化、规模化和农产品包装及运销过程的品牌化与国际化，能够有效降低和规避市场风险，减少生产过剩或短缺造成的损失。

3.3.2　农村电商模式

农村电商的模式主要分为外来电商模式和本土电商模式两种。

1. 外来电商模式

外来电商模式是指原有的城市电商巨头近几年把业务投向农村市场，开展相关在线零售活动的商业模式。

1）公共服务 + 农村淘宝模式

这种模式就是将电子商务网络平台植入农村市场，与地方政府紧密合作，依托网络平台，实现工业品和农业品在城乡之间的双向流通，主要是工业品下行和农产品上行。

以阿里巴巴农村电商为例。在当地政府的支持和合作下，阿里巴巴在县级层面建立公共服务中心，由当地政府提供宣传、场地、培训和财务等方面的支持，阿里巴巴配备培训人员，负责辖区内农村淘宝的管理、业务拓展以及农村淘宝合伙人录取与考核，并在村级淘宝服务站点进行网上交易代买代卖和快递的代收代发工作。村级合伙人负责当地农特产品的网上销售工作。

2）双线发展渠道下沉模式

这种模式利用平台和物流系统优势拓展市场，实现渠道下沉，打开农村消费市场。通过服务站来吸引本地服务商加盟，快速实现村级市场的布点覆盖，同时解决产品的售后服务问题。

以京东为例，所谓双线发展就是指建立县级服务中心和服务站。县级服务中心依托原有的配送站，独立开展除家电外的商品营销、配送和展示；服务站则采取加盟合作的方式负责自有平台上大家电的配送、安装、维修和营销。所谓"渠道下沉"，是指为了真正实现让村里人与城里人享受同样的消费服务的目标，做到电商下乡，京东还在县级城市以及乡镇发展线下渠道，开设线下专门店，借助自营电商的货源优势，进军农村消费市场。

3）县域中心加产销连接模式

这种模式的运作理念是让每一个县域成为一个中心，让数据、人才和 GDP 留在县域，并通过与外部生态的联结，构建全国性的大生态系统。这种模式以淘实惠的电子商务平台为代表，其总部平台与各个县域平台之间保持平等合作关系，总部负责信息系统的开发、业务指导、培训合伙人招募以及信息汇总等，县域平台借助总部提供的大平台和信息系统开展本县域的业务，包括网点拓展与培训、仓储物流服务和区域平台维护等，各县域平台自负盈亏。借助总平台，各个县域的土特产品可以在全国的供应链中流动，信息和资金可以在平台系统中得到快速高效地共享和结算。

2. 本土电商模式

近年来，我国各地涌现出大量农村电商的发展案例，形成了相对固定的农村本土电商模式。

1）自上而下的农村电商

这是由政府主导的一种模式。由于大部分农村地区发展相对落后，电商发展面临多重阻力，没有政府的参与将难以起步。这种模式由政府担负起本土电商的发展责任，主动牵头整合各类资源，带领当地农户投入到电商当中。

> **实际案例 3-10**　娄底的网上供销社建设
>
> 湖南是全国唯一的移动电子商务试点示范省份，具有先行先试的政策优势和发展机遇。农村移动电子商务"网上供销社"是省供销合作总社创建的大型政府助农、惠农项目，以搞活农村流通为目的，以信息技术为手段，采取"实体+网络"运作模式，为破解农村信息化建设最后一公里问题，解决农民"买难、卖难"提供了新途径。

娄底市委、市政府高度重视网上供销社的建设。全国首家地市级网上供销社落户娄底，在试点过程中，娄底重点抓了三个方面的工作：一是加强领导，配备力量，抽调精干成员组成工作班子；二是制定方案，加快筹建。市供销社与市移动公司、市农业银行三大部门强强联合，采取先建网点，后抓信息基础设施建设，再推资金流、信息流，最终达到物流、信息流、资金流"三流合一"的四步走战略，打造移动电子商务为"三农"服务的强势平台；三是创新思路，高起点规划。娄底市大胆创新，采取"实体+网络"、虚实结合的模式，打造"三农"服务"1234"工程，即打造一个平台，构建两条网络，开展三大业务，建立四大中心。在此基础上横向联盟、拓展加盟、资源共享。到2010年年底，基本构建县有配送中心、乡有加盟店、村有加盟点的农村商贸流通网络。到2010年9月，该市已有108家加盟店建成开业，发展移动"供销通"用户近6 000余户，全面提升了该市农村信息化建设水平。

2）自下而上的农村电商

自下而上的农村电商就是由市场驱动，社会和用户自己投入，利用市场化平台开展电子商务。在自下而上模式中，农民本身在电商实践和成长中起决定作用，农村的网店销售及加工业，从产生发展到壮大，基本依靠当地农民的组织力量。

实际案例 3-11　重视创意，徐州沙集镇领跑农村电商 3.0 时代

因为聚集孙寒、徐松、文道兵等一大批网商能人，并借助他们带领村民"冲浪"电商，江苏徐州市睢宁县沙集镇东风村成为全国最早的"淘宝村"之一。近10年，沙集镇东风村"无中生有"发展家具产业，不断从电商中"淘金"，成为远近闻名的"明星村"。2016年，全村1 180户超八成触网，电商交易额突破30亿元。

和村里许多网商一样，文道兵的创业经历也由实体店进货上网销售赚差价的1.0阶段，到产销结合、自产自销的2.0阶段。2009年，他的网店刚起步，只能先进货、再销售，赚些差价。偏远的东风村，当时没几家快递公司，文道兵只好拉着货，骑着电动车赶往20多公里外的宿迁市。"单趟就要50分钟，但一天能挣200元。"没几年，文道兵的网店小有起色，他成立徐州锦奕茹商贸有限公司，转向做复古系列创意家具，契合复古风，销售火爆。今年上半年，公司销售额突破800万元。2014年，沙集电商新产品占比从不到5%上升到20%左右。农村电商悄然生变，10%以上的农民电商，在有创新产品后，选择暂不向市场推广，申请专利后再逐步销售推广。"知识产权保护意识，刻入农村电商心头。他们不仅重视实际产品，设计、理念、图片等都在村民心底烙上产权烙印。"沙集电商协会副会长沙庆说。

2017年初，沙集镇电商协会组织重要厂家开会研讨，着手对整个产业进行提档

升级。目前,睢宁县政府以"创业园"建设为抓手,促进沙集的产业集群形成。全镇基础设施投资已超5亿元,建设"五纵五横"10条道路,"沙集电子商务创业园"已建成,建筑面积达5.1万平方米,涵盖生产加工、物流仓储、电子商务、商务服务等诸多功能。

沙集电商,正在"电商3.0"的路上疾驰。

3）双向O2O模式

双向O2O模式就是搭建双向供需平台,把商品、服务信息快速输送到农村,再把农产品、劳动力、农业信息输送到城市,促进农村基础设施建设,优化农村产业结构,形成一个闭合的循环系统。简单来说,就是直接面向农村消费者和供应商,以批量集中采购为基础,减少中间环节,降低交易成本,实现城乡之间的沟通和互联。

实际案例3-12　乐村淘,服务8亿农民的电商平台[1]

乐村淘作为中国第一家村镇O2O电商平台,经过两年的探索,打造出了一个独特的更适合农村且更接地气的农村电商新模式——乐村淘模式。

2014年成立的乐村淘,针对农村存在买难、卖难、货品少、假货多、购物难,同时蔬菜、水果和农产品不好卖的情况,采用了独特的双向O2O模式。首先,走进农村模式,让城市工业品走进农村,让农民买到安全、实惠的产品,提升农民的生活品质,降低生产成本,缩小城乡差距。其次,走出农村模式,为农民和当地企业提供全国销售平台,让农产品走出农村,走向全国,帮助农民发家致富,助推当地企业增产创收。

针对当前农村物流成本高的问题,乐村淘制定了一个更适合农村的独特的销售模式——"乐6集"。所谓"乐6集",就是逢6赶集,让农民把线下的赶集搬到网上,在每月的6号、16号、26号集中下单,集中销售,集中配送,这样大大降低了物流成本和采购成本。

乐村淘第二个特色业务就是"乐村淘特色馆",这是该公司开设的一个B2B电子平台,针对每一个县成立一个主题特色馆,打造出中国最具乡情的特产平台。通过挖掘每个县的乡魂、乡情、乡味,把当地的人文、历史、故事融入特色产品中,带到互联网上去,让全国人民更加了解当地的文化与特色,促进县域经济发展,全国互联互通,并借助乐村淘全国的数据、渠道、人群等资源优势,整合县域名优农特产,让农特产走向全国。

"乐县域"是乐村淘第三项特色业务,这是一个专注服务于县域经济的电商平

---

[1] 中国农村网,http://www.crnews.net/724/40468_20160918024538.html。

台，通过帮助传统代理商实现"互联网+"，并与线下实体店相结合，形成线上线下互动、全渠道、全天候联系的新型商业模式，孵化出一批新型的企业，从而扩大消费拉动县域经济的发展，形成具有当地文化特色的生态产业集群。通过发挥乐村淘电商平台影响力及渠道优势，并采用B2B模式，可以让乐村淘农村体验店、社区店、城区超市店都能够在线上享受高效、方便、有着丰富商品的"订货平台"服务。

在国家政策引导下和社会各界的关怀下，乐村淘将更加坚定信念，稳步前进，践行"全心全意为农民服务"的使命！

4）双向流通电商模式

双向流通模式就是以电商平台、城乡物流配送体系和连锁商业网点为依托，通过线上线下融合发展，构建工业品能下乡、农产品能上行的市场流通体系。

这种模式一般包括三个部分：一是从事工业品下行业务，主要开展农村代购、农村创业和本地生活服务等方面的业务；二是从事农产品上行的业务，主要开展农产品供应链和营销体系的搭建；三是从事孵化和宣传，对农村电商的参与主体进行培训。双向流通模式是在运营模式上向移动化、服务化、社群化和本地化的探索，值得人们高度关注。

实际案例 3-13　淮商易购：村里逛网店

淮商易购农村电商服务平台网于2010年8月成立于杭州。经过近两年的发展，淮商易购农村电商服务平台网已经迅速成长为国内最专业的购物返利平台。

在淮商集团各类连锁店所形成的服务网点基础之上，淮商易购增加了与各大网络平台的开放服务接口。目前，淮商易购农村电商服务平台网已与逾400家B2C商城达成合作，其中包括当当网、京东商城、凡客诚品、一号店、糯米网、满座网等国内知名主流商城。通过淮商易购农村电商服务平台网去各大商城购物（团购）都能畅享购物返利。同时积极开展农特产品上行服务，通过构建淘宝蚌埠馆、京东蚌埠馆和苏宁蚌埠馆三个地方特色电商平台，积极引导地方企业产品上线运行。集团利用本身的物流优势，与乡镇和村级服务点完美结合，提供相应的送货服务完善农村物流配送服务平台，方便农村电商代购配送和产品上行。

5）产业分散化销售模式

产业分散化销售模式就是把农村分散的农特产品通过网络平台收购过来，再转卖到商户或用户手里，其主要特点是需要经过中间环节，即中间商通过网络店铺收购农民的农产品，再从这个网上向市场进行销售。这种模式简单易用，对农民的互联网知识水平和信息化等方面要求较低。但是这种模式存在两个问题，一是销售的产品是自然物品，产业链条短；二是销售主动权不掌握在农户手中，有可能导致产品价格增高，农民在产业链条当中处于弱势地位。

6）自建平台销售模式

这种模式就是把传统电商的模式照搬过来，自建平台销售各类农特产品，在一些农村特色产业的集聚地，经济条件比较好，农民知识水平也相对较高，很多农民不再依靠像淘宝网这样的平台，而是自建平台开展电子商务，通过自建网站实时更新发布最新产品，扩大企业产品的宣传面，降低企业的宣传成本。为自己的客户提供更加安全的服务。

实际案例 3-14　福建仙游：自主平台的发展

近年来，福建仙游县依托产业优势，加快构建农村现代流通网络，推动线上线下融合发展，激发农村消费潜力，实现"仙游特产卖全国"，促使电商产业蓬勃发展，在阿里巴巴研究院发布"2016年电商百佳县排行榜"中名列第100名。至此，仙游县已连续三年进入全国百佳。

仙游县坚持以"壮大网军，打造电商基地"为目标，出台《关于加快电子商务发展的若干意见》，设立300万元专项资金用于扶持农村电子商务项目的发展，围绕"特色"拓展提升电子商务应用领域，重点扶持自主平台建设、第三方支付、物流配送、人才培养等，推进建设现代物流园区，致力发展第三方物流，吸引顺丰、圆通、韵达等多家快递公司入驻仙游，鼓励电子商务企业引进电子商务高级人才，加大美术摄影、网络维护、营销推广等专业"网军"人才培训，为电商创造了良好的发展环境。

3.4　中国在线零售的发展

随着我国在在线零售领域的积极探索和实践，中国在线零售已经居于世界领先地位。目前，中国在线零售正在努力探索新的发展方向，以期望在未来继续保持对中国经济发展的强大支持和世界范围内的强大竞争力。中国在线零售目前呈现以下的发展方向。

1. 品质分级

随着中国经济不断向前发展，网民在线消费体验也在不断丰富，开始出现不同级别的品质消费诉求。有的网民追求更低的商品价格，他们推动了拼多多的大热；有的网民追求国际化的商品，他们促进了诸如洋码头之类中国跨境电商的发展；有的网民追求品质至上，他们成为诸如网易严选之类品质电商的拥趸；有的网民追求知识为先，于是催发了小红书之类知识社区电商的兴起；有的追求奢侈品消费，于是诸如寺库、尚品的网站蓬勃兴起。

2. 供应模式升级

面对中国消费者不断提升的个性化和定制化消费需求，而制造商和消费者也追求更多利益，我国在线零售业在供应模式方面有了更多的创新，ODM模式和C2M模式就是其中典型的两种。

ODM（Original Design Manufacturer）是指某制造商设计出某产品后，在某些情况下可能会被另外一些企业看中，要求配上后者的品牌名称来进行生产，或者稍微修改一下设计来生产。其中，承接设计制造业务的制造商被称为ODM厂商，其生产出来的产品就是ODM产品。

在电子商务的背景下，ODM平台模式与互联网相结合，产生了ODM平台模式。ODM平台直接与精选出的制造商对接，制造商负责设计与生产，ODM平台负责采购品控、物流销售及售后等环节，并将消费大数据反馈给制造商，以调整优化生产制造。ODM模式有利于加强对上游产品品质和成本的控制，将品牌溢价及中间流通环节产生的费用让渡给消费者及制造商，使得消费者可以买到更物美价廉的商品，也使得制造商可以获得更多的收益。ODM与B2C模式的对比如图3-3所示。

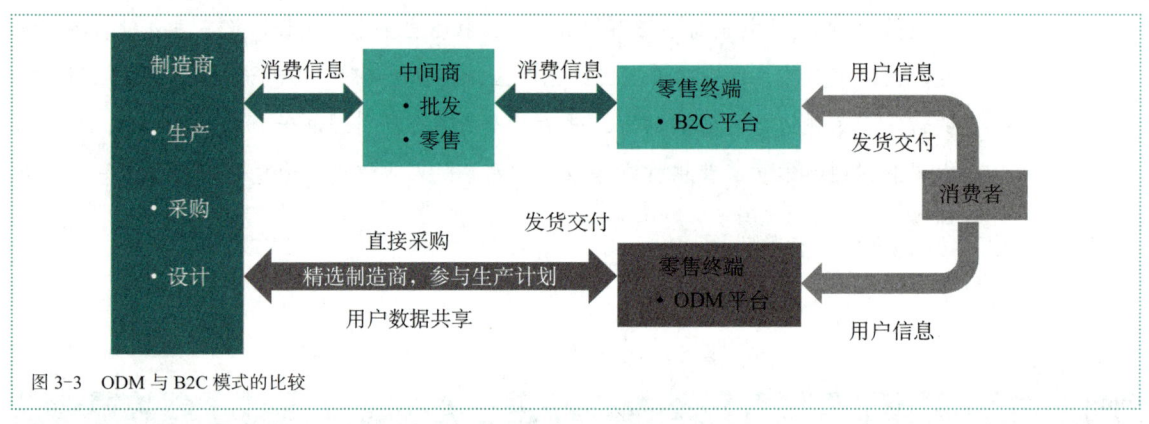

图3-3 ODM与B2C模式的比较

从图3-3可以看出，传统的B2C平台获取用户信息，并不直接与中间商和制造商进行分享，而只是将统计性的消费信息传递给他们，这样的信息分享模式与ODM平台相比，层次更多，信息分享的范围更窄，对制造商生产能力和生产水平的指导也较弱。ODM平台模式借助平台所拥有的用户画像以及用户大数据，将是新制造业战胜旧制造业的关键所在。

C2M（Customer to Manufacturer）模式相比较传统的B2C模式，能够帮助消费者和制造商节约交易成本。另外，C2M平台通过消费大数据分析或消费者产品定制订单，精确把握消费需求，确定产品定位，引导制造商的研发设计生产及库存安排，以提供更能满足消费者个性化、定制化需求的高品质商品（图3-4）。

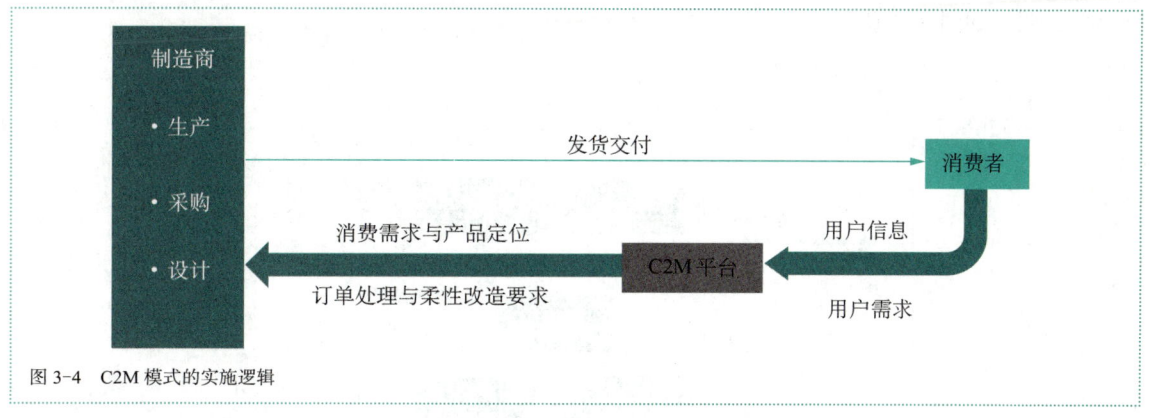

图 3-4　C2M 模式的实施逻辑

3. 场景融合

场景融合是指互联网流量的巨头与零售实体店融合，帮助实体店实现数字化改造，以弥补传统零售店的线上体验短板。

线上流量巨头具有流量优势、数据优势和技术优势，然而线上的体验感相对较弱，货品的展示以数字化形式为主，并不能完全达到所见即所得的效果，此外，网上产品的品质保证还有很长的路要走，并且线上产品的配送成本也较高。

而线下零售实体店具有体验优势，所见即所得，品质有较高保障，对物理店铺附近的用户，配送成本较低。但是线下零售实体店也有自己的局限，主要体现在覆盖范围有限，用户的数据比较单一，即以购买数据为主，门店互联网化的程度也比较低。

通过二者融合，线上流量巨头可以通过共享数据资源与供应链资源助力线下门店的数字化改造，而线下零售实体店则可以很好地弥补线上体验的缺失。共享数据资源与供应链资源，二者优势互补、资源共享，将能够提供更灵敏的消费者洞察、更灵活的生产方案、更多样的销售渠道、更精准的营销、更有效的商品陈列、更高效的物流配送和更好的购物体验。场景融合的实践包括阿里收购三江购物、华联、新华都等股份；京东入股永辉超市，与沃尔玛、中国石化进行合作；腾讯计划投资万达商业，并收购股份；等等。

4. 场景重构

场景重构是指对零售场景进行重新设计，将物理店铺单一的零售角色，向零售体验服务和配送仓储等多角色转变，零售业与服务业进一步融合，以满足消费者吃喝玩乐一体化的需求。

盒马鲜生等新物种的店铺布局，分为前店和后仓两个区。在前店除了有常规的日用杂货零售区和生鲜零售区，还增设了服务区、体验区和餐饮区，让顾客可以在门店现场直接感受货品的效用，以此激发顾客进一步的购买欲望，同时店里面采用了新技术，允许顾客通过扫码购物和线上下单，能够即刻将顾客的购买欲望转化为现实的订单。后仓除了原有的仓储功能之外，还增设了配送区域，以便能够在最短的时间里将顾客的线上订单落实。当然所有这些业务的实现都来自移动互联网、大数据技术、人工智能技术等信息技术的强有力支撑。数据分析是驱动场景重构业务升级的根本动力。盒马鲜生的场景设置如图 3-5 所示。

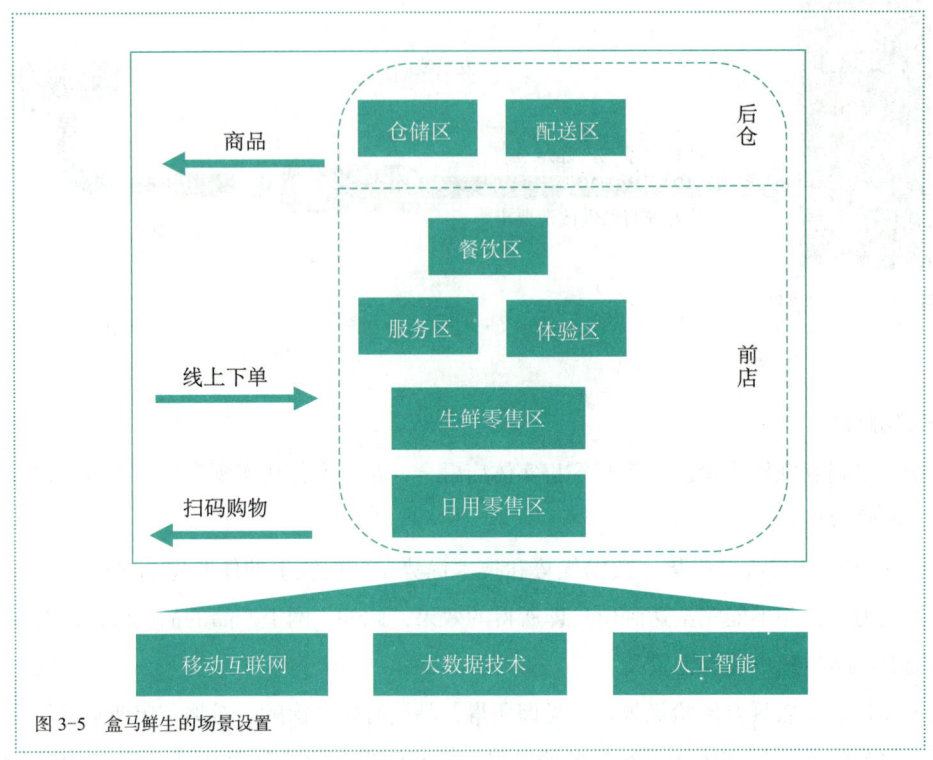

图 3-5　盒马鲜生的场景设置

5. 场景下沉

场景下沉是指将消费的场景下沉到消费者身边，在消费者最需要的时候提供货品，是更好地满足消费者碎片化、即时化消费需求的在线零售商业模式。

传统的零售商店，甚至是在线网店，建立的人与货之间的场景也只是一种购买场景，而非消费场景。人们在超市或网店购买的商品，还需要在特定的时间里将其带到相关的空间进行使用，这增加了人们的交易成本。场景下沉的理念，是尽量完善离用户最近的前置封闭消费场景，在顾客最需要的时间和地点提供货品服务。例如，我们常见的无人便利店、无人货架和自动售卖机，是在小区、商场、校园等日常消费的地点直接为消费者提供服务。

目前，无人货架的代表企业有每日优先便利购、猩便利和京东无人超市等，无人便利店的代表企业有简 24、缤果盒子和阿里淘咖啡，此外还有车载便利店，代表企业有魔急变、GOGO+ 和 cargo。这些商业模式利用物联网、人脸识别、移动支付等技术，随时随地给消费者提供服务，满足消费者购物时空的要求，也满足了消费者购物便捷性的要求，能够带来更好的用户体验，从而刺激消费。无人商店的存在还有助于采集用户的购买记录，帮助企业实现精准营销，并基于历史偏好管理商品，实现实体零售的降本提效。

> **实际案例 3-15　猩便利：无人货架才是稻草？**

2018 年 6 月 11 日，猩便利宣布获得蚂蚁金服战略投资，其他老股东悉数跟投，这意味着，在无人货架领域，猩便利成功上岸了。

无人零售这股风潮完全是被用户短距、即时的需求所推动，因为有了这样的需求，才有了商品的前置。不管是建前置仓，还是将无人设备推进社区和办公室场景，本质上都是为了离用户更近，让用户更快地获得商品。

猩便利联合创始人兼总裁司江华就表示："以前大家做外教、厨师上门，首先要问的问题是，有这个需求吗？但对于无人货架来说，没有人质疑它的需求，大家问的都是，如何来满足这一需求。"

同样是无人零售，无人便利店和无人货架的命运却大相径庭，前者发展不温不火，至今没有巨头买账，后者却仅在一年多时间就吸引巨头纷纷入局。究其原因，无人货架切入的办公室场景，有需求，有场景，如果按照人、货、场三要素分析，无人货架的"场"具有明显优势。步步高董事长王填曾把无人便利店批得一无是处，认为无人便利店是伪命题，一定是死路一条，但对无人货架却网开一面，"无人货架在一定范围内有社交圈，虽有道德风险的因素，但还是有发展空间的"。

本章小结

1. 在线零售 1.0 的定义。在线零售，是指互联网上的销售中介帮助消费者和制造商在虚拟环境下完成交易。相比较传统零售，在线零售具有四个优点：一是互联网的应用降低了参与者的交易成本；二是降低了市场的进入成本；三是最大限度地减少了零售中介和中间商；四是间接降低了消费者的生活成本。在线零售 1.0 的主要形式有在线目录零售商、在线的制造商直接销售、纯粹的网络零售商、虚实结合的零售商、网络卖场以及导购型零售商。

2. 新零售。作为在线零售的 2.0 版本，新零售是指人们利用互联网在各种场景下完成交易。传统在线零售面临着两大挑战：一是实体门店零售比在线零售具有更大的机会；二是网民的数量和网民的互联网使用接近上限。新零售通过线上数据的应用分析，更好地进行用户画像，了解用户的消费需求和消费方式；新零售通过鼓励用户的线上和线下主导，提升货品生产的精准性，能够更好地满足用户个性化和定制化的要求，提升了货品的价值；新零售通过构建更全面的消费场景，为消费者提供优质体验。

3. 农村电商。农村电商是指利用计算机和互联网等新技术为涉农领域的生产和经营提供网上交易或销售服务的过程。在线零售领域，主要包括农产品电商和农资电商。农村电商的商业模式主要分为外来电商模式和本土电商模式两种。外来电商模式包括公共服务＋农村淘宝模式、双线发展渠道下沉模式、县域中心加产销连接模式；本土电商模式主要包括自上而下的农村电商、自下而上的农村电商、双向O2O模式、双向流通电商模式、产业分散化销售模式、自建平台销售模式等。

4. 跨境电商（Cross-Border E-Commerce）是指处于不同国家（地区）的交易主体，以电子商务平台为媒介，以信息技术、网络技术和支付技术等为支撑，完成的线上交易，支付结算，并通过跨境物流或异地存储将商品送达消费者的国际商务活动。跨境电商源于电子商务，是电子商务的新模式和新业态。跨境电商的运营模式由运营载体、物流仓储系统和支付工具三方面组成。

5. 中国在线零售的发展。中国在线零售的发展有5个特点：①品质分级；②供应模式升级；③场景融合；④场景重构；⑤场景下沉。

课后习题

1. 什么是在线零售1.0？
2. 相比较传统零售，在线零售具有哪些优势？
3. 在线零售1.0的商业模式包括哪几种？
4. 传统在线零售业在发展中遇到的两大挑战是什么？
5. 零售业的发展经历了哪些阶段？
6. 什么是新零售？作为在线零售的2.0版，新零售与在线零售1.0有什么区别和联系？
7. 什么是农村电商？
8. 农村电商的模式包括哪些？
9. 跨境电商的概念是什么？跨境电商运营的三要素是什么？
10. 我国跨境电商的发展有哪些特征？
11. 我国在线零售发展的新特征有哪些？

章后案例

返利网:为美好生活而省?[1]

伴随着中国消费产业的崛起,"为美好生活而省"成为很多人新的消费主张,而返利网则是这一个趋势下崛起的中国"省钱"概念第一股。据第三方数据平台QuestMobile的数据,2019年返利网App月平均活跃用户数为1 063.94万人;2019年第三方导购类应用中,返利网App在月平均活跃用户数、总使用次数名列行业第一。

返利网(www.fanli.com)成立于2006年,是国内知名的全场景导购平台,拥有累计注册人数超过2.4亿人次,年活跃用户超过4 000万,影响6亿中国消费者,为消费者提供360°全景式消费服务,涵盖了购物、旅行、本地生活、票务、出行、学习等诸多消费场景。

已与国内超过400家商城和平台、逾5万家品牌商户合作,几乎涵盖了全球知名电商,包括天猫、淘宝、京东、苏宁易购、携程、华为商城、爱彼迎、亚马逊、聚美优品、苹果官网等知名电商平台,覆盖逾百万家本地生活线下门店。

返利网创始人葛永昌是上海同济大学测量工程系学士,创业之前是一家名为Pactec Soft(柏柯软件)的美国互联网公司的高级工程师,负责网站开发和项目管理工作。2006年底他自己在国内创办了返利网(早期域名为51fanli.com),而诞生地就位于他在上海浦东陆家嘴旁边租住房子的客厅里。

返利网创始人葛永昌曾在公开场合表示,省钱消费的诞生背后是人性爆发的一部分,"我们认为人内心深处始终存在着省钱省力省事省心的需求,'为美好生活而省'这个事情是有价值的,这个赛道也是非常有价值的,所以我们一直坚持了下来,现在,返利网成了这个行业的代名词"。2020年,回顾14年的发展历程时,葛永昌再次强调,省钱是用户不变的刚需,帮助用户省钱是返利网不变的诉求。他表示,过去14年我们一直在帮用户省钱,关心省钱背后的逻辑,未来20年我们还会继续专注在省钱这个赛道。未来,返利网还将拓展更多的省钱场景。

返利网的模式并不复杂,即用户通过返利网跳转至其他电商平台购物下单,平台商家支付给返利网一笔推广费。返利网收到费用后,拿出一部分返利给用户,其中一部分是下次购买商品的购物优惠券,一部分是返还现金。

葛永昌把返利网的商家资源分为两类:一类是急需用户的"发展中平台",另一类是用户基数很大,但需要一个能提高老用户活跃度的社区。返利网为商家带去的客户里,既有新用户,也有原来的老用户,老用户之所以愿意选择返利网这个入口,相当大的原因是因为尝过返利的甜头。不过,已经成熟的电商平台给返利网的"回扣"就没有"发展中平台"那么阔绰。

---

[1] 资料来源:http://www.cppcns.com/news/roll/391186.html;https://www.chinaz.com/2020/0820/1174144.shtml;https://www.163.com/tech/article/ANQPBPDP000915BF.html;http://www.sootoo.com/content/80549.shtml)等,有删节。

葛永昌给返利网的定位是"第三方网购门户"。他想做的是把活跃在互联网里的"上帝"伺候好：让他们买到最便宜的商品、得到最及时的优惠信息、提供第三方信用评级、扩展会员服务……用"返利"的甜头把消费者都笼络到返利网来，无疑像是在电商平台的大门旁边打开了另一道门，更重要的是它还能让电商们心甘情愿地分出一块蛋糕。

在返利网的发展历程当中遇到过三次挑战。

第一次挑战是在返利网早期出现的资金紧缺。返利网运作之初，要等待消费者在客户网站上付完款、收到货物且过了商品退货期后，一个交易的流程才算结束，客户在两个月之后支付返利。

当时返利网的创业启动资金只有区区10万元，而服务器、人力成本和其他支出迅速让10万元变成三四万元。在会员数量增长到2万人的时候，由于和上游合作网站之间结算账期的存在，导致"巨大"的资金缺口出现了，一边是上游网站还没给钱，另外一边消费者的返利又等着到账，公司运营也急需用钱，每月还需要向消费者支付约3万元的返利金额。

本来当时的用户对网购还能拿返利这件事情就心存疑虑，大部分的用户都是不相信这个刚刚诞生的网站的。起步期好不容易发展的这些种子用户体验无比重要，一定要把这些用户的信心稳定住，否则就完了。

万般无奈之下葛永昌去办了好多张银行的信用卡，女朋友也被他鼓动着去办了两张。从信用卡里透支了现金七八万元，再加上向朋友借的钱，总算能把需要给用户的返利分批付清掉，而这样入不敷出的日子持续了4个月。"那时候记得最牢的就是每张信用卡最后还款日。"葛永昌说，"不管怎么样，消费者体验很重要。否则就完了。"

当时返利网还非常弱小，比返利网大的还有好几家，比如做积分返利的平安万里通、当时的易购网，还有一家位于上海的特价王等，返利网只有区区的30万名用户。但是返利网决定直接跟B2C平台合作。功夫不负有心人，经过一轮简单的沟通很快返利网就和几家垂直B2C平台合作了，第一个月就依靠这种广告套餐＋CPS返点的模式给公司赚了16万元的利润。后续依靠这种合作模式快速和几十家网站合作了，一直到目前与几百家的B2C平台达成合作。除去基本的广告+CPS合作方式外，返利网还首先开创了ROI营销合作，最高峰通过这种模式一个月可以实现几百万元的利润。

通过这样的模式开始赚钱了，公司也就开始陆陆续续增加人员，从最初的几个人增加到几十个人，到最后增加到上百人，也有钱开始做市场投放了。一段时间集中投放天涯社区，接着是开心网，最后是猫扑和微博，但凡有流量的地方都想方设法去投放，用户规模也越来越大，最终变成了行业第一。

第二次挑战是腾讯的收购。早年间腾讯和返利网洽谈过收购协议，当时如果同意被收购葛永昌可以拿到现金直接上岸，但是他拒绝了，还是想坚持自己的思路独立发展。没过多久，腾讯也出了QQ返利来和返利网竞争，员工压力很大。面对这个挑战，葛永昌跟员工明确表示，"返利导购业务想做好并没有那么简单，腾讯干QQ返利虽然有腾讯品牌作为背书，看似有很多用户，但是这些用户资源也不是随便无偿使用的，另外QQ返利他们最多也就是个几十个人的小部门。而我们是全公司上百人都在专注干这个，从资源投入和人力投入上来说我们可能会更具有优势。"没过几年QQ返利停止了运营。

第三次挑战来源于淘宝。从2013年开始，当时淘宝一家独大，马云发表了著名的话："淘宝的流量来源应该是草原，而不是森林。"淘宝的政策开始调整，这导致多家做返利和淘宝导购的网站都陆续转型了，蘑菇街、美丽说、折800、卷皮、楚楚街等都陆续转型做自营，而米折网、返还网也都开始探索其他的出路，米折转型做了贝贝、贝店等新的业务，返还网转型做了美柚App，而利趣网和返利邦都在2015年出售，当时大家都看不到任何的希望，前路一片黯淡。

当时整个大环境对返利导购非常不利，但是返利网还是一如既往在坚持做导购这条路。在艰难地坚持之后，电商大环境又迎来了新的变化，拼多多借助微信强势崛起，京东也在崛起，短视频直播（抖音和快手）都在陆续崛起，淘宝不再是当年的一家独大，多家竞争的格局再次出现，现在淘宝在营销政策上也在不断地释放各种利好消息，开始重新拥抱这些拥有流量的外部导购平台。这个时候返利网继续坚持做导购，而且做围绕生活、购物、出行等360°的全场景导购是非常大的一个机会。

返利网聚集了规模庞大的消费者群体，截至2020年6月30日，返利网的累计注册用户数达2.6亿，与超400家商城和平台、逾5万家品牌商户合作。据第三方数据平台QuestMobile的数据显示，2019年返利网App月平均活跃用户数为1 063.94万人；2019年第三方导购类应用中，返利网App的月平均活跃用户数、总使用次数名列行业第一。可以说，经过多年的积累，无论从用户规模还是从盈利能力、包括品牌来讲，返利网作为"省钱"赛道佼佼者当之无愧。

思考题

1. 对于在线零售，返利网能够提供的价值是什么？
2. 试着研究，在在线卖家和终端消费者之间，还存在哪些中介方？它们各自的价值是什么？
3. 从B2C平台的角度看，返利网和其他类型的导购网站存在的价值在哪里？
4. 结合返利网的发展历程，你认为返利网成功的关键要素在哪里？
5. 在当下的在线零售竞争格局下，你对返利网的前景有什么看法？
6. 结合去中介化和再中介化的相关理论，试着分析导购类网站存在的合理性。

在线旅游与在线招聘

学习目标

- 定义在线旅游
- 了解 OTA 的发展历程
- 理解在线旅游的盈利模式和商业模式
- 掌握顾客行为模型的应用
- 了解中国在线旅游业的发展
- 掌握"连接－效率－集成"阶段模型在在线招聘行业的应用
- 了解中国在线招聘的发展

先导案例

"预约未来旅行"：在线旅游平台的新商机[1]

受疫情、极端天气等因素影响，旅游业在间歇暂停和恢复增长之间摇摆。"双十一"的到来也给各大在线旅游平台一个促销升温的商机。不少旅游业者在"双十一"的推动下，采取了"预约未来旅行"的消费模式。

2021年11月12日零点，第13届天猫"双十一"全球狂欢季落下帷幕。飞猪数据显示，"双十一"活动商品成交额同比增长超60%，12个品牌成交额突破1亿元，比2020年增加了3个品牌。

飞猪旅行总裁庄卓然表示，越是行业艰难的时刻，越要加倍投入，更要发挥数字化的力量，为商家创造价值，合力打造一个超越预期的"双十一"。"双十一"期间，飞猪平台上成交额突破1亿元的品牌达到12个，包括山东航空、雅高、长隆、万豪、洲际、凯悦、上海迪士尼度假区、万达、希尔顿、开元森泊、红树林和北京环球度假区。

在不少旅游酒店从业者看来，其实"双十一"不仅仅是拉动销售的机会，也是品牌营销的商机。"除了订单之外，品牌曝光也是我们重点考虑的，'双十一'会拿出最好的产品来吸引关注。"雅高酒店集团大中华区市场营销及技术转型高级副总裁叶心薇表示，"集中式的促销外，我们也看重'双十一'带来的整体效益，包括品牌粉丝和会员，甚至是对客房销售的带动与转化。"

经过前期"1111现金任性送"的活动预热，同程旅游的"双十一"活动已吸引了数百万名用户关注参与，同程旅游在11月11日当天开启15小时超长直播。据统计，"双十一"期间包括主播、达人在内的内容生态带来的新用户数同比增长超70%。希尔顿新增会员数超40万，长隆新增会员数超12万。

旅游目的地收获的不仅是关注，还有来年可期的客流。"双十一"期间，冰雪旅游商品销量同比增长206%，其中长白山滑雪酒店套餐累计销量超10万件。从去哪儿发布的数据来看，河北省与吉林省拥有最多的热门滑雪度假区，分别是密苑云顶乐园、太舞四季旅游度假区、万龙滑雪场和北大湖滑雪度假区、松花湖滑雪度假区和长白山滑雪场。

值得注意的是，一些受到疫情重创的旅行社，也在"双十一"期间传来了积极的消息。成都大脚国旅专营店负责人李勇在"双十一"预售阶段卖出了今年的最好成绩，成交额同比翻了数倍。"下半年我把主要的精力放在路线小众、体验独特的精致小团，采取'先囤后约'的预售模式，借助平台内容生态努力突围。尽管'双十一'后半段受到疫情影响，但像成都大脚国旅专营店这样成交额取得倍级增长的旅行社仍不在少数，包括吉林旅游旗舰店、丽江亨信旅行社专营店等。"李勇表示。

---

[1] 新浪财经."在线旅游平台'双十一'成交额增长，12个酒旅品牌破亿". 2021年11月12日. https://www.yicai.com/news/101228132.html. 有删节。

不少旅游业者在"双十一"的推动下,采取了"预约未来旅行"的消费模式。同程旅游出游数据显示,三亚作为当前旅游囤货最受欢迎目的地,自由行、周边游、定制小团等海南旅行产品的销量持续增长。与"双十一"活动前的数据相比,"温泉泡汤"相关搜索量增长235%。面对疫情之下的市场形势,同程旅游表示,应该积极应对新常态化下的"文旅持久战",主打"好货安心囤"概念,为用户打造更多创意玩法,掀起"旅游+直播"带货热潮,进一步激发消费者出游需求与旅游市场活力。

文化和旅游部公布的数据显示,2021年前三季度国内旅游总人次26.89亿,比上年同期增长39.1%。旅游业整体在平稳复苏中,业界认为,此次"双十一"的热销,也给了旅游酒店企业信心,接下来会开始筹备元旦和春节假期市场。

从先导案例可以看出,目前在线旅游平台已经成为游客出行的首选渠道。人们可以通过在线旅游平台高效率地进行旅游产品的预订和购买,旅游业者则可以通过在线旅游平台高效率地对产品进行宣传和展示,特别是"旅游+直播"的互联网新兴模式的应用,能够进一步激发旅游市场活力。凡此种种,体现出互联网对旅游业的强力支持。

作为"互联网+"行业实践中最成功的案例之一,在线旅游得益于大多数旅游业务的"信息密集型"本质,业务内容主要围绕信息处理展开。比如,游客对旅游产品的了解、获取和预订,都是以信息处理为任务内容。这种特点的行业和业务,可以充分利用互联网的信息处理优势,建立新的商业模式以提升原有业务的完成效率,从而赢得广大用户的青睐。与此相似,招聘业务也具备信息密集的特点,招聘与互联网的结合(在线招聘)成为"互联网+"行业实践当中的又一成功案例。

4.1 在线旅游概述

在线旅游是随着互联网发展而诞生的一种新型旅游商业模式，是指旅游消费者通过网络向旅游服务提供商预订旅游产品或服务，并通过网上支付或线下付费获得旅游资源的一种商业模式。将旅游资源整合制作成产品，在互联网上进行销售的在线旅游平台是在线旅游产业的核心。

在线旅行社（Online Travel Agency，OTA）是很长一段时间里在线旅游产业的主流，为消费者提供了优质产品及服务。从国际发展来看，OTA 的发展可以分为三个阶段。

1. 萌芽期（1950—1995 年）

在线旅游渠道和平台的技术基础发源于现代航空业。20 世纪 50 年代，随着第二次世界大战的结束，航空旅游人次快速增长，航空公司面临及时处理旅客机票预订的挑战。当时游客需要亲自到机场或预订办公室处预订机票，或通过电话预订，之后航空公司代理再把乘客名单登记在纸上。这种预订方式效率低且出错率高，常常导致航班过多预订或预订不足，不仅给旅客带来麻烦，也给航空公司带来昂贵的成本。为了解决该问题，航空公司纷纷开发系统管理航空座位预订，并让各地代理商能够通过电子方式实时获取数据。1952 年，Ferranti Canada 公司为环加拿大航空公司开发了世界上首个计算机预订系统"ReserVec"。1954 年，美国航空公司借鉴"ReserVec"的成功，与 IBM 合作投资开发"Sabre"系统。通过用系统替代 30% 的服务人员，"Sabre"大大降低了美航的成本。1976 年后，美航开始用"Sabre"系统终端吸引旅游代理商，根据美航报告，前 200 家安装了"Sabre"系统的代理商，来自旅客的增收就达到了 2 010 万美元，投资回报率达到 500%，这促使越来越多的代理商安装"Sabre"系统。可以看出，在这一阶段，计算机预订系统的重点服务对象是旅行社。而在 1985 年，"Sabre"开发出直接面向消费者的预订系统"eAAsy Sabre"，消费者可以跨过旅行社，直接通过该系统进行机票、酒店和车票的在线预订。随着业务的发展，这类系统被称为"全球分销系统（Global Distribution System，GDS）"，为旅游业提供服务，其行业位置如图 4-1 所示。

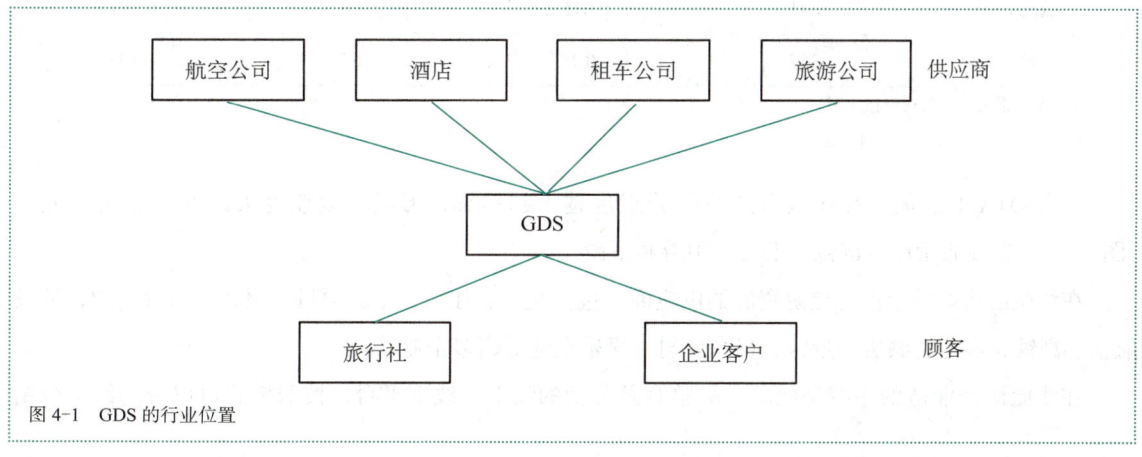

图 4-1　GDS 的行业位置

众多在线旅游网站的出现为 OTA 萌芽奠定了基础。受到 GDS 理念的影响，1994 年世界上第一个酒店综合目录网站 TravelWeb.com 建立，推出了直接预订服务。同时，世界主流旅游出版社 Lonely Planet 积极利用互联网发展线上业务，其业务的成功激励其他旅游出版社纷纷从事线上业务。

2. 起步发展期（1996—2001 年）

这一时期，全球范围内纷纷成立 OTA。1996 年微软创办 Expedia，提供机票、酒店和租车服务的在线预订。1997 年 Priceline 创立，并于 1998 年以"Name Your Own Price"模式向全球用户提供酒店、机票、租车、旅游打包产品等在线预订服务。此后，携程网、TripAdvisor、Orbitz 等著名 OTA 网站也相继在 1999—2001 年间建立。

3. 整合集成期（2002 年至今）

在这一时期，OTA 巨头借助资本力量以并购形式扩张。OTA 业务高度同质化使得并购扩张成为重要的提升市场占有率的方式，国际主流 OTA 通过一次次并购扩大自身业务边界，完善产业链，成就龙头地位。

Priceline 在 2005 年和 2007 年收购 Booking 和 Agoda，尤其是 Booking 成为其长期增长动力。此后又相继收购了 KAYAK、Rentalcars 和 OpenTable，向不同业务领域扩张。Expedia 也通过收购 Travelocity、Orbitz 等公司快速扩张。

国内的携程网与去哪儿网于 2015 年合并，合并后机场、酒店业务的市场占有率超过 50%，旅游度假业务的市场占有率达到 25%。

目前，OTA 市场总体格局呈现出三足鼎立的态势。国外的 Booking、Expedia 以及我国的携程占主导地位，三大 OTA 2019 年财务状况见表 4-1。

表 4-1 全球三大 OTA 2019 年财务状况

企业	营收/亿元	增长率	净利润/亿元	增长率
Booking	1 051	0.037 1	340	0.216 9
Expedia	841	0.075 2	40	0.391 6
携程	357	0.15	65	0.18

注：本表根据三大公司财报绘制。

随着 OTA 的发展，在线旅游产业的分工也越来越精细，形成了规模庞大的在线旅游产业链（图 4-2）。在线旅游产业链包括上游、中游和下游。

在线旅游产业的上游是旅游资源的供应商，包括交通、住宿、旅游项目、服务支持等资源，涉及航空、高铁、客运、酒店、景区、租车公司、娱乐设施等诸多企业。

在线旅游产业链的中游是旅游产品整合及分销的线上、线下平台，按照模式可以分为线下分销

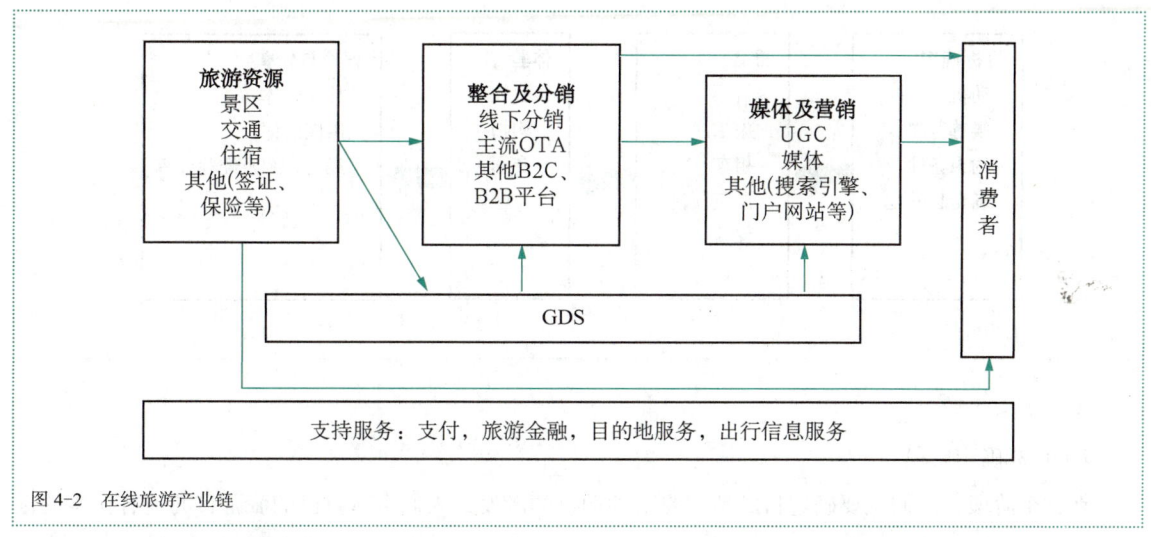

图 4-2　在线旅游产业链

和线上产品整合及分销。线上产品整合及分销模式根据客户群体不同和平台模式不同又可以分为 B2B 平台、OTA 类 B2C 平台和非 OTA 类 B2C 平台。

在线旅游的下游主要是媒体的各类营销平台，包括个人原创的 UGC 平台、社交网络、搜索引擎、视频网站、移动应用等。此外，对在线旅游提供支持服务的产业也可以算作产业链的一部分，如支付、旅游金融、到达服务、出行信息提供、保险签证等贯穿整个产业链。

4.2　在线旅游分析与机会识别

在线旅游产业链展示出互联网与旅游行业的完美结合。在这个结合过程中，如何有效分析当前的市场状况，进而发现更多创新创业的机会，是一个值得深入思考的问题。人们需要有效的方法或工具来进行在线旅游产业的市场分析与机会识别。

本节探讨一种从顾客角度出发来进行在线旅游市场分析和机会识别的方法，即基于顾客行为模型的分析方法。该方法包括三个步骤：构建顾客行为模型；基于模型识别并评价现有业务；识别空白点和创新点。

1. 构建顾客行为模型

该阶段的主要任务是从游客角度出发，按照时间先后顺序，识别游客外出旅游的一般行为过程和具体行为。

一般而言，人们的旅游过程可以分为四个阶段（图 4-3）。

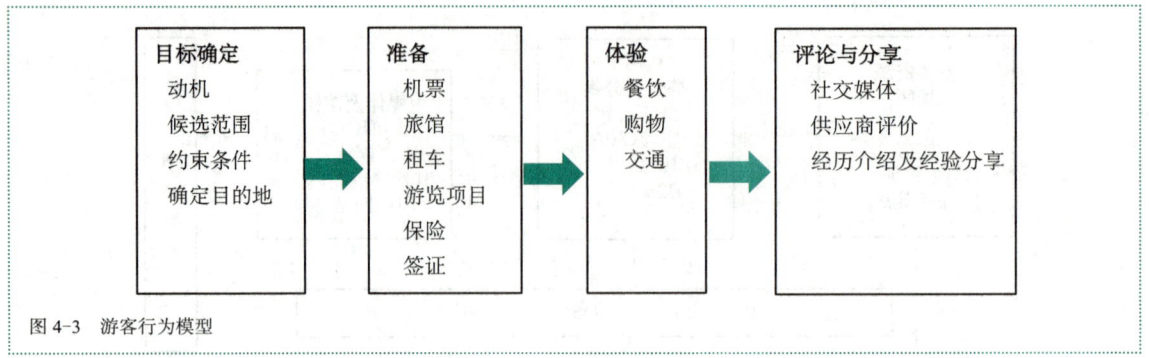

图 4-3　游客行为模型

1）目标确定阶段

在这个阶段，人们主要确定目的地。受某种动机的激发，人们会对自己的旅游目的地有初步的选择，在大致确定一个或几个候选目标之后，会根据一定的条件约束，确定最终目的地。例如，大学生在暑假的时候，出于休闲放松的需求，会考虑到风景比较优美的地区旅行，候选包括海边、山区和草原等。

2）准备阶段

在确定目的地之后，游客需要为接下去的旅游进行各种各样的准备工作，包括购买机票、预订旅馆、租车和预订游览项目等。一般情况下，这些准备工作的花费占据了整个旅游活动大部分的费用支出，这意味着该环节可能给服务商和供应商带来可观收入和利润。事实上，在线旅游业的现状也说明了这一点。

3）体验阶段

在确定了目的地，做了充分的准备工作之后，下一步将要进行实际旅游体验。在这个阶段中，旅游行为包括购物、餐饮以及参加当地极具特色的一些游览活动等。过去人们认为这一环节的服务主要是由线下企业提供，不太需要在线服务。但是随着技术的发展，移动支付、路线导航、数字购物券和优惠券的发放等数字化内容也越来越多地出现在旅游体验阶段。

4）评论与分享阶段

人们完成旅行之后，会在社交媒体分享旅游的经历，或者在旅游网站上对供应商进行反馈、打分，或者是到一些专门的评论网站上发表自己对旅游过程中相关供应商以及旅游体验的介绍和经验分享等。这些评论与分享，从供应商的角度来看，有助于供应商获知游客反应，及时改进和提高自己的服务，从游客的角度来看，这些分享为其他旅游者提供了信息参考，直接或间接地影响了他们的旅游决策，并为其他旅游者在旅游各个阶段提供方案参考。

2. 识别与评价现有业务

在完成游客行为模型构建之后，针对模型所建立的四个阶段，分别识别对应的商业价值。从图 4-4 中可以看到，在我国，在线交通、在线住宿和在线旅游度假是在线旅游领域的三个主要业务，在线交通市场占比最高，明显具有最高的商业价值。

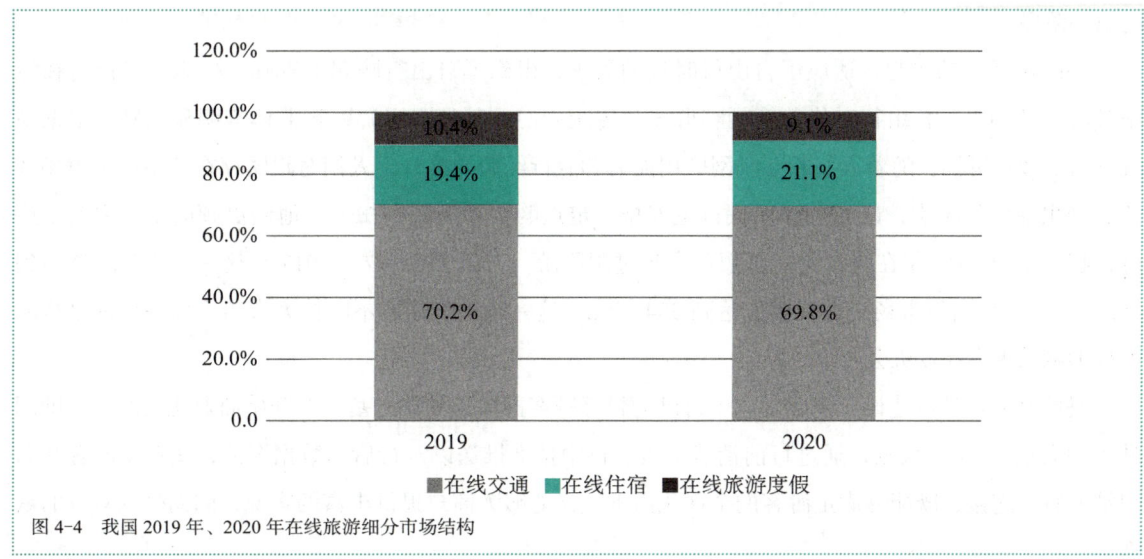

图 4-4 我国 2019 年、2020 年在线旅游细分市场结构

然后将现有的在线旅游服务（供应商、平台、App 等）放置到对应的位置，以观测当前在线旅游业务的竞争状况。不难看出，主流 OTA 服务商的主要业务集中在准备阶段。以我国为例，就有包括携程、美团、去哪儿、途牛、飞猪、艺龙、同程等多家 OTA 服务商参与竞争。相比之下，其他三个阶段的商业价值较小，参与竞争的在线旅游服务商数量也比较少。

3. 识别空白点和创新点

代入具体游客类型，识别这些游客在各个阶段、各种旅游行为的具体需求，并与现有的在线旅游服务相比较，找出那些游客还没有得到很好满足或者没有满足的地方，这些地方即空白点和创新点，意味着未来可能具有商业机会。游客类型的划分可以按照多个方法进行，如年龄和性别等生理特征，或者收入状况等社会特征。不同类型游客的需求在各个阶段也不同。

以马蜂窝旅游网为例来诠释顾客行为模型的应用。马蜂窝旅游网是一个自由行服务平台，由前新浪员工陈罡和前搜狐员工吕刚于 2006 年 1 月在北京联合创立。网站业务范围涵盖自由行、酒店、机票和当地游等领域，广受中国年轻一代追捧。

马蜂窝最开始并不是商业项目，纯粹是出于喜好创建起来的业余平台。自 2006 年开始，用户以游记的形式，分享旅行感受、攻略和经历等。可以看到，马蜂窝这时的业务处于在线旅游用户行为模型的第四阶段。由于马蜂窝在初创阶段成功避开了模型第二阶段在线旅游服务商云集的状况，因而得到了足够的成长空间。

然而，第四阶段的分享并不仅仅意味着一次旅游的结束。随着网站访问用户的增多，许多用户并不是来这里发表自己的经历和感想，而是变成了这些游记的读者。由此，马蜂窝变成了这些访问用户下一次旅游的起点。一个游客的旅游分享，可能会成功激发更多游客的新一轮旅游行动，通过把社区氛围、旅行文化、产品功能和社交互动等系统性地融合，马蜂窝不但获得了稳定的用户流量，更使得网站的内容成为用户出行前的常备参考。马蜂窝在不知不觉中将自己的业务范围扩展到用户旅游行为的第一阶段。

马蜂窝平台的兴起，适应了自由行时代的需求，得到了自由行顾客的青睐，标志着自由行在线服务时代的到来。自由行时代的新顾客群体与传统旅游尤其是跟团游顾客群体有明显差别。根据易观分析的数据可知，随着人们的互联网应用能力和旅行经验的提升，人们对跟团存在的不规范市场乱象表现出更多的不满，诸如行程无法自主安排、定点购物和导游回扣等，他们更倾向于自主安排旅游行程。中国 2015 年在线自由行份额首次超过跟团游，占比为 51.4%，2017 年这一占比持续提高到 58.5%，在线自由行市场交易规模也达到 584 亿元。这一新生群体的不断扩大带给了像马蜂窝这样的前导型网站更多商业机会。

马蜂窝通过社区建设，明确定位了自己的目标顾客群体，并在此基础上开始商业化实践，借助网站当中大量的 UGC 数据，通过行前消费决策、行中精准推送以及行后的数据沉淀，实现了游客和商户端的直接连接，既能够满足游客的个性化需求，又能够为商户提供丰富的客源，因而受到双方的欢迎。

马蜂窝的成功来自成功的初始定位，避开了竞争激烈的领域，获得了充分的发展机会。它的成功也提醒从业者，如果从一开始就直接瞄准有特殊旅游需求的顾客群体，更容易获得市场切入的机会。

4.3 在线旅游盈利模式和商业模式

在线旅游业务最开始以 OTA 形式开展。OTA 模式主要的盈利方法有两种：代理模式和批发模式。

1. 代理模式

代理模式是指在线旅游服务商按照固定比例向旅游供应商收费的模式。收费比例在不同行业有不同设置。美国的 OTA 一般向旅馆收取的代理费率为 15%，向航空公司收取的代理费率为 3%。而我国 OTA 在不同阶段代理费率设置有所不同，从个位数比例到 20% 都有。这种商业模式下的利润特征表现为由旅游供应商设置初始价格，在线旅游服务商则按照固定代理费率获得自己的利润。在这个业务模式下，顾客一般选择在线支付，直接付款给旅游供应商，然后旅游供应商分阶段进行结算，将相应款项转付给 OTA，对 OTA 而言，整个过程的运作费用比较低。

2. 批发模式

批发模式是指在线旅游服务商自行出资向旅游供应商购买大量的产品或服务，然后再转卖给游客以赚取差价的模式。在线旅游发展的早期阶段，旅游供应商（如酒店）缺乏对在线旅游服务商的信心，并不愿按照固定费率支付代理费，而是要求在线旅游服务商直接购买其产品或服务。随着在线旅游服务商所带来的业绩提升，代理模式一度取代批发模式，成为双方交易的主要模式。但是随着在线旅游服务商获取的业务数据越来越多，用户画像能力和需求识别能力进一步提升，在线旅游服务商对市场的判断更加准确，因此批发模式重新受到在线旅游服务商的青睐。在这种模式下，OTA 的收入来自零售价减去批发价，利润获取取决于 OTA 对零售价格的确定。在运作模式上，批发模式要求将资金直接转给 OTA，然后由 OTA 统一付费给旅游供应商，OTA 服务商在这种模式下要承担更多工作，因此运作费用较代理模式更高。

两种盈利模式的特征比较如表 4-2 所示。

表 4-2　OTA 主流的两种盈利模式

	代理模式	批发模式
收费模式	代理费 旅馆：15% 航空公司：3%	价格差 =零售价—批发价
利润特征	供应商定价 固定代理费率	OTA 定价 浮动费率
运作模式	顾客在线支付，然后旅游供应商支付给 OTA 运作费用低	预付费：消费者付费给 OTA，然后 OTA 付费给供应商 运作费用高

实际案例 4-1　Expedia 的盈利模式

Expedia1996 年诞生于微软，总部在华盛顿州贝尔维尤，由 Richard Barton 和 Lioyd Frink 两位微软前高级主管创办，1999 年从微软分拆出来在纳斯达克独立上市。Expedia 曾是全球最大的 OTA，业务量一度占全球在线预订量的 1/3；在美国 OTA 市场，Expedia 占比超过 40% 并长期保持龙头位置。Expedia 旗下品牌多元化发展，涵盖酒店、机票、租车、豪华游轮、活动、目的地旅游服务、商旅服务及旅游媒体服务，业务庞杂。公司大力推广外延式扩展战略，所收购公司数量远远多于 Priceline。

集团旗下主要品牌包含：Expedia.com（全方位服务在线旅游品牌），Hotels.com（全球领先的住宿专家），Vrbo（为家庭提供独特住宿选择的全球在线市场），Expedia Partner Solutions（全球企业对企业即 B2B 品牌，为航空公司/酒店/线上和线下旅行社/顶级消费者品牌等提供旅行服务解决方案），Egencia（企业差旅管理服务），Orbitz/Travelocity/CheapTickets（美国领先的旅游网站），ebookers（欧洲全方位旅游品牌），Hotwire（在线旅游网站），Wotif Group（澳大利亚和新西兰领先的旅游品牌），Expedia Group Media Solutions（集团的广告部门，提供数字营销解决方案），Trivago（在线酒店搜索平台），Expedia Local Expert（提供在线和市场礼宾服务、活动、经验和地面运输服务），CarRentals.com（在线汽车租赁公司），Classic Vacations（豪华旅游专家），Expedia CruiseShipCenters（为预订游轮和假期的旅行者提供专业建议），SilverRail Technologies，Inc.（全球铁路零售和分销平台）。

集团业务分为四个主要分部：核心 OTA（核心在线旅行服务，通过集团多个品牌为全球客户提供全方位的旅行和广告服务，包括 Expedia.com、Hotels.com、Orbitz、Travelocity 和 Wotif Group 等），Trivago（在线酒店搜索平台，主要获得广告收入），Vrbo（为独特住宿行业提供在线市场），Egencia（为全球企业客户提供旅行管理服务）。

以世界排名前两位的 OTA 商家 Booking（原 Priceline）和 Expedia 为例（图 4-5），批发模式和代理模式组成了两大公司营收的主要部分。

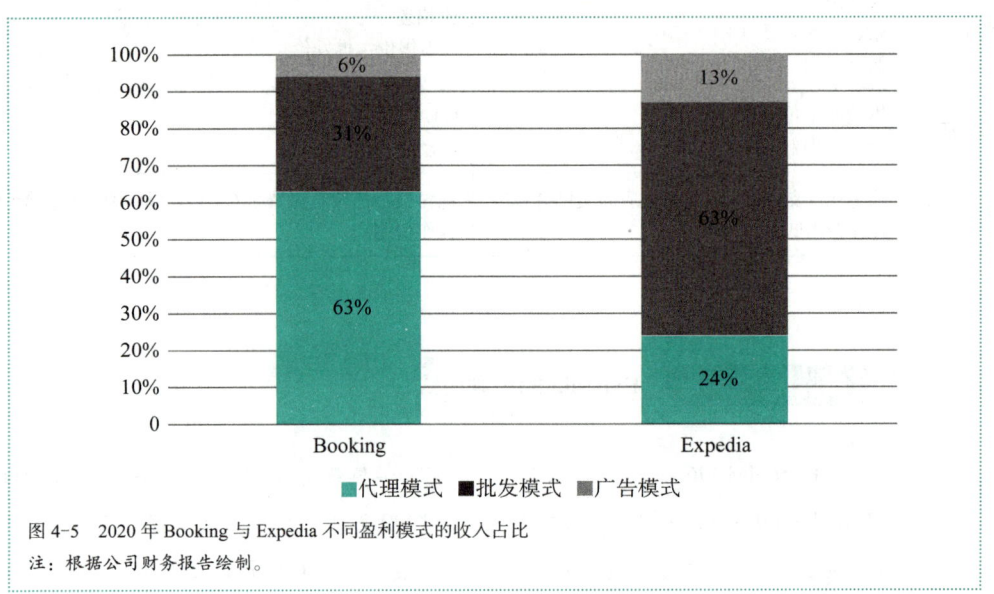

图 4-5　2020 年 Booking 与 Expedia 不同盈利模式的收入占比
注：根据公司财务报告绘制。

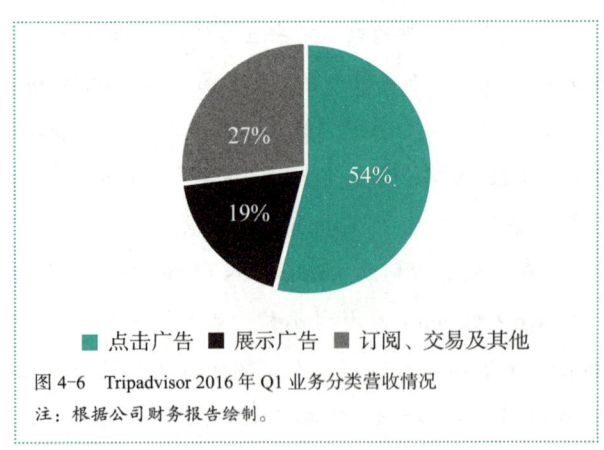

图 4-6　Tripadvisor 2016 年 Q1 业务分类营收情况
注：根据公司财务报告绘制。

除却两大主流收入模式之外，广告也是在线旅游服务商的一个收入来源。这个来源在传统 OTA 模式下，只占据很小的一部分。与 OTA 代理商不同的是，跨越顾客行为模型第四阶段和第一阶段的旅游社区型网站，收入则主要依靠广告收入。

Tripadvisor 是全球最大、最受欢迎的旅游社区，拥有着关于旅游景点吃、住、行、游、购、娱等各个环节的海量 UGC 内容。从图 4-6 中可以看出，点击广告和展示广告组成了 Tripadvisor 早期的主要收入来源。

实际案例 4-2　TripAdvisor 的盈利模式

2000 年，TripAdvisor 踏着 PC 时代红利在美国诞生，它的出现为旅游者提供了新的决策平台，TripAdvisor 在由"以供应商为中心"向"以顾客为中心"转变的在线旅游市场分到了一杯羹，海量且实用的点评和攻略是 TripAdvisor 成功的关键所在。

TripAdvisor 本质上作为在线旅游 UGC（用户生产内容）平台，通过建立社区、积分和完善的虚拟徽章激励体系，刺激用户生产内容。旅行者免费写下对酒店、餐厅、目的地的真实点评，或推荐当地最富特色的餐饮住宿，这些内容对即将出行的旅游者有参考价值，覆盖出行前和游玩时的用户决策、游玩后的分享与评价。曾有 TripAdvisor 的调查表明，约有超过 77% 的被访者表示预订酒店前，会参考 TripAdvisor 的点评。TripAdvisor 以提供旅行点评服务起家，而后又通过元搜索进入酒店预订市场，提供酒店受欢迎程度索引、酒店房价比价搜索、酒店餐厅旅游活动预订等服务。

"声誉经济"是 TripAdvisor 赚钱的底层逻辑：海量的酒店评论使 TripAdvisor 成为流量入口，通过广告完成流量变现，包括按点击付费收入、展示广告收入和列表服务广告收入。根据其财报，上市以前的平均年净利润率超过 30%，自 2009 年开始持续年增长超过 50%。2014 年 6 月，TripAdvisor 市值飙升到 151 亿美元。

随着在线旅游业态走向多元化，除了 OTA 传统商业模式外，新的 OTA 模式也不断涌现，美团于 2010 年成立并通过 O2O 模式切入酒旅业务，飞猪于 2014 年成立并采用 OTM（Online Travel Marketplace）模式布局在线旅游业务。

美团点评的酒店及旅游业务主要以美团和美团旅行的 App 为载体，总体服务上与传统 OTA 的"机+酒"以及旅游产品预订服务相似，但由于其拥有美团和大众点评所积累的流量优势，在进军酒店和旅行市场时具备一定竞争力。美团酒旅业务扩张适逢 OTA 价格战如火如荼，公司采取了与主流 OTA 不同的打法，以自身的团购优势为核心，切入三四线增量市场，集聚 OTA 竞争当中的闲散势力，快速增强自身实力，在行业内立足。从盈利模式上对比，美团旅行主要侧重平台类收益模式，即主要借助流量优势，赚取广告费、服务费等。从短期发展来说，这种盈利模式有利于美团在 OTA 市场快速扩张。

OTM（Online Travel Marketplace，在线旅游生态），可以理解为 OTP（Online Travel Platform，在线旅游平台）的 PLUS 版本，是对 OTA 的升级。OTM 通过搭建开放平台系统，依靠强大的技术支持、精准的客户数据分析来提供精准的定制化应用，为航空公司、酒店等入驻商家赋能，最终实现商家产品服务与个人消费、金融支付、信用体系等的集成，一起构筑完整的在线旅游生态。该模式旨在实现商家接触更多用户的愿望，商家可以根据自己的优势在平台上做销售、营销和服务，与消费者展开更积极、频度更高的交互，提供个性化、差异化的服务。OTM 盈利模式即平台模式，通过提供交易场所，来服务入驻的企业和前来选购服务的客户，平台可以向 B 端收取租金、交易服务费、大数据分析服务费等获取收益，但向 C 端免费。因此，平台交易越活跃，平台收入就越多。

4.4 中国在线旅游的发展

中国在线旅游的发展大致可以分为五个阶段。

（1）代理模式的兴起。该模式的典型代表企业有当今中国在线旅游市场执牛耳的携程，和另一家企业艺龙。机票和酒店是这两家企业的主要业务。

（2）更多盈利模式出现。该阶段的代表企业有去哪儿、途牛和悠哉等在线旅游网站。去哪儿构建了在线旅游的垂直搜索时代，帮助用户在众多商家中做出最优选择；途牛则发挥了集成优势，将旅游产品整合到自己的平台；悠哉旅游网选择了差异化发展的道路，专注于旅游度假产品，主推随团旅游线路和自由行套餐，拥有出境游、国内游、周边游和自驾游等丰富的产品线。

（3）旅游社区出现。该阶段的代表企业有穷游网、马蜂窝和驴妈妈旅游网。它们通过构建游客社区，提供大量 UGC，聚集了很高的人气，为后续的电子商务业务打下了坚实的流量基础。

（4）民宿和短租模式的兴起。随着专业型服务商被联入互联网，人们把目光投向非专业的旅游资源，兴起了民宿和短租模式，代表企业有途家、蚂蚁短租和小猪网等。

（5）大平台流量导入模式。随着大数据时代的来临，大平台能够借助自己的数据优势，精确了解客户的需求，强势杀入在线旅游市场。典型代表为阿里系的飞猪和美团系的美团酒店。

目前中国旅游市场呈现三个主要特点。

（1）规模扩大与增速放缓。我国旅游市场规模进入中高速增长期，而互联网用户增长进入低速期。在线旅游行业渗透率增速放缓，规模依然不断扩大。

（2）市场仍然以在线交通、在线住宿和在线度假市场为主。在线交通占据在线旅游市场 65% 以上的份额（图4-4）。这可以从一定程度上解释为什么携程能够牢牢占据中国在线旅游市场的首位。虽然在线住宿市场份额较小，但是呈现不断上升的基本趋势。在线度假市场则保持相对的平稳。

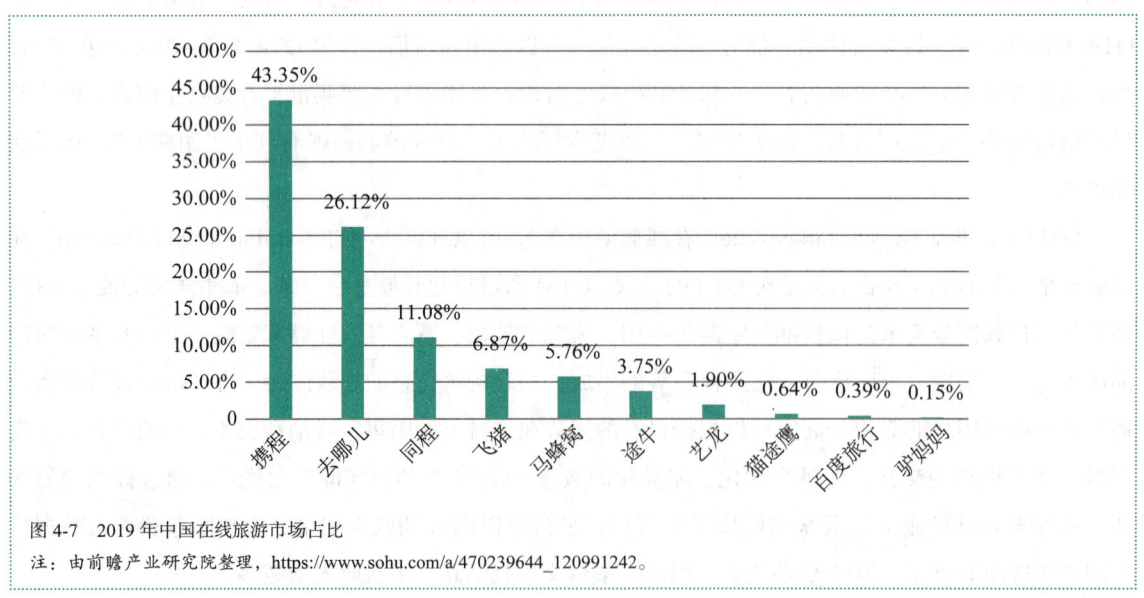

图4-7　2019年中国在线旅游市场占比

注：由前瞻产业研究院整理，https://www.sohu.com/a/470239644_120991242。

（3）市场集中度进一步提高。2019年，中国在线旅游市场流量向头部OTA企业聚集，携程系继续保持高位运行。携程、去哪儿、飞猪共同构成了第一梯队，与其他企业显示出断层差距，领先优势显著，在线旅游市场仍然保持高度集中（图4-7）。

未来我国在线旅游的发展将在以下三个方向展开。

（1）客源竞争向旅游源头发展。

按照顾客行为模型，目前最具商业价值的业务和企业基本处于旅游行为的第二阶段，并非是游客最开始的阶段，因此从理论上讲，如果能够在第一阶段就进入游客视野，将更能够吸引用户，将其转化为客户。

从实践上看，传统OTA正面临越来越严峻的挑战。首先是上游供应商发力建设自由渠道，这极大地削弱了OTA的市场地位。2010年前，国内机票业务中，代理占比高达90%。2015年，国务院国有资产监督管理委员会要求三大国有航空公司"将直销比例提高至50%"，"代理费要在2014年的基础上下降50%"。2016年6月，民航6号文件正式宣布代理费改为"按航段定额支付"（按照航段5元、10元、15元、20元、25元支付直扣定额手续费），并且叫停了前后返佣金，结束了"前返+后返"的代理费模式。政策改变下，国内的机票代理业务受到巨大冲击，国内三大航空公司不断提升直销比例，且代理费率同步降低。根据国航披露，2014—2017年间，直销比例由26%提至50.9%，代理费/营收由4.2%降低到1.5%。2017年，三大航空公司机票代理费三年里下降了63亿元，直销业务的发展使航空公司的营收及利润同时受益。但是对于各机票代理商，"提直降代"意味着其业务空间不断收缩。

连锁酒店致力于搭建会员体系和发展直销业务。国内龙头酒店中，华住酒店和首旅如家酒店的直销占比分别达到87%和80%，自身会员体系已经建立完成，对OTA的依赖度较低。

因此，作为销售渠道的OTA，已经很难继续独自享有机票和酒店这两块大蛋糕，求变求新势在必行。

顾客行为模型当中横跨了第一和第四阶段以马蜂窝为代表的旅游社区网站，可以从游客旅游愿景产生的源头切入，直接将旅游供应商带到游客面前。从交易成本理论来分析，旅游社区网站的存在也极大节约了游客获取旅游产品的交易成本，节约了旅游供应商获取顾客的交易成本，因而理论上具有很大优势。

（2）场景下沉的在线服务导入。

除去顾客行为模型中第一阶段目的地确定阶段和第二阶段出行准备阶段，第三阶段即旅游体验阶段依然存在很大空间。虽然游客的旅游愿景产生于第一阶段，可以线上完成。但是游客消费意愿则更多地发生于线下，即旅游地现场。举例而言，游客通常是到达旅游所在地之后，在旅游的过程中随机产生对饮食的消费。因此，基于位置（Location Based Service）的在线旅游服务将能够在游客需要进行消费的时候提供第一时间的推送和第一现场的服务。除此之外，越来越多的游客选择自由行方式，这使得他们更愿意在短期内进行旅游准备。以门票类产品为例，行业调查数据显示，有88.3%的用户提前一天预订，仅有21.7%的用户提前2天以上预订，显示出用户在出行中的行为具有即时性和灵活性。这就构成了"行中场景"，在线企业在此场景下的渗透率还比较小。因此，"行中场景"可能成为在线旅游的一片新蓝海。

（3）旅游决策的简易化服务。

随着旅游网站的增长，庞大的数量和复杂的信息表达形式，已经让游客的交易成本越来越高，信息获取、信息理解和信息应用消耗了人们越来越多的精力。与此同时，旅游供应商服务质量和服务价格的充分竞争使得各种出行方案大同小异。旅游决策的投入产出比正在不断下降，因此，人们需要一些更经济的方式来做出旅游决策。比如，越来越多的游客倾向于通过搜索短视频而不是语言文字来完成旅游决策，短视频作为现在最受欢迎的娱乐社交形式，在吸引大流量和引发短期爆款中起到了重要作用。以抖音为代表的短视频平台先后推火了重庆、成都、西安等多个城市的"网红景点"，带动了当地旅游业的发展。拥有年轻消费群体的短视频应用，未来将继续扩大其在旅游领域的导引作用，同时，部分短视频也开始加码小范围电商，如果"旅游短视频＋电商"交易模式成型，在线旅游将产生一条新的通路。欧洲新兴的未知旅游服务，也属于这种趋势的表现之一。人们已经厌烦了自己不断搜索，宁愿将旅游决策权交给在线旅游服务商，以一种近乎赌博的简单方式来获得一种神秘的旅游体验。

4.5 基于 CEI 的在线招聘行业分析

员工招聘是指组织根据人力资源管理规划和工作分析的要求，从组织内部和外部吸收人力资源的过程。一般而言，员工招聘要经历 5 个阶段：制订招聘计划和策略，发布招聘信息，搜索候选人并甄选，录用，招聘工作评价。对应地，求职者的应聘程序，一般也包括 5 个阶段：确定应聘策略，寻求招聘信息，甄选，参加测试及入职谈判，应聘工作评价、回顾和分享。

在线招聘是指通过企业自身网站、第三方招聘网站和搜索引擎等在线工具来帮助求职者和用人单位完成招聘过程。接下来，我们采用 CEI 模型对在线招聘行业进行分析，探讨在线招聘行业"连接-效率-集成"的三个发展阶段。

1. 连接（Connect）阶段

招聘的基本过程是将有职位要求的企业和有工作需求的求职者进行连接。因此，将更多的企业和求职者联系起来，是在线招聘的主要优势。按照这个逻辑，首先诞生了综合类的招聘网站，如 Monster、Career builder、中国的智联招聘和前程无忧等。

> **实际案例 4-3**　Monster：曾经的全球最大招聘网站
>
> Monster Worldwide 曾经是全球最大的专业招聘网站，也是全球最大的招聘服务供应商，其访问量长期位居 30 位内，提供由招聘代理、线上招聘、猎头服务和招聘黄页广告四项构成的全方位的全球招聘解决方案。作为全球互联网招聘行业的第一

品牌，Monster 公司的招聘收入占整个美国网络招聘市场近 50% 的份额。Monster 分支机构密布全球，已在全球 26 个国家设立了分公司并使用 22 种不同语言设立服务专区。

然而，传统在线招聘只是完成了求职者和用人企业的连接工作，在效率和集成方面还有很大的发展空间。

2. 效率（Efficiency）阶段

高效率体现在求职者可以在网站上找到更大范围的职位信息以匹配自己的应聘需要。在这种情况下，集成型搜索引擎应运而生。

实际案例 4-4   Indeed：招聘搜索引擎

Indeed 是一个招聘信息垂直搜索引擎，2004 年成立于美国，聚合国内外数百家招聘网站、报纸、求职机构等资源，提供精确的一站式职位搜索。求职者无需单独访问各个招聘资源，只需要登录便可以浏览所有职位。Indeed 在 2007 年被《时代》杂志评为"十大最佳网站"之一，公司及其影响力被诸多主流媒体广泛报导。Indeed 一度成为拥有每月 1 亿独立用户的全球最大招聘求职网站。Indeed 的服务跨越 50 个国家，支持 26 种语言，覆盖了全球 94% 的区域。

自从 2004 年成立以来，Indeed 招聘网为求职者提供了数以百万计的免费职缺信息，信息来自数千万家招聘网站、公司企业以及求职机构。求职者无需单独访问各个招聘资源，只需要登录 Indeed 便可以浏览所有职位。作为领先的按效果计费的招聘推广联盟，Indeed 为所有领域的雇主提供百万余名高度适合的求职者。对数以千计的企业来说，Indeed 还是为它们带来员工候选人的最有效率的渠道。

高效率的另外一个实现途径是让用户（无论是招聘方还是求职方）可以从更小、更准确的范围里面寻找职位信息。招聘网站一般都会设计搜索引擎功能，提供关键词搜索，同时也提供过滤条件设置，帮助用户缩小搜索范围。

即使这样，还是有越来越多的用户倾向于到更加专业和细分的网站去寻求招聘信息。例如，有的招聘网站是根据职位的等级来设置的，有的网站仅服务于低端经理层级的招聘，有的则服务于中层经理的招聘，以及有的网站专门服务于高级经理的招聘。

也有招聘网站是根据行业类别来进行建设的，例如，服务于 IT 行业的美国招聘网站 Dice。虽然 Dice 的流量是 Monster 的二三十分之一，但是收入做到了 Monster 的四分之一，净利润和 Monster 一样多。与 Monster 5% 的利润率相比，专注于行业垂直招聘的 Dice 的利润率有 20%。此外还有服务于医疗领域、教育领域和娱乐领域的细分在线招聘企业。

还有在线招聘企业注意到，即使是互联网时代，很多人仍然非常重视工作地域，因此也有公司针对地域范围构建在线招聘业务，例如，专注本地生活的美国网站 Craiglist，服务于国际人才和海归的中国招聘网站 Jobtube，还有服务广东省招聘需求的广东人才网等。

3. 集成（Integration）阶段

对类型的细分会让人感觉招聘网站的业务已经达到了天花板，其实不然，按照招聘活动的过程分析，以上所提及的招聘网站功能只做到了对第二阶段的覆盖。为了完成整个招聘过程，招聘网站还需要提供其他相关阶段的有效服务。

例如，对求职者而言，他们需要撰写和设计合适的简历，以介绍自己的才能，然而很多时候求职者并不擅长书写一份合乎招聘方要求的简历。为此在线招聘网站需要提供简历功能，或者帮助求职者在线填写简历，或者提供专业模版，帮助求职者简化填写过程，并且方便地分发这些数字简历。

此外，对求职者而言，他们在招聘过程的第一阶段，需要获得很多的指导。例如，他们需要完成对自己的个人能力测试、性格测试、压力承受测试等。拥有这些功能将极大增强在线招聘网站对用户的吸引力。

在第三阶段，即信息甄选阶段，求职者依然需要相应支持，例如，目标企业的申请难度如何？应聘者多不多？招收比例是多少？又比如，求职者的目标企业、行业和地区的前景如何？再比如，目标企业的薪资状况、晋升通道以及企业文化等情况，是否满足求职方的需要等。这些用户需求引导在线招聘网站进一步完善和丰富功能，并促进了新型招聘服务功能网站的诞生。

在第四阶段，求职者需要参加招聘方所组织的一系列测试活动，包括笔试和面试等，这时求职者往往需要一定的面试技巧培训，同时获知在衣着服饰上面的注意事项，并了解行业内的一些礼仪要求。

在第五阶段，当求职者完成了自己的应聘活动之后，往往会有很多的成功经验或者失败的教训，希望能够通过分享告诉他人，而新的求职者也往往需要通过前人的经验来判断和决定自己的应聘求职活动。面对这样的诉求，在线招聘服务需要进一步提升功能的集成度。

从招聘方的角度来看，在线招聘网站也可以在招聘的全过程提供集成服务。例如，在招聘计划和策略的制订方面，可以帮助企业建立主动和被动的方案，在企业的面试和测试环节帮助企业构建测试系统，提供题目的发布和答卷的自动批改功能，也可以帮助企业建立在线的视频面试系统。

4.6 中国在线招聘的发展

中国在线招聘大致可以分为三个阶段。

1. 传统招聘三足鼎立

在 1994 年到 2008 年很长的一段时间里，前程无忧、智联招聘和中华英才网成为中国在线招聘行业的三驾马车。它们的平台都是以提供足够多的招聘企业和应聘求职者著称，面向普罗大众。这种业务模式，类似于中国互联网发展初期的新闻门户网站，主要以数量和流量取胜。

> **实际案例4-5** 前程无忧的兴起之道
>
> 前程无忧CEO甄荣辉将"前程无忧"的成功总结为4个字："规模效益"。
>
> 在甄荣辉看来，专业招聘广告服务的业务模式要成功有两个基本要素，一个是广告效果，另一个是信息量，二者是互相制约的一对矛盾要素。如果在你的信息发布平台发布广告效果差，客户就不会花钱来投广告，你就没有信息量，广告效果就更差。相反，如果你的信息量很大，就会吸引更多求职的人来看，你的广告效果就很好，更多的企业就会在上面登广告，这样才能进入一个良性循环。
>
> 甄荣辉表示："互联网是讲究规模效益的，因此在做大规模上不能手软，亏钱也要冲上去。"因此一开始，为了提高信息量，吸引企业打广告，"前程无忧"的广告价格低至一折，然后随着公司的发展，价格再慢慢涨至二折、三折……。就这样，公司在经历了初期的艰难之后，依靠滚动发展，迅速扩大规模，进入良性循环。

2. 新型招聘转型升级

传统的通用型在线招聘网站在经历了一段时间的辉煌之后，受到新兴招聘模式的强烈冲击。传统在线招聘行业的"工作广告牌（Job-board）"模式已然不能够为企业带来足够的收入和利润。"配置（Staffing）"模式成为招聘领域的主流。简单地说，就是在线招聘需要更加重视B端，更好地帮助企业找到合适的员工。在某种意义上，就是在线招聘向猎头的在线数据库功能的回归。这一阶段，猎聘等新型招聘网站纷纷出现。

3. 市场洗牌和互联网+

在网络效应的作用下，平台对于任何一个用户群体的价值，在很大程度上取决于网络另一边用户的数量。平台对网络两边的用户需求匹配得越好，价值就越大。在第二阶段，在线招聘平台更关注企业端，因为企业是在线招聘平台获得收益的源泉，为企业服务是大家心照不宣的观点。然而正如网络效应所要求的，在线招聘平台的价值还需要考虑求职者的利益，为求职者提供良好的需求匹配服务，只有满足求职者的需求，才能吸引更多的求职者，从而增大对企业用户的吸引力。在这一阶段，越来越多的在线招聘企业从求职者的角度出发来设计和开发自己的业务，该阶段的代表企业有内推网、100 offer和米多多等。而且随着诸如人工智能、机器学习和大数据分析技术的发展，自动化、智能化的匹配服务也成为在线招聘行业的重点。

实际案例4-6　拉勾网：服务于求职者

拉勾网，是一家专为拥有3～10年工作经验的资深互联网从业者提供工作机会的招聘网站。拉勾网颠覆了传统招聘网站以企业方为服务对象的运营模式，转而将求职者作为核心服务对象。在拉勾网里，每一次投递都会收到企业的明确回应，最快回应时间仅为1分钟。拉勾网的"24小时极速入职"，彻底颠覆了"投简历石沉大海"的国民痛点。由于精准的职位匹配，求职者平均每8次投递就会收到一次优质面试机会。在拉勾网，超过60%的职位，是由用人部门直接发布。这也避免了简历由HR部门"二道转手"至用人部门的情况，大大缩短了求职者简历到达的路径。拉勾网是互联网行业里优质职位信息的首发平台（如腾讯微信部门的招聘信息、百度市场部创意人才招聘信息）。

目前，中国在线招聘市场正处于不断上升的阶段（图4-8），2018—2019年在线求职招聘市场规模基本处于上升阶段。中国良好的互联网环境和文化氛围，使得越来越多的企业和求职者愿意使用互联网渠道。

目前我国的在线招聘行业已经形成了比较全面的格局（图4-9）。

图4-8　2016—2020年中国网络招聘行业市场规模
数据来源：艾瑞咨询，www.iresearchcom.cn。

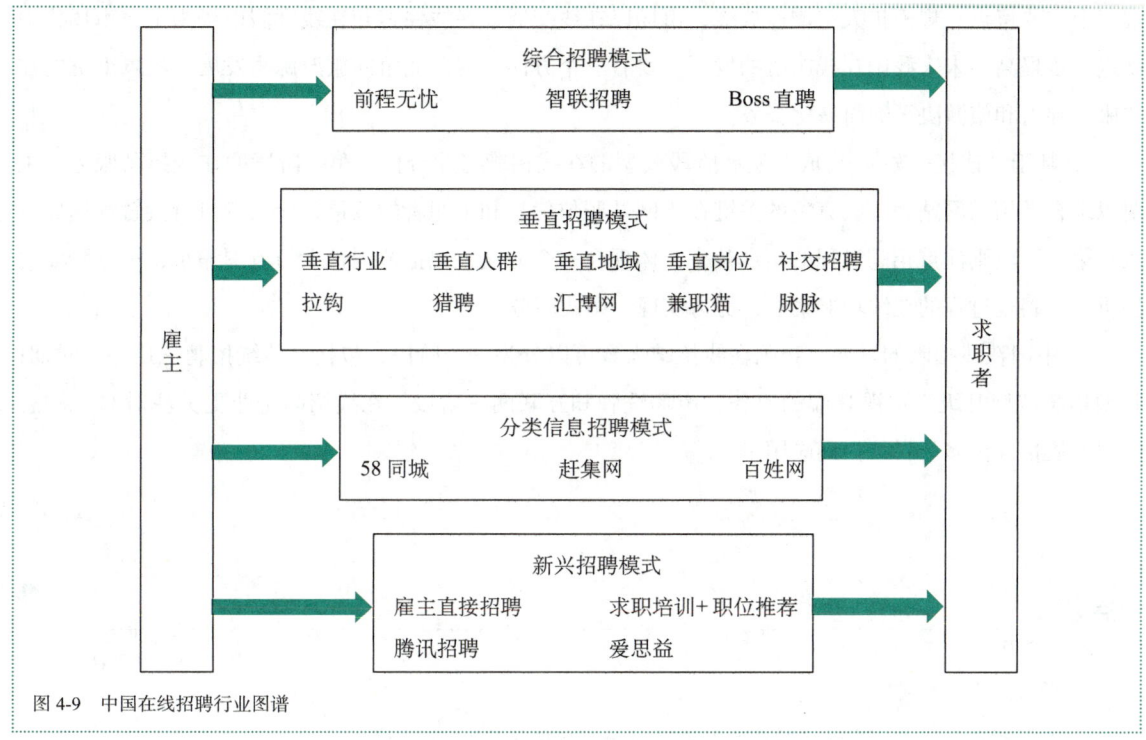

图 4-9 中国在线招聘行业图谱

本章小结

1. 在线旅游的定义。在线旅游是随着互联网发展而诞生的一种新型旅游商业模式，是指旅游消费者通过网络向旅游服务提供商预订旅游产品或服务，并通过网上支付或线下付费获得旅游资源的一种商业模式。将旅游资源整合制作成产品在互联网上进行销售的在线旅游平台是在线旅游产业的核心。

2. 顾客行为模型。应用于在线旅游领域，表现为游客行为模型。第一步构建顾客行为模型，一般情况下，游客的旅游行为可以分为四个阶段：目标确定阶段、准备阶段、体验阶段和评论与分享阶段。模型构建完成后，第二步可以将现有的在线旅游服务放置到对应位置，帮助理解特定环节的价值，理解市场竞争状况。第三步是寻找既有需求满足的空白点，或者针对特定游客群体识别新需求。

3. 在线旅游的盈利模式和商业模式。在线旅游的盈利模式包括三种：代理模式、批发模式和广告模式，前两种模式是传统 OTA 通常采用的模式，广告模式是在线旅游社区通常采用的盈利模式。在线旅游的商业模式除了主流的 OTA 和在线旅游社区等模式，还有 O2O 模式和 OTM 模式，它们是旅游市场新进入者基于自己的流量优势所构建的新型在线旅游商业模式。

4. 中国在线旅游的发展。中国在线旅游的发展大致分为五个阶段：代理模式的兴起、更多盈利模式出现、旅游社区阶段、民宿和短租模式的兴起与大平台流量导入模式。目前中国在线旅游市场呈现三个主要特点：规模扩大与增速放缓，市场以在线交通、在线住宿和在线度假市场为主，市场集中度进一步提高。未来我国在线旅游的发展主要有三个方向：客源竞争向旅游源头发展，场景下沉的在线服务导入和旅游决策的简易化服务。

5. 基于"连接–效率–集成"发展阶段模型的在线招聘行业分析。第一阶段的在线招聘服务，主要以综合类招聘网站为主，竞争的关键在于网站职位信息和求职者的数量，让二者自行接触和达成一致；第二阶段则注重招聘过程的实现效率，体现在多个方面，包括范围扩大与范围缩小；第三阶段则注重对招聘全过程的在线功能集成，努力实现一站式服务。

6. 中国在线招聘的发展。我国在线招聘大致可以分为三个阶段，包括：传统招聘三足鼎立时期；新型招聘转型升级，重视 B 端的服务；市场洗牌和互联网＋阶段，在线招聘企业更关注对 C 端顾客的服务质量，更多新科技得到应用。

课后习题

1. 什么是在线旅游？
2. 从国际范围来看，在线旅行社的发展可以分为哪些阶段？
3. 在线旅游产业链包括哪些组成部分？
4. 顾客行为模型的应用分为哪三个步骤？
5. 一般游客的顾客行为可以分为哪四个阶段？
6. 在线旅游的商业模式有哪些？
7. 我国在线旅游经历了哪几个发展阶段？
8. 我国目前的在线旅游市场有哪三个特点？
9. 我国在线旅游未来的发展方向有哪些？
10. 基于 CEI 模型，在线招聘发展的各个阶段具有什么特点？
11. 中国在线招聘的发展经历了哪些阶段？各个阶段有怎样的特点？

章后案例

威客模式：中国电子商务的创新[1]

Witkey和威客这两个词完全为中国首创。该概念最先由刘锋在中国科学院研究生院提出。2005年，刘锋开始建立威客网，试图将中国科学院的专家资源、科技成果与企业的科技难题对接起来。在建设网站的过程中，刘锋发现通过互联网解决问题并让解决者获取报酬是一个全新的互联网领域，于是他开始通过边实践边总结的方式对这个领域进行探讨和研究，并由此提出威客理论。按照刘锋给出的定义：威客模式是把人的知识、智慧、经验、技能通过互联网转换成实际收益，从而达到各取所需的互联网新模式，主要应用于包括解决科学、技术、工作、生活和学习等领域的问题，体现了互联网按劳取酬和以人为中心的新理念。2006年11月，中国中央电视台的新闻报道使威客概念被广泛推广，数百家网站认同并纷纷进入这个领域。

朱明跃创建的猪八戒网是中国威客网站当中的佼佼者之一。

2006年，朱明跃辞掉了《重庆晚报》首席记者的工作，开创了猪八戒网，"那时候，淘宝和当当已经很火了，也不是我能做的。我就琢磨，商品交易需要平台，服务交易是不是也需要平台，而且还不用操心物流仓储。这个我能试试"。彼时猪八戒网还只是一个安排接私活的论坛，甚至都不能算个网站。放眼望去，猪八戒网并不新鲜。这类为初创企业和SOHO一族提供服务的网站，被统称为"威客"公司。简单讲，就是谁需要为自己的公司设计LOGO，或者搭建简单的网站，都可以在这里发布需求。理想情况下，会有一些SOHO族来接单，最后由买家择优录用，支付报酬，而网站则在其中提取大约20%的佣金。当时，全国已经有三四十家类似的创业公司，如K68、威客中国等。猪八戒网身处其中，并不起眼，交易量也就排名六七。

起步阶段，猪八戒网采用了比稿模式，即针对雇主的需求提出悬赏。这种模式能最大程度保证雇主获得满意的方案。但提供的解决方案往往多于雇主的需求量，造成了极大的资源浪费，没被选中的服务商付出了成本，但没有获得回报；同时，比稿模式中的悬赏随着需求的种类增多，复杂的悬赏无法满足其需求。因此，猪八戒网起步阶段所能满足的客户需求较少，平台可提供的服务种类较单一，但由于猪八戒网的宣传较好，获得了天使投资和大量的注册用户，为之后扩张阶段的发展打下了基础。

到2011年，猪八戒网的日交易额达到近20万元，有五六十个员工，三四百万名用户，活跃用户有几十万人，被评选为中国2011年度"最佳商业模式十强"企业。这时候竞争对手已经被猪八戒远远地甩在后面。

---

[1] 猪八戒网.再获"硬独角兽"称号，猪八戒网荣登《2018企业服务产业独角兽榜》.2018-11-17, https://www.sohu.com/a/282339497_485782?scm=&spm=smpc.channel_248.feed-slideload-author-data-1.1.1657593710018ao0Unxc_324等资料，有修改。

随着平台的发展壮大，猪八戒网的渗透力和影响力越来越大。由创业初期的商标设计开始延伸至财税、印刷、金融、知识产权、家装、工装和工程建筑设计等领域。

此时，比稿模式已不适用于越来越大的平台现状。猪八戒网开始推出招标模式、店铺模式和撮合匹配机制。招标模式下雇主发布任务，服务商提供完成任务的初步步骤及资质来抢单投标，雇主进行选标，中标的服务商分阶段提交方案，雇主则分阶段付款。招标模式下，猪八戒网主要依靠抽取20%佣金来获取盈利。2012年底，猪八戒网开始尝试推出店铺模式。经过半年探索后，实施定时完成雇主的任务，否则全额退款的规则，渐渐地打消了雇主的顾虑。2013年，在店铺模式下，入驻猪八戒网的服务商年交易额几乎翻了一倍，猪八戒网的名声越来越响亮，靠收取佣金猪八戒网也赚得了不少利润。

经过九年探索，猪八戒网终于在2015年6月15日获得C轮融资26亿人民币，公司估值过百亿人民币。至此，这家公司已经成为中国互联网企业服务交易平台有史以来最大的一个融资项目。

2015年，猪八戒网推行"零佣金制"，将网站的盈利模式彻底转型为"大数据＋平台服务"。朱明跃说，"服务共享经济的本质是'配对'。对于猪八戒网这样的服务共享平台来说，服务分发'配对'非常重要。服务商有产能限制，每个服务交易都是个性化，所以服务共享平台的本质功能，就是大规模个性定制、做'配对'。像男女谈恋爱一样，平台要把最合适的需求和最合适的服务商匹配在一起，才能使供需双方的利益最大化。

这个'配对'怎么统筹？肯定不会用传统的人工或公司统筹方式，猪八戒网用平台方式做统筹，结合算法，给专业服务商和客户贴标签，当客户有需要时，平台自动就能选出最适合的服务商。随着交易量的增加，平台上的数据不断沉淀，'配对'也会更加精准。

用'配对'方式统筹，保障服务品质是个系统工程。首先猪八戒网会使供需双方的'配对'尽可能精准。其次，平台通过实名认证、资质认证、信用积分等严格管控卖家，保证卖家必须尽可能地提供品质服务。"

猪八戒网除了为客户提供服务，更想为企业解决问题。2015年公司在全国建销售团队，2016年到各省创建"八戒空间"，做实体的园区孵化器。猪八戒网利用自己的海量数据，迅速注册了一系列诸如"八戒知识产权""八戒金融""八戒工程"等商标，平台上的交易频率迅速提高，非标准的服务向着标准的服务转变，猪八戒网的数据为自己带来了利润，同时猪八戒网由单一的服务交易平台转变为了综合性的服务交易平台。随着网站的不断发展，企业所提供的任务数额不断增长，悬赏达到几十万元，任务承接方的身份也由个人向专家，和小微型企业发展。2018年10月31日，猪八戒网与中科院旗下中领产业研究院签署合作协议，首期将有100位涉及农业、工业、旅游、科技、环保等多个行业的中科院所属专家入驻猪八戒网开店运营。

作为拥有33年创业经验的"老江湖"，"由你创"创始人倪文骏深知"无项目""没客户"是创业起步的困局，流量和曝光对于公司发展起决定性作用。于是创业初期他便决定加入猪八戒网，谈到为什么选择猪八戒网，倪文骏表示："最早通过网络数据排名，发现猪八戒网在外包服务类平台优势明显，便开始与八戒合作。在经营过程中我们横向对比了投入的多个获客平台，发现猪八戒网获客量及转换率均占绝对优势，更加深了我们对八戒平台的信任。我们决定用最大力度投入猪八戒网，深度绑定，借由平台的力量发展企业。""猪八戒的引流能力让我们接触到更多行业需求，拓宽了产品线，同时线下招商伙伴的专业服务能力能够帮助公司更好地发展，"店铺负责人赖经理说，"猪八戒网除了强大的获客能力之外，日常运营以及售后问题都能够得到有效地解决，这是我们选择猪八戒网的又一原因。"

2021年7月，猪八戒平台进行了重大改版，推出了新的运营产品，猪八戒网深圳城市经理刘敏第一时间根据"由你创"店铺运营情况及发展需求，制定店铺提升策略，推荐运营产品企服通。开通企服通以后，店铺流量提升了80%，咨询量提升了70%。目前，"由你创"已在猪八戒网服务了100多名客户，累计成交达400多万元，期间还荣获软件产品证书、国家双软认证优质服务企业等奖项。

2019年，猪八戒网取经大会暨首届生态合作伙伴大会在重庆悦来国际会议中心举办。本次大会正式公布猪八戒网生态合作伙伴计划，并与包括华为、中国产业促进会、中国服务贸易协会等在内的超20家机构和企业签订生态合作协议。据悉，猪八戒网已与华为、腾讯云、工商银行、银联、美团、饿了么、新加坡报业集团等多家行业领先企业达成合作，"朋友圈"可谓是星光熠熠。合作内容覆盖平台技术合作、联合办公、双创教育、知识产权、财税服务、科技服务和公共采购等猪八戒网多个核心业务体系。

本次大会猪八戒网发布八戒工场2.0、超级猪八戒App、八戒严选、服务联盟链等多款重磅产品。这些产品覆盖了服务交易供应链、服务交易线上交易场景、服务的标准化，以及服务交易保障维权和版权保护等多个方面，贯穿了整个服务交易的核心链条。

猪八戒网联合创始人、CMO刘川郁介绍，这些产品通过大胆的技术和模式创新，将集中解决服务交易过程中的服务质量、服务沟通、服务便捷程度和服务维权保障等核心问题。"它们是猪八戒网对于服务交易体验变革的最新思考和尝试，源自我们对于服务交易的长久关注。比如，很多创业者用区块链干ICU项目，而猪八戒网却用它来做服务交易保障。"

威客模式的出现，不仅仅代表着一种新的电子商务业务，更引发了人们对于原有商务活动进行更多本质性和基础性的思考，如果企业可以更多地在威客网站获得服务，那么未来企业的组织结构会发生什么变化呢？企业还需要投入很多精力在员工招聘和培训上吗？

思考题

1. 什么是威客和威客模式？
2. 威客模式与电子商务的B2C模式有什么区别？
3. 猪八戒提供了哪些有效的业务运行机制，它们的优缺点是什么？
4. 威客模式需要如何实现任务发布方和承接方的匹配？
5. 在线招聘实现的是"招人干活"的前两个字，威客模式则可能更加直接，实现"招活"，正如案例末尾所说，威客模式的发展，会对企业的招聘和组织产生哪些影响？
6. 威客模式在新科技革命背景下，未来的发展趋势会是什么？

互联网金融

学习目标

- 掌握互联网金融的概念和特点
- 理解互联网金融和传统金融的区别
- 理解互联网金融发展的理论基础
- 了解互联网金融的主要模式和特点
- 了解我国互联网金融发展的意义和趋势
- 根据我国金融体系发展的实际情况,分析互联网金融的风险管理

先导案例

京东金融"数字农贷"[1]

2018年10月15日,世界银行集团在深圳正式发布《2019年世界发展报告》。《2019年世界发展报告》(以下简称《报告》)着重关注科技对未来就业和经济的影响,并探讨个人、企业和政府该如何应对这一在人类历史上将被重新定义的新"工作"浪潮。其中京东金融创新业务案例被引入《报告》。《报告》认为,在中国,京东金融创造了3 000多个与风险管理或者数据分析相关的工作岗位,用以完善数字化借贷的算法。而且,京东金融为了解决农村就业问题、提高农业生产率,在为农民提供技术培训和资金支持方面都发挥着重要作用。京东金融在中国农村地区深入推广数字化贷款服务的案例,与马达加斯加、阿富汗、喀麦隆等国家的案例一道被《报告》立为典范。

2016年,京东金融开创推出"数字农贷",率先开展应用金融科技的普惠力量帮助农民实现最终的脱贫致富。首先,京东金融基于农业生产的量化模型及农民的历史生产数据给农民授信,免抵押,免担保;其次,京东金融通过生产量化模型精准地把资金定时、定量地投入到生产过程中,让给农民的每一分贷款都不产生闲置费用;最后,京东金融系统为农民做风险管理,辅助实现生产管理的信息化、自动化,保证资金的使用效率。

"我们有能力在整个农业生产过程中,在特定的时间、特定的地点,把资金精准地投放到产业链上,为农民从原料采购、种植、收购和销售的全过程,提供精细化、自动化、全方位的金融服务,从而实现了资金使用效率的最大化。"京东金融相关负责人这样表示。

在量化模型和生产数据的帮助下,数字农贷可以精确控制投放贷款资金的"水龙头"。即农民的生产项目每天、每小时甚至每分钟需要多少资金,就投放多少资金。在解决农民燃眉之急的同时,不让农民为多余闲置的贷款资金支付哪怕一分钱的利息,从而大大降低资金成本。

京东金融不仅想要解决农业生产过程中的资金难题,更重要的是帮助农民提高养殖管理水平,精准解决养殖过程中遇到的问题,实现"傻瓜农业"的设想。未来,"傻瓜农业"可以为贫困户提供免费的云端资金管理系统、养殖管理系统、监控系统、物流管理系统等。在"傻瓜农业"的现代化农业养殖管理体系下,无论贫困户的养殖项目需要的是饲料款的融资、饲料的运输,还是牲畜所需药物等任何一方面的服务,京东金融都可以提供线上线下相结合的综合解决方案。

在科技的支撑下,"数字农贷"使得原来传统金融产品很难覆盖的场景在每个环节都能被精细化控制,从而保证资金得以安全有效地使用,为用户提供精准的金融产品和服务。

---

[1] 资料来源:根据《2019年世界发展报告》整理。

电子商务快速发展引发了对网上便捷支付方式的迫切需求，成为互联网金融发展的契机。近年来，互联网金融在我国实现爆发式增长，其基于互联网技术开展金融业务的服务模式，以实现资金融通、支付、投资和信息中介服务，促使资源更有效地配置，颠覆了传统金融行业的金融中介和金融服务职能。本章介绍互联网金融的基本内涵和特征，阐述了互联网金融发展的理论基础，重点分析了我国目前互联网支付、网络借贷、股权众筹融资、互联网基金销售、互联网保险、互联网信托和互联网消费金融七类互联网金融的主要模式，并且分析了它们的特点、模式和风险管理。

5.1 互联网金融概述

5.1.1 概念

1. 互联网金融的定义

互联网金融（Internet Finance）最早可以追溯到成立于 1998 年 12 月的美国 PayPal 公司，这代表了第三方支付的出现。由于互联网金融仍处于不断发展阶段，其概念尚未形成国际公认标准。国外没有单独的互联网金融的概念，涉及信息技术的金融被称为"电子金融（e-Finance）"，指使用电子通信与计算机技术提供的金融服务，包括互联网支付、移动支付、网上银行、金融服务外包及网上贷款、网上保险、网上基金等金融服务。

我国互联网金融起步较晚，1999 年 12 月成立的"首信易支付"标志着互联网金融在中国的开端。其后，理论界对"互联网金融"概念展开了不断探索。

2012 年 8 月，谢平在《互联网金融模式研究》[1] 中提出，互联网金融不是某一种具体形式的金融业务，而是一个谱系，它受互联网技术和互联网精神的影响，涵盖了从传统银行、证券、保险、交易所等金融中介和市场，到无金融中介或市场情形之间的所有金融交易和组织形式。

2014 年，中国人民银行发布的《中国金融稳定报告（2014）》认为，互联网金融是互联网与金融的结合，是借助互联网和移动通信技术实现资金融通、支付和信息中介功能的新兴金融模式。广义的互联网金融既包括作为非金融机构的互联网企业从事的金融业务，也包括金融机构通过互联网开展的业务；狭义的互联网金融仅指互联网企业开展的基于互联网技术的金融业务。

2015 年 7 月，国务院十部委联合发布的《关于促进互联网金融健康发展的指导意见》正式明确了互联网金融的官方定义："互联网金融是传统金融机构与互联网企业利用互联网技术和信息通信技术实现资金融通、支付、投资和信息中介服务的新型金融业务模式。"此定义确定了互联网金融的"金融属性"，认为互联网金融的本质仍然是金融，是对传统金融的补充，互联网金融的主体既可以是金融机构也可以是互联网企业，二者没有本质区别，厘清了之前关于互联网金融是"传统金融机构的互联网化"还是"互联网企业的金融化"的争论。

2. 互联网金融的主体

互联网金融包括了"互联网"和"金融"的双重特征，其参与主体包括以下三者。

（1）资金供给者。传统金融机构的资金供给者主要包括商业银行、证券公司、保险公司、基金公司和小额贷款公司。互联网金融的资金供给者不仅包括传统的金融机构，也包括涉足金融领域的互联网企业，如阿里巴巴、腾讯和京东等。互联网企业不仅向市场提供资金，还向传统金融忽略的"低净值客户"提供资金。

---

[1] 谢平，互联网金融模式研究，中国金融四十人论坛报告，2012 年 8 月。

（2）资金需求者。互联网金融模式下，资金需求者同样包括政府、企业和个人。但是，由于互联网金融具有普惠特征，原先排除在传统金融机构门槛外的小微企业和个体同样受惠于互联网金融业务。互联网金融满足了社会各阶层和群体的融资需求。

（3）中介机构。互联网金融依靠高效、便捷的信息技术，能够解决传统金融市场上信息不对称的问题。交易双方通过互联网直接对接，互联网金融主体对中介机构的依赖性明显减弱，但这并不意味着互联网金融业务不需要中介机构。传统金融机构和互联网企业作为资金供给的主体，同时也是信息中介机构，通过互联网平台和信息通信技术实现金融服务，参与平台搭建、信息收集和匹配、融资监督等，中介机构在互联网金融模式下并不会消失。

5.1.2 特征

互联网金融呈现以下五个主要特征。

（1）降低交易成本。

互联网金融依托互联网虚拟环境开展金融服务，各类电子终端替代了传统金融的物理网点和人工服务，省去了传统金融庞大的人力资源费用、投资成本、营业费用和管理成本。据估计，传统行业的成本至少是互联网行业的 100 倍。

互联网金融促进运营优化，降低交易成本。例如在传统支付模式下，客户必须分别与不同的商业银行建立联系。但在第三方支付方式下，第三方支付公司集成多个银行账户，代替客户与商业银行建立联系，提高了支付清算的效率。第三方支付公司通过采用二次结算的方式实现了大量小额交易，在第三方支付公司轧差后清算，降低了交易成本。

互联网金融的去中介化趋势缩短了资金融通的链条。互联网金融利用大数据、搜索引擎等信息技术，并依托电子商务公开透明、数据完整的优势，减少了传统金融必需的中间环节，大幅降低审核、跟踪成本，相应地降低了业务处理的成本。

（2）降低信息不对称程度。

当今整个社会走向数字化，形成了体量巨大的大数据。在互联网金融中，大数据被广泛应用于信息处理（体现为自动、高速、网络化运算的算法），透明度高。同时，云计算和搜索引擎的发展使得大数据的高效分析成为可能。在互联网金融中，大数据分析可以提高风险定价和风险管理的效率，如信贷领域可以根据大数据决定动态违约概率，在证券市场领域提高定价效率，在保险领域提高保险精算的准确性等。因此，大数据分析降低了信息不对称程度，使市场充分有效地接近一般均衡理论的无金融中介状态，有效提高了资金融通效率。

（3）具有普惠金融属性。

原本传统金融机构由于成本和内部管理机制的限制，往往将精力放在"二八定律"中 20% 的高价值客户的开发和维护上，对"长尾客户"的重视不够。互联网使得金融机构能够以较低成本吸引这些"长尾用户"，可以获知他们的需求并提供个性化的金融服务，大大拓展了传统金融市场的服务范围。互联网金融在服务小微客户的金融需求方面有先天优势，可以高效地解决用户的个性化需求，提升资源的配置效率。在金融互联网化进程中，越来越多的人将有机会享受到金融服务，这有助于促进社会公平、缩小收入差距、增加社会福利。

（4）服务高效便捷化。

互联网金融带来了全新的渠道，为客户提供方便、高效的金融服务，极大地提高了现有金融体系的效率。移动互联网技术的普及，使得互联网金融突破了时间和地域的限制，将金融服务延伸到互联网所能覆盖的地区，能随时随地进行金融产品的交易。

互联网大数据为金融行业做出了卓越的贡献，在完善征信系统、挖掘客户、优化服务、提高运营效率和产品创新等方面起到了举足轻重的作用。大数据完善了金融的征信体系，通过数据分析，金融机构既可以实现更有针对性的场景化营销，还可以洞悉客户的个性化需求，提供差异化服务并发掘客户潜在需求，为金融产品创新奠定基础。此外，金融机构还能将大数据运用到公司内部管理，提高公司的运营效率。

（5）风险特殊。

互联网金融活动表现为货币和数字化信息在网络间的传递与调拨，交易双方互不明确，从而高度依附于信息技术和虚拟性的特性，对金融风险具有放大效应。互联网金融所蕴含的风险比较特殊，主要表现在互联网金融风险具有二重性：一方面，互联网金融本质上具有金融属性，因此与传统金融一样，互联网金融面临信用、市场、流动性、操作性和声誉等一切常规金融风险问题；另一方面，互联网金融发展的载体是互联网，作为互联网技术与传统金融全面结合和创新的产物，互联网本身附有的虚拟性、技术性以及创新性特点会给互联网金融附加很多系统性的隐性风险问题，如金融的跨界经营，互联网金融行为缺乏明确的法律制度约束，这些都导致互联网金融风险的扩散速度更快，风险诱因更复杂。

5.1.3　互联网金融与传统金融比较

互联网金融的本质仍属于金融，互联网本身并非金融，而仅仅是金融活动所赖以实现的一种新型信息媒介。互联网金融利用互联网技术，优化资源组合方式，在金融领域摆脱了原有技术、风险和渠道等的限制，使金融扩展到新的领域，但互联网金融并没有改变"金融"的本质内涵。

（1）从金融功能看，互联网金融没有改变"金融"的功能，只是改变原有功能的模式。不论是传统金融机构依托互联网技术创新的电子银行、网络证券、网络保险，还是非金融机构和民间融资借助互联网技术创新的P2P、众筹、第三方支付、互联网基金销售、互联网保险等功能，其功能仍然是融资、投资、理财、支付、结算和转嫁风险等。故互联网金融没有脱离金融范畴。

（2）从历史角度看，互联网金融是金融满足社会需求动态发展的一个历史阶段。罗伯特·希勒对金融本质的描述[1]："金融"是为了帮助实现社会目标。社会目标是由社会需求所决定的，社会需求又随着政治、经济与文化的发展不断变化，因此金融是动态变化的。如果金融市场不能满足社会融资

---

[1]　罗伯特·希勒. 金融与好的社会 [M]. 束宇，译，北京：中信出版社，2012.

主体的需求，如多样化的理财需求、交易习惯的变化等，就会产生金融创新的需求，互联网金融就是为了满足新的社会需求产生的。

（3）从金融创新角度看，互联网金融是金融创新的一种形式。经济学家熊彼特把金融创新分为五类：第一类是新技术在金融业的应用；第二类是国际市场的开拓；第三类是国内和国际金融市场上各种新工具、新方式、新服务的出现；第四类是银行业组织和管理方面的改进；第五类是金融机构方面的变革。互联网金融是新技术在金融业的应用，是互联网这一新技术的出现促成的金融创新。

互联网金融是一种金融创新，与传统金融相比，差异性主要体现在定位、驱动因素、经营模式和竞争优势等方面。

（1）定位不同。传统金融业受成本和信息获取的限制，只注重能够带来80%利润的20%中高端客户群体。互联网金融利用信息技术革命带来的规模效应和较低的边际成本，主要聚焦传统金融业服务不到的或者不够重视的长尾客户，在细分市场、小额交易市场挖掘新的利润增长点。

（2）驱动因素不同。传统金融业是过程驱动，注重与客户的面对面沟通，在此过程中收集信息、管控风险和交付服务。但互联网金融主要靠数据驱动，客户的各种结构化信息都可以刻画客户画像，制定精准的营销策略和风控方案。

（3）经营模式不同。传统金融机构与互联网金融都在积极地运用互联网技术，但经营模式上存在较大差异。传统金融主要布局线下，具有深厚的实体服务基础，通过线上延伸金融服务，提高服务的便捷性。而互联网金融以线上服务为主，无物理网点，成本较小。

（4）竞争优势不同。传统金融具有资金、资本、风险管理、客户与网点的显著优势。资金来源比较稳定，资本实力雄厚，能够吸引大量的中高端客户，已经形成比较完善的风控体系，网点服务在互联网时代也是不可替代的。互联网金融的优势则是获客渠道多元，客户基数大，业务推广便捷，产品种类多样，边际成本低，规模效应显著。

5.2 互联网金融理论

互联网技术的普及和深入应用，为金融业务的参与者带来更加充分的信息，推动了互联网金融的产生和发展。本书推荐以下五种理论作为互联网金融实践的分析工具。

1. 信息不对称理论

信息不对称理论由2001年诺贝尔经济学奖获得者乔治·阿克洛夫、迈克尔·斯宾塞及约瑟夫·斯蒂格里茨提出。该理论认为，在市场经济活动中，由于社会分工和专业化，各类交易主体对有关信息的掌握存在差异，即信息不对称。信息不对称使各种交易主体处于不平等地位，掌握信息更充分的交易主体在交易中处于比较有利的地位，掌握信息更少的交易主体则处于弱势地位。信息不对称会导致交易主体逆向选择和道德风险，是金融风险产生的主要原因。

现实生活中，中小微企业的信息披露制度不够健全，传统金融机构也不能获得较为完整的企业经营状况、资金使用情况等有助于投融资决策的信息。为了规避信息不对称可能造成的道德风险和逆向选择问题，传统金融机构通常情况下会拟定严苛的借款条件，使得中小微企业难以达到融资要求从而处于"融资难"的境地。

互联网金融模式出现后，通过大数据、搜索引擎等各种信息技术，信息搜集和获取比传统金融市场更为便捷。通过深度挖掘和处理信息，一定程度上缓解了信息不对称问题，能够降低市场交易风险，实现对众多小微企业的金融服务。互联网金融的创新模式众多，包括众筹、第三方支付、网贷和互联网银行等，通过大数据充分传递各种数据信息，捕捉客户画像，以提高融资的成功率。值得注意的是，网络的虚拟性也会加剧信息不对称情况，这对信息披露和信息分析提出了更高要求。

2. 交易费用理论

1937年，经济学家罗纳德·科斯首次提出"交易费用"思想，并发展为解释企业存在和规模的交易费用理论。"交易费用"是指企业用于寻找交易对象、订立合同、执行交易、洽谈交易和监督交易等方面的费用支出，主要由搜索成本、谈判成本、签约成本与监督成本构成。交易费用理论认为，市场和企业这两种资源配置机制是可以互相替代的，市场费用因为机会主义、有限理性、不确定性的存在而变得高昂，为降低交易费用，企业变成了代替市场的一种新型交易形式。企业运用收购、兼并、重组等资本运作方式，可以将市场内部化，降低由市场不确定性所带来的风险，从而降低交易费用。

传统金融模式中，在业务签订前，资金的供给方需要投入大量的信息搜索费用去寻求资金需求方的各种相关信息；在业务签订过程中，资金供给方和需求方的谈判协商也会产生各种谈判和制订协议的成本；在业务签订后，资金的供给方还需要对资金进行贷后跟踪与调查，以避免贷后风险事件，增加了监督的成本。对资金需求者来说，传统金融机构需要对其进行前期调查和严格审批，同样也会产生各种时间成本与人力成本等。因此，在整个融资过程中，借贷双方都会产生各种成本。

互联网金融之所以能够减少交易双方的交易费用，主要是利用大数据、搜索引擎等手段对资金需求者的信息进行深度挖掘，从而减少搜索信息的人力成本；互联网金融可以摆脱传统金融模式下固定物理网点的营业时间和地点的限制，在任何时间为客户提供快速、便捷、高效的服务。依靠信息处理技术、移动支付技术和安全风控技术，互联网金融能够降低信息搜索成本、签约成本和履约成本风险。而且随着交易规模和客户数量的扩张，互联网金融成本不断下降，具有明显的规模经济和范围经济效应。

3. 长尾理论

传统经济学中有一个"二八"定律，即给一个公司带来80%利润的是20%的客户/产品。按照这个原则，如果把这20%的客户/产品找出来，对于业绩的增长和公司的发展帮助最大。实践中，沃尔玛等传统零售商的销售数据支持了这一定律。沃尔玛因为线下生产、运营成本的约束，基于利润最大化的追求，只选择最"畅销"的商品。

克里斯·安德鲁（Chris. Anderson）提出的长尾理论却认为，商品存储、销售足够便捷、成本极低时，那些需求不高或者是销量不好的产品形成的众多小市场汇聚在一起，能够激发客户的隐性需求，产生与主流热销产品相匹敌的大市场，从而让传统经济学中的"二八定律"不复存在。互联网时代的来临，大幅缩减了库存和展示成本，使得厂家生产非畅销的80%长尾商品仍有利可图，而且互联网时代流量为王的特点也注定了网站需要提供全面的小众商品以吸引更多客户。

长尾理论同样适用于互联网金融行业。互联网金融行业依托大数据、云计算等现代信息科学技术，拓宽了信息传播渠道，信息失衡问题得到了很大改善，网络销售渠道又大大降低了商品的交易成本，从而能为被传统金融市场忽略的"尾部"市场（大众或中小企业）提供便利、高效、普惠化的优质金融服务。由于互联网金融产品的边际成本很低，所以即使单个用户交易规模很小，但是数量庞大的"尾部市场"聚集在一起就形成了大规模交易，也能为互联网金融企业创造巨大收益，形成互联网金融市场的长尾。

4. 普惠金融理论

2005年联合国在宣传国际小额信贷年时提出"普惠金融"的概念，并在2006年出版的《建设普惠金融体系》中提出普惠金融立足机会平等要求和商业可持续发展原则，以可负担的成本为有金融需求的社会各阶层和群体提供适当、有效的金融服务。惠普金融体系应该以小额信贷为核心。

各国经济与金融发展水平差异较大，普惠金融在各国的实践也有很大差异。发达国家由于经济和金融发展水平较高，社会福利已经到达一定高度，金融体系几乎覆盖全部城乡居民的金融需求，互联网金融发展空间有限。但发展中国家由于金融发展广度和深度存在明显不足，金融服务覆盖率较低，普惠金融的实践面临较大挑战。传统金融机构网点覆盖率低、专业人手不够、作业成本高、信息采集难，出于对盈利性和风险性的考虑，往往设置了较高的准入门槛，资金和信贷支持大都流向大中型企业，财富管理的重心也是偏向高收入人群。因此，小微企业和中低收入个人也就难以从银行等传统金融机构获得相应的金融服务。

互联网金融利用大数据、云计算、社交网络及搜索引擎等互联网工具，具有交易成本低、服务效率高、覆盖面广、开放和共享等特点。互联网金融利用网络覆盖并惠及边远地区和小微贷款对象，借助大数据构建风险控制模型，利用大数据分析让用户在短时间内实现借款等金融服务需求，能够有效弥补传统金融的不足。互联网金融与普惠金融在理念和基本运行特征上具有目标一致性，主要体现在三个方面。

（1）提倡平等、开放和共享。普惠金融的目标是实现人人共享金融服务，而互联网金融提供了开放的平台，人人可以在平台上选择合适的金融产品。互联网打破了金融市场的垄断局面，使市场更加自由化。

（2）注重大众客户群。普惠金融强调金融服务应满足社会各阶层和群体的需要，互联网金融借助先进的技术降低成本，使市场出现长尾效应，打破了过去传统金融机构偏重于创造最大效用的客户群体的限制。

（3）降低交易成本。互联网金融借助互联网平台，完成信息搜寻、定价和交易等流程，并利用计算机技术减少人工成本，无需对营业网点进行维护，这些都降低了交易成本，也能有效解决传统金融机构发展普惠金融的难点。

5. 金融功能理论

传统金融理论主要围绕金融机构的活动及金融市场上各经济行为主体之间的关系展开。但蓬勃发展的金融创新活动对金融体系的分析提出了新的要求，由于金融功能比金融机构更稳定，并且很少受到地域和时间跨度的影响，因此，金融功能观应运而生。

哈佛大学教授兹维·博迪和罗伯特·莫顿基于金融功能比金融机构更具稳定性的特点，及金融机构的形式随着金融功能的变化而变化的前提，提出了基于金融市场和金融中介的功能观点。他认为，金融体系主要提供以下几个功能：为交换提供支付手段；为企业和个人提供融资和投资的机制；提供管理不确定与风险控制的机制。

与传统金融相比，互联网金融不突出金融机构和金融组织，而是基于更有效实现金融功能而形成的金融业态。

（1）互联网金融的出现，改善了传统金融中以商业银行为主体的支付体系。互联网金融能够克服时间和地域的限制，加快资金周转速度，支付清算服务更加便捷高效，大幅提升了金融的支付清算功能。

（2）互联网金融为企业和个人提供了投资和融资的新机会和新渠道。互联网金融的资源配置功能和提供的融资服务，是对传统金融融资功能的补充。资金供求双方借由互联网金融平台撮合成交，不需要经过传统金融中介机构。而且，互联网金融实现了财富管理的大众化，用更低的成本解决信息不对称问题，为更多的企业和个人提供了融资和投资的途径，改善了传统金融模式下资源的不合理配置问题。

（3）互联网金融提供的开放平台能够收集并分析用户的日常交易行为，通过数据处理手段对用户的交易情况、历史信用、资金运转情况以及行业发展导向进行分析。通过对数据精准核查和评定做好风险管控，较为准确地把握风险发生的规律性，降低了操作风险、信用风险和市场风险。

5.3 互联网金融主要模式

2015年7月，中国人民银行等十部委联合发布《关于促进互联网金融健康发展的指导意见》(银发〔2015〕221号)，指出互联网金融包括互联网支付、网络借贷、股权众筹融资、互联网基金销售、互联网保险、互联网信托和互联网消费金融七种主要业态。

5.3.1 互联网支付

互联网支付是指通过计算机、手机等设备，依托互联网发起支付指令、转移货币资金的服务。互联网支付主要可分为银行支付模式和第三方支付模式，后者也称非金融机构支付模式。第三方支付是以非银行机构的第三方支付机构为信用中介，以互联网为基础，通过和国内外各大银行签约，为买卖双方提供交易支持的支付方式。2010年6月中国人民银行发布了《非金融机构支付服务管理办法》，指出非金融机构支付服务是指非金融机构在收付款人之间作为中介机构提供下列部分或全部货币资金转移服务：①网络支付；②预付卡的发行与受理；③银行卡收单；④中国人民银行确定的其他支付服务。其中，网络支付是指依托公共网络或专用网络在收付款人之间转移货币资金的行为，包括货币汇兑、互联网支付、移动电话支付、固定电话支付、数字电视支付等。预付卡是指以营利为目的发行的、在发行机构之外购买商品或服务的预付价值，包括采取磁条、芯片等技术以卡片、密码等形式发行的预付卡。银行卡收单是指通过销售点（POS）终端等为银行卡特约商户代收货币资金的行为。

互联网支付是互联网金融发展的基础，第三方支付则是互联网支付的一种主要业务模式。国际上比较知名的第三方支付机构有美国的 Paypal，国内比较知名的有阿里巴巴的支付宝、腾讯的财付通和中国银联的 Chinapay 等。第三方支付不仅弥补了银行服务功能的空白，降低了整个社会的交易成本，提升了金融交易效率，在健全现代金融体系、完善现代金融服务功能方面也起着重要作用。据咨询机构艾瑞发布的《2021年中国第三方支付行业研究报告》，2020年第三方移动支付与第三方互联网支付总规模达271万亿元支付交易规模。支付宝、腾讯金融和银联商务的市场份额位居前三位，行业集中度较高。以下重点讨论互联网支付中的第三方支付。

实际案例 5-1　财付通

财付通是腾讯集团旗下的第三方支付平台，是首批获得中国人民银行《支付业务许可证》的专业第三方支付大型企业，长期致力于为互联网用户和各类企业提供安全、便捷、专业的支付服务。现阶段，财付通公司的支付业务类型包括网络支付、银行卡收单及跨境支付，客户类型包括个人客户及商户，业务范围覆盖全国。财付通公司网络支付以微信支付钱包和手机QQ钱包为入口，具体业务类型包括网关支付、快捷支付、余额支付，应用产品包括微信转账、条码支付、理财通等；财付通公司银行卡收单业务以微信支付和手机QQ钱包条码支付为主，包括收款扫码与付款扫码等；财付通公司跨境支付及国际业务的主要应用场景为跨境电子商务外汇支付业务。

1. 第三方支付的运作机制

第三方支付的基本业务流程包括以下十个环节（图5-1）。

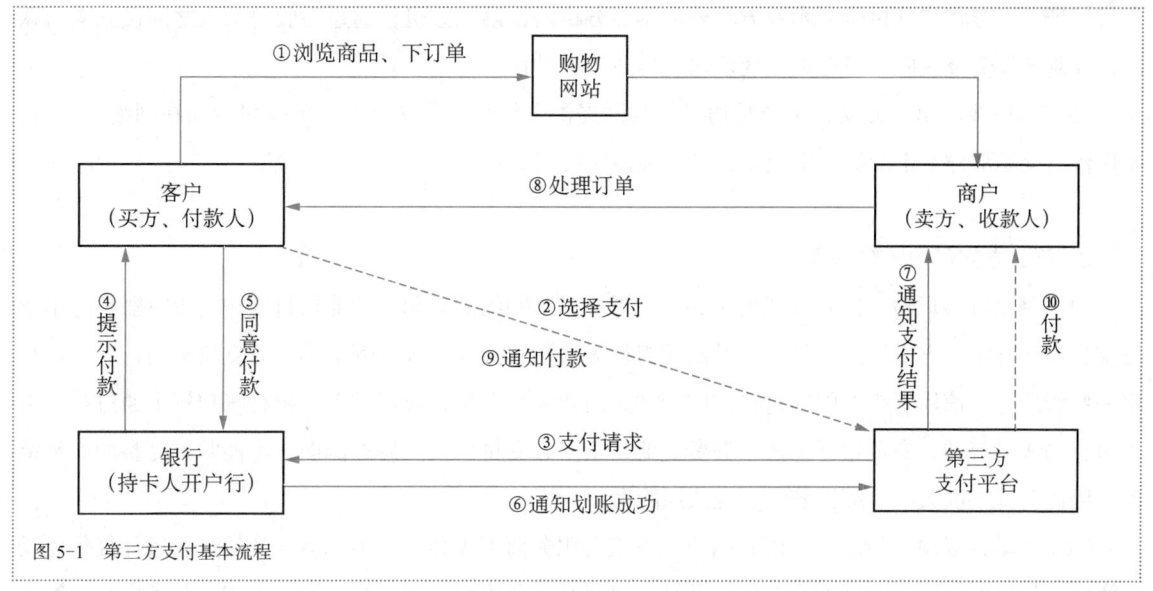

图 5-1 第三方支付基本流程

（1）网上消费者浏览商户检索网页并选择相应商品，下订单达成交易。

（2）在弹出的支付页面上，网上消费者选择具体的某一个第三方支付平台，直接链接到其安全支付服务器上，在第三方支付页面上选择合适的支付方式（信用卡支付、网上银行支付、支付宝支付及拉卡拉支付等），点击后进入支付页面进行支付。

（3）第三方支付平台将网上消费者的支付信息，按照各银行支付网关技术要求，传递到相关银行。

（4）由相关银行（客户开卡行）向消费者提示付款。

（5）客户同意付款。

（6）由相关银行（银联）检查网上消费者的支付能力，实行冻结、扣账或者划账，并将结果信息回传给第三方支付平台和网上消费者。

（7）第三方支付平台将支付结果通知商户，并要求商家在规定时间内发货。

（8）接到支付成功的通知后，商户处理订单，发货或者提供服务。

（9）客户收到货物并验证后通知第三方支付平台向商家付款。

（10）第三方将其账户上的货款划入商家账户，各个银行通过第三方支付平台与商户实施清算，交易完成。

2. 第三方支付的特点

（1）中介性。中介性是第三方支付最本质的性质。起初，第三方支付就是为了解决电子商务活动中买卖双方的信任难题而出现的中介。在整个电子商务交易的过程中，第三方支付起到的是信用中介的作用，并不直接参与买卖双方的交易。

（2）信用担保。第三方支付是在买卖双方缺乏信用保障或法律支持情况下，资金支付的"中间平台"。作为网上交易双方信用的第三方担保，第三方担当中介保管及监督的职能，通过支付托管实现支付保证。买方将货款付给买卖双方之外的第三方机构，第三方机构通过在收付款人之间设立支付账户，控制货款资金流向，只有买方确认之后再向卖方付款。

（3）虚拟性。第三方支付主要是通过互联网提供支付服务，交易双方的支付活动在网络上进行，不像传统交易那样一手交钱一手交货，具有虚拟性特征。

3. 第三方支付的风险管理

（1）网上洗钱风险。随着互联网金融的发展和网上购物的兴起，商业银行客户将银行账户与第三方支付机构绑定，方便网上交易。但是商业银行无法左右其客户选择哪家第三方支付机构，若客户绑定一些资质差、信用等级低的支付机构则会加大商业银行反洗钱履职难度。银行账户资金通过第三方支付交易或者流转，商业银行无法掌握资金流入第三方支付机构以后的流向，不能掌握完整的交易链条，因此监管难度大、隐蔽性较强、洗钱风险大。

（2）流动性风险。流动性风险是指第三方支付服务商因无力为负债的减少或资产的增加提供流动性资金而导致的风险。第三方企业的流动性一般由其营利能力决定，当前第三方支付服务商行业竞争激烈，产品同质化严重，利润空间也被极大挤压，一旦出现资金周转问题，将引发第三方支付企业的流动性风险。在支付过程中，第三方支付吸收的资金达到相当规模后，就产生了沉淀资金风险。第三方支付平台沉淀下来的在途资金往往放在第三方在银行开立的账户上，一般商家的资金会滞留两天至数周不等，在途资金的不断加大，使得第三方支付平台本身的信用风险指数加大，如果缺乏有效的流动性管理，则可能引发支付风险。

（3）主体资格和经营范围问题。中国人民银行将第三方支付职能明确定位为"网络小额支付"，但第三方支付从事的业务介于网络运营和金融服务之间，其法律地位仍不明确。从第三方支付实际业务的运行来看，支付中介服务实质上类似于结算业务。在为买方和卖方提供第三方担保的同时，平台上积聚了大量的在途资金，表现出类似银行吸收存款的功能。按照我国《商业银行法》的规定，吸收存款、发放贷款和办理结算是银行的专有业务。第三方支付平台的业务和银行等主体特许经营的业务有一些重合，需要政策上界定第三方支付主体资格和经营范围问题。

（4）信息安全问题。第三方支付运用互联网技术为交易双方提供交易平台。一旦第三方支付涉及的电子设备、信息系统、通信和供电等软硬件出现故障，就无法保障支付正常进行。而且第三方支付组织掌握着大量的客户资料，包括姓名、银行账户和电话号码等重要信息，一旦业务系统出现问题，客户信息很容易被不法分子窃取，如果这些信息被利用，造成的金融损失、社会影响将无法估量。

由于第三方支付迅猛发展，从2014年开始，中国人民银行对第三方支付出台了相关政策进行规范，2021年1月，中国人民银行发布《非银行支付机构条例（征求意见稿）》，意见稿从主体、经营、市场等各方面强化了对非银行支付机构的监管，严格控制其设立与投资人准入，变革其业务经营规则，将给第三方支付行业的发展带来深远影响。

5.3.2 网络借贷

广义上的网络借贷包括个体网络借贷（即 P2P 网络借贷）和网络小额贷款，狭义网络借贷仅指个体网络借贷（以下讨论仅限个体网络借贷）。个体网络借贷是指个体和个体之间通过互联网平台实现的直接借贷。在个体网络借贷平台上发生的直接借贷行为属于民间借贷范畴，受合同法、民法通则等法律法规以及最高人民法院相关司法解释规范。个体网络借贷要坚持平台功能，为投资方和融资方提供信息交互、撮合和资信评估等中介服务。个体网络借贷机构要明确信息中介性质，主要为借贷双方的直接借贷提供信息服务，不得提供增信服务，不得非法集资。网络借贷业务由我国银监会负责监管。

> **实际案例 5-2**　上海陆金服 P2P 平台
>
> 上海陆金所互联网金融信息服务有限公司，于 2014 年 10 月在上海国际金融中心成立，是一个从事网络借贷的中介平台。2016 年 12 月 13 日，陆金所发布公告将 P2P 业务拆离，旗下平台陆金服负责网络借贷业务。陆金服 P2P 网络借贷平台凭借强大的平台支持和广泛的客源，以平安集团为保障进行信用中介并收取中介费，这是陆金服的主要盈利业务。陆金服基本使用步骤如下：首先来到陆金服的投资者和资金需求者都要在陆金服平台进行身份证、银行卡等基本信息注册，投资人的资金存放在第三方银行平安银行，资金需求者需要提供自身的征信证明，然后平台根据需求资金的数量进行多层次的审核，数量大的客户也会在线下进行审计，平台将审计结果送给投资人参考，最终由投资人决定是否投资。

1. 网络借贷的业务模式

1）纯平台模式

早期的网贷平台大多采用纯平台模式，此经营模式具有典型的金融脱媒特征，即网贷平台仅仅为借贷双方提供一个信息中介平台。但借贷双方在此平台上达成一致意见并实现借贷后，平台将向借款人收取一定比例的费用建立风险备用金，以风险备用金作为出借人的本息保障，而不使用平台自有资金来赔偿出借人的本息损失（图 5-2）。

2）第三方担保模式

担保模式分为第三方担保模式和平台担保模式。

第三方担保模式是指网贷平台为保证出借人和自身平台的利益不受损失，将风险转移至第三方担保公司，网贷平台给予担保公司一定比例的渠道费和担保费。第三方担保模式下，网络借贷中借款人的信用风险主要由担保方承担。担保方一般资金实力比较雄厚，承担连带责任担保，贷款人的风险很小，一般只获得一个固定的利率，而担保人获得了贷款项目的风险溢价（图 5-3）。

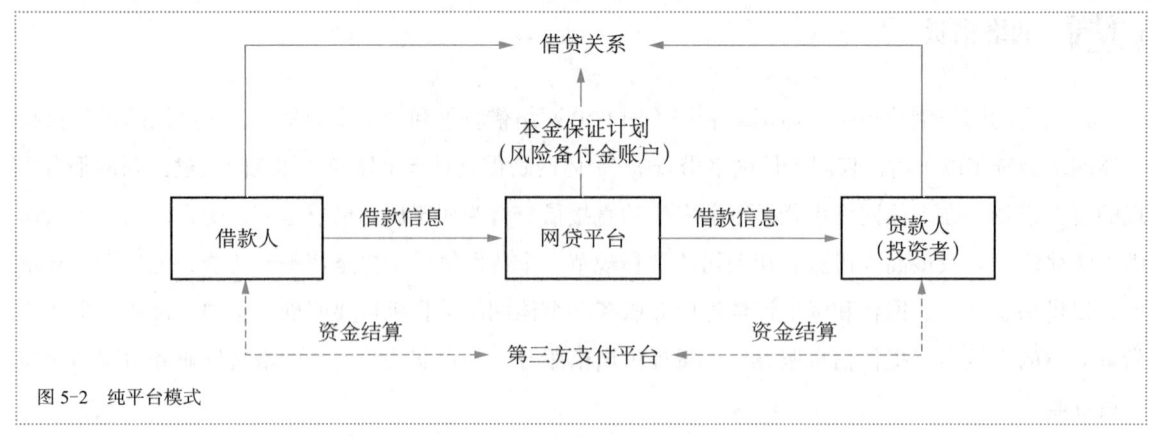

图 5-2 纯平台模式

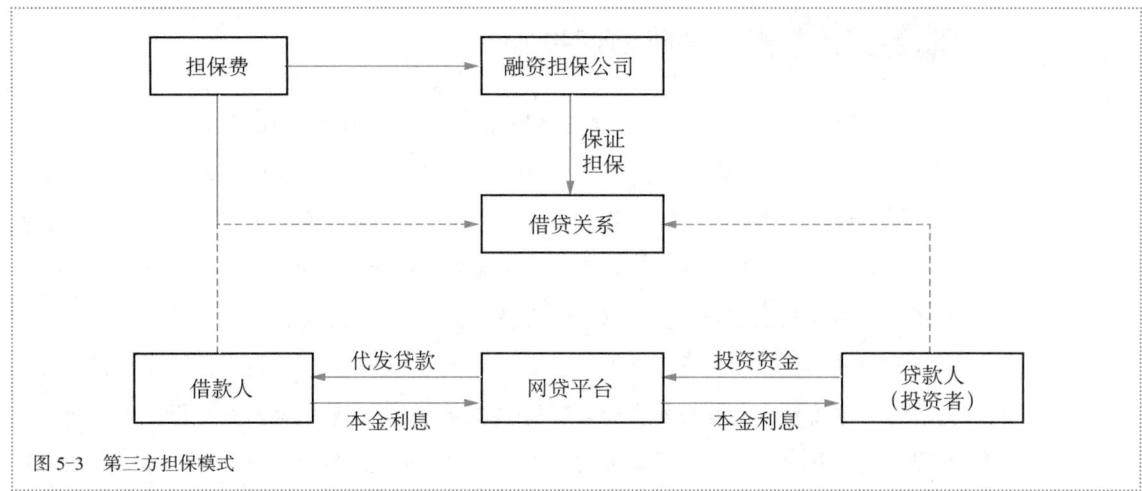

图 5-3 第三方担保模式

第三方担保的介入使得网贷平台的功能弱化，因此部分网贷平台又采取了平台担保模式。网贷平台利用自有资金或专门的风险准备金为出借人提供资金安全保障。在此模式下，如果出借人的借贷资金难以追回，平台将会在逾期一段时间后进行全额赔偿，并将该笔欠款从出借人手中划到平台名下，由平台对借款人进行追偿。

3）债权转让模式

债权转让模式就是投资人与借款人不直接联系，而是通过某个第三方连接。双方并不直接签订债权合同，而是通过第三方个人对借款人进行评估后向借款人进行放款（这个第三方个人通常被称为"专业放款人"），之后"专业放款人"再将债权转让给投资人，使投资人可以获得债权带来的利息收入。而网贷平台在其中发挥的作用是将这种债权进行金额的拆分和期限的错配，打包成类似理财产品的债权包，放于平台上给投资人选择（图 5-4）。

债权转让模式的具体操作方法是（图 5-4）：由第三方债权人（平台合作方）先将资金借给需要借款的用户，待借款协议签署好后，第三方债权人就获得了大笔债权。然后，网贷机构把第三方债权人持有的债权进行金额拆分或期限拆分，再把拆分后的小笔债权出售给投资人。把大额贷款拆分为小笔债权大大降低了项目的销售难度。

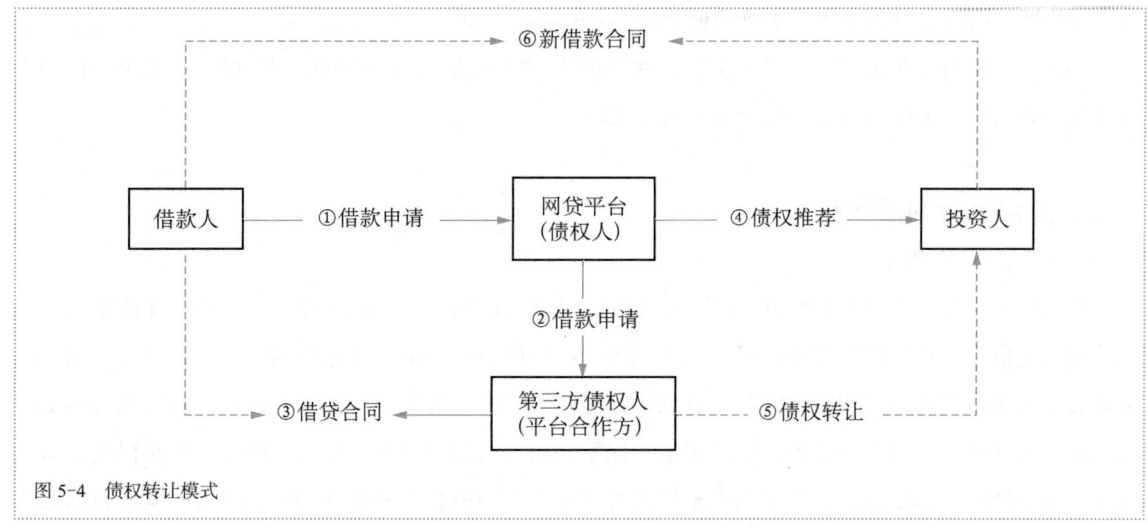

图 5-4 债权转让模式

4）线上线下模式

网络借贷的发展过程中衍生了线上线下相结合的模式。线上模式，是纯线上、纯信用的网络借贷，将贷款申请、投标、风险审核、贷款发放都在线上进行，企业只提供一个撮合双方的平台。

线下模式是指线上模式借贷流程中的审核、贷款发放等流程放在线下进行。线下模式审核和银行贷款审核方式无二，一般需要抵押物，募集资金由网贷企业自主支配，贷给借款人。为数较多的网贷企业其实都是线下模式，通常是引入小额贷款公司做线下业务。

线上模式和线下模式各有优劣。线上模式的优势是成本低，而缺点是安全性不足，缺乏征信信息等支持。纯线下模式的优势是安全性较强，从贷前、贷后到最终还款，都有专门人员跟进，保证借款人每月按时还款，但是缺点是成本较高，也不够便捷高效。在行业发展中，网络借贷逐步演变成线上线下相结合的模式。相较于线上借贷的经营模式，线上线下相结合的模式更具有前瞻性，网贷平台通过线下进行信用审核、销售债权产品等方式弥补线上模式的缺陷，拉近借贷双方与平台的距离。

2. 网络借贷的特点

（1）普惠特征。网络借贷一般不针对大企业和数额较大的借款人，不涉及热点投资领域，其服务对象是那些信用良好但缺少资金的大学生、工薪阶层、个体工商户和小微企业，扩宽了金融服务的目标群体和范围。这个特点决定了网络借贷的数额相对较小，一般为无抵押借贷。

（2）贷款期限短，利率由市场资金供求状况决定。网络借贷期限为 3～12 个月，时间较短。借贷利率有两种方式：有担保情况下，贷款利率由担保方确定，借款人付出的资金成本等于贷款利率加上风险报酬；无担保情况下，借贷利率由借贷双方竞价确定。

（3）交易方式的灵活性和高效性。网络借贷中，借贷双方无需见面，也不需要委托代理人，直接通过网络就可以完成整个借贷过程。网络借贷中，借贷双方只需在网络平台上完成注册、身份验证等程序，便可以达成借贷合约。在借贷过程中，身份认证、信用审核评估、资金汇划乃至贷后监督管理等流程均通过网络平台来完成，手续简便。

（4）无须抵押。与传统银行借贷不同，网络借贷一般不用提供额外的抵押担保，全凭个人信用进行贷款。个人信用情况由网络平台公司进行把关审核。

3. 网络借贷的风险管理

（1）合法性问题。

国内对于网络借贷（P2P 平台）讨论最多的就是合法性问题，即这种业务是否涉及非法集资。典型的网络借贷平台只是第三方中介机构，为民间的小额借贷提供平台和相应的服务。根据《最高人民法院关于人民法院审理借贷案件的若干意见》的规定，自然人之间、自然人与法人、自然人与其他组织之间的借款作为借贷案件受理。这一规定确保了民间借贷的组织形式及其合法性。但是民间借贷也遵循一些特殊的法律规定，如借贷利率不得超过中国人民银行公布的基准利率的 4 倍。至于自然人之间的关系，是通过何种形式或者平台进行借贷，法律并没有规定。

传统的网络借贷模式下，并不涉及非法集资的问题。但是为了发展业务，P2P 平台创新地提出了债权转让模式、投资人本金担保、人人贷的"优选计划"等，这些创新方式都会改变平台的法律特征，具有触碰非法集资政策红线的嫌疑。2011 年开始，中国 P2P 行业出现一些乱象，一些虚假平台出现诈骗跑路的现象，还有一些平台根本不是用作借贷，而被创办人用以自融资。P2P 存在异化为金融机构的现象。但从本质上看，P2P 只做本身信息中介服务，应坚持不吸存、不放贷、不担保的"三不"原则。

（2）信用风险。

网络借贷高度依赖完整且强大的公民信用体系。在欧美等发达国家，公民信用体系融入日常生活的方方面面，比较完备。我国于 2003 年 10 月底启动中国社会信用体系建设，根据我国《个人信用信息基础数据库管理暂行办法》，个人信用报告仅限于中华人民共和国境内设立的商业银行、城市信用合作社等金融机构、人民银行和信用报告的主体对象使用，而 P2P 网络借贷平台并非合法的使用者。

目前，各网络借贷平台主要是依据借款人提供的身份证明、财产证明、缴费记录和熟人评价等信息对借款人进行信用评价。借贷网站对借款人会进行详细的身份和财务状况核查，但由于电子商务的特殊性，这种核查普遍通过互联网远程进行，基本资料由借款人自己填写，证明文件采用扫描上传的方式，借款用途由借款人凭诚信表述。这种情况下，可能存在借款人提供虚假资信证明，使得网站无法做出正确、客观的信用评价。而这些低质量借款人容易违反债务约定，到期无法偿付本息。

（3）平台运营风险。

网络借贷平台在运营过程中，因为自身判断或决策失误，可能导致平台资金链断裂产生投资风险。网络借贷行业扩张迅速，很多平台业务流程和组织规范没有实体金融机构完善，在风控、信贷分级方面管理混乱，缺少和央行数据库的对接，数据获取与分析能力偏低。行业内部的恶性竞争使得平台为了扩大自身规模，通常将精力放在资金筹措而忽视资金发放的风险管理。网络借贷平台的网络技术不完善也给平台安全带来了隐患。而且平台中包含着投资人的大部分资金，一旦遭受到黑客的攻击，资金很有可能被全部盗走，使投资者和平台产生巨大损失。这些都会增大平台运营风险，甚至导致平台破产。

网络借贷平台在我国无论是数量还是业务规模均呈现迅猛增长的势头，但业务创新也累积了大量风险。2019 年网贷行业专项整治进入深水区，网贷机构退出和转型成主旋律。此后多份重磅文件及多次高规格会议所传达的网贷整治总方针基本保持了一致，即推动大多数机构良性退出，引导部分机构转型。截至 2020 年 8 月末，全国在运营的网贷机构仅剩 15 家，比 2019 年年初减少了 99%，借贷余额较 2019 年初下降了 84%，出借人下降了 88%，借款人下降了 73%。网贷机构数量、借贷规模和参与人数均连续下降，网络借贷领域的风险持续收敛，专项整治工作取得了实质性的成效。

5.3.3 股权众筹融资

股权众筹是从属于"众筹"的一个概念。广义的众筹具有多种形式，主要包括债权众筹、股权众筹、回报众筹和捐赠众筹等。中国人民银行、证监会、银监会等十部委在 2015 年 7 月发布的《关于促进互联网金融健康发展的指导意见》中明确股权众筹"主要是指通过互联网形式进行公开小额股权融资的活动"。这一融资模式涉及股权众筹平台、融资方和投资者。股权众筹融资必须通过股权众筹融资中介机构平台（互联网网站或其他类似的电子媒介）进行。股权众筹融资方应为小微企业，应通过股权众筹融资中介机构向投资人如实披露企业的商业模式、经营管理、财务、资金使用等关键信息，不得误导或欺诈投资者。投资者应当充分了解股权众筹融资活动风险，具备相应风险承受能力，进行小额投资。所以股权众筹活动包含四个核心要素。

（1）小额：适合小微企业，包括初创企业。
（2）公开，大众：面向不特定的互联网用户募集资金。
（3）线上进行：只能通过股权众筹融资中介机构平台来实施，投融资过程不得脱离互联网。
（4）出售股权：投资标的是股权，融资者将公司股权转让给投资者以获得发展资金。

目前国内比较典型的股权众筹平台包括"天使汇"和"大家投"等。

> **实际案例 5-3** 天使汇平台
>
> 天使汇成立于 2011 年 11 月，是中国较早起步的股权众筹平台之一，是主要为初创企业种子期提供融资的平台，该平台所涉及的项目类型多种多样，包括电子产品、电子商务、科技等。从项目类型看，天使汇所提供的股权众筹项目主要为高新技术行业。大家耳熟能详的打车软件"滴滴打车"就是在天使汇上成功募集到天使投资的资金。天使汇作为融资方和投资方的中间人，在项目成功后，收取融资方 5% 的服务费，同时收取投资方项目收益的 5% 作为报酬。其业务模式采用"领投人+跟投

人"的模式，即在众筹过程中由一位经验丰富的专业投资人作为"领投人"，众多跟投人选择跟投。领投人对项目投资额度最低不得低于5%，最高不得高于50%。领投人必须对项目进行尽责调查，同时要对项目的投资判断、风险揭示、竞争利益冲突做出充分的信息披露，对跟投人投后管理进行信息披露等。

1. 股权众筹的运作流程

股权众筹融资模式实现资金供需匹配，需要项目筹资人、股权众筹平台、项目投资人共同完成。整个运作过程可分为四个阶段：项目获取及筛选、项目推介及募资、项目投后管理及项目投资退出。

（1）项目获取及筛选阶段。项目筹资人将制作的项目商业计划书以及其他材料提交给股权众筹平台，商业计划书中涵盖企业基本情况、需要募集的资金额以及可以出让的股权比例，股权众筹平台按照一定标准对商业计划书进行审核评估，最终确定是否让该项目上线。

（2）项目推介及募资阶段。股权众筹平台在浏览页展示企业信息、筹资金额、出让的股权比例，部分平台会设置募资期限。项目投资人对项目进行出资，众筹成功后与项目企业签订投资入股协议。

（3）项目投后管理阶段。股权众筹平台监督项目企业披露经营状况、财务状况、公司治理结构等具体情况，向项目投资人（目前企业的股东）汇报企业信息。

（4）项目投资退出阶段。投资人收回本金获得收益，完成资金的回笼，形成一个完整的项目生命周期。目前，该阶段的主要操作方式是项目企业回购、资本市场上市或并购、股份转让。如果经营不善，进行破产清算，也是投资退出的一种方式，此时投资者将遭受损失。

2. 股权众筹的融资模式

股权众筹的融资模式可分为三类。

（1）个人直接股东模式。个人直接股东模式是出资者直接在众筹平台上浏览列出的可投资项目，然后挑选有潜力的企业进行投资。筹资项目成功后，出资者通过众筹平台的电子化程序签订转让协议、股权凭证在内的文件并在公司登记注册，在收到纸质的股权证书、投资协议文件后，投资者则直接成为该融资企业的股东。这种模式的平台主要集中在英国，如英国著名的股权众筹平台Crowdcube和Seeders。

（2）集合直接股东模式。集合直接股东模式又被称为"领投＋跟投"模式和辛迪加模式。在集合直接股东模式下，渠道方利用所掌握资源并依据一定标准选取领投人员，然后由其选取具体目标对象并领导其他投资者进行投资。值得注意的是，领投人员需要具备较强的领导能力，并拥有较丰富的投资经验及资源。领投人和跟投人都是公司的直接股东，但通常情况下由领投人担任项目公司重要股东并参与管理，跟投人作为出资方也可享有重大事项的投票权，但不用参与一般事务。著名的集合直接股东模式的股权众筹平台有美国的AngelList、澳大利亚的ASSOB、我国的京东东家和天使汇等。

（3）基金间接股东模式。投资者直接在众筹平台上浏览可投资项目，然后挑选有潜力的项目进行投资，资金并不经过众筹平台，而是转入风投基金。在基金间接股东模式下，投资者将自身资金投入基金公司，并由其负责购买目标企业股份。在此种情况下，投资者将不会与企业股权众筹项目产生直接联系，而是间接持有企业股份，其所有的投票权被基金代理，投资者对融资项目基本上没有影响力。美国著名股权众筹平台 Fundersclub 就采用了此种模式。

3. 股权众筹的特点

（1）融资模式的创新性。全球对公开性的证券融资的门槛都比较高，通常都需要完全符合标准的信息披露，并符合公开融资的程序才能公开金融证券融资，其目的就是尽可能地保护投资者。由于严苛的融资标准，导致企业公开证券的融资时间和资金成本都很高，相较大企业，小微企业很难从公开证券市场获得融资。股权众筹通过股权众筹融资中介机构，利用互联网网站或其他类似的电子媒介进行融资，属于创新性的融资模式。由于简化和宽松的监管要求，信息披露时间和资金成本都大大降低。

（2）融资主体的小微性。股权众筹融资模式是为解决小微企业融资难而进行的创新尝试。通过股权众筹融资的规模远低于私募和公开资本市场的融资规模，投资人在进行股权众筹融资时也被限定为小额融资，股权众筹的融资主体为小微企业，特别是具有高新技术背景、市场成长预期空间较大和较高成长特性的创新创业企业。

（3）投资要求的低门槛性。通过股权众筹融资的企业只要符合现代公司管理制度，自主拥有融资项目并能自由转出股权，即可进行股权融资；对于投资人，通常没有额外限制，只要能符合股权众筹融资项目的最低投资额度，就可以参与股权众筹投资。在我国，股权众筹平台通常要求最低投资额度为 2.5 万元人民币。

（4）投资级别的高风险性。融资企业的成长面临诸多不确定性，股权众筹投资回报周期长，投资后要退出至少需要一年时间。投资者投资后获得的股权流动性差，股权众筹的股权转让不存在公开的交易市场，退出渠道有限。小微企业的运营波动性很大，初创企业的失败概率很高，企业股权众筹成功后的成长过程仍存在诸多风险因素。如果融资企业或项目运营失败，投资人将血本无归，股权众筹融资投资的风险级别很高。

4. 股权众筹的风险管理

（1）法律风险。股权众筹本质还是一种小额化的私募权益性融资，但全网络化的融资流程并不符合传统证券融资的法律法规，因此股权众筹在各国发展中的共同问题之一就是其合法性问题。但欧美对股权众筹发展的诉求响应较快，已经颁布法案明确其合法地位，并出台监管措施来促进其健康发展。比如，美国颁布的《乔布斯法案》(《JOBS 法案》)和美国证券交易委员会（United States Securities and Exchange Commission，SEC）出台的众筹监管法规，英国金融行为监管局（Financial Conduct Authority，FCA）发布的《关于网络众筹和通过其他方式发行不易变现证券的监管规则》。但我国还未出台股权众筹相关法律法规，在《中华人民共和国证券法》《中华人民共和国公司法》

和《中华人民共和国刑法》的限制下，股权众筹发展空间被极大地压缩，并游走于法律的灰色地带。我国的股权众筹都通过"线上＋线下"两段式完成投融资过程，众筹平台承担线上创业项目审核、展示和披露的职责，平台必须确保项目真实存在，否则就脚踩"非法集资"的红线。当创业项目达到募集额度且投资人不超 50 人，则投融双方转入线下，相关投资人成立合伙企业，依《公司法》与创业者签订股份转让协议，众筹平台不参与股权的转让和交割，从程序上避免了非法发行股票的嫌疑，但始终无法回避项目宣传方式上的公开性，如果严格按照《证券法》中的"非法公开发行股票罪"的规定，股权转让信息在互联网公布，就满足"信息公开"的要件。由于目前我国金融创新的环境比较宽松，对"信息公开"的法律性质界定尚无定论，但其折射出的法律风险不能轻视。

（2）模式创新风险。股权众筹作为一种去中心化、点对点的创新性互联网金融投融资模式，其涉及的主体及与传统的股权转让程序存在极大差异，在提高融资效率的同时，也暴露出诸多因创新引发的风险。首先，众筹平台根据创业者提交的商业计划书来决定能否在平台上融资，并对融资项目进行调查，帮助审核通过的项目团队确定发行价格和出让股权比例。但众筹平台无任何入门门槛和资质要求，其工作的专业性、科学性和合理性值得商榷。其次，我国股权众筹平台采用的大多是"领投＋跟投"运营模式，领投人主要代表众多"微股东"负责对创业项目的投后管理，监督和通报公司的运营。由于投后管理可能是一个非常漫长的过程，领投人能否在资本退出之前始终尽心尽力履行职责存在巨大疑问。最后，股权众筹平台经过一个"野蛮"生长阶段之后，必定将重新洗牌，绝大多数规模小的众筹平台将面临被兼并或关闭的境况。在这个波动过程中，股权众筹平台将产生大量风险，能否很好保护投资人利益是其面临的问题。

（3）道德风险。在股权众筹融资模式中，众筹平台取代传统中介，并压缩和精简了传统金融市场严密完整的程序，融资的初创企业在财务审核和信息披露方面获得极大豁免，使初创企业融资更加开放、自由和高效。但是保护投资者利益的制度还未完全跟上，众筹平台和初创企业均存在较大的道德风险。众筹平台的收入依赖成功融资的创业项目，绝大多数平台收取的费用为融资总额的 5%。在经济利益的驱动下，缺乏合格项目的参照标准，又无监管约束，平台极易在主观上降低创业项目上线门槛，放行更多项目进入众筹平台募资。同时，不能排除平台与融资企业之间存在内幕交易、关联交易，甚至是"自融"行为的可能性。有的初创企业为了尽可能得到投资人的青睐、提高募资的成功率和公司估值，在项目的描述上倾力包装，尽量规避项目的风险，采用一些极度乐观或是夸大和误导性的宣传吸引投资者。这些行为均易给投资者造成显著损害。

我国股权众筹自 2014 年开始发展后，经过了一段时间的野蛮式生长，随后国家发布了一系列关于私募、互联网金融和股权众筹的政策，确保行业的健康有序发展。目前，我国尚未出台专门的法律、行政法规和规章对股权众筹加以规范，但相关机构、组织已经出台了一些规范性或指导性文件。

5.3.4 互联网消费金融

互联网消费金融是在传统消费金融发展的基础上，与互联网技术相结合产生的一种新型金融服务方式。消费金融在不同的国家、地区和机构有着不尽相同的定义。在消费金融的相关学术研究领域中，一些专业术语的使用各有侧重，没有统一的规范。在消费金融的学术研究领域，使用最为频繁的一个词语是"消费者金融（Consumer Finance）"，认为消费金融更多地还是应从消费者的角度出发来考虑所面临的一些金融问题，更为通俗的理解是指，为了满足消费者的各种消费需求而提供的各种金融服务，包括储蓄存款、信贷、分期付款和资产配置等。另外，也有部分学者把消费金融定义为个人理财（Personal Finance）和家庭金融（Household Finance），分别侧重于个人的理财计划和为家庭提供的与财富管理相关的金融服务。在消费金融的各种定义中，"消费信贷（Consumer Credit）"也是使用频率很高的一个术语，指的是金融机构向消费者提供的借贷产品和服务，帮助消费者购买住房、大件耐用商品和日常生活消费品等，提高消费者的效用。

广义的消费金融可理解为与消费相关的一切金融活动，包括个人或家庭的消费信贷、理财、风险管理及资产配置等；狭义的消费金融可理解是为满足居民对最终商品和服务的消费需求而提供的金融服务，主要是指对个人或家庭的消费信贷。我国银监会于2009年发布及后续修订的《消费金融公司试点管理办法》中所定义的消费金融，实质上是消费信贷。《消费金融公司试点管理办法》对所设立的消费金融公司所开展的业务做了明确规定：为中国境内居民个人或家庭提供以消费（不包括购买房屋和汽车）为目的的贷款。此种定义下的消费金融就是属于狭义的消费金融。狭义的消费金融一般不包括住房按揭贷款和汽车消费贷款，其原因是这两种业务所涉及的资产价值较高，有一定的首付比例，从而使得这两种业务与狭义消费信贷有较大的差别。

互联网消费金融是金融科技背景下"互联网＋消费金融"的创新金融服务模式。互联网消费金融就是指互联网公司、商业银行或消费金融公司以互联网和信息技术为工具，向消费者提供的消费贷款服务。根据我国《关于促进互联网金融健康发展的指导意见》，互联网金融业态主要包括七大类。互联网消费金融和互联网支付有区别，二者属于不同的互联网金融形态，并且互联网消费金融也不包括网络借贷，尤其是P2P借贷。

实际案例5-4　海尔消费金融

海尔消费金融有限公司由海尔集团、海尔财务公司、红星美凯龙、绿城电商和中国有赞（原"中国创新支付"）五家大型集团共同发起设立，是我国扩大消费金融公司试点范围后，第一家经银保监会批准开业的全国性消费金融公司，是我国首家由产业发起设立的产融结合消费金融公司。

海尔消费金融主要业务包括两类：一类是场景分期服务，围绕家庭用户需求，布局优质消费金融场景，为用户提供便捷、普惠的分期支付服务。其中家电消费场景，依托股东产业及线下网络资源，线下布局的海尔专卖店，线上链接集团大顺逛平台，通过金融切入，提升产品高端销售、套购占比。另一类为信用借款服务，不断提升平台的整体获客能力，为平台用户提供快速的信用贷款服务，并借助股东生态资源及场景资源经营终身用户。

1. 互联网消费金融的特点

和传统消费金融相比，互联网消费金融的特点体现在以下四个方面。

（1）小额分散，更具普惠性。相对于传统消费金融，互联网消费金融服务范围更广，主要针对中低端客户群体，申请金额小，能够服务更多消费群体。同时互联网消费金融涉及的业务范围更广，对与消费者生活和学习相关的方方面面都可以提供贷款，更具有普惠性。

（2）客户获取成本低。传统消费金融主要通过地推、上门推销的方式开展，而互联网消费金融主要运用大数据技术和海量的用户数据，主动授信和推送，通过营销活动使存量用户迅速转化为有效的金融客户。

（3）产品的设计更加场景化。传统消费金融需要到银行申请贷款，要频繁往返网点进行签约、提现，而互联网消费金融是以无形的方式嵌入到消费场景中，客户申请更便捷，使用方式更便利，在购物和支付过程中不用经历繁琐的线下流程。

（4）大数据化。互联网消费金融依托互联网技术与大数据平台，能够对不同的客户群体和消费行为进行划分，同时有针对性地开发出不同客户群体所需要的不同的消费信贷产品。互联网消费金融平台拥有大数据信息，能够更好地掌握客户群体的信用消费情况，有利于自身加强风险控制。

2. 互联网消费金融的模式

按照互联网消费金融的供给方差异，可以将互联网消费金融的发展模式分为电商平台、商业银行、消费金融公司和互联网消费金融平台四大类。

（1）电商平台。

电商依托自身的互联网金融平台，针对自营商品及开放电商平台商户的商品，向顾客提供分期购物及小额消费贷款服务（图5-5），如蚂蚁金服的花呗、京东金融的京东白条。由于电商在互联网金

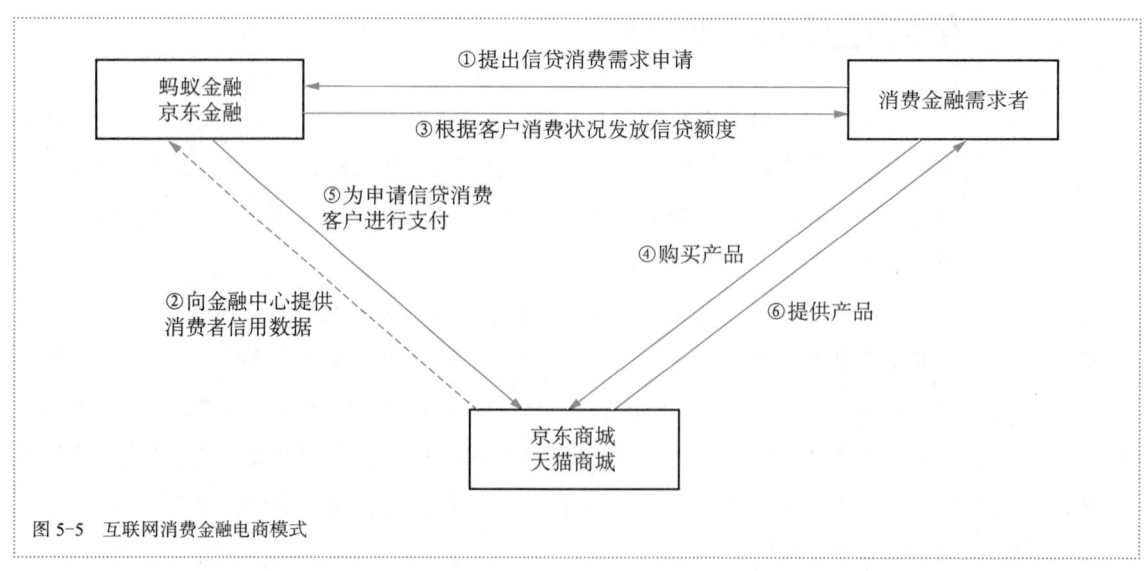

图5-5 互联网消费金融电商模式

融、网络零售、用户大数据等领域均具有较明显的优势，因此，在细分的互联网消费金融领域中，综合竞争力也最强，未来也将引领市场的发展趋势。

电商平台借助于用户流量和互联网消费场景优势，实现了爆发式增长。图 5-5 以京东商城和天猫商城为例，梳理了电商平台中互联网消费金融的基本流程：首先，消费者在电商平台上提出消费信贷或分期付款的购物申请；接着，电商平台将消费者的日常消费状况提供给金融部门，金融部门在收到信用数据后给消费者提供一定的信贷额度；然后，消费者获得一定的消费信用额度并在电商平台购买商品，平台金融部门在收到订单后向电商平台支付货款；最后，电商平台将产品派送给消费者，消费者分期付款。

一方面，电商平台的消费金融具有天然的场景优势，获客成本低。另一方面，电商掌握了客户的购买记录、资金流和物流信息，可以精准获得客户画像，从而降低风控成本。

（2）商业银行。

在传统的消费金融领域，商业银行占据了绝对优势和地位。商业银行传统的消费金融服务主要包括个人消费贷款和信用卡，在"互联网+金融"的发展下，商业银行主要采用两种方式积极布局互联网消费金融市场。

一种方式是自建电商平台，如建设银行推出"善融商务个人商城"，交通银行推出"交博汇"及工商银行"融e购"商城。目前我国商业银行电商呈现出多梯队特征：第一梯队是国有四大行的电商平台。建行"善融商务"和工行"融e购"，这两个电商平台的经营目标相同，都是为客户打造消费和采购平台，为商户打造集销售、推广、融资于一体的金融服务平台。而农行"E商管家"的侧重点则不同，主要是为涉农生产企业、县域批发商、农家店和农户打造的一款线上"ERP+金融"综合服务平台。国有四大行因自身资本及技术优势，有较明确的电商规划和平台建设能力，在电商销售额占比略高。第二梯队是平安、民生等一些股份制银行走特色化、专业化和渠道化的路线，比如平安银行针对中小企业用户，构建商贸服务平台和供应链融资服务平台。第三梯队则是其他中小型银行，利用互联网搭建电商平台，提供综合融资服务（表 5-1）。

表 5-1 国内主要银行类电商平台建设情况

银行名称	电商平台名称	电商运营模式
建设银行	善融商务	B2B+B2C
交通银行	交博汇	B2B+B2C
农业银行	E商管家	B2B+B2C
中国银行	中银易商	B2C
工商银行	融e购	B2B+B2C
民生银行	民生电商	B2B+B2C
平安银行	橙e平台	B2B

另一种方式是推出线上信贷产品,针对个人网络消费贷款。如工商银行"逸贷",招商银行"闪电贷"等,这些产品可实现全流程网上审核、放贷,基本可通过网上银行、手机银行申请,秒申秒签,非常便捷。

但总体来说,由于电商行业的消费金融规模已经非常庞大,竞争相当激烈。商业银行介入互联网消费金融领域的难度也相当大,同电商平台相比较,商业银行互联网消费金融产品的用户体验较差,门槛较高。银行电商封闭且独立,与京东、淘宝等网购平台不同,目前各家银行的网上商城只认自家客户,这样带给用户非常不好的分断式用户体验。其次,银行并没有电商基因,即使外包给专业的第三方公司,其物流能力也远不如拥有巨资支撑的阿里菜鸟物流体系、京东自营物流体系。另外,银行电商在基础功能建设、产品数量、产品品类、入驻商家数量、客户注册数量、网站活跃度和交易规模等一系列指标上,都远落后于电商行业巨头和部分行业垂直平台。

(3)消费金融公司。

根据 2013 年银监会发布的《消费金融公司试点管理办法》,消费金融公司是指经银监会批准,在中华人民共和国境内设立的,不吸收公众存款,以小额、分散为原则,为中国境内居民个人提供以消费为目的(不包括买房和购车)的贷款的非银行金融机构。

消费金融公司作为正规的持牌互联网消费金融供给方,通常是商业银行与商贸机构的合作产物。其业务倾向于对商业银行业务的补充,面向人群与银行客户互补性强。现金贷消费者可以直接向消费金融公司提出现金贷申请,审核通过后现金贷直接打入用户银行卡,然后用户进行消费。场景贷消费者可以向消费金融公司提出消费贷申请并在合作的商家进行消费,之后按期还本付息。像招联消费金融公司的"好期贷"及"信用付",苏宁消费金融公司的"任性付",海尔消费金融公司的"嗨客贷"都是场景贷的典型代表。

互联网消费金融公司运营模式主要分两种:一种是核准消费者申请资料后,直接向消费者提供信用贷款,但是个人贷款余额不得超过 20 万元;另一种是互联网消费金融公司与购物平台或商家合作,替客户进行分期付款。具体运作流程如图 5-6 所示。

(4)互联网消费金融平台。

互联网消费金融平台是数量、类型、规模最为繁杂的一类互联网消费金融供给方,涵盖了众多创业公司,以分期购物平台、垂直细分平台、P2P 网贷平台等中间服务平台为主。主要平台代表包括分期乐、趣分期、宜人贷、人人贷等。互联网消费金融平台一般选择细分市场的单一人群提供消费金融服务,最常见的是大学生和蓝领工人,这两类人群都是银行没有覆盖的消费贷款群体。与前三种供给方相比,互联网消费金融平台提供的金融产品种类较少,风控能力也不如前三者。

3. 互联网消费金融的风险管理

(1)信用风险。互联网消费金融的信用风险来自两个方面,一个是借款者,另一个是互联网消费金融机构。借款者所带来的信用风险主要是借款者因为自身原因或者突发情况,如主观还款意愿不强、还款能力不足、超前消费等,导致到期不能或不愿偿还贷款,而给资金借出者或者互联网消费金

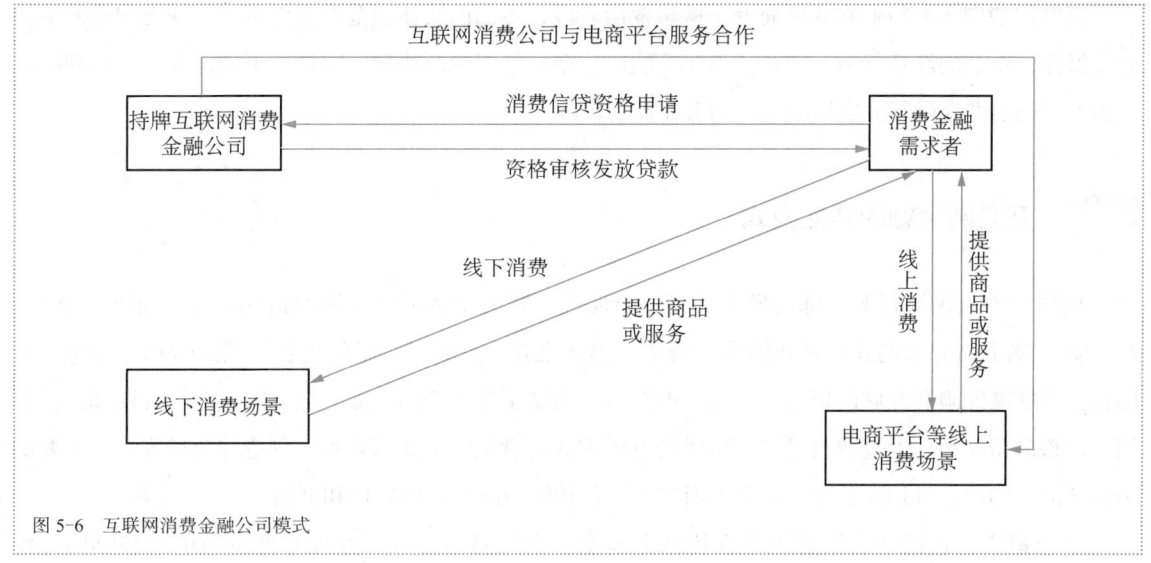

图 5-6　互联网消费金融公司模式

融机构造成损失的风险。消费金融机构的信用风险是指消费金融机构由于种种原因导致贷款不良率升高造成损失的风险，原因可能是授信额度过高、授信依据有限、风险控制能力弱、信贷业务管理不到位、信息缺乏共享造成共债风险等。

（2）操作与技术风险。操作风险是指由于内控制度不健全、管理机制落后、经营中断、系统出错或外部事件所引发的风险。技术风险是指伴随科学技术的发展、生产方式的改变而产生的风险。互联网消费金融的业务是在互联网平台上完成的，随着互联网技术的不断发展，对互联网技术创新市场预测的不充分以及相应设施的不完善，会引发互联网消费金融的技术风险。主要表现为：公司的计算机系统防火墙不够强大，被不法分子破坏；伪造虚拟网站，骗取网上需要信贷的客户来填写资料；公司电脑被黑客攻击，导致公司的所有资料信息被盗取；等等。

（3）市场风险。市场风险主要是指其他经济发展因素的变化和波动，对互联网消费金融市场的稳健发展造成一定冲击而带来的收益风险。互联网消费金融市场具有广泛的渗透性，与其他货币市场、金融市场、衍生品市场和商品市场联系密切，极易受汇率、利率、股票市场、证券市场等经济因素的影响。当这些因素出现变化和波动时，对互联网消费金融市场的稳定性会造成一定程度的冲击。

（4）法律与监管风险。法律和监管风险即由于法律法规的不健全和监管的不到位，给消费者或金融机构维护合法权益带来的风险，会给不法金融机构从事违法行为提供可乘之机。其原因可能为：一是法律法规具有内生滞后性，与新兴的创新金融行业配套的法律法规、行业监管政策、会计政策和税收政策尚未制定完全；二是互联网金融协会成立时间较短，由于互联网消费金融发展特征尚不明显和发展复杂性较高，监管力度和监管范围难以把握致使互联网金融协会监管作用发挥有限；三是消费者法律知识基础较为薄弱，维权意识不强，集体行动能力较差，对于法律环境和监管力度需求表现不明显；四是为了拉动内需，培育新的经济增长点，政府对互联网消费金融行业采用包容容错的态度，给互联网消费金融一定的空窗期，使其发展优势和潜在风险慢慢显现。

互联网消费金融行业在我国尚处于探索发展阶段，专门的法律规范性文件不多，缺乏明确的法律制度保障，企业的经营行为、创新行为缺乏法律依据，是否触及法律底线具有不确定性。一系列因素成为互联网消费金融行业发展的瓶颈和潜在监管风险。

5.3.5 互联网金融的其他模式

根据中国人民银行等十部门发布的《关于促进互联网金融健康发展的指导意见》（银发〔2015〕221号），除上文介绍的几种互联网金融的主要模式之外，互联网金融的主要模式还包括互联网基金销售、互联网保险和互联网信托。互联网的存在，拓宽了金融产品（如基金合同、保险合同和信托合同）销售的新渠道，通过非直接物理接触的电子方式，营造网上经营环境，创造并交换客户所需要的金融产品，构建、维护以及发展各个方面关系，是传统金融营销的延伸和创新。

基金销售，包括基金销售机构宣传推介基金、发售基金份额、办理基金份额申购和赎回等活动。基金管理人可以办理其募集的基金产品的销售业务，并且商业银行、证券公司、期货公司、保险机构、证券投资咨询机构、独立基金销售机构以及中国证监会认定的其他机构可以向中国证监会派出机构进行注册并取得基金销售业务资格。互联网基金，即通过互联网渠道实现销售的证券投资基金，是以大数据、云计算等技术为依托，通过第三方支付平台实现便捷化交易的一种新型基金销售模式。

互联网保险业务是指保险机构依托互联网订立保险合同、提供保险服务的保险经营活动。这里的保险机构包括保险公司（含相互保险组织和互联网保险公司）和保险中介机构；保险中介机构包括保险代理人（不含个人保险代理人）、保险经纪人和保险公估人；保险代理人（不含个人保险代理人）包括保险专业代理机构、银行类保险兼业代理机构和依法获得保险代理业务许可的互联网企业；保险专业中介机构包括保险专业代理机构、保险经纪人和保险公估人。

互联网信托是委托方通过信托公司或其他信托机构提供的线上平台，在网上签订信托合同、转让信托产品、查询信托财产以及有关交易情况的信托业务运作模式。互联网信托业务是由委托人依照契约或网站条款的规定，为自己的利益，将自己财产上的权利通过受托人（既互联网平台）转给收益人（既中小微企业）作为资金周转，受益人按规定条件和范围通过受托人转给委托人其原有财产以及过程中所产生的收益。《关于促进互联网金融健康发展的指导意见》中规定，互联网信托由银监会负责监管。不同于传统信托概念，互联网信托平台只针对中小微企业提供投融资服务，可以面对比传统信托范围更广的大众闲置资金；而且互联网信托的透明化程度也是传统信托所不具备的，在互联网信托平台上，对借款企业与投资个人要求实名认证，对借款企业基本资料的公开，并且对每一个项目的进行过程完全透明。

本书以互联网保险为例，分析互联网技术对金融产品营销的影响。

1. 互联网保险特点

（1）成本低廉、覆盖面广。保险的特性是适合网销的，它无需生产、无需仓储、无需物流，用户有需求即刻生成保单。互联网保险采用电子商务渠道直接接触客户，节省了交易中间环节和渠道费用，这就意味着消费者将买到更加优惠的保险产品。互联网连接了整个世界，消费者无论身处何时何地，都能快捷地购买适合自己的产品。

（2）挖掘数据、精准定价。基于互联网的大数据有助于促进保险企业与消费者之间的信息对称，保险企业通过深层挖掘数据还可以使得保险产品依据年龄、消费偏好等更加细分，提供更准确的保险定价服务。

（3）信息透明、便于互动。互联网的发展，创造了前所未有的信息通道，使得保险销售具有直销的特点。它的交互性使客户由传统营销方式中的被动接受者转变为主动参与者，这有助于保险公司更好地了解客户需求，更有针对性地开发产品，建立以客户为导向的销售思路，带来更贴近客户的创新产品和创新服务，这是互联网保险能够吸引客户、留住客户的根本，也是渠道生命力的根源。

2. 互联网保险的运营模式

1）官方网站模式

互联网的官方网站模式是指在互联网金融产品的交易平台中，大中型保险企业、保险中介企业等为了更好地展现自身品牌、服务客户和销售产品所建立的自主经营的互联网网站。这种模式由保险企业自营，实现了保险产品宣传、投保及理赔一体化服务，服务效率和质量更高。太平洋保险、平安保险、泰康保险等企业，都有自己的线上互联网保险网站。

官方网站模式具有销售成本低廉、手续简单、流程极快等特点，可以帮助保险公司获得价格优势，有效扩宽投保群体。官方网站线上出售的产品高度标准化，但赔付和评估依然在线下，而且投保人在赔付过程中承担全部举证责任，保证了保险公司在快速扩张销售的同时控制赔付风险。线上销售并不要求获得投保人的详细信息，因此建立官方网站要求保险公司具备成熟的线上销售、线下理赔模式系统和科学的保险产品设计，以及完善的内部风控，以此来避免缺乏投保人评估步骤带来的风险。

2）第三方电子商务平台模式

第三方电子商务平台是指独立于商品或服务交易双方，使用互联网服务平台，依照一定的规范为交易双方提供服务的电子商务企业或网站。这是独立的第三方平台，构成主体为互联网运营企业，通过为保险公司或者保险经纪人提供交易基础设施和场所，以收取服务费方式获得盈利。典型代表是招财宝、京东金融和淘宝保险频道。

3）专业互联网保险公司模式

这种模式的主体是互联网时代下的新兴保险公司，这类公司全部实现线上经营，产品针对互联网领域。如众安保险、安心保险、泰康在线和易安保险就是我国专业互联网保险公司。专业互联网保险公司的优势包括：在数据的收集、归拢、分析方面有先天优势，使得个性化的保险服务成为可能；可利用大数据分析消费者行为，挖掘新的需求，开发新的保险产品，引入信用评价机制作为承保标准的参照之一，有效解决道德风险问题。虽然专业互联网保险公司模式已经得到社会的广泛关注，但目前线上成交的保费规模比较小，运营模式也在不断的探索和尝试之中。

> **实际案例5-5**　众安保险：纯线上运作的魅力
>
> 众安保险是国内首家互联网保险公司，由蚂蚁金服、中国平安、腾讯联合发起设立。操作便捷是众安纯线上化运营的首要特色，投保快速、核保快速、理赔快速是其目标之一。通过互联网平台，众安能够充分利用大数据和人工智能技术，及时、准确地进行订单处理，简化流程及手续，大大节省了保民投保的时间。其次，众安在产品设计中注重不同客群的需求，力求小而精、高频、保障得力。在电商、数码产品、航旅、健康医疗等各类场景下，用户均可根据个人需求，灵活自主选择保险产品。此外，保费也是众安强调的要点，合理定价能增强用户的购买力，优化保险公司与用户间的关系。众安借助动态精算系统，根据年龄、性别、行为习惯等标准进行动态定价，如女性尊享百万意外保险、步步保等。以一年期限作为常用保障期限，用户往往只需付个位或十位数的保费，即可轻松拥有定制化的保障服务。

3. 互联网保险的风险管理

互联网保险业务属于互联网产业与传统保险业的融合性发展，因此它不仅存在传统保险产业所具有的风险，还存在因互联网技术及业务创新所带来的其他风险。

（1）信息安全风险。互联网保险以信息技术为基础，信息安全是互联网保险面临的最大安全隐患。一旦大量保险客户的信息被窃取、泄露，保险公司的形象就会受损，导致客户流失。

（2）非法经营风险。一些互联网平台利用其场景和客户流量优势，在其主营业务中嵌入保险产品销售，在未取得业务许可的情况下非法从事保险代理业务。

（3）产品设计风险。保险业务的成交需要业务人员采取积极措施，但互联网保险交易在网上进行，更应在产品设计上多费工夫，以便吸引客户，加深客户对产品的理解。在利益的驱动下，某些保险公司为了吸引消费者，或设计奇葩性保险产品，或以较高的收益率将保险产品变成理财产品，保险的保障功能就被忽视。

（4）法律监管的风险。互联网保险的出现给传统保险带来了一定的冲击，其迅速发展对保险监管提出了更大的要求，不仅涉及保险行业还涉及互联网行业等。作为一个交叉性行业，要求监管方面覆盖的范围更广。自互联网保险出现以来，监管层面一直处于落后的局面，虽然已经出台了相关的法律法规，但是这些是远远不够的，法律条款的缺失，监管不到位，不利于互联网保险的健康发展，也不利于形成有序的市场竞争秩序，不能更好地保护广大消费者的合法权益。

为规范互联网保险业务，有效防范风险，保护消费者合法权益，提升保险业服务实体经济和社会民生的水平，2020年中国银保监会通过并实施《互联网保险业务监管办法》，此办法共5章83

条，具体包括总则、基本业务规则、特别业务规则、监督管理和附则。2021年10月，银保监会印发《关于进一步规范保险机构互联网人身保险业务有关事项的通知》，作为配套规范性文件，着力规范互联网人身保险领域的风险和乱象，统一创新经营渠道和服务标准，旨在支持有实力、有能力、重合规和重服务的保险公司，应用互联网、大数据等科技手段，为社会公众提供优质便捷的保险服务。

本章小结

1. 互联网金融是互联网和金融相结合的产物。在我国，互联网金融是传统金融机构与互联网企业利用互联网技术和信息通信技术实现资金融通、支付、投资和信息中介服务的新型金融业务模式。

2. 互联网金融和传统金融相比，具有降低交易成本、减少信息不对称、普惠金融属性、服务高效便捷化、风险特殊等特征。互联网金融和传统金融在市场定位、驱动因素、经营模式和竞争优势等方面存在差异。

3. 互联网金融的本质仍属于金融，是对传统金融的补充。互联网本身并非金融，而仅仅是金融活动的一种新型信息媒介。互联网金融利用互联网技术优化资源组合方式，在金融领域摆脱了原有技术、风险和渠道等限制，使金融扩展到新的领域。

4. 互联网金融发展的经济学理论基础包括信息不对称理论、交易费用理论、长尾理论、普惠金融理论和金融功能理论。这些理论解释了互联网金融存在的意义和根据。

5. 我国互联网金融包括互联网支付、网络借贷、股权众筹融资、互联网基金销售、互联网保险、互联网信托和互联网消费金融七种主要业态。虽然互联网金融在我国起步较晚，但是发展非常迅速，已经渗透人们生活的各个领域。

6. 作为新兴产物，互联网金融在法律监管层面存在一定真空。互联网金融涉及的风险包括交易风险、流动性风险、信用风险、平台运营风险、政策性风险和道德风险等。我国相关的互联网监管措施正在完善，以匹配互联网金融发展的必然趋势。

课后习题

1. 什么是互联网金融？
2. 互联网金融的特点包括哪些？
3. 互联网金融的参与主体包括哪些？
4. 试分析互联网金融与传统金融的差异。

5. 互联网金融的理论基础是什么？
6. 互联网支付给银行业带来了什么样的冲击？
7. 网络借贷为何频频"爆雷"？
8. 股权众筹有何特点？
9. 互联网消费金融对我国经济发展有何意义？
10. 试分析互联网金融营销的特点。

章后案例

基金圈炸了！第三方销售机构太猛了，真的要变天了？[1]

2021年的基金代销江湖仍是银行、第三方销售及券商"三分天下"，但格局已经悄然生变。公开发布的数据显示，作为基金销售曾经的"王者"，银行的市场份额正逐渐被分食。

与此同时，第三方独立销售机构增速迅猛，部分券商的代销业务也突飞猛进。尤其互联网理财模式异军突起，对传统线下销售模式发起强力挑战。第三方销售机构呈现较强的头部效应，头部"两强"外的其他机构正从差异化和特色化发展的路径上寻找突破口。

展望三类主流基金代销势力未来格局，业内认为，银行和券商的地位仍较难颠覆。三类代销渠道在获客能力、投顾服务以及营销实力上都各具特色，长期来看将形成三足鼎立格局。

1. 第三方销售机构增速强劲

2021年三季度，以蚂蚁基金、天天基金为代表的第三方独立销售机构增速迅猛。商业模式曾经并不为业界所看好的第三方销售机构，正崛起为整个公募基金代销增长的"生力军"。

从非货币基金来看，蚂蚁基金截至三季度末的保有规模继二季度突破万亿后持续增加，远超其他基金代销机构。紧随其后的是招商银行，保有规模达到7 810亿元，环比上一季度有所缩水，依然排名第二；然后是天天基金、工商银行，以超过5 000亿元的保有规模位居第三、第四位。与二季度末相比，二者排名发生了调转。

在银行等传统代销机构保有规模下降的同时，互联网代销机构三季度的保有规模增量非常可观。与二季度末数据相比，蚂蚁基金的股票基金+混合基金、非货币基金保有规模分别增长了226亿元和1 360亿元，同期招商银行的这两项保有规模则分别减少了228亿元和151亿元。

天天基金则凭借权益基金426亿元的增量，将与工商银行的距离缩小至不足400亿元。同时天天基金三季度的非货币基金保有规模新增了708亿元，排名从二季度末的第4位上升至三季度末的第3位；此外，腾安基金的股票基金+混合基金、非货币基金保有规模分别达到83亿元和246亿元，后者排名上升两位。

除此以外，多个第三方基金代销机构的基金保有量在三季度有不同程度的增加，包括汇成基金、基煜基金和盈米基金等。

业内认为，相较于传统银行渠道，互联网三方代销渠道能够逆势取得规模的增长，一方面与其相对灵活又接地气的营销方式有关，比如平台上推出的各种直播、短视频等新媒体营销方式，赢得了不少投资者尤其是年轻投资者的青睐。另一方面，三方渠道在产品类型、购买体验以及费率等方面的优势也更突出。

2. 非头部三方平台以特色化谋突破

目前，第三方销售机构呈现较强的头部效应，集中度较其他两类主流机构更高，主要来自蚂蚁基金和

---

[1] 来源：根据上海基金报2021-11-14整理。

天天基金；内部整体集中度也较高，位列前三的蚂蚁基金、天天基金、腾安基金的权益类和非货币基金的总市占率达到七成以上。

蚂蚁集团综合实力强劲，天天基金则在权益领域深耕细作。而其他互联网模式的第三方销售，显然在社区运营和流量转化上仍有提升空间。

从基金公司的角度来看，除部分头部大型公司外，大多数中小基金公司能投入三方代销渠道的财力、物力等资源毕竟有限，因此会考虑将资源集中投入到个别几个更具性价比的三方平台，长期深耕这几个平台而非分散投入到其他实力较弱的三方平台，这一定程度上也间接导致三方平台愈发呈现强者恒强的格局。

不过数据显示，其他互联网模式的第三方销售保有量也在稳步增加。三季度期间，基煜基金的非货币公募基金保有规模增加 575 亿元，增幅达 77.91%，远高于头部"两强"；汇成基金的非货币保有量净增 86.82%，排名上升 4 位；盈米基金净增 121 亿元，排名上升 8 位。

对于其他非头部三方平台，更多需要从差异化和特色化发展的路径上寻找突破口，比如保有量规模上升明显的基煜基金、盈米基金等，平台精准定位，能够充分利用科技的力量解决客户的痛点，所以越来越受到客户的认可。

3. 银行主导地位短期难撼动

作为基金销售曾经的"王者"，从数据来看，银行的市场份额正逐渐被分食，在激烈竞争下银行也开始降低代销费率。

银行面临的压力，从今年三季度末的保有量数据中得到印证。从"股票+混合基金"保有量规模排名看，银行在前五名中占据三席，前三强为招商银行、蚂蚁基金和工商银行，这一排名与二季度维持不变。但除天天基金外，其余两家银行的保有量均有下降。天天基金在二季度超过了建设银行后，三季度末两者的差距进一步拉大。

从增速来看，截至 2021 年二季度末，在"股票+混合基金"保有量方面，银行市占率明显高于其他两类机构，但优势正在减弱。

但在业内看来，未来银行在代销江湖中并不会持续式微，银行渠道主导地位仍难以被撼动。随着银行渠道完成数字化转型，自身优势将持续放大。

在所有的渠道中，银行渠道有最广泛的客户基础、最复杂的销售网络和最庞大的销售人员，待银行渠道完成数字化转型后，这些银行渠道的"基础设施"成为银行渠道不断发力的持续助力。

4. 券商三季度保有量有所下滑

从三季度公募基金代销百强榜来看，相比银行、互联网平台、第三方等，券商整体不如前两个季度发展迅猛，整体非货基金保有量环比下滑，不过"股票+混合基金"保有量合计 9 426 亿元，在数量上看有 49 家券商进入 100 强。

值得一提的是，今年"券商结算模式"逐渐显现威力，今年以来逼近百只新基金采取券商结算模式，累计首发份额逼近 1 400 亿元，两项数据均创出历史新高。与此同时，今年券结模式新基金也爆款频出。

对此，一位第三方人士表示，"股票+混合基金"保有提升幅度明显符合券商渠道的特点，券商渠道的"基民"多由"股民"转化而来，有一定的股票投资经验，所以有较高的风险承受能力，偏好投资股票型基金或者混合型基金。在经纪业务增速放缓、产品净值化转型、财富管理行业大发展的背景下，各家券商积极转型，拥抱财富管理行业的机会。券商客户群体的风险偏好更高，有一定的投资经验；另外券商渠道有代销场内基金的资质，这给了投资者更多的产品投资选择；最后券商有众多的营业部，这相比于独立第三方渠道在基金销售上有更多直面客户的机会。

"目前大小券商都在向财富管理转型，目前体现的特点是积极销售产品，不仅是公募产品，还包括私募、保险、信托等。券商的优势在于对高风险偏好客户的触达，以及对专业客户的服务深度方面，且与公募基金有券结模式这样的双赢合作模式，劣势在于起步较银行和三方略晚。"一位基金行业人士表示。

此外，另一位行业人士认为，或与券商向财富管理转型有关，对基金代销业务更加重视。对于券商来说，优势在于专业度较高，投顾能力更强，能够更深层次地了解基金产品，为客户提供更加专业化的建议。另外，券结业务的发展，使券商与基金公司的关系更加紧密，为业务发展提供了突破口。

5. 未来各凭本事吃饭

谈及未来基金代销市场的格局，不少人士认为财富管理时代来临，整个市场空间巨大，未来各家机构均有机遇，各凭本事吃饭。

思考题

1. 互联网金融营销有何特点？
2. 银行在基金销售中的优势是什么？
3. 第三方平台为何能在基金销售中迅猛发展？
4. 券商参与基金销售的优势是什么？
5. 请分析银行、券商和第三方平台的基金销售策略的差异性。

社交商务

学习目标

- ✓ 了解社交商务的概念和发展历程
- ✓ 了解社交商务决策过程中的社交平台工具及作用
- ✓ 理解社交媒体营销及应用
- ✓ 了解社交平台用户评论的价值
- ✓ 了解社交购物的主要模式
- ✓ 了解我国社交商务的发展概况及前景

先导案例

杀入电商市场的黑马——拼多多[1]

拼多多成立于2015年9月,是一家专注于C2B拼团的社交商务平台。拼多多借助腾讯公司的旗下社交媒体——微信实现了高效的用户引流,开展其独具创新性的购物拼单模式。拼多多正是因为这种独特的营销模式,上线后仅用3个月的时间,单日成交额就突破1 000万元,付费用户远超2 000万人。如今,拼多多凭借其活跃的用户和过高的交易数量超过了许多老牌电商平台,跻身我国电商平台前三位。以下分别介绍拼多多独特的社交商务营销策略。

1. 团购拼单的社交模式,整合营销加强互动

拼多多开启了2～3人的拼团购物方式。在进行商品付款时,拼多多和淘宝、京东的不同之处在于,其没有"加入购物车"和"立即购买"选项,而是"单独购买""去拼单"和"发起拼单"。拼单的价格会比单独购买的价格低1～3元,消费者在拼团折扣的吸引下,本着双赢的原则,主动与他人拼团。拼多多很好地运用"多购买、多优惠"的经营模式,既让商家薄利多销,也让顾客获得更多优惠。正是这种产品低定价的营销策略使其吸引了大量消费者,同时也吸引了许多依托淘宝平台的商户纷纷低价加入拼多多。这种方式在满足消费者购买心理的同时,也让商家获得了更大的收益。

2. 人际传播下的"分享狂欢",裂变式的社群推广

在拼多多的"砍价免费拿""百元提现"等大型优惠活动的狂轰下,消费者必须主动分享、邀请亲朋好友为其砍价才能免费或以超低价获得该产品。消费者正是在平台"大额让利"的诱导下,会主动去邀请几十个甚至上百个好友的帮忙,这使得即使日常不使用拼多多购物的消费者,也可能因此"被迫"参与到这些开团与助力活动中来,并为拼多多维持了大量的活跃用户。此外,拼多多还新增了"拼小圈"评论区,很好地将微信好友加入购物评论圈,在圈内你可以看到好友购买后的评价。好友的评价比其他用户的评价更能抓住同一圈子里的消费者。消费者分享了购买到低价优质商品的好评后,还会形成口碑裂变效应,从而使得拼团模式加速裂变。

3. 依托社交平台引流,打造"沉浸式"购物模式

在2016年融资时,拼多多获得了腾讯产业共赢基金的投资。2018年,这两家进一步发展了战略合作关系,签订了为期五年的合作协议,腾讯逐渐成了拼多多的第二大股东。拼多多因腾讯的投资,吸引用户以微信宣传方式带动自己的交际圈,加快了其崛起速度。拼多多与拥有10多亿用户的社交平台——微信建立了紧密的合作。拼多多用户在平台优惠的促使下,会将信息分享在微信朋友圈或分享给微信好友和微

---

[1] 根据任娴颖的《解构电商"黑马"拼多多:两年估值百亿,"便宜"能走多远?》(http://finance.china.com.cn/consume/20171229/4491027.shtml)以及网络资料汇编。

信群。正是基于这种熟人关系的分享，拼多多持续不断地通过微信引流，并逐步建立起庞大且强黏性的用户群。用户可以通过点击微信上的分享链接参与拼多多的拼团活动或者砍价活动。在进入拼多多后，用户很容易被拼多多弹出的大额优惠券吸引，在浏览中还有"抽免单"等免费送和观看直播送优惠的活动以及提现小游戏，正是这些互动让用户沉浸在平台中久久不能自拔。与此同时，拼多多还在各大主流媒体投入宣传广告，拼多多整合运用各种媒介，进行整合营销传播。拼多多根据不同媒体的媒介属性和传播特性对不同媒介予以不同的功能定位，建立了与传统媒体、社会化媒体等的深度融合。

4."长尾理论"下的品牌定位，抓住市场的潜力

拼多多成立初期，电商领域的头部市场已经被淘宝和京东等众多购物平台占据。淘宝、京东等老牌电商纷纷将目标用户定位于一线、二线热门城市，拼多多将目标用户定位转向三四线等中西部城市。拼多多进入三四线城市小众市场，寻找了这些城市中消费者的品位和偏好，从而开发冷门市场的商机。拼多多用户的长尾营销初期的成功极大地取决于三四线等小型城市的用户量，以及偏远地区熟练地使用拼多多进行网络购物的农村消费者。

显然，拼多多在自身的不断发展中，也存在很多问题，如商品质量问题、用户投诉和处理问题等。从长远来看，拼多多还需努力打造自己的品牌和口碑。

拼多多采用了独特的社交营销方式，获得超高的活跃用户数和交易数量，一跃成为我国电商平台的前三位之一。可以看到，社交媒体、模式和社交平台正在改变着传统电子商务的运行模式。作为电子商务的一种衍生模式，社交商务（Social Commerce）在社交媒体普及和社交网络用户广泛参与的推动下受到越来越多的关注。

6.1 社交商务的概念与发展

由于社交商务是一个全新的话题且又是多个领域的融合，目前对于社交商务的内容和界限也没有统一的描述。社交商务是电子商务的一种衍生方式，是基于人际关系网络，借助社交媒介（微信、微博等聊天工具）传播途径，通过社交互动用户自生内容等手段来辅助商品的推广和购买。同时，社交商务将关注、分享、互动等社交化元素应用于交易过程中，是电子商务和社交媒体的融合，是以信任为核心的社交型交易模式，从而实现更有效的流量转变，是新型电子商务的重要形式之一。分享、互动、流通和认知将成为未来科技发展的四大趋势，在社交商务里每个人都是消费者，但也可以成为销售者。社交商务不仅是一种新模式，更是销售的革新，它打破了传统销售模式中消费者和销售者的界限，建立了全新的认知，成为一种全新的电商业态。

6.1.1 社交商务的发展历程

迄今为止，社交商务的发展可以分为四个阶段。

1. 2005—2010 年：社交商务的萌芽阶段

随着社交网络的产生，用户逐步形成"分享"意识，社交元素开始融入互联网行业，社交商务的概念开始出现。传统电子商务企业开始效仿雅虎的 Shoposphere 服务，在电子商务平台中增加社交功能，形成范围经济。此时，我国出现了贝壳、豆瓣网等第一批社交商务平台，但由于当时电子商务发展还处于早期不成熟阶段，与社交商务相匹配的各项服务也不够完善，因此，第一批社交商务网站以失败告终。

> **实际案例6-1** 豆瓣（douban）网
>
> 豆瓣（douban）是一个社区网站。网站由杨勃（网名"阿北"）创立于 2005 年 3 月 6 日。该网站以书影音起家，提供关于书籍、电影、音乐等作品的信息，无论是描述还是评论都由用户提供（User-Generated Content, UGC），是 Web 2.0 网站中具有特色的一个网站。
>
> 网站还具备书影音推荐、线下同城活动、小组话题交流等多种服务功能，它更像一个集品位系统（读书、电影、音乐）、表达系统（我读、我看、我听）和交流系统（同城、小组、友邻）于一体的创新网络服务，一直致力于帮助都市人群发现生活中有用的事物。豆瓣网通过用户创造与内容分享，形成无数个具有共同话题的小圈子，进而形成一个庞大的好友社区。后来，交流内容以个性的书评、影评和音乐评论为核心，由此形成一系列的推荐机制。

2. 2010—2011 年：社交商务的探索阶段

国外 Pinterest 网站以瀑布流的形式展现图片，基于"兴趣图谱"和"社交图谱"的技术应用解决了传统电子商务只提供产品的陈列、搜索功能和操作过于单调等问题，新的商业手段也在很大程度上提高了消费者的购买率。因此，我国的创业者开始模仿瀑布流的图片展现形式，并根据国内用户需求进行本土化创新，诸如蘑菇街、美丽说等第二批社交商务平台纷纷涌现。

实际案例 6-2　蘑菇街

蘑菇街是女生专属的一站式消费平台。这里有上万个精通购物和穿搭的时尚达人，每天在直播间里推荐当季值得买的时尚好物、限时折扣的品牌商品以及源自工厂的性价比好货。

蘑菇街还通过抖音、微视等全渠道多平台发布各种关于时尚的优质内容，形态横跨图文、直播、短视频等，来培养用户的时尚感。这是蘑菇街升级成为"时尚赋能者"的又一个体现，在帮助品牌商提高复购率的同时，也帮助新品牌获得更有效精准的曝光，是激活存量生意并且寻找增量价值的又一个战略升级。

3. 2011—2017 年：社交商务快速发展阶段

随着第二批社交商务平台的成功，该阶段涌现了大量包括堆糖、淘江湖等社交商务平台，并且为了更加适应本土化的发展需求，这些社交商务平台的商业模式变得更加多样化，加上移动设备以及社交媒体的快速发展，社交商务开始走向移动化。

实际案例 6-3　一起来堆糖——堆糖网（Duitang）

堆糖网（Duitang）是一个全新社区，主题是收集发现喜爱的事物，以图片的方式来展示和浏览。堆糖提供超快捷的图文收集工具，一键收集分享兴趣，还有各种兴趣主题小组，可以轻易地找到日常生活中难以遇到的、跟自己兴趣相同的朋友，一起交流分享。

在堆糖网上，"发现"按钮将用户间或者是节点间联系起来。对于站内其他人的分享物品，如果遇到喜欢的可以收藏到个人主页，也可以与这张图片的发布者互动。堆糖网颠覆了以往社交网站"熟人"关系的思路，更倾向于采用以"兴趣"拉近"陌生人"关系的思路，以兴趣爱好进行分类整理，并以此为纽带形成大小不同的社交圈子。

4. 2018 年至今：社交商务迭代更新阶段

消费场景的创新和用户的几何式增长，让社交商务成为投资人和创业者追捧的风口行业。以拼多多、云集、爱库存为代表，一批社交类新型电商在不同维度上爆发，传统电商稳定的中心地位被打破，用户价值被重新定义与挖掘。人工智能也协助改变供需关系，消费者逐渐掌握了主动权，个性化定制驱动企业数字化向价值链纵深发展，社交商务日益智能化。

> **实际案例6-4** 爱库存（Aikucun）
>
> 爱库存是一个新兴的社交电商平台，上游对接各类品牌方库存，下游服务分销商，借助电商这种传播方式进行带货。有合适货源或者想开店的用户都可以入驻这个平台。
>
> 由于爱库存上会出现各类品牌的商品，而且价格往往比较低。例如，很多品牌每个季度都有很多库存需要清理，爱库存作为一个周转平台，对接上游品牌商，实现货物直接从品牌方仓库发货。普通用户可以加盟入驻爱库存成为店主，不必担心货源问题，只要每天选择合适的商品，转发商品图文信息或者商品链接到朋友圈，利用人脉关系，就可以获得佣金奖励，类似淘宝客的做法，从而开展社交商务。
>
> 爱库存平台上还提供 SaaS 店铺软件工具、私域流量经营管理工具以及商品与服务结合的一体化供应链解决方案，包括具有极致性价比的商品、交付履约、培训课程与售前售后客服等服务。爱库存通过数据智能技术优化人货匹配，以满足店主和商家的需求，快速帮助新店主建立自己的线上零售生意，同时优化商家的库存管理，提升人货匹配效率。因此，爱库存吸引了大量店主和商家入驻。

6.1.2 社交商务的主要特点

通过对社交商务现象和文献的研究发现，社交商务虽是在电子商务的基础上发展而来，但社交商务融合了社交媒体，在人际关系、交流互动方面的优势更为突出，因此，社交商务主要有以下三个特点。

（1）激发用户参与。以社交网络为主导的社交商务是用户与企业进行沟通、共同参与价值创造的平台，通常鼓励用户积极参与、评论、分享产品或服务的信息，并免费向公众开放。社交商务平台的其他用户可以向自己关系圈内的好友传递、分享感兴趣的信息。这种做法极大地促进了商家与用户间的互动，便于让商家接收用户的反馈，更加了解用户的实际需求。

（2）降低用户的时间成本。随着互联网技术的快速发展，电子商务突破了时空的观念，极大地提高了物流、信息流以及资金流的高效传输与处理。与此同时，广告等信息的井喷式爆发使消费者接收到的信息严重超载。而社交商务以用户为中心，以社群为载体，形成人与人之间的深度精准营销，从而帮助用户过滤部分繁冗信息，降低用户搜索的时间成本。

（3）利用用户间的网络关系。社交商务中的所有商务活动均基于用户网络展开，用户通过社交网络创建、分享用户自生内容，而社交网络为用户间的相互影响提供了空间。根据2011年麦肯锡的中国消费者调查报告可知，我国互联网用户一个明显的特征就是：社交媒体对我国消费者购买决定的影响程度远大于其他国家和地区。在社交网络中，当朋友或者熟人向我们推荐产品或服务时，会大大提高购买意愿。可见，因为相同的兴趣聚集在一起的社交商务平台用户也就容易受到朋友的影响。这种基于社会网络关系的信息推荐提高了信息的可信性，在强关系网络中也就会出现共同的网购行为。

6.1.3 社交商务的基本类型

自 2011 年起，我国的社交商务进入快速发展期，社交商务网站的分类也越来越清晰。总体而言，社交商务主要有三种类型：基于电子商务的社交商务平台、基于社交网站的社交商务平台以及第三方独立社交商务平台。

1. 基于电子商务的社交商务平台

该类平台是将社交媒体功能应用到电子商务中，主营业务依然是提高产品或服务的销量，如淘江湖（现已升级为"我的淘宝"）。电商网站主要利用社区功能来增加用户间的互动，通过用户间的强关系提高用户的购买意愿与用户忠诚度。虽然，在某种程度上该类社交商务平台可以为网站提高盈利，但其主营业务是通过增加营销手段达到营销目的，对提高用户忠诚度的作用有限，无法充分发挥社交媒体"社交性"的优势，而且该类社交商务平台的主要用户依然为电商网站的注册用户，用户流量增加并无明显变化。

2. 基于社交网站的社交商务平台

该类平台是在社交网站中加入电子商务的相关应用，但其主营业务依然是为用户互动交友服务，整合社交网站的用户资源与电子商务，搭建与电子商务网站业务的关联，如微店、糯米网。社交网站虽盈利模式过于单一、利润率低，但社交商务的出现为社交网站的转型提供了机会，利用社交网站挖掘社交关系网络的潜在价值。社交网站内用户之间的强关系网络均为电子商务形成了低成本的营销渠道，用户之间的频繁互动也大大提高了该类社交商务平台的用户信任度并增强了用户黏性。

3. 第三方独立社交商务平台

该类平台是社交网络与电子商务协同发展、难分主次的平台，如美丽说和蘑菇街。该类平台主要以共同兴趣为导向吸引用户，拥有相同爱好的用户通过兴趣讨论、经验分享，快速地建立社交关系。用户更愿意长期维系这种基于共同兴趣产生的社交关系，并向外扩展延伸，增大关系网络。对平台而言，这有利于获得大量忠实用户，并且可有效地挖掘用户的潜在需求。

6.2 社交商务与社交平台工具

从根本上说,社交商务是充分利用人们的社交关系而进行的商业活动,哪里存在着社会关系,哪里就有机会利用这种关系进行商业交易。目前所说的社交商务主要是指利用人们在互联网上所建立和呈现的社交关系而开展的商业交易活动。因此,研究社交商务就需要研究互联网上帮助人们创建和呈现社交关系的各种在线网站、工具和平台。

6.2.1 社交商务购物过程及社交平台工具

社交商务购物过程中,虽然客户定位产品和购买产品的方式看起来或许不同——但成功的营销商知道客户的基本购物目标(如获取所需产品或服务、与他人建立联系、刺激我们的感官等)。另外,消费者决策制定的不同阶段对分解购物过程是很有帮助的。尽管我们在做简单决策时需要的步骤或许较少,但重要的决策制定还是需要如下五个步骤:①问题识别;②信息搜寻;③替代品评估;④购买;⑤购买后的评价。

表6-1总结了上述步骤并阐述了已经改变着我们购物方式的社交媒体和社交商务工具(这些工具虽然能改变我们购物的方式,却不能改变我们消费的目的)。

表6-1 消费者在购买决策各阶段所使用的社交商务工具

决策阶段	社交商务工具
问题识别	社交关系网站上的社交广告; 朋友在微博上共享的宣传信息; 在蘑菇街等网站上发布的策划性图片及清单; 在玩转四方等应用上开展的定位导向型的促销活动
信息搜寻	社交渠道中的评论(传播效果印象); 在品牌主页上发布的意见或者是关于一段经历的博文等; 社交网络内部(如微博和微信)的询问和回答; 相关网站上(如大众点评、百度身边、口碑网)发布的商品评级及评论: 可获取的产品与价格信息;交易记录;愿望清单、礼品目录
替代品评估	扫描条形码/价格比较: 他人推荐、产品推荐书、代理商推荐、大众点评工具(大众点评应用软件、点评类视频如手机测评直播、亚马逊等零售网站上的热门产品清单等); 参考他人意见
购买	在社交网站内部购物(如微商); 商铺和商城(如蘑菇街); 团购网站(如美团、百度糯米)
购买后的评价	在淘宝评论区分享意见; 在商品评价网站及零售网站上发布产品评级及评论; 在微博、微信上发布产品体验及产品评论

> **实际案例 6-5**　　大众点评网（Dianping）

大众点评网（Dianping）于 2003 年 4 月成立于上海。大众点评是中国领先的本地生活信息及交易平台，也是全球最早建立的独立第三方消费点评网站。大众点评不仅为用户提供商户信息、消费点评及消费优惠等信息服务，同时提供团购、餐厅预订、外卖及电子会员卡等 O2O（Online to Offline）交易服务。

2015 年 10 月 8 日，大众点评网与美团网联合发布声明，宣布达成战略合作并成立新公司美团大众点评。大众点评移动客户端通过移动互联网，结合地理位置以及网友的个性化消费需求，为网友随时随地提供餐饮、购物、休闲娱乐及生活服务等领域的商户信息、消费优惠以及发布消费评价的互动平台，大众点评移动客户端已成为人们本地生活必备工具。

因此，社交商务是电子商务的一部分，社交商务利用社交媒体为消费者与卖家间的交易过程提供帮助。上述介绍似乎已经足够明了，但社交媒体的内容其实非常复杂且广泛，它对电子商务的影响可以覆盖消费者决策制定的任何一个步骤。

6.2.2　ZMOT 消费者行为周期

正如之前提到的，即使是线下购物，消费者还是倾向于在购买商品前先在网上做一些研究。谷歌公司美国销售与服务部副总裁吉姆·莱森斯基（Jim Lecinski）2011 年提出"零时真相 ZMOT（Zero Moment Of Truth）"的概念。这个概念与初识真相时刻（First Moment of Truth，FMOT）概念及体验时刻（Second Moment of Truth，SMOT）概念形成了一个闭环，这种闭环结构也被称为 ZMOT 消费者行为周期理论。ZMOT（零时真相）指在对产品或品牌研究的早期就将该品牌纳入或摒除在考虑消费的范围之中。这个决策是基于价格、性能、线上评论、店内浏览和社会化媒体来进行的。

FMOT（初时真相）是指消费者在货架前（实体店）或线上查看产品介绍等信息时对某产品产生印象的时刻。SMOT（次时真相）指撕开包装、打开包裹并开始使用。在这一步，消费者获取了新的对未来品牌的信息。同时他们对产品的认识会激发他们分享产品的使用心得和经验，这会对其他跟进的消费者造成品牌影响。消费者对产品正面或负面的评价会形成下一个消费者的 ZMOT。

ZMOT 所强调的是：如今，消费者在做出购买决策前可能会在不同时刻受到线上信息的影响，信息源的数量和种类会根据地区分布和产品种类的变化而变化，在购买商品之前，消费者一般会接触超过 10 种信息源。这些信息源有可能是企业自有媒体发布并经过品牌商检查的内容、以广告形式呈现的付费媒体内容以及用户在社交媒体上发布的内容。明智的品牌商将会尽全力加入消费者的信息搜寻环节，努力创造积极的口碑以及其他形式良好的品牌印象，同时通过鼓励信息的线上传播，促进品牌内容的不断提升。因此，对市场营销者而言，对产品或品牌研究的早期就将该品牌纳入或摒除在考虑消费的范围之中。

ZMOT 信息，无论是百货商场官网上一个最受欢迎的社交贴图，还是大众点评一条关于火锅店的评论，既可以是社交性的，也可以是非社交性的，但绝大多数属于前者。这些信息，尤其是消费者提供的对商品的评论（reviews）和评级（ratings），影响着消费者购物过程的多个阶段。评论是和特定商品相关、包含细节的一种评估。评级是用户按照等级标准对商品部分特点的评估，特点包括商品质量、满意度和流行度等。虽然相关研究的测算标准不同，但研究结果却一致表明：绝大多数线上消费者在购买前都会先在网上搜寻全球范围内的产品信息。同时，尽管消费者所处地点不同，绝大多数消费者还是会首先进入某搜索引擎，随后找到各种各样的线上信息，这些信息包括社交渠道上的用户原创内容（UGC）。上述线上信息搜寻可以在不同的社交渠道上实现，如微博等社交网络、穷游网等评论网站或淘宝等社交商城。尽管消费者并不总是在线上完成信息搜寻，但依旧有很多消费者在购买前借助互联网收集信息。64% 的消费者表明他们在做出购买决策前会花费 10 分钟及以上时间阅读评论，接近 40% 的被访者称在购买前会阅读 8 条以上评论。换句话说，购物并不是一个随意的行为，消费者为了优化购买决策，往往会花费大量精力研究商品评论，线上信息搜集因此变得更有意义——因为它能够节约时间、增加购买信心、降低潜在的购物风险，同时，线上信息还相对完善、可靠。消费者除了会在决策制定初期参考线上意见，在决定购买前，消费者还可以借助评级和评论进一步检验购买决策，这被称为决策检验（verification）。也就是说，如今消费者不仅会在搜寻信息后制定决策，还会在搜寻信息后检验决策。除此之外，很多消费者还会在购买结束后写下评论与评级（所谓体验时刻，SMOT），由于评论在网购过程中极具影响力，零售商往往会在顾客收到商品后主动邀请他们填写评论进行评级。上述信息搜寻还会对消费者替代品评估阶段产生影响。消费者称他们首先会阅读相关评论，其次通过比较价格、查看过往交易、参考他人意见等方式，对不同产品和零售商做出评估。25% 的线上消费者表示：即使他们认为线上评论并非百分百公正，他们还是会阅读这些评论并独立判断这些评论是否有效。对于消费者来说，与电视、杂志、广播、互联网广告相比，他们更愿意相信其他消费者的评价，他们对这些评价的信任超过了对赞助商、销售人员及广告代言人的信任。

当消费者进入最终购买界面时，平均每个消费者已经接触了 10 个信息源，其中约有一半来自社交媒体。SMOT 在购买后的这个阶段依旧重要，因为消费者在使用产品后，会对购物及商品体验进行评估，从而为其他消费者的 ZMOT 过程分享经验、提供建议。

6.2.3 社交平台用户评论的市场营销价值

ZMOT 理论是一个闭环行为，他人的社交评论都会对潜在的消费者产生影响，而这些消费者又进而通过交易和消费行为对产品或服务产生新的评论。一个品牌无论是否活跃，它都会生产内容并将内容通过搜索引擎传递给网民。例如，一项针对美国大众点评应用 Yelp 网站用户评论的研究，考察了超过 4 000 家拥有消费者评论的小型商户，这些商户均没有在 Yelp 上发布产品广告，然而它们依然很幸运地获得收益。这项研究显示：非强制性的自发的 Yelp 评论能够带来平均 8 000 美元的年营业额增长。更为重要的是，那些主动在 Yelp 网站上寻求广告位的品牌，它们的年营业额将平均增长 23 000 美元。另一项相关研究发现：对于独立餐厅而言，Yelp 上的评级每增长一颗星便会使年收入增长 5%～9%。

与社交购物相关的用户原创内容（UGC）会带来多种形式的传播效果印象。其中，消费者评论是基础，但消费者评级、推荐和介绍同样重要。推荐还包括用户原创的发布内容，如消费者张贴在社交平台上的消费清单、相片等。

每个想了解商品的消费者都能想办法找到相关评级和评论，但推荐和介绍大多来自信息接收者的社交图谱，并不是每个人都能看到，这就使后两者的影响力大于前两者，因为后两者需要利用推荐人的社交能力。推荐和介绍的具体操作方式既可以是单一的，也可以是综合的。例如，微博里的点赞按钮就是一种推荐形式。当你点击"喜欢"按钮，就表示你公开推荐这个页面上的内容，社交网络中的其他人既能看到这条推荐，也能看到"喜欢"这条推荐的总人数。

1. 社交平台用户评论的价值

不是所有的评论和评级都有用。亚马逊等公司曾邀请用户针对评论的实用性而对它们的评论进行评级，从而提高评论的质量。实用性评级在一些用户花费时间阅读评论之前为用户提供该评论的可参考等级，同时也给那些填写评论的用户提供反馈意见。那么，一条有价值的评级或评论应该包括哪些内容？评级是一种启发（heuristic），是帮助消费者做决策的思维捷径。比如，如果你想选择一家餐厅，希望这家餐厅恰巧靠近这周末你将前往观看音乐会的圆形剧场附近，你也许会查看这个地区的全部餐厅，然后选择其中评级高的一家。而评论则为那些想要深层次评估选择的用户提供更加细节性的信息。

因此，一条好的评论应该包括以下产品信息：产品的特征和规格、对产品积极或消极的总体评价、产品的优缺点评价、使用产品的经历描述以及最终的推荐建议等。具备了这些要素，评论就能为读者的信息判断提供相关性和可信度较高的参考意见，从而帮助读者将评论内容运用到他们的购物情景中去。

然而，目前越来越多的评论正在受到质疑，因为虚假信息过多。研究估算表明：高达 30% 的线上评论是不真实的，虚假评论往往包含与产品无关的、缺乏验证的购买信息。这些评论可能由市场营销人员提供（这些评论一般针对他们自己的或竞争对手的品牌），也可能是由实际上并没有购买该商品的消费者提供。研究人员估计只有 1.5% 的评论者提供的评论是正当且真实的。淘宝店的"刷好评"现象，就使得产品的实际评论被淹没。而且商家还会使用"五星好评返券""好评截图得红包"的形式来鼓励用户进行正面评论。

2. 社交评论和评级的最佳运用

用户阅读网上评论是因为他们想要知道和他们情况类似的人是如何评价一个产品的，这一点很重要。他们必须要信任那些评论；如果不能信任，那么评论就不会生效。为了充分利用这个机会，市场营销人员应该研发出一个包含以下特点的社交商务方法。

（1）真实性：接受自发的、来自消费者的口碑传播，无论这些传播是正面的还是负面的。

（2）透明性：承认品牌邀请、激励或促进的意见。

（3）倡导性：鼓励消费者为网站所提供的建议做出等级评判。

（4）参与性：鼓励消费者的信息发布。

（5）相互性：认可消费者提供建议的价值。

（6）传播性：使用户在博客、社交网络平台上的评论分享更加便捷。

（7）可持续性：线上建议具有巨大影响力的原因在于它们的存在是永久性的。如果消费者在电话上向朋友讲述一段满意的品牌体验，那么这个讲述将再也无法被恢复或追踪。

6.2.4 社交商务商家促进传播效果的工具

社交商务策略的第一个层面是利用并鼓励用户生产原创内容，同时善用消费者所需的社交分享与购物功能促进原创内容的共享，促进共享的方式有两种：提供使信息创造和分享更便捷的工具、激励分享信息行为。在最简单的层面，线上商家可以在网站上添加分享工具（share tools），这些工具使访问者能够发布和某件商品相关的微博，在朋友圈上传照片或者在他们的社交平台上收藏产品。参与度更高的工具能够用（利用秒拍等社交软件应用）手机创作视频评价（social video testimonials）或在站内展示板块"分享故事"。eMarketer 估计美国 94% 的主要线上零售商都在其网站上添加了类似的社交分享工具。

线上商家还可以发布其他特色活动，这些特色活动虽然不是用户原创的，却是以用户行为为基础的，这仍然算是一种社交型建议。这些活动包括愿望清单、礼品清单以及相似产品推荐等（如"购买该商品的用户还购买了"）。下面列举一些线上营销商可提供的用于鼓励社交商务信息分享从而促进销售的不同工具。

（1）分享工具：帮助线上零售商将网站上销售的产品分享至社交网络的社交软件插件。目前零售商可以把产品分享到微博、微信或 QQ 空间，这种分享算是一种推荐，因为用户社交图谱中的其他人可以把这种主动分享看作信息发布者对产品的一种认可。

（2）推荐指示：在网站上为某个产品提供现场支持的简单按钮。最常见的方式是微博、微信的点赞功能。

（3）评论和评级：具有撰写发布和评定等级功能的线上评论和评级。

（4）推荐：一种能够让用户分享与他们经历相关且包含个性化故事的推荐，这也有可能是视频推荐。

（5）用户展示板块（user galleries）：用户可以用来分享创作、购物清单、愿望清单的模拟展示区。这种方式有时被称作"用户策划性购物（user-curated shopping）"，可以在销售网站内部或外部的社区中（如蘑菇街）进行。

（6）选择清单：帮助消费者分享他们想要订购的物品清单，通常以愿望清单的形式呈现。

（7）流行度过滤：帮助消费者通过最受欢迎、浏览次数最多、最喜爱或评论最多等指标呈现商品信息并以此帮助消费者过滤商品。

（8）用户论坛（user forums）：在线上聚集交流产品信息并帮助彼此解决相关问题的一群人。

6.3 社交媒体营销与社交购物

社交商务是一个色彩纷呈的领域。有的专家专注于从企业角度探讨社交商务，介绍社交商务的几大主要参与者（如 Twitter、Pinterest、Facebook、Instagram 和 YouTube 等），而有的则是从功能的视角解读社交商务的具体表现形式，如点对点销售、社交网络驱动的销售活动、用户策划购物等。从功能角度而言，社交商务的主要表现形式是利用社交媒体进行的网络营销，尤其是营销沟通、广告、促销以及公共关系管理等活动，人们一般笼统地称为社交媒体营销活动。但是，如今这一领域又涌现出各种新的表现形式，如企业中的社交商务，人们将其称为社交企业或企业 2.0。在社交媒体营销活动中，又可细分为不同的功能形式，如社交广告和促销、社交购物、营销调研、社交内容创造与分销、众包等。本节具体介绍社交媒体营销活动中的社交购物功能。

6.3.1 社交媒体营销

社交媒体营销（Social Media Marketing, SMM）指的是在社交媒体平台上，应用营销沟通等手段开展营销活动。社交媒体营销有利于社交商务活动开展，也有利于打造品牌，维护品牌声誉，以建立长期稳定的客户关系。其常用的应用包括：通过社会传播和关系强度分析以辨识舆论领袖，进行病毒营销；通过分析评论内容和挖掘信任关系获取用户的行为偏好，进行社交推荐等。

1. 病毒营销

随着社交网络成为影响产品和服务采纳的重要信息来源，利用用户口碑传播原理的病毒营销受到商家热捧。只要有人喜欢某种商品或服务，口碑广告的流传会非常快，往往一夜之间家喻户晓。病毒营销是随着 Web 2.0 和社会网络发展起来的一种新型社会化网络营销模式，通过使用类似于病理病毒或计算机病毒自我复制和传播病毒过程的机理来增加品牌意识或提高销量。这种"口碑"（Word-of-mouth）传播的方式通过借助社交媒体这个强大的信息共享平台，使得病毒营销高效迅速，更重要的是，由于用户之间的信息分享和传播是自发进行的，因此产品推广过程几乎没有任何营销成本。

许多零售商利用博客的博主来进行口碑营销，也有很多社交网站会通过内部邮件、短消息、视频、故事及特殊折扣等方式实施病毒营销。

2. 社交推荐

推荐引擎是指消费者可以从其他购物者那里得到购买意见，也可以为其他人提供建议。社交推荐与营销沟通、购物结合起来非常有意义。有些网站允许购物者与朋友之间相互交换购买建议，而传统的在线评论可能是来自陌生人的意见。将社交网络引入产品或服务推荐中有两个思路，一是从社交媒体数据中获取用户的偏好和行为模式，整合多源数据，以期望提高预测的准确率；二是利用社交网络分析的方法，挖掘和预测用户之间的在线社会关系（信任关系、朋友关系和关注关系等），利用社会媒体特有的社交关系信号扩展推荐技术，如扩大传统的协同过滤方法中对相似用户的定义，替换成为社交网络中的好友和信任关系。这种社会化推荐通过好友的信息传递和共享，增加了用户对推荐结果的信任度。

从广义上来说，社交推荐的信息来源不仅包括在线社交关系，还包括社会化标签、用户间交互和用户点击行为等。由于用户的决策很大程度上会受到其社交网络中好友的影响，因此将社交媒体数据引入推荐领域，可以产生许多积极作用。

实际案例6-6　星巴克玩转社交媒体营销

说到社交媒体营销，就不得不提到星巴克（Starbucks）。下面列出了Starbucks几项有趣又成功的社交营销策略。

1. Facebook+Twitter推广新产品

2011年，Starbucks为了促销新推出的黄金烘焙豆咖啡开发出Facebook App，让消费者透过程序获得新产品信息、享用免费的黄金烘焙咖啡，并传送电子卡片给朋友。Starbucks也在Twitter上宣传这项活动，并通过文章将消费者导引到Facebook网页。

2. 季节限定、任务促销双管齐下

南瓜拿铁是Starbucks秋季限定的产品。季节性的供应令消费者感到物以稀为贵，使得南瓜拿铁更具吸引力，尤其是就爱这一口味的星迷们。Starbucks深知这个道理，于是在Facebook上推出"为自己城市喝彩"的活动。粉丝只要在Facebook上投票给自己的城市或完成其他任务，胜出的城市就能优先享受到Starbucks的季节性产品南瓜拿铁。

3. Twitter送礼券帮消费者传情并取得使用者资料

2013年10月，Starbucks推出赠送五美元咖啡礼券的促销活动。消费者只要登录Starbucks账号，输入信用卡号码，再于Twitter上发布"@tweetacoffee"给受礼者，Starbucks就会传送五美元的电子折价券给你的朋友。对方可以把礼券打印出来或在手机上展示给柜台人员，就能换取咖啡。这项活动大为成功，研究机构Keyhole调查发现，短短两个月内，就有27 000人用Twitter换咖非，而且超过三成的人买了不只一张折价券，换算下来，Starbucks进账18万美元。更重要的是，Starbucks因此取得了54 000名顾客的Twitter账号、手机ID与顾客ID等信息。

4. 呼应时事的广告与主题标签

Starbucks对于主题标签的使用也相当热衷。除了Facebook上用"#TreatReceipt"主题标签来宣传"上午买咖啡，下午享优惠"的活动，Starbucks还善用其他标签，将触角深入到消费者讨论串中。例如2013年年初，大风雪Nemo袭击美国，没多久，Facebook和推特就出现在寒冬中握着热咖啡的Starbucks广告。Starbucks更利用"#Nemo"与"#blizzard"等标签，让品牌和产品跟消费者生活紧密相扣。

5. 用幕后群像拉近与消费者的距离

当竞争对手努力用主题标签攻占 Instagram 版面时，Starbucks 却选择无声胜有声，单纯分享公司内部的有趣图片与各地消费者的照片。通过掺入"人"的元素，Starbucks 成功提高品牌的亲和力。

6. 与社交媒体携手做慈善

Starbucks 也善用社交媒体强化企业的社会责任形象。2012 年，Starbucks 与 Foursquare 合作推动抗艾滋的慈善活动。从 6 月 1 日到 10 日，消费者只要到美国、加拿大的任一间 Starbucks，并在 Foursquare 上打卡，Starbucks 就会捐出 1 美元，直到捐出 25 万美元为止。

除了社交媒体营销以外，越来越多的企业开始在企业内部使用社交媒体，开展社交商务活动，如在产生创意、解决问题、共同设计以及招聘等方面，这也通常被称为社交企业（Social Enterprise）或企业 2.0。戴尔、IBM 等大公司都通过社交平台向大量的员工、客户和业务合作伙伴征求有关改进业务的想法和建议。有一些企业通过社交媒体平台以众包的方式发动客户帮忙设计出产品或品牌标识。

社交媒体及其附属的商业活动正在迅速发展，且在不断地扩展和多样化，更多领域的相关技术，如人工智能和虚拟现实技术等，也逐渐融合成为社交商务的一部分。社交商务将会通过增加互动、客户参与和协作来影响 B2B 和 B2C 电子商务模式，也会对企业的商务模式和组织架构等产生影响。

6.3.2　社交购物

购物本来就是一个社会性很强的活动。社交购物（social shopping）是利用社交媒体和社交平台进行在线购物的一种形式。购物者在从事购买活动的时候，将亲朋好友的意见加入自己的体验。社交购物将社交媒体与电子商务结合在一起。换言之，它是将社交网络中各种要素结合在一起（如讨论组、博客、评价、讨论等），一起促成购物活动。

1. 社交购物的驱动力

社交购物的发展有着各种各样的驱动力：访问社交网站的用户众多，能够吸引广告商；更容易获得朋友提出的各种意见和建议；企业要应对越来越有竞争力的对手，以及越来越精明的社交客户；社交客户利用网络查看评论和比对价格；有必要与业务伙伴进行合作；用新的商务模式提供大幅度折扣（如"秒杀"）；面向社会的商务模式（如团购）；融入社交网络以后购物的便捷，利用 Twitter 和智能手机可以与朋友进行实时沟通。

2. 社交购物的内容

社交购物可以在各种环境中发生，包括社交网站（Polyvore、Wanelo）、厂商开设的社交门店、有些中介开设的门店（如 groupon.com）。买家是那些"社交客户"，他们喜欢社交购物这种模式，也相信这样的购物方式不容易上当受骗。社交购物的模式多种多样，这些模式既使用 Web 2.0 技术，也使用社交购物社区。社交购物的购买对象主要是品牌服装以及相关的商品。例如，一些网上零售品牌，GAP、Shopbop、InStyle 等，参与类似 Stylehive 或 Polyvore 的时装网络社区，目的是开展旺季最新款式的促销活动。购物者会登录购物网站，在线购买一些名牌服装。他们也会登录购物社区，在社区里写文章，上传博客帖子，介绍自己喜欢的品牌。

人们可以通过以下两种基本的方式开展社交购物：在现有的电子商务网站上添加社交软件、社交应用程序和新增一些功能模块（如投票）；在社交媒体和供应商的网店上添加电子商务功能（如电子目录、支付网关、购物车等）。

3. 消费者乐意社交购物的理由

许多人在购物前都喜欢去听听亲朋好友的意见。因此，人们倾向于从朋友那里得到购买的建议或是使用所谓的"社区购物"概念。社区购物（communal shopping）也被称为"协同购物"，指的是购物者将许多人召集在一起参与购买决策的购物方式。由于购物者获得了更多的意见，所以他们对自己做出的购买决策更自信（这种现象被称为"从众效应"）。

4. 社交购物中的参与者

社交购物及电子商务活动中有如下一些参与者：联络者、销售者、搜索者、购物专家、自主决策者和其他人。联络者是指那些把各种不同人群联系在一起的人，他们与各种社会群体都有联系，并且乐意向亲朋好友介绍自己相识的人。联络者试图影响人们的购买决策，提供咨询和联系的人通常会扮演此角色。销售者跟线下的销售人员一样，他们的主要任务是影响消费者的购买决策。他们一般有很好的人际关系，能够说服消费者购买某些商品。搜索者则是向专家、朋友或购物专家寻求购买产品或服务的建议和信息的消费者。购物专家在某一个领域拥有专门知识，得到行业人士的认可，但并非官方专家。购物专家会为搜索者提供有关商品或企业正面或负面的信息。自主决策者指的是一些群体或个人在满足需求的时候主要靠自己的判断，不易受到别人的影响。对社交购物产生影响的人主要是朋友、其他消费者、销售者、联络者和购物专家。

5. 社交购物网站的特色构成元素

依据社交购物模式、网站提供的产品和相关信息以及信息支持系统，我们会发现社交购物网站上的内容丰富多彩。下面将介绍社交购物网站上有特色的构成元素，这些内容有助于消费者做出购买决策：如视觉共享，通过提供产品的照片、视频或其他形式的图像，使得消费者能够在视觉上分享他们的产品体验。还有在线讨论、排名、评论、互动、推荐、博客和意见这些信息有助于消费者就产品特点和优势进行在线讨论。此外，产品及使用日志，利用视频、博客、使用说明向消费者演示产品使用方法。产品或服务指南也由有经验的消费者、专家或员工制作，主要通过案例分析、个人体验以及一些视频资料得到。

6. 社交购物的主要模式

最近几年，市场上出现了多种社交购物的商务模式。有些是普通电子商务模式的延伸，有些则仅适用于社交购物。这些商务模式可以单独存在，也可以结合在一起使用，或在社交网络中使用。这些商务模式可归纳为如下几大类：团购；特价销售（也称"闪购"，如"每日特价"；在线实时结伴购物；在线购物社区和俱乐部；交易市场；创新购物模式；购买虚拟产品和服务；基于位置的购物活动；购物展示网站（如 YouTube）和游戏网站；等等。接下来将对部分社交购物的商务模式以及一些在线购物的辅助工具进行详细讨论。

1）团购

团购（B2C）模式在许多国家并不盛行。但是在中国，这种经营模式却取得了成功。团购面临的问题是，如何将一个购物团组织起来，能否依靠中介来做好这件事情。即使购物团组织起来了，如何开展价格谈判？如果采购量不够大怎么办？为了聚集购物者，有些网站提供大幅度折扣或是优惠促销，但都会限制在一定的时间段内。一些平台企业开始充当中介的角色与厂商展开谈判。团购又往往与特价销售（如"闪购"和"秒杀"）等销售模式紧密相关。社交商务使得原本疲软的传统电子商务得以复活，并且通常都会结合"闪购"形式。团购在中国非常流行。

> **实际案例6-7** 美团网
>
> 美国团购网站 Groupon 以其"一日一团"清晰、简单的商业模式，低价高质的产品或服务，吸引了众多消费者和商家。在我国，2010年3月美团网正式上线，标志着 Groupon 模式的网络团购网站正式进入我国巨大的消费市场。目前，相比整体团购市场，手机团购规模继续保持快速增长。消费者在基于移动社交网络的团购平台上，查找邻近位置自身感兴趣的相关信息（团购信息、促销信息等），并"关注"提供相关产品或服务的商家。商家在平台界面发布自身产品或服务以及地理位置等信息，根据消费者对其某类产品或服务的"关注"度，向平台申请发起团购活动，并向"关注"了本商家的消费者发起团购邀请。消费者收到邀请，决定是否参加团购。对于生活服务信息类团购，平台将电子券发送至消费者移动终端，消费者凭电子消费券在实体商家进行消费，获得相应服务。对于实物类团购，消费者可以根据"邀请"到实体商家取货或由实体商家配送至消费者手中。消费者可以在移动社交网络团购平台上在获得相应产品或服务的同时，在团购平台上实时分享团购经历，并点评相关的产品或服务，形成社交圈的广播效应。

近几年，中国的消费者正在通过组团形式购买高额的商品（如汽车）。组织团购的领导者将会与潜在的卖方进行价格谈判，有时组织团购的领导者会带着整个购买团体开展面对面的集体谈判。几乎中国所有的互联网公司都已经推出或计划推出团购和快闪销售的商务模式，包括百度、新浪、腾讯以及阿里巴巴。

2）特价销售

短期的特价销售在实体店里一般是针对已经进店的购物者，或是厂商为了促销，开展一天或是数天的促销活动（可以利用报纸、广播和电视进行宣传），或是在某天的特定时间开门大抢购。这样的商务模式有多种，有时候又与其他促销活动捆绑在一起。有些"快闪销售"网站只是针对某一个行业，例如，Gilt.com 就是针对品牌服装、珠宝、手袋和高档家居用品等。

3）在线实时结伴购物

在网络购物活动中，消费者可以邀请伙伴或亲朋好友（通过微博、电子邮件等）一起参与实时购物，甚至可以要求不同地方的亲朋好友一起参与购物。他们可以利用 Facebook、Twitter 等网站相互交流社交购物方面的话题，并互相提供一些意见。

4）在线社交购物社区和俱乐部

根据网络资料显示，购物社区能够将志同道合的人联系到一起进行讨论、分享经验并购买商品。网络社区和网络论坛等各种平台将人们聚集在一起，有时甚至与企业、与其他社区的人连接到一起。到目前为止，时尚社区是最为流行的（如 Polyvore、Stylefeeder、ShopStyle），其他一些购物社区则主要围绕食物、宠物、玩具等。例如，Listia（listia.com）是一个交换二手物品、新物品及时尚产品的在线社区，在此平台上还可以使用虚拟货币进行网上拍卖。再如还有一些专注于艺术品和工艺品的在线购物社区。

7. 社交购物辅助工具：从建议到评论、排名和交易市场

网络客户购物时需要借助电子商务购物工具，较为典型的辅助工具有：比价引擎和建议（如比价网，慢慢买等价格比较网站），同时客户还要到各种网站上去搜索信息。如今，这些渠道中又增加了网络社交购物。参与网络购物的客户绝大多数都依赖社交网站来辅助购物决策。社交购物的各种模式其实都可以满足这样的需求，而对于社交购物还存在一些比较特殊的工具，以下介绍两种主要的商务模式。

1）排名和评价

由朋友、陌生人（如购物专家或是第三方评价机构）对商品或服务进行排名和评价，这种方式在社交购物中十分常见，每一位购物者也可以参与其中。根据评价的主体不同，排名和评价工具可以分为如下几种。

（1）客户排名和评价。网站上的客户评价很常见，这是指客户的反馈意见，这些反馈意见有的在商家提供的产品或服务的网站上，有的则在独立的评价网站上，或在客户提供的内容板块上。客户评价可以通过投票或是民意调查等方式来完成，而有的则以客户见证的形式。在商家的电子商务网站上或是在第三方网站上，人们常常能够看到客户叙述自己的经历。许多网站鼓励客户参与讨论。

（2）专家排名和评价。这是指独立的专家、学者的意见，这些意见可以发表在网络的各种平台上。还有一些受到资助的商品评价，这是指收取费用的商品评价，有的是来自博客写手，有的则是来自社交媒体平台上的专家。广告商和博客写手可以通过一些网站寻找到对方，这些网站能够为博客写手与营销人员以及广告商建立联系。由于部分博客写手写评价是以收费为前提的，所以这种评价可能存在偏颇。然而，也存在一些比较有声望的博客写手发表评价，大家相信他们的评价会比较公正客观。

（3）对话式营销。这是指人们通过各种渠道进行交流，如电子邮件、博客、瞬时通信、讨论组和微博等。开展市场调研的人员或客户服务人员若是设法关注人们的交流内容，能够得到丰富的数据和信息（如戴尔的"社交媒体指令中心"）。

（4）视频产品评价。人们也会使用视频模式作出产品评价。视频网站 YouTube 就提供了评价的上传、浏览、评价和共享服务。

2）社交推荐和引荐

推荐引擎是指消费者可以从其他购物者那里得到购买意见，也可以为其他人提供购买建议。社交购物把实际销售和社交平台的建议联系到一起。社交推荐、社交引荐与排名及评价相似，有时甚至会整合在一起。

实际案例6-8　唯品会

唯品会（VIPS）成立于2008年，主营业务为互联网在线销售品牌折扣商品，涵盖名品服饰鞋包、美妆、母婴、居家等各大品类，在中国开创了"名牌折扣＋限时抢购＋正品保障"的正品时尚特卖模式。唯品会每天准点上线数百个正品品牌特卖，通过深度折扣、最高性价比，为用户创造最大的价值。唯品会的一个巨大优势是拥有庞大的客户群。唯品会能够利用该客户群向潜在买家在购买决策过程中提供额外的产品信息。除了能够提供产品说明、图片、视频、用户排名和用户评论外，唯品会还启用了一个"问答"系统，允许潜在买家向以前的买家询问有关产品的问题。例如，潜在买家有兴趣购买一件新的羊毛衫，他们可能会询问以前的买家有关新羊毛衫耐磨和起球的程度，或者是询问实物与图片之间是否存在色差。潜在购买者可以匿名向以前的买家提出这些问题，并由以前的买家回复。另外，系统也会存储这些问答信息，为将来的客户提供参考。

把社交推荐与营销沟通、购物结合起来，是很有意义的。此类网站允许购物者与朋友之间相互交换购买建议，而传统的在线产品评论则可能来自陌生人。此外，这些网站还可以出售在线广告位，与当地的实体店一起开展促销活动，如提供优惠券或是自动返现的奖励活动。商品推荐信息有时候是汇集在社交购物平台上的，这些平台不仅提供一些购物工具，还可以提供建议、排名和评论。推荐一般有如下几种模式：社交标签、社交推荐和引荐项目等。社交标签是指所有推荐给朋友的产品、服务等设置了标签，这有助于社交网络里的其他成员找到想要的产品。社交推荐主要是针对与自己有类似需求或特征的人。通过分析这些客户的实际购买行为，可以为客户的购买提供一般性或针对性的建议。例如，我附近的 Apple 店、利用定位来开展促销活动的各种应用程序（大众点评网）、亚马逊网站的推荐、Snoox 网站上的"朋友推荐"板块等。引荐项目是指在联盟计划中，联盟计划合作者只要引荐了新的客户，企业就会给予一定的奖励和报酬。此外，还有一些匹配算法，一些咨询公司和商家（如 Netflix）能够根据相似性算法向同类消费者提供推荐。

6.4 我国社交商务的发展

6.4.1 我国社交商务行业发展概况

据亿邦智库发布的《2020 中国社交电商行业发展报告》，2019 年社交电商市场规模高达 22 247 亿元，预计 2020 年社交电商继续引发高度关注并保持高速增长，总增长率预计超过 66%，预计规模为 37 031 亿元。同时社交电商市场从业人员规模也增至 7 700 万人，数量突破 3 000 万人后，突出特点是参与者开始从四五线城市逐步向二三线城市渗透，从"90 后""00 后"为主开始扩展至全年龄段，并且从低收入人群的兼职开始演变为全职，而高收入人群及传统意义上的白领、金领开始以不同形式参与到不同类型的社交电商业务中。目前，社交电商在中国发展势头强劲，规模庞大，并分化出的三个运营模式，即拼团、社群和分销，每个模式都存在拥有巨大流量的产品。例如，拼多多财报披露，截至 2019 年 9 月 30 日，拼多多平台 GMV 达到 8 402 亿元，平台年活跃买家数目达 5.363 亿人，比 2018 年同期净增加 1.508 亿人，创上市以来最大单季增长；抖音是一款音乐创意短视频社交软件，于 2016 年 9 月 20 日上线，2018 年 1 月开始踏足直播电商赛道，目前平台主要基于短视频带货模式，2020 年 1 月平台日货突破 4 亿元；2018 年 5 月"粉象生活"创立，粉象生活通过社交互动等方式直接将各地的源头产地产品、工厂直销产品与消费者进行连接。社交电商如火如荼的发展态势得益于微信这类社交软件，大型社交平台可以帮助电商实现去中心化的裂变传播，触及越来越多的用户。近几年，随着短视频社交产品的快速发展，产品的社交传播渠道更加多元化，社交电商市场仍有较大的发展前景。

6.4.2 社交商务的发展及未来挑战

社交媒体及其附属的商业活动发展迅速，且在不断扩展和多样化，或许还有可能会重新定义该领域。根据市场发展趋势，更多的领域也在利用一些相关技术，融合成为社交商务的一部分。这些技术部分是基于软件的：包括人工智能和虚拟现实技术；还有一部分是基于硬件的，专注于物流（如利用无人机实现当日交付）和先进的移动设备。

社交商务快速发展的同时，各种乱象也接踵而至。例如，平台监管不够完善，商品质量无法得到保证；信息推送阅读率低，商家的关注方式较为被动；用户隐私受到威胁，对平台的信赖度低；等等。因此，未来社交商务的发展将是机遇与挑战并存，主要体现在以下四个方面。

（1）政策监管不断完善，推动行业规范化发展。

随着社交商务的快速发展，国家对相关行业的重视程度也在不断加强，陆续出台了一系列政策措施，鼓励行业发展的同时明确相关部门的监管责任，规范社交商务健康有序发展。2019年1月，电商领域首部综合性法律《中华人民共和国电子商务法》正式实施，为行业从业者合规化经营提供了参考依据，同时也有助于打破公众的偏见和顾虑，为行业塑造正面形象。

（2）围绕社交商务的生态体系逐渐成型。

行业快速发展也催生了新的创业机会，推动一系列服务商的出现。社交商务领域的玩家越来越多，大家在经营发展过程中遇到的问题及需求，催生了一批围绕社交商务领域的服务业态。从SaaS服务到培训、财税解决方案，一系列服务商的涌现为品牌方、商家和中小电商企业进行社交商务渠道探索提供了便利条件。未来随着行业的发展及越来越多参与方入局，将会出现更多围绕社交商务的服务小生态。

（3）社交化营销方式将成为电商企业标配。

竞争加剧将导致社交流量投入带来用户增长的边际效应迅速降低。社交商务的快速发展让产业链上下游各方都看到了社交流量的巨大价值，品牌方、商家、电商平台都开始尝试通过多样化的社交营销方式来降低获客成本、提升用户黏性。拼团、分销和社群都逐渐成为电商营销的一种常规手段。越来越多参与者将迅速耗尽社交平台的流量红利，社交流量的投入带来用户增长边际效应将逐步降低。

（4）社交流量并非核心竞争力，商业模式才是核心竞争力。

社交商务对电商行业而言，可以理解为营销模式与销售渠道的创新，初创期依靠社交网络成功引流，为社交商务的后续发展提供了保证，但社交流量能否变现决定了社交商务的成败，流量并非社交商务核心竞争力。社交商务流量来源相对碎片化且受制于社交平台，社交平台的政策或规则变化可能会对其产生毁灭性的打击。此外，流量来得快、去得也快，消费者在平台产生交易流水并不代表消费者对平台产生了黏性，后续巩固和扩大流量以及提升新动能才是核心竞争力。

本章小结

1. 社交商务的概念和特点。社交商务借助在线的社交网络互动来开展商务活动，辅助商品的推广和销售。社交商务是电子商务的一种衍生方式，是基于人际关系网络，借助社交媒介（微信、微博等工具）传播途径，通过社交互动用户自生成内容等手段来辅助购买商品。我国社交商务的发展按照时间顺序可分为萌芽阶段、探索阶段、快速发展阶段和迭代更新阶段四个阶段。

2. 社交商务购物过程及ZMOT消费者行为周期理论。社交商务用户在购物和决策过程的各个步骤（①问题识别；②信息搜寻；③替代品评估；④购买；⑤购物后的评价），都或多或少使用社交媒体中的各种工具，如广告、点评、优惠券、他人推荐等。ZMOT消费者行为周期的ZMOT（零时真相）指消费者在对产品或品牌的研究的早期就将该品牌纳入或摒除考虑消费的范围，这个决策是基于价格、性能、线上评论、店内浏览和社会化媒体做出的。FMOT（初时真相）是指消费者在货架前（实体店）或线上查看产品介绍等信息时对某产品产生印象的时刻。SMOT（次时真相）指撕开包装、打开包裹并开始使用。在这一步消费者获取了对未来品牌的新信息。同时他们对产品的认识会激发他们分享产品的使用心得和经验，这些评价和反馈会对其他跟进的消费者造成品牌影响，即消费者对产品正面或负面的评价会形成下一个消费者的 ZMOT，整个 ZMOT 的闭环就到此为止，这也是 ZMOT 消费者行为周期理论。

3. 开展社交媒体营销和社交购物。社交媒体营销指的是在社交媒体平台上，应用营销沟通等手段开展营销活动。社交媒体营销有利于社交商务活动开展，也有利于打造品牌，维护品牌声誉，以建立长期稳定的客户关系。其常用的应用包括：通过社会传播和关系强度分析以辨识舆论领袖，进行病毒营销；通过评论内容分析和信任关系挖掘获取用户的行为偏好，进行社交推荐等。近年来，市场上出现了多种社交购物的商务模式。这些商务模式可以单独存在，也可以结合在一起使用，或在社交网络中使用。这些商务模式可归纳为如下几大类：团购；特价销售（也称"闪购"），如"每日特价"；在线实时结伴购物；在线购物社区和俱乐部；交易市场；创新购物模式；购买虚拟产品和服务；基于位置的购物活动；购物展示网站（如 YouTube）和游戏网站；等等。社交购物中用到的辅助工具包括排名和评价、社交标签、社交推荐和引荐项目等。

4. 社交商务在中国的发展。目前，社交电商在中国发展势头强劲，规模庞大。随着短视频社交产品的快速发展，产品的社交传播渠道更加多元化，社交电商市场仍有较大的发展前景。但社交商务在发展中仍然存在很多问题，如平台监管不够完善，商品质量无法得到保证；信息推送阅读率低，商家的关注方式较为被动；用户隐私受到威胁，对平台的信赖度低；等等。未来社交商务的发展将是机遇与挑战并存。

课后习题

1. 什么是社交商务？与电子商务有何联系？
2. 社交商务有哪些主要特点？
3. 试列举社交商务购物过程用到哪些社交媒体工具或技术。
4. 试结合某一社交商务购物体验阐述 ZMOT 消费者行为周期理论。
5. 社交媒体中用户的评论或评级如何才能更有意义？
6. 线上营销商可使用哪些工具用于鼓励社交商务信息分享从而促进销售？
7. 什么是社交媒体营销中的病毒营销？试举例说明。
8. 社交购物有哪些主要模式？并举例说明你熟悉的网站。
9. 社交购物中有哪些主要的参与者？他们的作用如何？
10. 什么是社交推荐？试举例说明。
11. 中国社交商务的发展有何特点？如何看待未来发展趋势？

章后案例

"小红书"进口跨境电商 UGC 模式[1]

2013年"小红书"在上海成立,是我国最早采用"UGC 社区+购物"模式的跨境电商平台之一。成立之初,"小红书"只是一个境外旅游购物指南 App。2014 年,"小红书"推出了用户原创内容分享互动的社区功能,形成了明确的 UGC(用户原创内容)模式。2015 年 3 月小红书成功上线电商平台——"福利社",并在此后建立并完善了平台跨境物流供应系统,实现了"社区+电商"的商业闭环。截至 2019 年 1 月,小红书 App 用户已经超过 2 亿人,估值超过 30 亿美元。目前,小红书 UGC 社区已经成为一个全方位的生活分享平台,其"晒单+分享"的社区模式吸引了众多年轻的女性用户群体。艾瑞咨询数据显示,小红书女性用户占比达 80%,主要为长居一二线经济发达城市,具有较高的经济收入水平,且多具有海外留学和生活经历的年轻女性消费者。小红书的社区分享内容涵盖了衣、食、住、行等各个方面,还引入了 AI 智能算法对笔记进行精准推送,并在笔记和个人主页建立即时互动机制,社区通过不断的扩展功能提高用户黏性。

1. 核心主张——以社区互动增进消费者个性化体验

小红书的客户群体主要是对跨境购物有需求的人群,以消费者为中心,基于交互连接为不同需求的人提供个性化的购物信息服务。充分挖掘社区红利是小红书运作的主要逻辑,为了提高产品的转化率,小红书通过积分奖励、头衔赋予等方式来引导用户通过购物笔记平台与其他用户之间进行购物体验分享,在这个过程中实现商品卖点与口碑的传达,以吸引更多的消费者,培养用户的分享与消费习惯,增加用户活跃度。与此同时,平台通过大数据分析,掌握用户的消费欲望,积累消费需求,并与企业开展合作,将用户的需求传达给企业,企业则在数据分析基础上知晓某种产品的需求量级,进而准确生产和供货,满足平台用户的消费需求。

2. 资源整合——注重产品社区的构建及供应链的整合

小红书的 UGC 社区用户主要以对跨境购物有需求的女性群体为主,而这也形成了小红书重要的资源之一,除此之外,完善的供应链平台也是其强大的优势根基,前者保障了平台的活跃度,为产品转化奠定了良好的基础,后者则保证了交付的有效性。一方面,以女性为目标群体进行产品的开发和宣传是很多现代企业都极其注重的营销模式,女性代表了消费市场最强大的生力军,小红书的女性用户群体主要集中在 18 岁到 35 岁之间,这部分人群对消费有着自己的主张,小红书的出现满足了他们购物与分享的需求。另一方面,以大数据为依托,小红书可以从社区数据中掌握更多的消费需求,并在电商平台提供商品,然后

---

[1] 据刘鑫鹏. 跨境电商的巨头时代, 谈谈 "小红书" 的进化之路. 2020.3.10 (https://www.woshipm.com/evaluating/3479699.html) 等资料汇编。

依托完善的供应链来实现货物交付，其供应链运输途径完备，能准确而快速地对接资源提供者，以最快的速度将货物送达消费者手中。

3. 商业流程——以社区运营满足消费者的产品需求

小红书的商业流程主要包括了三大方面，即社区信息分享激发购物需求、形成订单、供应链对商品的交付保障。首先，在社区平台上，小红书积极开展各种活动来调动用户参与的积极性，增加了平台的活跃度，比如在年底推出最佳产品投票活动，选出不同品类中本年度最受欢迎的产品，用户在这些活动中获得了认同感，从而保障了平台用户的黏性，同时平台邀请明星和网络红人进行产品使用体验分享，比如化妆技巧的分享，通过名人效应吸引了更多的用户加入平台。其次，借助对社区平台的数据分析，小红书可以准确确定进货品类和数量，从而对商城形成有效支持，而且由于数据分析的准确性，其产品周转时间非常短，销售速度更快，很多火爆的产品能在几个小时内就售卖一空。最后，为了缩短物流时间，小红书采取保税仓库的方式来交付货物，目前在用的是郑州保税仓和深圳保税仓，而国际物流系统 Redelivery 的建立使得小红书的供应链更为完善。

4. 盈利方式——以社区为纽带的多样化销售渠道

目前小红书的盈利模式主要有两种，一种是依托商城进行产品销售而获利，另一种是通过开通会员来获利。一方面，小红书通过社区平台为用户提供免费发布和分享、阅读信息的渠道，以此来吸引大量的潜在消费者，他们的购物喜好、消费特点都会反映在社区大数据中，通过分析这些大数据，小红书可以在商城进行准确铺货，从而有效提高了商品转化率。据统计，小红书商城的商品转化率比天猫都高，达到 8% 左右。另一方面，小红书通过会员制来实现盈利，会费为年费 266 元，会员特权包括价格专享、专有客服等，从长远的眼光来看，小红书还应该不断拓展盈利模式，如增加广告宣传展示位的收费、提供福利社团购模式等。

5. 构建 UGC（用户生产内容）闭环

小红书通过社区的购物信息免费分享与下载以及商城的购物下单实现了完整的分享与购物结合的商业闭环。具体来说，该闭环体现在其 App 的整体架构上，即由"首页""发现""商城""消息""我"五个模块共同组成。"首页"的功能主要是用了分享用户的购物体验，以购物笔记的形式出现，用户可以在这里看到后台编辑推送的信息，也可以看到自己个性化定制的信息，而且通过一些热门标签，实现了对这些信息的有效分类，方便用户查找；"发现"主要包括品质生活和全球购物两大板块，用户可以在此搜索到自己感兴趣的内容；在"商城"中，小红书与品牌商合作，为用户提供各种品类的商品，用户可以在这里下单购买；在"消息"中用户能实现彼此的交流互动，所有的评论、点赞等都会在这里显示，此外，活动的开展、客服入口等也设置在该模块；在"我"中，用户可以管理个人信息，如粉丝与关注、收藏、订单与购物、优惠券、专辑等。这几个模块相辅相成、紧密联系，譬如"我"中的内容决定着首页的推荐信息，而通过"发现"模块用户能搜索并收藏更多个性化的消息。

6. 大数据技术精准匹配消费者需求

小红书通过社区经营积累了大量的用户点赞、收藏等数据，以这些数据为依托，可以准确地分析出用户的购物偏好与习惯，从而掌握其切实需求，在后续与供货商进行合作时便可有的放矢，很好地控制进货库存等问题，而且基于数字经济的营销可以更加有效地打造火爆商品，提高产品转化率、缩短周转时间。

7. 多样化的社区宣传加速流量转化

平台社区成立之初，用户发布购物笔记多采用文字加图片的形式。随着直播平台的发展，以视频形式来展示商品信息逐渐成为一种潮流和趋势，小红书紧跟时代步伐，及时推出视频模式，吸引了大量用户。同时平台社区拥有大量各个产品类别的经验分享达人，他们在直播中宣传商品，本身就能吸引大量粉丝，使这些粉丝成为某一类产品的忠实顾客，直播视频让商品呈现更加直观，用户可以全方位了解产品特征，而对于产品价格、运输、售后等环节中的疑惑，也能够随时向主播提问，有效地体现出信息的对称性，提升了商品的转化率。

小红书跨境电商 C2B 商业模式也存在一些问题，例如，社区文案内容代写及广告现象突出；社区笔记与商城商品信息不匹配；用户群体及产品内容过于单一；过于注重内容运营，忽视品牌打造；等等。但瑕不掩瑜，这些问题并不妨碍小红书对于其他电商企业的借鉴学习价值，以小红书模式为启发，我国的电子商务发展必将取得更大的成就。

思考题

1. 为什么说小红书实现了商业闭环？
2. 小红书用户为什么愿意"晒单+分享"？如何提高用户黏性？
3. 结合小红书的发展历程，你认为小红书成功的关键要素在哪里？
4. 结合波特五力模型，分析小红书的潜在威胁和竞争。
5. 对于小红书在发展中的一些问题，你可以提出哪些建议和对策？

第三篇 电子商务创新创业

7 电子商务"双创"理论与实践

8 电子商务供应链实现

9 互联网营销

10 电子商务法

电子商务"双创"理论与实践

学习目标

✓ 了解创新创业、电子商务创新创业、电子商务创新创业竞赛

✓ 了解目前国内主流电子商务创新创业赛事规则

✓ 剖析电子商务创新创业赛案例中的创业要素

✓ 掌握电子商务创新创业项目创业计划书写作技巧

✓ 掌握电子商务创新创业项目答辩技巧

✓ 掌握电子商务创新创业项目 PPT 制作技巧

先导案例

黄炳川龙：90后理工男，创业不是为了颠覆，创业是种生活态度[1]

黑框眼镜，格子衬衣，牛仔裤配拖鞋，蓬松而有些凌乱的头发，腼腆的笑容与不甚修边幅的胡茬，初见黄炳川龙时，他的扮相与同济大学校园中随处可见的"理工男"并无二致。这个稚气未脱的1992年生大男孩儿刚刚在2016年"创青春"上海青年创新创业大赛暨"创业浦东"第五届全球青年科技创新大赛中摘得金奖。

喜欢玩各类数码产品的黄炳川龙发现，市场上每天都会上架许多新的App，但即使这些App既好玩又实用，也会因为推广力度的不够难以被市场接受，但要想在千千万万个App中脱颖而出，高额的推广投入似乎又必不可少。黄炳川龙抓住了这个市场"痛点"，想要开发一款能够对接App与用户两端的软件，他的这个想法与徐小奇一拍即合，两个人很快开发出了如今闯奇公司AppStore数据分析平台CQASO的雏形。

毫无创业经验的黄炳川龙很快发现，税务、法务、人事、会计……各种各样他从来没有接触过的麻烦开始与他的生活密切相关。不知所措的黄炳川龙经同学介绍，来到了同济创业谷，在这里，他遇到了许多同样处于创业前端的小伙伴们。

创业谷不仅为黄炳川龙提供了可以固定办公的办公桌椅，同时还有各种定期与不定期的创业培训课程、咨询会议与投资推介等活动。黄炳川龙发现，他遇到的许多困难在创业谷中并不是个案，而要解决这些问题，创业谷在校内形成了如创新创业学分、创业导师与"经纪人"、阶梯式的创业基金支持等成系统的创业扶持体系，在这背后，则是学校教务、产业、科技园、孵化器等多部门共同打造的同济创业生态。

"我原来想即使创业失败了，也可以正儿八经毕业去找一份不错的工作，但现在看来，同济并没有创业的失败者，即使是最终没有孵化成为企业，不少同学还是从这个过程当中收获了学分与实践经验，这让我们的折腾走上了正轨，变成了学校教学中的一个环节。"

让黄炳川龙感激的是，进入了学校的创业扶持体系中，原来的许多麻烦变得不再麻烦，他不仅得到了学校大学生创业基金会提供的20万元创业基金，而且在税务、法务等各方面得到了咨询支持与帮助。

"我觉得对我而言，同济给我最宝贵的东西并不是在我缺钱缺经验的时候帮我把这些窟窿给补上，而是相关的老师与同学们会不厌其烦地与我讨论，让人真正掌握解决困难的方法，并学会自己去思考问题。"不但授人以鱼，更授人以渔，有了同济作为坚强后盾，黄炳川龙的身份已经从一个孤军奋战"瞎折腾"的普通创业者，变为了创业"同家军"的一员。

如今，他的闯奇信息科技（上海）有限公司新搬迁至位于上海市杨浦区创智天地附近的腾讯众创空间，

---

[1] 选自同济大学［同济壹周·人物］黄炳川龙：90后理工男，创业不是为了颠覆，创业是种生活态度．https://www.sohu.com/a/117663457_407277，2016.10.30．有删节。

公司员工也从初创时的 2 个人扩充到了 40 余人，拿到了第一笔价值 500 万元的天使投资后，他的创业之路已经走到了新的阶段。

在黄炳川龙的公司，几乎是清一色的"90 后"，年龄最大的也是"85 后"，这支充满朝气与想象力的年轻团队，在充满互联网企业氛围的办公楼中敲打着键盘、分享着创意，也讨论着喜欢的歌手与附近的美食，他们与大多数年轻人并无二致，只是在创业的这条道路上朝着自己的目标奋勇前进。

用年轻的 CEO 黄炳川龙的话来说："创业其实也不过就是一种职业选择与生活方式，有风险，也会有快乐，而且我相信，在互联网时代，需要像我们这样敢想敢做的年轻人去树立新的里程碑。"

先导案例讲述了同济大学的学子黄炳川龙的创业经历。在这个案例当中，我们可以看到，电子商务由于其贴近年轻一代生活的特点，以及"轻资产、重知识"的特点，是大学生创新创业的首选领域，深受在校大学生创新创业的青睐。然而，在实施创意的时候，学子们需要更加充分地了解创新创业的社会环境，掌握更为全面的技巧，从而为业务的展开打下更加坚实的基础，以创建更加光明的未来。

7.1 电子商务创业赛概述

为了响应"大众创业，万众创新"的号召，各种类型的创业大赛在全国各地如火如荼地开展。电子商务作为以信息网络技术为手段，主导以商品交换为中心的商务活动，从它诞生伊始就注定了与创业的密切关系。创业团队参加创业比赛，不仅有机会取得优胜，获得奖金，还能得到评委和创业导师的指导，这样的收获对于创业团队有着巨大的价值。

7.1.1 创业和创业竞赛的差异

尽管创业竞赛是创业活动中的一个比较与展示的环节，但就创业活动和创业竞赛不同的目标导向而言，二者还是有比较明显的差异。

创业是一个商业活动的过程，其目标必然注重创业成效，注重盈利状况，同时创业的过程也要允许失败、失误，允许投机。毕竟对于创业团队而言，让项目存活下去才是创业活动的目标。

创业竞赛严格意义上是一个比赛的过程，就比赛而言其目标是在比赛规则下获得更高的分数。因此在创业竞赛中要注重评判标准，注重创业逻辑，并要求尽量减少失误，同时赛场气氛、评委个人好恶，也会给比赛增添运气成分。

电子商务创业的领域更是扩散到电子货币交换、供应链管理、电子交易市场、网络营销、在线事务处理、电子数据交换（EDI）、存货管理和自动数据收集等。

7.1.2 创业竞赛的含金量

近些年国内创业竞赛的名目繁多，有侧重创意和创新的比赛，有侧重创富和创业的比赛，还有二者兼顾的创新创业比赛。赛事的规模上，有的是全国性的，有的是地方性的；有政府牵头举办的，有公益组织举办的，也有企业举办的；有的只评审创业计划书，有的需要模拟经营，有的则是"真金白银"的实战。

既然是比赛，就必然要谈谈各类创业比赛的含金量。2020年2月22日为了深入学习贯彻习近平总书记在全国教育大会的重要讲话精神，坚持立德树人，推进创新创业教育，发挥学科竞赛活动在教育教学改革和创新人才培养中的重要作用，提升学科竞赛质量和治理水平。由中国高等教育学会"高校竞赛评估与管理体系研究"专家工作组研究发布的2015—2019年包括2019年的全国普通高校学科竞赛排行结果与大家正式见面。这个排行结果是中国高校创新人才培养暨学科竞赛成果的排行榜，为高校提高人才培养质量提供服务性参考信息，成为了检验高校创新人才培养质量的重要标准之一。

在这个竞赛排行榜中，和电子商务创业相关的中国国际"互联网+"大学生创新创业大赛、全国大学生电子商务"创新、创意及创业"挑战赛分别位列第一和第十四。

7.1.3 电子商务相关创业赛介绍

1. 全国大学生电子商务竞赛

全国大学生电子商务竞赛是由中国电子商务协会主办的国内第一个电子商务竞赛，由易趣冠名，2004 年举办的首届赛事。竞赛旨在挖掘大学生中电子商务人才，首届即有全国 12 个赛区近千所高等院校的本科在校学生积极踊跃参赛。

竞赛分为团队比赛和个人比赛两类，普通高等学校本科在校生可以登录竞赛网站进行在线报名。参加团队比赛的代表队由 3 名学生自愿组成，每位选手只允许参加一支代表队，同时要求每位参赛选手都必须注册为易趣网站大学生创业园的用户。参加个人竞赛的选手只参加创业竞赛，团队竞赛可以参加知识赛、模拟赛、创意赛和创业赛四部分。

知识赛是不间断的 100 分钟在线答题；模拟赛需通过知识赛有效成绩获得资格，进行系统计时 100 分钟的电子商务 B2B 模拟实验；创意赛是在团队完成知识竞赛和模拟竞赛，并且取得有效成绩后，方可取得资格，比赛考核商业计划书的完成情况；创业赛参赛者必须是全国（包括港、澳、台）在读大学生，并且是易趣网站注册用户，比赛内容是每位选手在易趣网的个人创业网站。

2. "汇创青春"上海大学生文化创意作品展示活动

"汇创青春"上海大学生文化创意作品展示活动是由上海市教育卫生工作委员会、上海市教育委员会主办，面向上海高校的一项大学生创新创业成果展示活动。活动旨在贯彻落实国家"大众创业、万众创新""深化高等学校创新创业教育改革"的重要部署，助力上海建设具有国际影响力的文化创意产业中心和"设计之都""时尚之都""品牌之都"建设，大力营造长三角文化创新和创意产业发展的生态环境，搭建校园创意创新与文化产业园区对接的桥梁，打通"学生作品 - 孵化产品 - 商品"的转化链条，培养青年大学生的创新创业意识，展示高校的创新创业教育成果，推进高校文创教育成果与市场创新创意产业的"无缝"对接，满足人民日益增长的美好生活需要。

活动分视觉传达设计、数字媒体艺术动画、戏剧舞蹈、音乐艺术、环境设计、服装设计、产品设计、工艺美术、"互联网+"文化创意和其他综合九个类，其中"互联网+"文化创意就是一个电商创业赛。

"互联网+"文化创意类作品展示，主要比较的是创业计划书的完成情况。申报创业计划书包含"互联网+"文化创意产业（文学创作、互动创意媒介、文化娱乐体验作品）、"互联网+"新业态（基于互联网的新产品、新模式、新业态创新创业项目，优先鼓励人工智能产业、智能汽车、智能家居、机器人、虚拟现实/增强现实、可穿戴设备、互联网金融、线上线下互动的新兴消费等融合型新产品、新模式）、"互联网+"传统产业（新一代信息技术在传统产业领域应用的创新创业项目、对传统产业转型升级的创新创业项目等）、"互联网+"公共服务（互联网与教育、医疗、社区等结合的创新创业项目）、"互联网+"非遗产品传承（基于互联网的非遗文化保护传承的创业项目）、"互联网+"公益创业（基于互联网的精准扶贫、特殊教育等公益项目）。项目的创业计划书和其他支撑项目完成度的材料对项目评审尤为重要。

3. 全国大学生电子商务"创新、创意及创业"挑战赛

全国大学生电子商务"创新、创意及创业"挑战赛（又称"三创赛"）。是由教育部高等学校电子商务专业教学指导委员会面向全国高校（含港澳台地区）举办的大学生竞赛项目，是教育部、财政部"高等学校本科教学质量与教学改革工程"重点支持项目；是激发大学生兴趣与潜能，培养大学生创新意识、创意思维、创业能力以及团队协同实战精神的学科性竞赛；是分校赛、省赛和全国总决赛的三级赛事。

参赛对象是普通高等学校的在校大学生，高校教师既可以作为学生队的指导老师也可以作为混合队的队长或队员参赛，报名参赛需经所在学校教务处等机构审核。

参赛项目分为"三农"电子商务、工业电子商务、跨境电子商务、电子商务物流、互联网金融、移动电子商务、旅游电子商务、校园电子商务和其他类电子商务共计九个类别。项目评审从实用性与创新能力、产品与服务、市场分析、营销策略、方案实现五个方面考核项目的完成情况。其中"具有解决问题的实用价值""体现创新能力与元素""有较显著的竞争优势或市场优势""市场容量、市场定位与竞争力""需求分析到位""解决方案设计合理"是重要的评审观测点。项目评审还特别强调"背景及现状介绍清楚；团队结构合理，工作努力；商业目的明确、合理；公司市场定位准确；创意、创新、创业理念出色；对专家提问理解正确、回答流畅、内容准确可信"的总体性评价。

4. 中国国际"互联网+"大学生创新创业大赛

中国国际"互联网+"大学生创新创业大赛是深化高校创新创业教育改革的生动实践。大赛旨在深化高等教育综合改革，激发大学生的创造力，培养造就"大众创业、万众创新"的主力军；推动赛事成果转化，促进"互联网+"新业态形成，服务经济提质增效升级；以创新引领创业、创业带动就业，推动高校毕业生更高质量创业就业。大赛产生了巨大的社会影响，被企业家誉为"全球最大最好的路演平台"，被国内外媒体誉为"惊艳非凡的空前盛会"。大赛两次收到习近平总书记回信关切，李克强总理亲自提议举办，孙春兰、刘延东两任副总理出席大赛全国总决赛。

赛事的举办目的如下：

（1）以赛促学，培养创新创业主力军。大赛旨在激发学生的创造力，激励广大青年扎根中国大地了解国情民情，锤炼意志品质，开拓国际视野，在创新创业中增长智慧才干，把激昂的青春梦融入伟大的中国梦，努力成长为德才兼备的有为人才。

（2）以赛促教，探索素质教育新途径。把大赛作为深化创新创业教育改革的重要抓手，引导各类学校主动服务国家战略和区域发展，深化人才培养综合改革，全面推进素质教育，切实提高学生的创新精神、创业意识和创新创业能力。推动人才培养范式深刻变革，形成新的人才质量观、教学质量观、质量文化观。

（3）以赛促创，搭建成果转化新平台。推动赛事成果转化和产学研用紧密结合，促进"互联网+"新业态形成，服务经济高质量发展，努力形成高校毕业生更高质量创业就业的新局面。

以第六届中国国际"互联网+"大学生创新创业大赛为例，大赛共设立高教主赛、青年红色筑梦之旅赛、职教赛、萌芽赛四个赛道，要求参赛项目能够将移动互联网、云计算、大数据、人工智能、

物联网、下一代通信技术等新一代信息技术与经济社会各领域密切结合，培育新产品、新服务、新业态、新模式；发挥互联网在促进产业升级以及信息化和工业化深度融合中的作用，服务新型基础设施建设，促进制造业、农业、能源、环保等产业转型升级；发挥互联网在社会服务中的作用，创新网络化服务模式，促进互联网与教育、医疗、交通、金融和消费生活等深度融合。

根据比赛赛制的要求，评审规则又可分为高校主赛道创意评审规则、高校主赛道初创（成长）评审规则、高校主赛道师生共创评审规则、"青年红色筑梦之旅"赛道评审规则、职教赛道评审规则和萌芽赛道评审规则。每种规则既有相似之处，又有个性的区别，因此在参赛准备过程中要区别对待。如国际互联网大学生创新创业大赛高教主赛道创意组项目（表7-1）。

表 7-1 中国际互联网大学生创新创业大赛高教主赛道创意组项目评要点

评审要点	评审内容	分值
创新性	1. 具有原始创新或技术突破取得一定数量和质量的创新成果。专利创新奖励行业认可等。 2. 在商业模式，产品服务，管理运营，市场营销，工艺流程应用场景等方面取得突破和创新	30
团队情况	1. 团队成员的教育实践，工作背景，创新能力，价值观念，分工协作和能力互补情况。 2. 团队的组织架构，股权结构，人员配置以及激励制度合理性情况。 3. 创业顾问投资人以及战略合作伙伴等外部资源的使用以及与项目关系的情况	25
商业性	1. 商业模式设计完整可行，项目已具备盈利能力或具有较好的盈利潜力。 2. 项目在商业机会识别与利用，产品或服务设计，技术基础，竞争与合作，资金及人员计划以及在现行法律法规限制等方面具有实施的可行性。 3. 对行业、市场技术等方面有详实调研，并形成可靠的一手资料，强调实地调查和实践检验。 4. 项目目标、市场容量及市场前景；发展战略和规模扩张策略的合理性和可行性，在财务管理（筹资，投资，营运资金利润分配等）方面的合理性。 5. 项目对相关产业升级或颠覆的情况，项目与区域发展、产业转型升级相结合情况	20
带动就业	1. 项目直接提供就业岗位的数量和质量。 2. 项目间接带动就业的能力和规模	15
引领教育	1. 项目充分体现专业教育与创新创业教育的结合，体现团队成员所学专业知识和技能，在项目和相关创新创业活动中的特转化与应用。 2. 突出大赛的育人本质，充分体现项目成长对团队成员创新精神创业意识和创新创业能力的锻炼和提升作用	10

总体而言，评审从"创新、团队、商业、就业、引领教育"五个维度考核项目的完成情况，其中又以考查项目的原始创新或技术突破、商业模式设计完整可行、对相关产业升级或颠覆的情况、团队的组织构架、公司股权结构以及激励制度几个方面为主。

7.2 电子商务赛事案例解析

电子商务创新创业的理论与实践，本节以一个实际的项目为例介绍相关的知识。

7.2.1 项目概况

项目名称：城市"微新"——公民参与视角下的社区微更新全方位服务

习近平总书记在考察调研时指出："城市治理是推进国家治理体系和治理能力现代化的重要内容。"党的十九届四中全会也提出"要加快推进城市治理现代化，推动社会治理和服务重心向基层下移，把更多资源下沉到基层，更好地提供精准化、精细化服务"。而社区是打通城市治理的"最后一公里"，是党和政府联系群众、服务群众的"神经末梢"，也是人民幸福生活的"发源地"。

城市"微新"项目积极响应国家政策，展现大学生社会关怀。项目着眼于社区内数量众多，却未得到充分利用的畸零空间。通过长期调研，团队深入社区挖掘居民需求，制定解决方案，打造智能设计平台，提供设计师、街道和居民需求对接的桥梁。基于五年的社区微更新社会实践和调研，团队拥有了丰富的项目经验和改造成果，与多个街道、社区开展了合作，获得了一定的社会效益。在以上研究和实践基础上，团队发现传统的社区微更新仍存在基本以政府为主体、居民参与度低、更新周期长、可持续性差等问题，因此在提供社区微更新改造服务的同时，打造了以公民参与为核心的服务体系，通过教学等多种方式激发居民参与动力，提倡"微自治"，即"群众的事情让群众决定"。与此同时，形成各社区、高校团队及社会组织的良性互动，进一步提高社区微更新中的公民参与度，促进微更新项目的可持续发展性，最终达到高效社区自治的效果。

城市"微新"针对居民参与社区畸零空间改造服务有助于进行居民自治的探索，寻求社区治理各方参与的合理模式，培育孵化社区组织，对于在城市细微处见质量、见情怀、见功夫以及打造共建、共治、共享的社会治理格局具有重要的现实意义。

该项目的商业模式画布如图 7-1 所示。

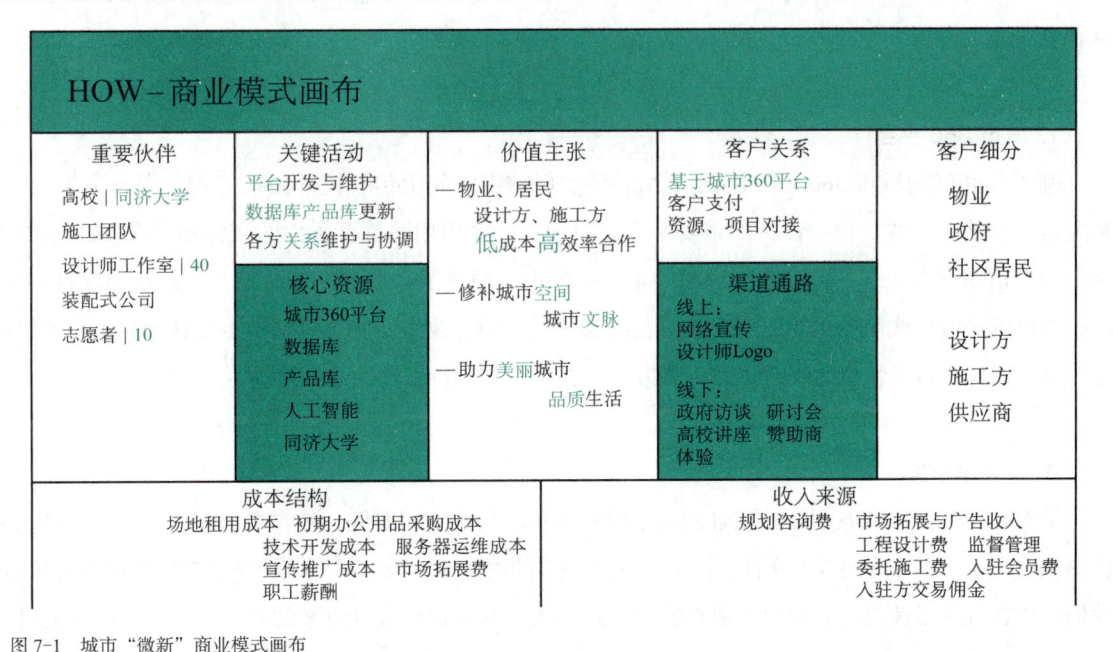

图 7-1 城市"微新"商业模式画布

7.2.2 项目理念

"微新"旨在于微小中寻找新意,城市"微新"即意味着从小空间出发重新焕发城市生机。该理念一方面与团队城市微更新的服务内容相符合,另一方面也体现团队细致入微、深入社区的决心。团队希望在向城市实际空间贡献大学生的创新点的同时也为城市居民传递一份心意,将城市交还给他们的拥有者,更加完善"共享、共建、共治"的社会,重新激发公民创造力和心中的那份对城市生活的热情。

城市"微新"Logo(图7-2)以"微"字拼音首字母"W"为原型,每个色块代表城市中不规则的畸零空间,该形象亦类似于七巧板,旨在让居民自主参与改造设计,拼出充满个性化和人情味的五彩缤纷的城市空间。

图 7-2 城市"微新"Logo 图片

7.2.3 产品及服务

项目提供的核心产品与服务分为线上和线下两种形式。其中,线上产品与服务包括城市 360 官方网站、设计案例库、电子导则、DMC 服务平台;线下产品与服务包括空间改造及活动设计、学生志愿者服务等。

1. 城市 360 平台

基于互联网的城市 360 官方网站和 App 是实现畸零空间上传、设计团队匹配、设计方案反馈、装配材料选购、在线支付与评价的重要平台。目前,已经租用了符合条件的服务器,在 Web 端与手机移动端运作城市 360 平台。值得说明的是,社区可以通过 360 平台上传畸零空间改造的项目需求,居民可以用平台生成简单化的改造图稿,自身参与设计中,改造团队(包括学生设计团队)也可以通过 360 上传代表自身特色的改造作品,多方可以在平台中进行良性沟通和互动。

2. 设计案例库

储存在云端的设计案例库共包含逾多个成功活化的畸零空间案例,包含平面图、立体图、概念分析图和空间意向图等系列数据文件。这些成功且经典的案例对于设计师团队而言具有极高的参考价值,他们可以在其中迅速寻找到相似的成功案例,进而大幅降低提出设计方案的时间成本。本公司的设计案例库具有独立的知识产权,并会随着业务的开展不断认证和引进新的成功案例,扩充原有案例库。

3. 电子导则

将城市相关政策、发展现状等简化成居民便于理解的思维导图、故事和图片等模式，便于居民了解城市微更新的含义和现状，自主参与度的提升需要从了解项目开始。并将以往案例集和制作成相应的电子导则（文字＋插图＋语音）进行复制推广，让更多居民从实例来了解城市微更新、学习其基本方法，帮助居民通过对照主动发现社区现有的不足之处，提高其参与意愿和效率，寻找居民的具体需求和痛点。该教材将主要以前期调查研究的内容，以及在项目运行中暴露出来的问题为依托，通过网页教程的方式，以 Flask 为后端平台，Heroku 为数据平台，以 Bootstrap 作为网页前端进行渲染，进行线上推广，以期提高居民的参与度和项目的社会知名度。对于某些特殊群体，也可考虑制作部分纸质版教材便于阅读，并且在相关合作街道服务中心推广纸质版教材。具体流程如图 7-3 所示。

图 7-3　电子导则的具体流程

4. DMC 服务平台

Design for My City（DMC）服务平台指连接政府、居民以及设计师（学生志愿者）和意向合作企业来解决城市畸形空间的平台。具体功能结构如图 7-4 所示。

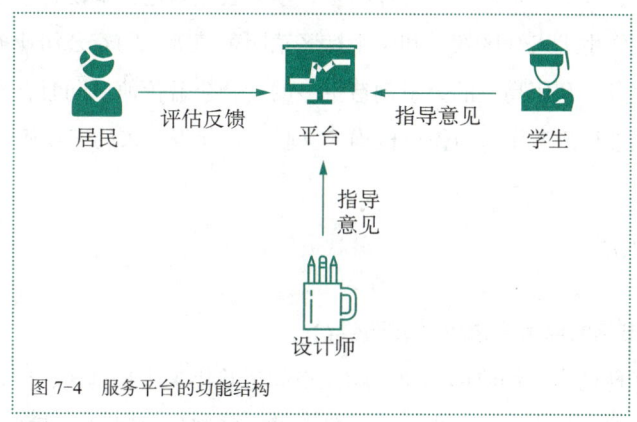

图 7-4　服务平台的功能结构

DMC 服务平台还将包含"将知识送入社区"的线上平台，邀请相关改造设计师、受到过改造服务的居民和社区服务中心负责人员等对居民开展社区微更新改造云课堂的录制，辅助电子导则进一步提高居民的了解度和认可度。值得一提的是，如特殊疫情期间，该平台与学生们的网课平台类似，通过平台上的视频和教程进行学习，在部分休闲时间也可以通过平台进行一些娱乐互动，开展线上社区活动。具体功能结构如图 7-5 所示。

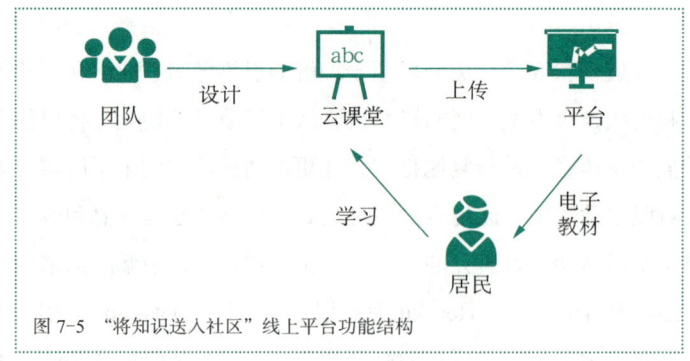

图 7-5 "将知识送入社区"线上平台功能结构

5. 空间改造及活动设计

团队将开展实地调研，根据社区空间的实地情况、社区居民构成和社区活动情况等内容进行空间改造方案设计，随后将方案与街道负责团队、居民进行协商完善，在微改造的全流程实施进行项目动态管理，达到居民参与最大化，以居民意见为核心进行项目纠偏。将空间美感和功能性结合，达到空间协助社区活动，活动营造空间氛围的效果。

6. 学生志愿服务

依托同济大学建筑学、城乡规划学和风景园林学的雄厚实力与卓越优势，将设计项目与学生志愿活动相结合，让学生走进社区、在社区中运用专业知识和公益精神帮助当地居民创造更优质的社区生活。已经开展的学生志愿服务包括：学生设计团队、学生公益导览与解说、学生关怀社区老人、学生与社区开展党建活动、学生进入社区教学和学生社区菜园种植等。随着公司业务的深化开展，将策划更多形式的学生志愿服务，利用高校的力量创造更多的社会公益价值。同时，相关专业（如公共管理等）的学生也可提前熟悉社区工作，与街道机构建立联系，获得未来的工作机会。

7.2.4 市场需求分析

1. 畸零空间改造市场的巨大需求以及孱弱供给

通过本公司原有团队的市场调研部调研，畸零空间近几年来增长迅速，但是与巨大的市场需求不匹配的是对畸零空间改造的供应不足。本公司立足于城市精细化治理的大背景，瞄准了畸零空间改造市场的巨大需求以及孱弱供给，可以预见的是未来作为对接平台的需求量必将显著增加。

2. 传统畸零空间改造方法信息不对称严重

目前，国内的一些大城市对城市畸零空间的利用和改造有一定基础，但在思想上还不够重视，研究上还不够到位。一般而言，特大型城市有 10% 左右的面积属于畸零空间。国内对于上海畸零空间的探讨与构想一直在进行，但实质性的发展缓慢，一般都是街道政府、市政府对知名建筑师直接委托，对畸零空间进行升级改造，所以仅能解决某个点的问题，缺少可广泛推广的更新模式和可靠运营团队。

经过详实的市场调查，发现没有一家是以提供链接设计与需求方进行无缝对接为立足点的企业。团队正是在此市场空白中看到了机遇，决定为客户定制专属于他们的"城市微新"全流程活化改造，打造以面向用户为设计原则进行重构，旨在能够真实地接入用户，成为居民社区更新真实可靠的工具的公司。

3. 提高公民参与必要性

尽管我国各地已完成了相当多的社区微更新项目，但总体来讲主要是政府主导，建筑师和规划师的想法成为主要意见，居民在其中的参与极少，甚至存在居民不愿建言献策助力改造，但完工后却开始反对最终造成经济损失等一些现实问题。一方面，社区微更新的筹划、实施等工作与居民缺乏一定的相关性，居民的相关知识匮乏。另一方面，居民在社区治理中处于被动状态，自主改造意愿低，社区微更新项目可持续性差。

项目旨在透过平台，激发居民自主改造意愿，形成社区自主运营，主动发现社区现有的不足之处，提高其参与意愿和效率，寻找居民的具体需求和痛点。同时，提供一定的教学手段，让居民能够自主管理，提升居民的公共意识。

7.2.5 核心竞争力

1. 抢先占领市场

团队首创的城市畸零空间活化平台，因为先进入行业且依托下述的团队优势，使公司建立良好信用体系和合作关系，达到行业领先的地位。

目前市场上没有相关相似的项目，仅有以政府为主导的城市改造项目。项目为政府提供统一规划中的盲点的解决方案，为居民生活中存在的切实的痛点提供有效支持，为社会组织社区活动增添创新点，也为学生提供了社会实践的平台，是一个搭连多方的有效平台。

2. 多方力量合作

公司以相同名称创立社会组织，参与创投比赛，与相关街道、社会组织和基金会已形成一定的良性合作，集合多方力量开展相应的改造活动。

3. 高校资源及学科优势

项目立足同济大学、环同济、环同济知识经济圈（环同济研发设计服务特色产业基地）以及杨浦区，立足同济规划专业顶尖优势，依托同济大学规划、建筑、经管和软件等国际国内一流学科优势资源及学科互补特长，现合作伙伴规模持续扩大中，版图分布于上海市各处，并正吸引更多上述提到的供需方入驻项目平台。

平台已吸引二十多个街道或机构达成合作意向，常驻志愿及公共服务团队十多个，有效连接多方需求。团队将不同专业优势学科资源整合，兼容并蓄，汲取各方之长而百花齐放，使发展成为国内城市畸零空间改造再利用领域规模化、品牌化龙头组织。

4. 外部资源拓展

在业务发展的过程中聘请高素质、权威性的专家顾问团作为外部力量支持，拥有知识储备丰富的高校智库，以丰富的师资资源形成建筑设计基础，中国传统建筑、城市更新与设计、住宅设计与住区发展等学科团队进行指导，使平台更加适应市场需求情况，确保今后的正常运营，同时结合学科优势，即同济具有国内其他高校中无法比拟的交叉学科及丰富的房产建筑校友资源。团队将借助校友力量，通过专业化运营，与各校友组织单位达成友好合作，定期举行各种专业性、行业性活动，以及实现资源对接与交流，充分发挥和扩大团队在房产建筑设计领域内的影响力。

5. 产业协同、区域升级

在前述核心竞争力的基础上，项目整合基层政府、社区居民、设计师、社会团体等多方利益，打造"五位一体"服务格局，拉动就业，提供产教融合的机会，并借力互联网创新平台，创造"1+1>2"的成效。公司依托同济高等产业研究院资源，凭借上海市已成功的改造经验，借助校地合作，向与同济有产业研究、精准扶贫、课题合作等联系的地区，开辟新窗口，促进城镇化、小城镇综合治理和改造。

将"城市微新"理念拓展于新农村的规划建设中，也可以以标准化流程去对乡村民居进行设计、对乡村环境进行改善和提升，带动当地经济、拉动城乡一体化，进一步实现美丽中国的建设。

6. 有效的新形式与居民互动

通过大数据对居民已有的设计图片喜好分析居民需求，将城市更新相关的政策、发展现状等简化成便于居民理解的电子导则进行复制推广，让更多居民从实例来了解城市微更新、学习其基本方法，帮助居民通过对照主动发现社区现有的不足之处，提高其参与意愿和效率，寻找居民的具体需求和痛点。

7. 可持续发展

在为居民设计的同时，注重可持续性发展，提供一定的教学辅助，让居民能够自主管理，提升居民的公共意识。以 DMC 的形式倡导具有持久性的、面向未来的公共空间设计。团队核心竞争力如图 7-6 所示。

图 7-6 团队核心竞争力图示

7.2.6 营销模式

1. 产品策略

项目提供的服务主要是"畸零空间"全流程平台，以"教学"模式提高居民了解度和信任度，后期将陆续引进社会组织、高校团队等相关组织加入参与社区微更新，最终达到提高居民参与度，使改造具有可持续发展性。

项目提供中介与咨询服务产品，依托前期的成功案例进行案例库制作，从而给目标客户对实际效果一个客观的展现，对实际的改造空间有一个理性的认识。

项目也依据获得认证的畸零空间设计导则，对畸零空间进行分类与初步的设计建议，以供入驻设计师参考。

2. 定价策略

遵循科学定价的程序制定价格。在考虑成本的基础上，预测受众的反应与本公司的效益，结合市场已存在的相似咨询设计服务的价位进行科学的定价。

3. 渠道策略

以关系营销为起点，充分利用同济大学建筑与规划学院的学科优势和资源背景，并以此为契机与政府建立合作关系。项目完成之后，政府可以为本公司进行一定的推广，本公司的品牌与声誉趋于稳定后，进行规模扩展，获取新的剩余空间并建立新的项目。

4. 盈利模式

项目的盈利模式包括以下三个方面。

（1）自筹资金。项目在起步阶段以个人自筹资金为主，用于网站开发成本与前期运维成本以及日常开支。

（2）政府采购。政府通过使用本公司的"城市微新"平台，通过参考设计导则、配套产品个性化配置和对接的设计师专业知识，充分提高社区空间改善的质量和财政资金的使用效率，满足公众的多元化、个性化需求。

项目在整个过程中收取产品个性化配置的费用，以及提供"城市微新"平台的服务费用。

（3）赞助。项目赞助的主要来源有五个。

① 校企合作。本公司将洽谈把"城市微新"平台的内容与同济大学的教学实践内容相结合，设置"社区改造实践项目""社区服务实践项目"等学分课程，或举办"小型社区空间"改造大赛，将同济大学建筑系和城市规划的优秀学生吸纳到城市畸零空间改造的实践主体中来，也可以将获得授权的获奖学生案例上传、丰富"城市微新"的案例库。同时"城市微新"平台网页也可交由同济大学计算机系的成熟团队进行运营管理，通过同济大学的部分支持，降低部分运行成本。

② 大数据合作。通过与阿里云等大数据公司接洽，按周期获取定额的赞助资金作为本公司一笔

稳定、可持续的资金来源。相应地，本公司拟在标注待改造畸零空间地理位置时，推广使用该赞助大数据公司的地图定位标点系统。

③ 其他合作。其他社会组织和企业单位在充分了解本公司的公益性、创新性及社会价值方面的重要意义之后，愿意对本公司举办的一些"城市空间改造"会议提供赞助经费，帮助赞助商扩大社会影响；增强广告效果，提高经济效益；联络公众感情，改善社会关系；提高社会效益，树立良好形象。本公司将在平台实际运营后，积极寻找有意向合作的赞助商，获取一定的资金。

④ 社会捐赠。项目致力于切实改善城市居民的居住环境，帮助推进城市精细化管理，将开设捐款渠道，向社会募集资金，接受捐赠，用于组织的正常运转。

⑤ 爱心众筹。在未来的发展中，对于农村地区有强烈改造意愿的空间，我们采用爱心众筹的形式筹集项目资金，即"将意愿转换为实际效果"，有多少资金，办多少实事。

7.2.7 成功案例——上海市杨浦区延吉街道改造

延吉社区第二睦邻中心入口处树木过于繁茂挡住了主要通道；各处乱停车现象严重；围墙、地面、大门都相对比较老旧，与整体不够契合；每间房间的窗户没有设置窗帘，给房间使用者和社区居民不能带来比较好的视觉体验；整体隔音系统略差，举办部分活动可能会引起附近居民的投诉；走廊空间没有很好地利用，过道和楼梯比较窄，会略显压抑，有些房间没有发挥其当初设计的作用、空间布局不合理，以上问题均需要进行相应的微改造。除了空间问题外，还存在部分居民活动因缺乏相关人力、物力资源而无法举办，以及一些活动宣传力度不够导致参与度不够等相关问题（图7-7）。

图7-7 延吉社区第二睦邻中心情况

本项目的服务对象为延吉社区第二睦邻中心全体工作人员、参与中心活动的社区居民、附近社区居民。服务中心工作人员约20人，以及4个居民区（每个居民区约5 000~6 000人）。

项目目标设置为以下六个：

（1）适度修剪或移植中心入口处树木，考虑设置固定停车棚、停车位。

（2）将围墙和大门重新粉刷，在墙上种植一些绿植，如爬山虎。地面尽量平整出一部分闲置的面积，用于安放一些座椅或者锻炼设施，从而充分利用空间。

（3）每间房间的窗户用扎染的布做卷轴式窗帘（暂定）。

（4）将原来放置书架的地方设为照片墙或者放置活动宣传的海报，定期更换。一侧的座椅可以保留供居民闲聊休息，另一侧的自制绿植管道如果没有办法重新发挥种植作用的话可以取消，设置阶梯形的架子放置小型的花盆供观赏。将走廊设为一个小的交流休息区。走廊不太适合阅读，可以利用有承重柱的房间，在左边分隔出一小间专门提供阅读和书法等活动的空间。

（5）过道和楼梯增加一些小面的镜子进行装饰。

（6）了解学校匠人社近期会开展同类的扎染活动，与他们探讨合作事宜，定期到社区举办活动，并且考虑带动更多的相关社团、组织进入社区开展更丰富多彩的活动。

基本改造举措包括以下四个：

（1）在原有建筑上进行微改造，多考虑保留"+创新"的方式。（注意两侧是居民区，相关施工不可有噪声，后期活动也需要是"静态"的）

（2）活动空间的受众人群主要是居民，要留有给居民发挥的余地（例如让居民自己种花、有一面墙给小朋友涂画等），需要体现居民、睦邻中心工作人员和高校等多方的互动。

（3）由于该场地要作为延吉睦邻中心十周年庆的特色，需要有一定文化和创意，可以以高校和社区互动等方向作为主题来考虑空间布局，需要留空间放置"济吉益堂"的招牌。

（4）要考虑多功能空间布局，该地有时会借用开居委大会。

通过居民、设计师和在校大学生的充分交互，最终确定了方案，完成了这一改造，取得了良好的效果。

7.3 电子商务创业赛的特点

通过案例我们可以发现电子商务创业赛具备深度的技术创新特色、精细把握市场的要求、完整设计的商业模式、合理推演的盈利能力、分工协作的创业团队、缤纷多元的宣传展示这六个特点。

1. 技术创新的深度体现

创新成果要具有一定的技术深度。创业赛的评判标准和细则尽管各有不同，指标要求也各有侧重，但创新技术始终是电子商务创新创业项目比较过程中一个最为直观的比较参数。随着互联网技术的广泛应用和信息化、智能化、数据化的发展趋势，电子商务创新创业也需要在技术创新领域的突破带来行业变革，实现经济效益的倍增。

电子商务领域的技术创新要重点关注电子货币交换、供应链管理、电子交易市场、网络营销、在线事务处理、电子数据交换（EDI）、存货管理、自动数据收集等学科交叉点。数据显示在中国国际"互联网+"大学生创业大赛金奖项目中，技术创新项目占89%，基于学科交叉的项目占76%，由此可见作为电子商务创业赛项目一定要在上述学科交叉点上寻求突破。

第四届"互联网+"大赛红旅赛道金奖项目"游鲜生——生鲜电商助力精准扶贫"就是一个立足电子商务打造生鲜供应链平台的项目。项目不是简单构建生鲜电商供应链平台,而是将"农产品-互联网科技-平台销售"融通,并深入贫困户,了解需求,助力脱贫攻坚,挖掘农产品的文化内涵,打造农产品文化形象,把卖产品逐步转型成为立产业。

2. 市场把握的精细要求

精细把握市场需求是企业的生存之道,任何商业活动、市场活动都是要研究用户的需求,而一切的生意机会、行业机会、渠道机会以及品类机会乃至品牌机会,也都是来自于需求。而市场需求研究是一个复杂的、动态的问题,要灵活运用多种方法和手段,去贴近市场,进行市场分析,项目定位才会准确,才能有效化解未来项目经营的风险。一带而过的、程序式的、粗糙的市场分析,都为后期糟糕的经营状况埋下了隐患。

进一步聚焦市场研究可以发现,对市场的研究最终将落脚于对供给和需求的分析。供给的研究比较方便,一般通过详细的调查可以得到。问题在于需求,虽然当前市场上充斥了各种统计数据,但这些统计数据的真实性、可靠性以及统计深度都很难达到做深入的市场研究所需要的标准。经济科学是一门经验科学,经济分析和预测是统计事件中得出的,没有100%的准确率。因此,感性的判断很重要,数据分析只是从侧面印证我们的判断,加强我们的信心。建立一套完整的、核心的敏感指标体系是一个关键,有效的问卷设计是深入消费内心的利器,跳出本地区的参照系对比的方法看需求。这样,未来市场走势怎样,基本就可以了然于胸了。

第三届"互联网+"大赛季军项目"全息3D智能炫屏"一个裸眼3D视觉影像技术的项目。东南大学的项目团队以极常见的LED亮带为载体,通过芯片和程序的巧妙设计,实现了非常逼真的动感3D视觉效果,由于还实现了任何2D图像的无缝3D转化,为产品可展现的内容丰富度提供了无限想象空间,同时在广告、店铺展示领域找到了市场痛点,给出了突破性的解决方案。

3. 商业模式的完整设计

古语云"麻雀虽小,五脏俱全"。真实创业过程中,因为商业问题发生的时间顺序和阶段性,并非要在计划阶段对整个商业模式完成完整设计。而在大学生参加的创业比赛中,因为比赛评判的原因,就非常在乎商业模式的完整性。而且同学们的项目有的处于创意阶段、有的处于初创阶段,所以编撰的商业模式也是五花八门。

其实上述问题的发生,还是和同学对商业模式的知识储备不足、实践经验不够、预案准备不多。如果用养鸡场来对商业模式打个比方,商业模式无怪乎"买鸡生蛋、租鸡生蛋、预支鸡蛋、抵押租鸡、扩展上下游"五种方式。"买鸡生蛋"是最普遍的商业模式,也就是购买生产资料进行生产,卖出产品,这种模式最容易上手,但重资产、产业周期长,抗风险能力自然也就弱;"租鸡生蛋"是将资产负担部分转嫁,用有限的资金本迅速形成生产资料区域垄断,实现部分产品区域定价权;"预支鸡蛋"当租赁资产的资金出现不足,而产品成为爆品,市场求大于供,将还未生产出的产品提前预售,获得资金,以获得生产资料的区域垄断;"抵押租鸡"产品还未呈现爆品状态,但预计市场前景很好,为扩大市场占有率,将自己和租赁的资产进行抵押,以获得生产资料的区域垄断;"扩展上下游"形成鸡蛋市场的区域垄断后与养鸡配套的仓储、物流、饲料等的定价权也会出现区域丧失,养鸡的巨型资本很容易在上下游行业分一杯羹。其实五种方式并非单一存在,组合也并非一成不变。

换言之,做生意过程中需要思考,产品来源、产品采购渠道、产品成本、产品售价、销售渠道、通过什么方式卖、市场定位、销售利润、用户和企业的获益、产品可持续性,把这些问题搞清楚就能形成一个完整的商业模式。

4. 盈利能力的合理推演

盈利模式是指通过什么样的方式来赚钱,是帮助企业实现最大利润的手段。同学大多因为创业项目还未或还未真正进行财务核算,所以预测的数字往往缺乏科学性和验证性,不是成本计算少了,就是收入预期过于乐观。其实盈利能力是可以通过一些指标进行观测数据合理性的。

这里列举两个指标,首先主营业务利润率(主营业务利润率=主营业务利润/主营业务收入)也是通常说的毛利率。在一个产品的定价当中,原材料的成本越低,那么科技的含量就会越高。因此,简单的原材料附加值是衡量企业优势的有力武器。在知识经济环境下,人的创造性劳动创造了企业的价值,用人均创利能够真正衡量企业的技术含量和组织效率,因此,人均主营业务利润可以作为衡量企业技术含量和盈利能力的有力手段来使用;其次净资产营业利润率(净资产营业利润率=营业利润/平均净资产,其中,平均净资产=(期初净资产+期末净资产)/2),是将营业利润与企业净资产做比较。随着新经济时代的来临,品牌资产、专利资产以及高科技智力创造性资产在企业经营中日趋重要,净资产收益率就是反应这部分智力创造性资产的重要指标。

由此可见,在科学分析和指标验证后拿出的盈利能力,能提升创业项目的可信度,也为创业项目获取投资赢得先机。

5. 创业团队的分工协作

创业比赛项目中的团队多为临时组合,往往以同学的专业特长和素质特长作为团队组合和分工协作的基础。而事实上创业团队组合的首要条件是大家共同的创业志向,其次才是各自的专长。专长也只是一个持续阶段的最优化组合的参考依据,分工和专长存在一个长期的动态调整的状态。再次创业本身也是一个学习的过程,团队成员的专业能力都在创业的过程中得到了或多或少的提高,成员也会随着项目推进发生增加和替换,所以分工协作是一个具体且细致的组织构架,创业业务流程应该有许多的协作重合,而非简单的"各管一摊"。

6. 宣传展示的缤纷多元

信息化的今天,人们对事物的认知早已不满足二维和静态的呈现,因此路演现场抓住各种机会展示项目也成为比拼的"新战场"。例如,为项目制作30~90秒的短视频,制作项目展示宣传单页,展示产品模型(实物),让现场观众和评审到项目移动端亲自体验项目。但必须说明的是,所有的展示都是为项目路演服务的,展示的内容必须紧贴项目,而非简单地吸引增加人气。

7.4 如何准备电子商务创业赛

7.4.1 写好一份"有灵魂的"创业计划书

撰写创业计划书是创业比赛中的一个重要环节，创业赛的评判基本都围绕着创业计划书展开，同时创业计划书更是指导创业实践的行动方案和分析报告。分析市场、竞争力、财务、模式、风险等，及时认清自己、调整方略。因此，真实的创业计划书更有灵魂。

1. 模块布局和撰写技巧

创业计划书通常由封面、目录、执行概要、市场痛点分析、产品及运营模式、运营现状、核心竞争力、风险分析及应对措施、SWOT分析（或其他数据模型分析）、财务分析、团队成员介绍、未来计划以及相关证明材料的附件13个模块组成。所有模块只为达成一个共同的目的，即向评审专家阐述清楚创业项目"为什么做？怎么做？做到哪里？核心竞争力？"，其中又以创业计划书中的执行概要最为重要，它不但要起到吸引评审专家眼球的目的，更是通过几百字的核心表述，让评审专家迅速了解创业项目的基本情况，让专家产生读完创业计划书的兴趣。同时正文中的数据、图片、关键词、逻辑主线是构建创业计划书的要素，要尽量做到不重复、不宏观、图文结合、主线清晰。

2. 执行概要撰写技巧

写执行概要可以用"四个一段话"来概括。用一段话直击目前的市场痛点，介绍你做这个项目的目的，做这个项目的原因；用一段话介绍你解决上述的痛点的方法，路线具体明确，言简意赅，说明白产品技术或商业模式；用一段话介绍项目的经营现状，证明有想法、有落实、能落地，最好能展示出产品模型、技术量产、专利申请、销售量、营业额、利润额、带动就业人数、得到的社会认可等；用一段话介绍你的竞争优势，如核心竞争力、内保护、外对比。此外，执行概要中团队介绍为可选项，除非成员或者导师是业界领军人物、有足够的知名度和影响力，否则不用在执行概要这样的黄金段落中阐述。

3. 市场痛点分析

市场痛点分析也可以称为市场背景或项目背景分析。要通过情景代入、配图说明等手段让评审专家简单易懂、形成刺激、产生共鸣，要阐述清楚问题的现状、受影响人群的数量、分布以及其他属性。同时，也要深入、客观、逐一分析清楚问题产生的根本原因，为下一章节介绍产品及运营模式做铺垫。最后对目标客户进行分析，阐述目标客户的数量、分布、需求程度、购买力等。

4. 产品及运营模式（产品技术服务、商业模式）

产品及运营模式也称为产品技术服务或商业模式，包含产品介绍、运营模式介绍和盈利模式介绍三个部分。产品介绍要介绍清楚用什么样的技术实现什么样的功能，该功能又解决了市场痛点中的哪个问题，可配产品模型图或现实产品图辅助说明。运营模式介绍以核心产品为中心构建切实可行的商业模式，将项目涉及的对象以及关系有效地结合，形成商业模式图。盈利模式介绍分点逐一讲清楚，在运营模式中，具体哪个环节可以赚钱，如果该盈利点已有数据，列举数据说明，增强项目可信度。

5. 运营现状

运营现状是指目前做出的成绩，最好用"文字 + 配图"的方式展示。其中产品进度（含模型、专利、量产、销量等信息）、金额（含销售额、利润等信息）、带动就业人数、社会认可（如参赛获奖、领导肯定、媒体报道等）都是要列举到的内容。

6. 核心竞争力

核心竞争力是介绍项目的优势和特点。别人模仿不了的自身技术保护或独特资源优势，比较市面上直接竞品、替代品，自身产品在性价比等各项指标突出优势，就是项目的核心竞争力。

7. 营销策略

营销策略要有具体的方法和目标。不要简单的线上线下结合，真正实践过的营销策略是不会笼统概括的，必有具体可行的销售方式和策略。营销策略不是记流水账，而是要说明白最有效的三种。如果有已奏效的策略，可配以数据说明，增加真实性。

8. 风险分析及应对措施

对资金、交易、人才、管理等现实运营中已经出现或者可预见的风险进行客观、深入分析，不要流于形式，正确看待风险存在，及时做好应对方案，是一个团队成熟的表现。一个风险分析对应一个应对措施，抗风险方案不仅使策划书更加真实，同时有效的解决措施更可以用于指导实践，及时规避各种风险。这种应对风险的填坑能力是一个团队强大与否的表现。

9. SWOT 分析

从团队和项目本身分析总结得出优势和劣势，如容易形成优势的专业、成本、人力、获得的支持等，以及容易出现劣势的经验、资金等。外部环境是分析机会和威胁领域，如利好的政策和社会环境分析，遇到的阻碍、竞争替代等。

10. 财务分析及预测

财务分析及预测最直观的方式是制作明细表，将已经发生的、未发生预测的所有收入、支出的项目名称、发生时间、数量、对应金额，按照年份进行制作明细表，需要财务人员根据明细表制作资产负债表、现金流量表等各财务表格。财务数据尽量在合理范围内膨胀，不可图方便凑整数。财务数据要符合规律，财务流水、缴税证明和转账截图可以作为辅助，增加项目可信度，丰富财务分析及预测的内容。

11. 团队成员介绍（成员、指导老师、顾问）

团队成员主要介绍跟项目直接相关所学专业，有跟项目相关、相似的履历经验，在项目团队担任的职务，主要负责模块，具体做出的成绩，必须具体且量化，在校表现介绍点到即止，切勿贪多。导师介绍与项目直接相关的专业研究、工作经验，以及他在该领域的知名度和影响力，有参与项目运营并且做出贡献，可具体量化，由他直接或间接产生的成果都可以。

12. 未来发展计划

未来发展计划要短期、可实现的，不用三五年，甚至十年的长远规划，短期能实现的目标更容易调动团队的积极性和奋进心。切勿使用"即将""应该""要"等表述方式，直接用具体的方法实现具体可量化的目标。

13. 相关证明材料的附件

附件可包含营业执照、代表意义的合同、数据调研、专利软著商标证书、获奖证书等，增加项目的真实性和可信度。

7.4.2 完成一个"生动的"路演 PPT

路演 PPT 是为了配合演说，简单大气为好。切勿过多特效，反而画蛇添足。

1. 路演 PPT 的主要内容

首先，制作 PPT 的目的是描述问题现状、受影响人群、问题产生的根本原因，并且配图说明，情景代入，通俗易懂。其次，关于产品或服务模式的 PPT 制作方案，方案要具体明确、直击痛点、一目了然。可以通过"产品技术—功能—解决问题"或"将产品置入—延伸服务链—构建商业模式—加快推广"两个逻辑链进行展示。再次，PPT 展示内容，包括展示产品进度、营业额、带动就业、荣誉认可等。再往后是核心竞争力、营销策略、财务分析及融资需求、团队介绍。

2. 路演 PPT 制作要求

路演 PPT 页数一般 20 页左右，包括导航页和内容页。言简意赅、重点突出、少说废话。字体大小 30 号左右，关键字/词加粗换颜色，字不宜多。整个 PPT 颜色不超过 3 种，背景色块尽量选择同一色系的不同色阶。特效不宜多，对于不能提升项目展示度的特效既占时间，又没意义，还会因为版本问题乱码。总之路演 PPT 要围绕图片、数据、关键词、逻辑考虑整体性原则。

7.4.3 展示一场"抓眼球的"的答辩

1. 讲好一个项目

路演要把重点讲透彻，不要按 PPT 搞"平均主义"，"怎么做""核心竞争力"是重点，如果是新领域项目,"为什么做?"也需要和评审介绍到位。如果项目运行得非常好,"做到哪里?"也可以充分展示。抓住 PPT 关键词展开描述,讲出灵魂,切勿照本宣科。用贴近生活的案例、通俗易懂的介绍让评审们了解这个项目,并且参与交流提问。不要一副"唯利是图"的嘴脸,适当将愿景、情怀融入项目,更能体现社会价值、得到认可,有情怀更能打动人心。要与评审有眼神交流,不要"目中无人"。增强时间观念,超时、提前都不好,挑重点先讲完,适当回看 PPT,把握时间进度。

2. 应对评审的问题

评审的问题一般集中在 9 个方面:竞争分析(如:跟 XXX 品牌比,你们的优势或创新点在哪里?客户为什么选择你们?)、产品技术(如:有申请专利/软著了吗?第一作者是谁?)、商业模式(如:你们是怎么做的?你们的模式是什么?)、营销(如:你认为最有效的销售办法是哪种?)、风险应对(如:遇到 XXX 问题,你们该/是怎么解决的?)、财务(如:你们一年的营业额多少?利润多少?有缴税吗?)、融资(如:我投资你们,你预计下,我什么时候能够回本?)、团队(如:目前 XXX 工作谁在做的?是怎么做的?)、项目简介(如:请用一句话介绍你的项目。)

回答问题不要答非所问,切勿拐弯抹角、自作聪明,承认不懂也能赢得好感。遇到争执,不要反驳。数据问题要脱口而出,如,评审提问关于运营数据,包括市场调查、财务现状等数据,要脱口而出,实在记不住,可回看下 PPT,但是不能出现卡壳、沉默、答非所问。懂得识别问题的本质,评审问的问题无外乎两种:一是项目运营问题,其中包括市场、团队、商业模式、财务、营销等实践中遇到的问题,只要真正有去做项目的,这些问题基本上都能很好应对;二是核心竞争力问题,也就是竞争优势、项目特点。将项目烂熟于胸,自然就能应对自如。

本章小结

1. 创业和创业竞赛的区别。创业是一个商业活动的过程,其目标中必然注重创业成效,注重盈利状况,同时创业过程允许失败、失误,允许投机。创业竞赛是一个比赛过程,是在比赛规则下获得更高的分数。因此在创业竞赛中要注重评判标准,注重创业逻辑,并尽量减少失误,同时赛场气氛、评委个人好恶,也会给比赛带来运气成分。

2. 电子商务相关的创业赛,包括:全国大学生电子商务竞赛、"汇创青春"、上海大学生文化创意作品展示活动、全国大学生电子商务"创新、创意及创业"挑战赛、中国国际"互联网+"大学生创新创业大赛等。

3. 电子商务赛事案例解析。以城市"微新"——公民参与视角下的社区微更新全方位服务项目为例,说明电子商务创业比赛设计中的关键点以及正确的处理方法,展现商业模式画布。

4. 电子商务创业赛的特点,包括:技术创新的深度体现,市场把握的精细要求,商业模式的完整设计,盈利能力的合理推演,创业团队的分工协作,宣传展示的缤纷多元。

5. 准备电子商务创业赛。主要的工作包括：写好一份"有灵魂的"创业计划书，完成一个"生动的"路演PPT，展示一场"抓眼球的"的答辩。

课后习题

1. 创业和创业竞赛有什么区别？
2. 电子商务创新创业的常见领域有哪些？
3. 我国大学生电子商务创新创业的竞赛有哪些？
4. 试着总结7.2案例中项目的成功因素。
5. 电子商务创业赛的特点有哪些？
6. 电子商务创业赛的准备工作包含哪几项？
7. 如何写好一份"有灵魂的"创业计划书？
8. 如何完成一个"生动的"路演PPT？
9. 如何展示一场"抓眼球的"答辩？
10. 你了解到身边有哪些电子商务创新创业比赛或者项目，他们成功或失败的关键因素是什么？

章后案例

ofo 小黄车案例看"创业与经营"?[1]

ofo 小黄车是一个无桩共享单车出行平台,缔造了"无桩单车共享"模式,致力于解决城市出行问题。用户只需在微信公众号或 App 扫一扫车上的二维码或直接输入对应车牌号,即可获得解锁密码,解锁骑行,随取随用,随时随地,也可以共享自己的单车到 ofo 共享平台,获得所有 ofo 小黄车的终身免费使用权,以 1 换 N。

2015 年 6 月启动以来,ofo 小黄车已连接了 10 00 万辆共享单车,累计向全球 20 个国家,超 250 座城市、超过 2 亿个用户提供了超过 40 亿次的出行服务。

ofo 创始人兼 CEO 戴威,毕业于北京大学光华管理学院。2014 年与 4 名合伙人创立 ofo,提出了"以共享经济+智能硬件,解决最后一公里出行问题"的理念,创立了国内首家以平台共享方式运营校园自行车业务的新型互联网科技公司。

2016 年 10 月 12 日至 15 日,第二届中国"互联网+"大学生创新创业全国总决赛上,ofo 共享单车从全国 2 110 所大学、118 804 个创业项目、545 808 名大学生角逐的"互联网+"大学生创业创新大赛中脱颖而出,最终获得金奖,并受到了刘延东的接见。CEO 戴威荣获《财富》中文版"中国 40 位 40 岁以下的商业精英"。

可以说创业阶段的 ofo 风光无限、前景光明,打造了"共享经济"的一个传奇。可是"登顶"暨"下坡",在随后的 2017 年 ofo 就和客户出现商业纠纷,2018 年更是被曝光拖欠货款……是什么让创业"成功"前后出现这么大的反差,案例汲取互联网上的有关事件报道和失败分析,希望给读者建立创业全过程管理的概念。

2017 年 10 月,多地 ofo 小黄车用户向媒体反映称,使用 ofo 小黄车遇到消费陷阱,本要支付 199 元的用车押金,却买成了不可退钱的"59 元包年卡"。ofo 公关部相关负责人表示,ofo 交押金页面有明显的"59 元包一年用车""199 元押金"字样标注,用户可根据需求自主选择。

2018 年 7 月 2 日,央视新闻频道《每周质量报告》关注了共享单车行业的"异常扣费"情况,其中涉及 ofo 小黄车"未开锁扣费""报修先扣费"等问题。ofo 第一时间作出回应并且道歉,并称"正常报修扣费未获返还"的个别情况存在,比例不超过 2%。

2018 年 8 月 22 日,ofo 宣布在其 App 中上线用户在扫码开锁时可观赏到 5 秒钟的品牌广告视频,这是继品牌车身广告、App 端内广告业务后,ofo 推出的第三项广告业务。

---

[1] 参见百度百科. ofo 小黄车. https://baike.baidu.com/item/ofo%E5%B0%8F%E9%BB%84%E8%BD%A6/20808277?fromtitle=ofo&fromid=20104243&fr=aladdin. 志诚财经.ofo 失败的原因是什么? http://m.zhicheng.com/syrw/n/236865.html. 等。

2018年9月1日，ofo因拖欠6 800余万元货款，ofo被合作伙伴、自行车生产企业上海凤凰企业（集团）股份有限公司告上了法庭，要求ofo小黄车运营方东峡大通（北京）管理咨询有限公司支付拖欠货款6 815.11万元。

2018年9月8日，有多名网友反映称，在使用ofo小黄车App时，充值押金或者退押金的时候被诱导消费，或是充押金的时候变成年卡用户，或是在退押金的时候被升级成年卡。ofo相关负责人员再次介绍，充押金可以直接选择充值押金不购买年卡，退ofo押金可以直接退款。律师表示，平台应尽到说明义务。

2018年10月27日，有媒体披露称ofo小黄车退押金周期再度延长，已由原来1～10个工作日延长至1～15个工作日，客服沟通亦不畅通。还有网友表示实际还款期可能超过1个月。ofo用户退押金难的问题引发公众不满。

2018年12月，针对嘉里大通物流有限公司上海分公司（提供ofo小黄车区域调整物流）起诉ofo运营主体东峡大通（北京）管理咨询有限公司拖欠服务费一案，北京市海淀区人民法院做出判决，判令东峡大通支付服务费8 111 896.38元。

2019年1月8日，ofo海外事业部总经理陈钰瑄宣布部门解散。

2019年1月12日，上海凤凰企业（集团）股份有限公司发布公告，子公司凤凰自行车与东峡大通自愿达成调解协议。包括，确认包括结欠货款、律师费、利息（截至2018年11月20日）等在内，东峡大通共应付凤凰自行车7 191.61万元。

北京法院审判信息网公开信息显示，在ofo和天津飞鸽的合同中，ofo运营主体东峡大通（北京）管理咨询有限公司共计8 082.75万元的银行存款和相应财产被冻结。

2020年6月12日，上海市静安区人民法院对中国首例未满12岁男孩（小高）骑行ofo共享单车死亡案作出一审判决，被告北京拜克洛克科技有限公司应支付两原告小高父母赔偿款6.7万余元，驳回两原告的其余诉讼请求。法院认为，拜克洛克公司对其投放的涉案ofo共享单车未尽合理限度的管理义务，使得受害人轻易获取涉案ofo共享单车，增加了受害人遭受道路交通事故伤害的风险，并且最终也实际发生了损害后果。最终，法院酌定被告拜克洛克公司对两原告前案未获交通事故损害赔偿的损失承担10%的赔偿责任，即人民币6.7万余元。

2020年12月2日，ofo小黄车的关联公司北京拜克洛克科技有限公司法定代表人戴威再次收到限制消费令，申请人为中国太平洋财产保险股份有限公司北京分公司。

2021年7月，据企查查消息，北京市交通委员会与东峡大通（北京）管理咨询有限公司交通运输行政管理（交通）的案件公开。审理经过显示，ofo公司被约谈责令改正后，仍未及时退还承租人押金，经约谈拒不改正，处以5万元罚款。因ofo公司未履行缴纳罚款的义务，北京市交通委员会申请强制执行ofo公司。

至此，一个创业先锋跌落神坛。

根据这样一组时间表我们能否窥得创业与经营中的问题呢？网上的案例分析也很多，我大致做了下梳理，有以下几个主流分析：

表面上看ofo的失败是因为资金链断裂，而从相关报道，公司一直处于吸纳资金的状态，而吸纳的资金没有用在解决技术问题上,而是持续盲目扩充市场占有率,这和创业计划中最初设计相违背。

共享经济是租赁经济,当供给和需求的规模不断增大的时候,随机性会导致不匹配加剧,这时候我们需要一些不"随机"的供给来应对需求,打车行业靠的是专车,共享单车行业怎么办?自行车自己又不会跑。那就只有两个选项,一个是大规模撒车,保证到处都有,需求再高我供给都跟得上;另一个是大规模运车,只要我能监控哪里供需不匹配我就派人把车运过去。但是你一看这个就是重资产的经营模式(自行车要多吧?运自行车的车要多吧?),不是"互联网+"的经营模式(对比打车公司就很明显了),所以摩拜的"物联网"的思路是对的,ofo的互联网模式就有点呵呵了。

共享单车行业收不了高价,或者说收不了能够覆盖成本的价格,因为自行车这个"最后一公里"的替代品太多(而且还蛮便宜):大不了我走回去,或者我自己买辆车嘛。所以共享单车这个经济模式就不是能够靠"垄断+高价"来维持的,而应该是一个"跨边补贴"的模式,就像视频平台只要看广告就能免费看视频一样(广告商补贴用户),或者低价卖打印机高价卖墨盒这种(墨盒补贴打印机),本质上是因为互补或者说正外部性。

上海诚展实业财务运营李试翔把企业运行简化成一个由上三角、下三角和中三角构成"终成三角形"来分析,三角是外因,分别为投资人、商业周期和生态伙伴;下三角为内因,分别为文化、诚信和客户;中三角为内外因的协同运化,分别为领导力、柔性组织和平台系统。他认为ofo失败的原因有以下三点。

(1)创业之初CEO戴威就通过"自己已经筹了100万元(实际上根本就没有这100万元),还缺100万元"的手段欺骗北大投资人师兄,创始人没有了诚信,在公司文化建设上,必然也会缺少了诚信的文化基因。同时,诚信也是领导力的基石,如果一个公司的领导不诚信,那么,员工必然不会相信领导所做出的一切承诺。

(2)对于企业来说,客户是除了诚信之外的另一个基石。如果没有客户买单,那么企业必然倒闭。但是在引入金沙江创投和摩拜单车上市两件事的影响下,戴威从一开始为客户解决3公里出行的初心转变为

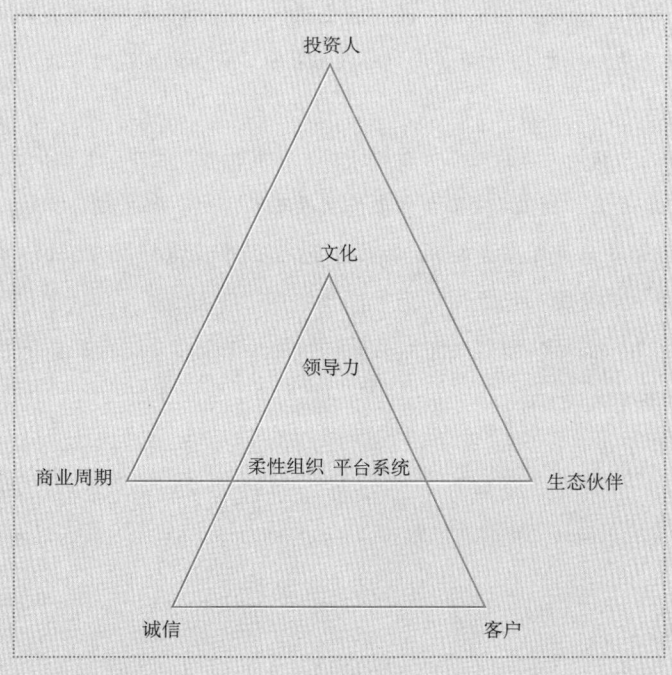

打倒摩拜单车的竞争欲望，将所有的钱用于打市场，而不是优化单车质量上，导致用户经常找到损坏的单车，极大地破坏了用户体验，继而导致客户流失。

（3）绝大部分投资人的目的是帮助企业提升市值，进而从中获取利益。而争夺流量抢占市场是提升市值最快的方法。在利益的驱动下，ofo忽略了内部团队建设和平台系统的优化，失去了以人为本的文化。

在一个企业失去了内因的三大核心要素后，整个企业就从内部彻底瓦解，即便是外部环境再好，企业很难有生存的可能。

中国政法大学传播法研究中心副主任朱巍觉得ofo之所以走向败落，有四点原因。

（1）资金链发生断裂。而资金链之所以断裂，是因为资本不再热捧。共享经济，包括以ofo为代表的共享单车刚出来时，资本非常热捧，推断ofo和滴滴的发展方向应该是一样的——开始非常快地普及，变成公众生活中的刚需，最后在市场竞争的过程中，扩大后快速合并，然后开始出现盈利。但是，现在事与愿违。

（2）和政策有关。国家层面，2020年8月，交通运输部、中央宣传部、中央网信办、国家发改委、工业和信息化部、公安部、住房和城乡建设部、人民银行、国家市场监督管理总局、旅游局10个部门联合出台了《关于鼓励和规范互联网租赁自行车发展的指导意见》，各个地方层面也有对于共享单车的限量令，以及包括电子围栏、保险、定位等主体责任的加强，所以目前政策情况并不明朗。"企业压力很大，即便有资本也渗透不进去。光靠资本不好使，必须线下有政策支持。维护成本变高和政策不明朗，让行业不好过。"

（3）看不到可变现的盈利方向。ofo算是很努力，包括自身的广告、自媒体的广告都做了，但现在看来还是杯水车薪，变现难以持续。加上现在各地政策不允许车身做广告，让共享单车进退维谷，失去了造血能力。

（4）ofo动用押金触及了底线。包括预付款、押金在内，平台的资本和用户的钱要分开、严格隔离，如果没有隔离，就会出现很大问题。"动用了用户的钱，动用了资金池，混为一谈，这样一旦出现问题，退款就退不了了。"

在上述四点原因中，朱巍认为，最根本的原因还在于资本因素。此外，包括平台用户出现问题、追责、舆论压力等，形成了各种合力，推着以ofo为代表的共享单车企业走向死亡。但是，共享单车行业可能依旧会继续持续下去，"比如说滴滴有青桔单车，阿里有哈罗单车，会发现没有了ofo之后，地球一样转，产业继续存在。ofo从炙手可热变成一个弃子。"

总之"恶性竞争""无休止的扩张""过度重视资本""忽略企业自身、产品自身的缺陷"必然会让一个创业"成功"的企业跌落神坛。

思考题

1. ofo 创业成功的要素是什么？
2. ofo 创业失败的主要原因有哪些？
3. 创业到运营过程中需要时刻关注的要点有哪些？
4. 如何正确分析基于互联网平台下的创业"风口"？
5. 如何看待资本对于创业的"利与弊"？

8 电子商务供应链实现

学习目标

- 电子商务订单完成过程
- 供应链运作模式
- 供应链中的订单生产、仓储与配送
- 跨境电商
- 跨境电商的供应链实现
- 供应链上订单完成存在的问题

先导案例

越来越快的"双11"物流

2020年是"双11"的第11年,经过多年的演变,"双11"早已超越了"光棍节"的本意,成为购物狂欢。现在的"爆仓"形容的往往是"卖得太好"而不再是"快递积压"。在"双11"下单的快递已经不再需要苦苦等待,一周甚至一个月才能送达包裹的"双11"已成为历史。在速度与效率的背后,是一系列供应链上下游企业密切合作进行的供应链管理创新。

1. 商品提前下沉

商品提前下沉是指将商品提前放置到离消费者最近的场所,这就要对需求有较准确的预测。电商企业有两种方法可以判断消费者对商品的需求情况。其一是预售,这是电商平台企业"双11"期间的常用玩法。预售、定金等销售方法能帮助企业提前确定消费者将要买什么,在消费者支付定金时,商品就被快递公司揽件,发往离用户最近的营业点。11月11日,用户付完尾款,离他们只有几公里远、甚至就在楼下站点的商品便启程出发。其二是基于大数据的需求预测,一些大型品牌电商通过日常交易量、以往"双11"成交量以及购物车等大数据,使用越来越准确的算法,分析不同城市和区域的购物偏好,与快递物流企业合作提前调配商品。

京东和天猫可以做到预售订单规模化下沉。"双11"之前将商品发货到距离消费者10公里范围内的分仓。保障了大批"双11"凌晨支付尾款的订单以及大量爆款第一时间送达。避免在"双11"当天拥堵。最先发出的一亿个包裹大多都来自这些提前预估的库存。这些订单九成都可以做到当日或者次日送达。

2. 密集的物流网络站点

物流越来越快的根本原因在于物流网络的日渐完整。企业不是等"双11"来了才考虑短租仓库或扩大仓储,在平时搭建日常配送网络时,就在考虑季节变化,包括在什么地方设置仓库,仓库分什么层级,用什么方式来组建扩展整个客户群的一张网。菜鸟对此有专门的评估部门,分为"地网"和"天网",配送仓库叫地网,天网是类似天猫超市的线上订单,天网会把数据盘算后做计划,预计今年可能的销售额,落实到每层每项大概有多少,计算出所需仓储面积和周转率。对比以前一个城市配备一两个大仓的情况,现在的物流站点布局会在一个城市的不同区域布局更多数量的小仓库,针对区域消费特点进行仓储和物流。

3. 物流行业数字化不断升级

数字化和智能化技术的规模化应用已成为现实。顺丰、京东、菜鸟、苏宁等在全国建立多个无人仓。百世快递风暴分拣系统实现了全智能分拣,自动化设备数量同比增长55%。圆通仅仅是2019年上半年上马的自动化设备就增加了一倍。中通则将自己位于全国各地的单层自动化分拣线升级为双层。菜鸟今年投入建造了全球最大的智能仓储系统。尤其是位于无锡的新一代智能仓,实现了全自动拣货和发货。在AI的调度下,超千台不同类型的机器人协同作业,发货能力比从前提升了60%。目前,中国快递业自动化流水线已经超过 5 000 公里；在今年"双 11"期间，我国快递公司投入的自动化设备数量普遍同比增加 50% 以上。此外，数字化也连接了众多的物流人、物流运输车和各类站点。

电子商务使得人们可以方便地通过网络下订单和付款，当交易物品为实物商品时，则需要通过大量繁琐的操作完成商品交付才能算真正完成一单交易。从商品的准备到物流配送，供应链运营对电子商务订单的客户满意度影响深刻，而当电子商务涉及跨境业务时，供应链会变得更复杂。为了提高电子商务订单的客户满意度，需要分析其供应链的实现，这正是本章讨论的主题。

8.1 电子商务订单完成与供应链

8.1.1 电子商务订单完成过程

订单完成过程是指企业从收到客户订单到产品交付给客户的整个过程，如果顾客对商品不太满意，还要安排更换或退货服务。电子商务有多种交易模式，交易的商品既有虚拟商品也有实物商品。在实物商品交易时，可以方便地通过网络接受订单并完成支付，但随之而来的货物发运和送货上门则会涉及多个主体、多个环节。实物商品订单完成过程包括大量后台活动，如包装、配送、会计、存货管理、运输等。这些与前台运作活动密切相关，如广告、接单等，随着科技的发展，电子商务订单完成全过程变得越来越可视化。

订单完成过程的总体目标是以低成本和高效益的方式，将正确的产品按时运至正确的客户手中。线上和线下零售商店的订单完成过程目标相同，但运作逻辑不同。线下零售商需要将大量商品运送到实体门店，关注从供应商到门店过程中的成本与响应性均衡。线上零售商的订单往往批量小，数量多，更关注如何把小量的商品直接送到顾客手中。

电子商务订单完成过程从"订单"开始，确认订单后，商家会根据商品和订单的不同条件采取不同的处理步骤（图 8-1）。

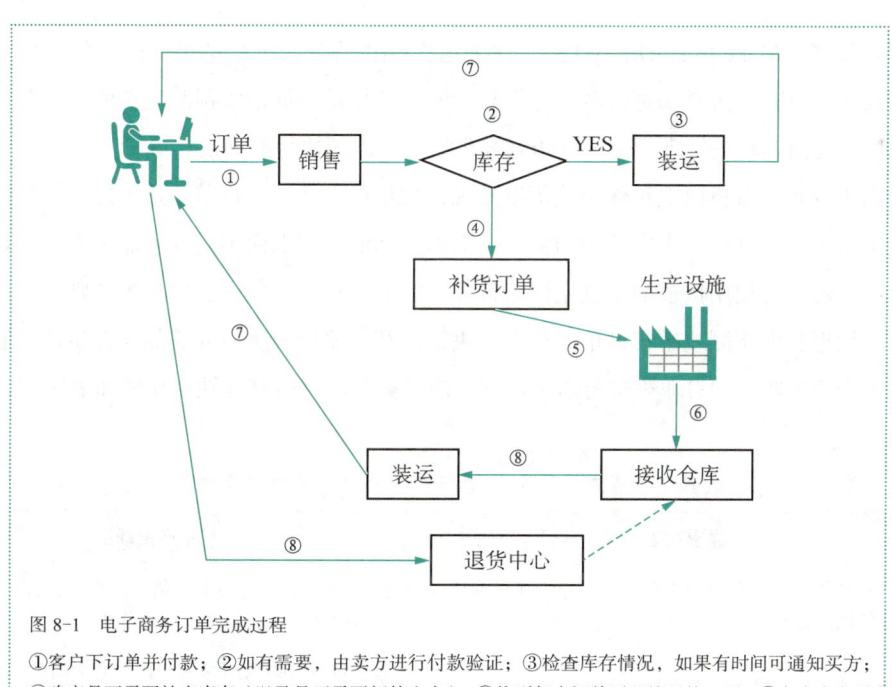

图 8-1　电子商务订单完成过程
①客户下订单并付款；②如有需要，由卖方进行付款验证；③检查库存情况，如果有时间可通知买方；④确定是否需要补充库存（以及是否需要额外生产）；⑤找到每个订单可以处理的工厂；⑥向客户发送已完成的订单商品；⑦客户收到货物；⑧如有需要，卖家负责退货管理

8.1.2 供应链运作模式

电子商务订单完成过程始于订单，但是从商品准备到最终交付的全过程则与供应链运营模式密切相关。供应链管理早于电子商务发展20年，其基本运作模式主要包括以下四种。

（1）按订单设计（Engineer-to-order，ETO），在这种模式下，产品按照客户的要求进行设计和制造。产品的开发设计及原材料供应、生产、运输都由客户订单驱动。企业在接到客户订单后，按照订单的具体要求，设计出能够满足客户特殊要求的定制化产品，从供应商的选择、原材料的要求、设计过程、制造过程以及成品交付等都由客户订单决定。

按订单设计是指根据客户订单中的特殊需求，重新设计能满足特殊需求的新零部件或整个产品。客户订单分离点（CODP）位于产品的开发设计阶段。较少的通用原材料和零部件不受客户订单的影响。

（2）按订单制造（Make-to-order，MTO），也称为按订单生产（Build-to-order，BTO），用于按客户要求生产的产品（定制产品）。接到客户订单后，在已有零部件的基础上进行变型设计、制造和装配，最终向客户提供定制产品的生产方式，大部分机械产品属于此类生产方式。

（3）按单装配（Assemble-to-order，ATO），也称为按要求装配（Assemble-to-request，ATR），在这种模式下，产品根据客户的要求并利用现有的库存零部件进行生产。这就要求最终产品具有模块化的产品结构，如模块化的汽车、个人计算机等。在这种生产方式中，装配活动及其下游的活动由客户订货驱动。

（4）库存生产（Make-to-stock，MTS），这种运作模式适合大批量销售的标准化产品。在这种供应链运作方式中，只有销售活动是由客户订货驱动的，产品是根据销售预测生产的，准备好的产成品通过各种销售渠道向客户销售现货。这意味着客户需求可以很快得到满足。

从顾客需求的角度分析以上运作模式可以发现，按订单设计、按订单制造、按订单装配模式的供应链本质上是需求拉动型的，供应链中的生产是根据实际消费需求而不是预测需求来开展计划和组织协调生产。供应链通过使用快速的信息流机制将客户需求信息向上传递。库存生产则是生产推动型的供应链，主要根据长期预测或销售订单进行生产决策，其主要形式为面向成品库存生产。制造商一般会利用从零售商处接收到的订单来进行需求预测。两种类型的供应链优缺点比较如表8-1所示。

表 8-1 需求拉动型与生产推动型供应链优缺点比较

	需求拉动型	生产推动型
优点	大大降低各类库存和流动资金占用，减少库存变质和失效的风险缺点	能够稳定供应链的生产负荷，提高机器设备利用率，缩短交货周期，增加交货可靠性
缺点	将面对能否及时获取资源和及时交货以满足市场需求的风险资料来源	需要备有较多的原材料、在制品和制成品库存，库存占用的流动资金较大，当市场需求发生变化时，企业应变能力较弱

8.1.3 供应链中的订单生产

电子商务的一个好处就是能够定制产品和个人服务。尽管在线接收定制订单很容易，但是完成实体商品的订单就不简单。大规模生产能够帮助企业降低单位生产价格，但是定制的产品成本则很高，因为每件产品需要单独处理。此外，定制也需要耗费时间，特别是像汽车那样的大件商品。若顾客想要及时获得最新款的定制产品，又希望产品的价格不要高于批量生产的同类产品时，此类订单完成的关键就在于供货商、制造商或零售商如何以一个合理的成本在合理的时间内向客户提供定制产品。大规模定制（Mass Customization）和延迟制造就是供应链中能够有效完成订单的策略。

1. 大规模定制

大规模定制是在系统思想的指导下，将企业、客户、供应商、员工和环境有机集成，充分利用企业已有的各种资源，在标准技术、现代设计方法、信息技术和先进制造技术的支持下，根据客户的个性化需求，以低成本、高质量和高效率提供定制产品和服务的大批量生产方式。

大规模定制建立在能配置成多种最终产品或服务的模块化构件之上。提供标准化零部件实现的定制化不仅能增加产品多样化，同时也能降低制造成本，使得进行全新设计的产品开发和增加品种的变型设计速度更快。利用模块化构件的方法有很多，如共享构件模块化、互换构件模块化、"量体裁衣"模块化、混合模块化、总线模块化和可组合模块化。通过这些方法可以将模块化构件组合并匹配成可定制的最终产品或服务。贯穿产品或服务的模块化，可互换零件使整个企业都卷入满足客户个性化的需求之中。

2. 延迟制造

延迟制造核心内容是制造商事先只生产通用化或可模块化的部件，尽量使产品保持中间状态，以实现规模化生产，并且通过集中库存减少库存成本，从而缩短提前期，增强了应对个性化需求的灵活性。其目标是使恰当的产品在恰当的时间到达恰当的位置。表面上的延迟实质上是为了更快速地对市场需求做出反应，即因定制需求或个性化需求在时间和空间上出现的延迟。

3. 客户订单分离点

客户订单分离点是延迟区分边界，它是指企业生产活动中由基于预测的生产转向响应客户需求的定制生产的转换点。各类生产模式的订单分离点如图 8-2 所示。

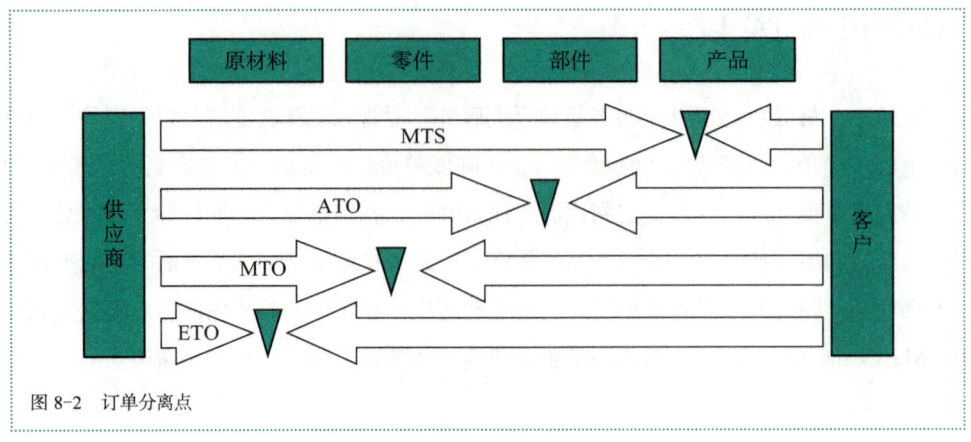

图 8-2 订单分离点

> **实际案例 8-1** 红领智慧工厂

坐落于山东即墨的青岛红领集团曾是一家生产西装的传统服装企业，而"定制"这个与大规模量产背道而驰的概念却本就是人们对西装的原生需求。2003 年，红领将定制业务注册为"青岛酷特智能股份有限公司"，正式开始将"互联网＋个性化定制"作为西装个性化需求的解决方案。

在红领，一件独一无二的定制西服是如何诞生的？首先，消费者在酷特智能的"魔幻工厂"App 上对自己的西装进行自主设计，选择自己喜欢的版型、款式、风格，并一一确定包括颜色、面料、里料、刺绣、纽扣、口袋等各处细节。之后，通过预约量体，采集的客户身体数据会与酷特智能的数据库进行匹配，自动生成最适合每一位客户的个性化定制版型。涵盖上百万万亿不同版型的大数据库让红领的制版准确率甚至远远高于经验丰富的版师的手工操作。版型确定后，系统会将西装上的所有定制细节拆分，并自动进行排单。一张电子磁卡会记录所有数据，它会成为这件衣服的电子身份证，带着所需要的面料辅料，利用红领工厂的天花板上的"吊挂系统"自动传送到对应的工位上。因为每一个订单都是不同的，员工的工作方式也与其他服装厂有很大不同。他们的面前有一块电子屏幕，当挂钩带着磁卡与面料来到工位前，员工需要扫描磁卡，获取对应的操作信息。依托这种方式，酷特智能的同一条流水线可以同时生产不同的个性化产品，而其成本只比传统服装厂高出 10%。去除一切中间商、渠道商，直接面向消费者，这让红领成为服装行业中第一个将 C2M（Consumer to Manufactory，消费者到制造工厂）模式走通的企业。

这样的模式所带来的优势在于：第一，完全实现 0 库存，C2M 实现客户需求驱动生产。一个成衣品牌往往有 30%～50% 的成本被库存抢占，因此，对于服装产业，0 库存所带来的优势显而易见。第二，去经验化，最大程度上摆脱"人"对生产的影响。制版、量体这些传统西装定制行业需要丰富经验的老师傅才能做到的事，在红领可以由年轻的员工，甚至电脑完成，而自动化排单更是让大规模定制变成可能。

8.1.4 智能化仓储

在电子商务供应链上，仓储不再是简单的"储存保管东西的场所"，而逐渐成为"商品配送服务中心"。供应链对仓储管理的要求正在从静态管理走向动态管理。动态管理的仓储不是将仓储看作"水库"，而是一条流动的"河"，上游的货物流转至仓储点，再流向对应的下游。面对日趋复杂的仓储需求，仓储管理也必须走向信息化与智能化，依靠信息技术和智能技术，实现自动化作业，不断提高仓储效率、降低仓储成本。

仓储智能化是将多套智能化设备和系统集成，包括自动化立体仓库、立体货架、高速分拣系统、出入库输送系统、物流机器人系统、信息识别系统、自动控制系统、计算机控制系统以及其他辅助设备。菜鸟网络、京东物流和苏宁物流都向市场展现了自己的智能化仓储成果，无人仓、物流机器人为这些企业赚足了眼球。在这些令人眼花缭乱的物流机器人背后，是一整套智能化技术的支撑，包括互联网、物联网、云计算、大数据、人工智能和 RFID 等。借助 RFID 技术，企业不仅能够实现物料信息的采集、跟踪和反馈，也便于对货物进行批次管理，进而改善库存控制。RFID 已经成为仓储信息化与智能化的基础和手段。

仓储智能化不只是自动化，更不局限于存储、输送和分拣等作业环节，而是仓储全流程的智能化，其中大量应用了机器人、RFID（射频识别，Radio Frequency Identification）、MES（制造执行系统，Manufacturing Execution System）、WMS（仓库管理系统，Warehouse Management System）等智能化设备与软件，以及物联网、人工智能、云计算等技术。为了应对海量的个性化需求，对这些需求进行快速响应，要将仓储与物流、制造、销售等供应链环节相结合，在智能供应链的框架体系下，实现仓储网络全透明的实时控制。

> **实际案例 8-2** 仓储物流的蓝海争夺战

每年的"双 11"前后，"智能仓储物流"都是一个热点词汇。确实随着近年 AI 与机器人技术的不断发展，作为提升生产服务体验的关键措施，仓储智能化、无人化日渐被提上议程。京东成都亚洲一号和武汉亚洲一号的两个超大型分拣中心日订单处理能力均达到 100 万件以上；申通、圆通、韵达等主力快递企业纷纷宣布投用智能分拣设备。

在一些分拣转运中心，少量的工作人员操作着巨大的智能分拣系统，似乎智能分拣时代已经全面到来。然而现实是，智能分拣还处于普及初期，人力分拣依然是主流。同样，虽然申通的"小黄人"前几年就已经投入运用，菜鸟的"小蓝人"也频频见诸报端，但是这些分拣机器人的购买、运营、维护成本并不低。

至于大型智能分拣中心，其投入也不可谓不大，无论是土地、人力成本，还是设备、运营成本，都必须符合企业实际利益。所以，即使智能分拣中心和分拣机器人在持续上马，智慧物流也在不断推出，但这只是"主干"，而很多的"枝叶"，也就是中小型分拣仓库,以及很多中小型物流企业,依旧需要庞大的人力来从事分拣工作,特别是在"双11"等特殊节点。

8.1.5 货物配送的"最后一公里"

货物配送的"最后一公里"并不是真正的一公里,是指从物流分拣中心到客户手中这一段距离,通过运输工具,将货物送至客户手中的过程。由于属于短距离运输,俗话称之为"一公里配送"。短距离配送是整个物流环节的末端环节,也是电子商务订单完成过程中唯一直接和客户面对面接触的环节。

长期以来,"最后一公里"都是电商行业和物流行业共同的痛点。为了更好地解决"最后一公里"问题,近年出现了多种形式,如快递自提点、快递柜、提供"跑腿"服务的城市配送、众包物流、外卖大军等。与此同时,为了全程提升物流效率、降低物流成本,物流行业的融合程度也在逐渐演进,出现了配送、仓储乃至全渠道的融合。

京东"闪电送"等服务正是通过"全渠道、全场景、一盘货"进行物流与供应链协同,提前将客户需要的产品运往附近的仓库,实现最优配置,有效降低供应链运营成本。一直以来,随着销售渠道的增多,商家大多选择针对不同销售渠道,如线上、线下、批发、零售等设置不同的商品库存。这就是"多盘货"模式。在各大渠道区分明显的最初,这一模式有助于商家对各渠道进行细分管理。然而,在这样的模式下,各大渠道其实处于"各自为战"的局面,经常会出现一个渠道迅速卖光、另一个渠道库存积压的情况。与此同时,品牌商80%的长尾库存周转速度相对较慢。相比较而言,虽然部分爆款的年度周转次数高达12~15次,但大部分产品的年度周转次数仅为3~5次。伴随着"全渠道"的发展以及品牌商的全场景覆盖,各个渠道、场景逐渐走向融合,其区分也愈发模糊。此时,"多盘货"的模式不仅无法改善库存周转情况,反而会增加企业运营成本。

菜鸟网络、京东物流纷纷推出"全渠道、全场景、一盘货"的服务,通过将产品全部放在一盘棋里布局,从而打通渠道和场景,实现库存共享和统一调配。这样的结果是实现"一个品牌一套库存一条供应链",通过协同高效的供应链,大幅提升库存周转效率,降低供应链运营成本。

实际案例8-3 最后一公里创新模式——熊猫快收

"熊猫快收"是南京百米需旗下社区物流综合服务品牌,主要向用户提供快递代收、代退货,第三方O2O生活服务的落地体验,以及票务缴费、社区金融等便民服务。作为国内领先的社区物流服务商,旗下拥有5 000余家合作网点,城市合伙人200多位,与三通一达、顺丰、中国银联、中国电信、中国体彩等形成了稳定的合作关系。

熊猫快收以社区包裹代收为切入点,帮助实体店铺导流增收,后期可以通过对接上下游供应链,商业广告等资源帮助站点获取更多的利润点,实现创新模式转型。熊猫快收城市合伙人拥有独有的地方微信公众号,"短信+微信"双通道通知,信息到达率 100%，后期合伙人地方微信粉丝数的不断积累，可以做线上商城，对接商业广告，开通小区拼好货等功能，实现盈利。熊猫快收的商业模式，是通过快递代收，改变原来仅仅提供快递服务的场景，变成能够推送广告、产品的模式，实现客户到用户的转变。

8.2 跨境电商供应链

8.2.1 跨境电商概念

跨境电商即"跨境贸易电子商务"，特指跨境网络零售，如外贸小额批发及 2C 类。所谓跨境，就是交易主体分属于不同"关境"，包括进出口，借助互联网达成交易、进行支付结算，并采用快件、包裹等方式通过国际物流将商品送达消费者手中的交易过程，是一种国际商业活动。跨境电商，是一个空间很大但极度分散的行业，在国际贸易环节中只要涉及电子商务应用都可以纳入这个范畴。在 WTO 框架下，纯粹电子交易适用于 GATS 服务贸易规则，而通过跨境运输运送至购买人所在地，则归入货物贸易范畴，属于关税及贸易 GATT 协定。从海关角度来说，跨境电商等同于在网上进行小包买卖，主要是针对消费者。传统进出口 B2B 货物只能销售给进口商，需要签订传统的外贸购销合同，准备箱单、纸质发票、报关单等纸质单证，不属于跨境电商范略。

跨境电商将传统贸易流程数字化、网络化、碎片化，跨境电商流程如图 8-3 所示。其购买特点以批量小、批次多、单笔交易金额小为主，包括直接交易和相关服务，即"产品＋服务"。跨境电

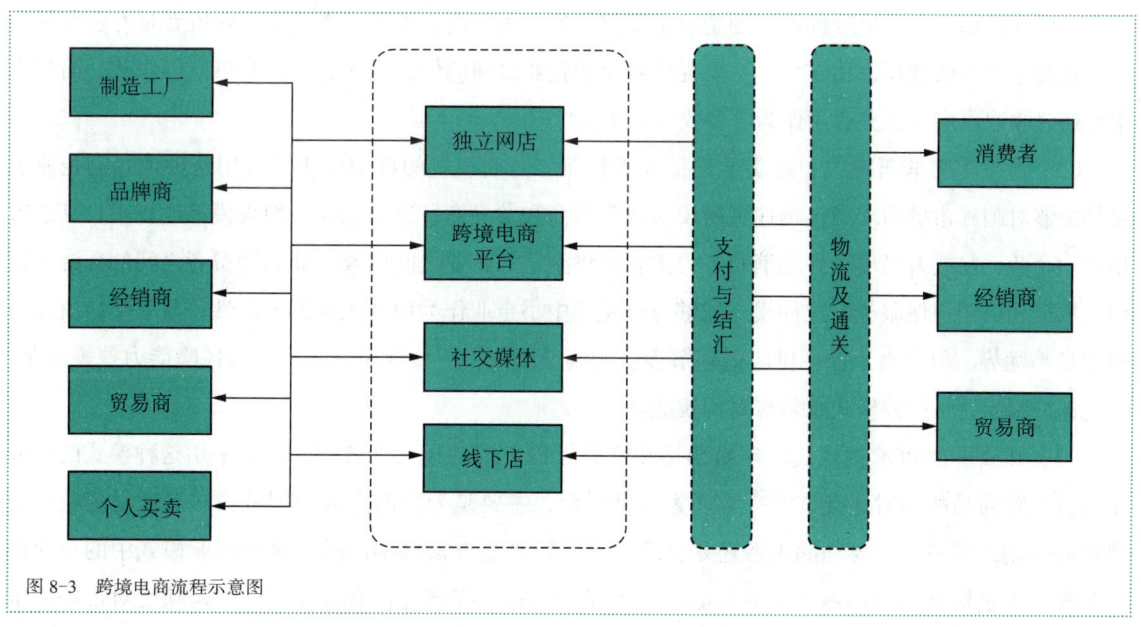

图 8-3 跨境电商流程示意图

商有助于构建开放、高效、便利的贸易环境，帮助小微企业拓宽进入国际市场的路径，为产品创新和品牌创立提供便利的平台和宝贵的机遇，同时催生出符合未来数据和时代发展要求的国际经贸新规则。

分析跨境电商的产业供应链，相关经营主体包括电商平台、境外买家、外贸卖家生厂商/制造商、跨境支付、收汇结算、国际物流、运营服务等生态方，涉及的各类在线商业活动则包括货物的电子贸易、在线客户服务、数据信用、电子资金划拨、电子货运单证、物流跟踪等内容。跨境电商企业也有多种类型，如综合电商平台、B2B 信息服务平台、品牌电商、直营 B2C 类、返利导购网站、供应链服务、微商买手等。第三方服务企业，包括 IT、营销、代运营、店铺装修、人员培训、法律咨询等围绕跨境电商交易之外的一系列相关服务，这部分服务在跨境电商的在线服务市场中非常活跃。外贸综合服务商或跨境物流综合服务商，又是一类包括物流、支付、融资、清关、保险等线下服务体系的贸易中间服务商。

8.2.2　跨境电商商业模式

B2B 仍然是我国目前跨境电商主导商业模式。随着外贸产业的转型升级和跨境电商应对贸易环境的反应，使得更多有资信的供应商和有需求的买家汇集跨境电商平台，从而催生出"境外直邮+"、B2B2C、直属品牌经营等新贸易模式。

1. 跨境出口电商

目前，我国跨境出口电商主要有四类商业模式，分别是批发贸易模式、批发零售兼营模式、开放平台 POP 模式和新型市场零售模式。

（1）批发贸易模式。阿里巴巴是批发贸易商业模式的典型代表，这种模式是传统贸易模式和跨境电商模式的结合，采取这种模式的企业主要都是从事大宗商品批发的生产型企业或者是专业贸易企业，这类企业一般规模都比较大，主要提供企业和企业之间的信息对接、披露和供应链服务，而且也主要通过收取供应链服务费用作为主要收入来源。

（2）批发零售兼营模式。速卖通是批发零售兼容商业模式的典型代表，采用这种模式的企业主要是能够对国际市场需求做出迅速灵敏反应的零售商和贸易商，这类企业一般规模都比较小，其或者是中小企业，又或者是单个终端消费者，主要提供企业和企业之间以及企业和消费者之间的金融、营销、数据和信用担保服务。这种模式能够充分发挥中小企业作为商业主体的灵活性，具有交易流程透明度高等优势。但也由于存在供应链环节多、协调难度大、资金规模有限、应对风险能力差等问题，供应链控制问题是这种模式亟须应对的挑战。

（3）开放平台 POP 模式。环球易购是开放平台 POP 商业模式的典型代表，采用这种模式的企业在自营自购商品的同时还允许第三方卖家入驻平台，主要是为国内企业和国外消费者提供企业对消费者的一站式服务，主要利润来源还是销售商品，特别是自营自购商品。这种商业模式中的企业倾向于投入大量资金用于培养自营商品品牌，因此能够对供应链进行有效掌控，但是缺乏对市场需求的灵活应对。

（4）新型市场零售商业模式。执御国际是这种商业模式的典型代表，采用这种模式的企业主要是面向消费者提供一站式服务，这个平台上的用户主要是国内商家和一些新兴市场消费者，他们主要通过销售商品或者收取佣金的方式获得利润，这种方式有助于捕捉市场机会，能够在新兴市场上发挥先发制人的优势，但是也面临新兴市场的不稳定以及供需国的环境差异等问题。

各种类型的跨境出口电商商业模式对比如表 8-2 所示。

表 8-2 出口跨境电商商业模式对比

商业模式	对比要素					
	代表企业	平台用户	盈利模式	模式优势	模式挑战	提供服务
批发贸易模式	阿里巴巴国际站	生产类企业大型贸易企业	商家入驻费、供应链服务费	营销支付线上化	保留传统贸易模式	B2B 信息对接和供应链服务
批发零售模式	速卖通	中小贸易商中小零售商	交易佣金	市场需求反应迅速	缺乏对供应链的稳定把控	B2B、B2C 交易一站式服务
开放平台 POP 模式	环球易购	国内商家海外消费者	商品销售	全程把控供应链	应对市场需求不灵活	B2C 交易一站式服务
新型市场零售模式	执御	国内商家、新兴市场消费者	销售利润交易佣金	在新兴市场具有先发优势	市场尚不分成熟、国别差异	B2C 交易一站式服务

2. 跨境进口电商

进口跨境电商也主要有四种模式，分别是海外直供模式、海外优选模式、全球买手模式和线上线下融合模式。

（1）海外直供模式。天猫国际是海外直供模式的典型代表，采用这种模式的企业一般拥有稳定且庞大的消费者和销售商群体，流量非常大，主要是为国内庞大消费者群体和国外销售商提供企业对消费者的一站式服务，主要利润来源是海外商家的入驻管理费用，还有一部分是收取的交易佣金。这种商业模式中的企业注重向买卖双方提供高质量消费环境、周到及时的售后服务，凭借良好的声誉使众多供求者聚集于商业平台。

（2）海外优选模式。网易考拉是海外优选商业模式的典型代表，这种模式平台的用户和海外直供商业模式平台的用户一样，都是国内消费者和国外商家，向他们提供企业对消费者的一站式服务，主要利润来源是商品销售、平台用户的营销转化以及部分佣金收入。由于这种平台属于自营型模式，因此要求企业对供应链各个环节的协调和掌控能力非常强，对市场需求需要做出灵敏和准确的反馈，对平台用户的聚集能力要非常强，同时对企业资金管理和资本运作能力要求也较高。

（3）全球买手模式。淘宝全球购是全球买手商业模式的典型代表，这种模式主要是为国内消费者和国外买手用户提供消费者对消费者的一站式服务，主要利润来源是物流转运及部分付费增值服务。这种模式的运行很大程度上依赖于海外买手的能力和资信程度，因此买手对海外市场的敏感度、对海外产品优劣的鉴别能力显得更为重要，但是也不可避免存在部分用户消费体验不佳、以次充好、侵权以及售后服务解决不及时等诸多问题。

（4）线上线下融合模式。京东全球购是线下线上融合商业模式的典型代表，这种模式基于消费升级和渠道体系协同而产生。当前的零售已经演变为全渠道零售，是零售企业通过与物流的深入融合和有机布局积极开拓线下实体渠道和线上网络渠道，从而实现资源统一调配、信息共享以及渠道互补和协作的良性循环体系。采用这种模式的企业主要是为国内消费者和海外供应商搭建一个平台，通过线下实体店铺展示，提高顾客消费体验和满意度，聚集巨大流量，再把线下流量引入线上，通过销售商品获取利润，使国内消费者能够低成本、高效率、高质量享受到海外商品。

各种类型的跨境进口电商商业模式对比如表 8-3 所示。

表 8-3 出口跨境电商商业模式对比

商业模式	对比要素					
	代表企业	平台用户	盈利模式	模式优势	模式挑战	提供服务
海外直供模式	天猫国际	国内消费者 海外商家	商家入驻费 交易佣金	平台流量大、服务质量高	对用户黏性要求高	B2C 交易一站式服务
海外优选模式	网易考拉	国内消费者 海外商家	商品销售、付费服务收入	市场敏感、资金管理水平高	对用户黏性要求高	B2C 交易一站式服务
全球买手模式	淘宝全球购	国内消费者 海外买手	转运物流服务、付费服务收入	价格优势	消费体验难以得到保障、侵权	C2C 交易一站式服务
线上线下融合模式	京东全球购	国内消费者 海外供应商	商品销售		线下成本高	O2O 交易服务

实际案例 8-4 阿里巴巴的跨境网购业务

阿里巴巴平台有三个跨境网购业务——淘宝全球购、天猫国际和一淘网。淘宝全球购的商户主要是一些中小代购商，天猫国际则引进 140 多家海外店铺和数千个海外品牌，全部商品海外直邮，并且提供本地退换货服务。一淘网则推出海淘代购业务，通过整合国际物流和支付链，为国内消费者提供一站式海淘服务。阿里巴巴在进口购物方面采取海外直邮、集货直邮和保税三种模式。

立志为中国消费者扮演好全球买手角色的阿里巴巴，又开创了跨境电商领域的新模式。阿里巴巴和荷兰、韩国、泰国等国家合作，在平台上开设国家馆，共同促进两国产业跨境电商的进程。在阿里巴巴的跨境电商策略里，通过聚划算渠道的爆发力，把消费者的需求激发出来，用短平快的速度推广和尝试新的品类和模式，然后再大规模引进，降低运营成本，进入常态化的运营。

8.2.3 跨境电商的供应链实现

1. 跨境电商货物来源

跨境电商货物来源主要有以下几种。

（1）品牌授权。品牌授权直采能够减少供应链的中间环节，并获得较低的采购价格，具有定价优势，具备厂商品牌背书，货源质量有保证，供货稳定性好。未来，规模领先的平台或零售巨头更容易与海外品牌商直接对接，更容易拿到一手货源。跨境供应端的巨大信息差将逐渐消除，跨境电商与国外货源直接对话的机会正在增加。

（2）从经销商自采。制造企业通常不会直接和贸易公司合作，而是把产品委托给一级批发商。海外品牌经销或代理在保证本国供给充足情况下会分拨货物给跨境电商，通常该渠道价格相对于厂商直供的定价偏高。这种货源往往难以保证货物供应，容易导致卖出市场的出更，在价格和货源稳定性上对采购端形成冲击，增加采购垫资。还有一种是从品牌方的国内总代分销体系采购，传统渠道商走一般贸易形式进口，原产地可溯源，但成本更高。

（3）散买集货。若代理采购没有能力与国际品牌直接合作，拿不到代理权限和上级渠道时，只能选择从国外小批发商或零售商买货。这种方式增加了成本，拉长了供货期。这种采购形式只能拿到零售价，甚至还要加跑腿费，商品品质及供应也无法保证，还有一定法律风险。在缺口较大或需要临时性采购时，企业才会采用该类方式。

（4）代理采购。代理采购即跨境进口供应链 B2B 供货。这类企业多以上市公司、国际物流和贸易商转型为主，他们有资金优势，会批量采购货物，保税区分销 B2B 给各家电商，账期能力强，在以下三个方面有优势：一是采购能力，积累上游资源与正品质量把控，从品牌、规模、成本、效率等方面，完成代理谈判、采购计划、快速补单、规模集采、订单履行等；二是代理品牌卖货，成为国外二三线品牌分销商，降低了建立品牌知名度和分销网络的成本；三是物流执行，打通从国外到国内终端的资料备案、报关检疫、打包代发、物流仓储、配送等所有环节，满足单品小批量发货，降低下游库存，供应方式可境外自提、FOB（Free on Board，译为离港价）、CIF（Cost Insurance and Freight，译为运费：保险费在内价）等。深圳怡亚通、信利康、朗华、富森等老牌进口供应链服务商，大多专注于传统行业，整合了一批各地的代理商，有的偏分销代理，有的搞供应链金融。偏跨境电商进口的有不少创业公司，例如，海豚供应链，主要为中小海淘提供正品进口货源，产品采购和代理发货，拥有多个海外仓及保税仓，自建欧美采购中心。再如跨境通旗下五洲会、笨土豆、一通百、洋萌、海欢网、通淘等供应链服务商，业务链大同小异，常见的保税仓一件代发等。

（5）买源 OEM 模式。企业向供应链上游品牌延伸，通过跨国并购直接掌握品牌。如跨境电商进口曾火爆的 Swisse 保健品，多年前在中国做过大量推广，但始终没能办下国家质检总局规定的准入批文，因而在国内市场无法流通。随着跨境电商通道的打开，合生元收购了这一品牌。今后会有更多品牌被中国企业收购。

（6）分销、代销、直销。跨境电商境外采购、入驻保税门槛较高，小电商有做跨境商品的需求，但缺少这种能力，于是很多供应链公司扮演了批发商的角色，以保税仓或海外仓为中小电商提供跨境商品一件代发。淘宝全球购商家有近 40 万家，很多不能作为海关备案的主体，也没有进行跨境进出口申报的资质。这就形成了批发商在天猫国际供货，淘宝店铺负责代销。阿里 1688 进口已经对接了 150 多个国家和地区，提供大量的批发货源。

2. 跨境电商的供应链服务

在跨境电商领域，除了销售交易、核心业务之外的都可以叫供应链服务。跨境电商供应链服务内容多，涉及海外多品、多国、多仓、多口岸，涵盖物流、分销、供应链金融，也包括跨境物流、保税仓及口岸清关等解决方案和货源分销。总体而言可以分为三类。第一类是供应链执行或物流外包服务，这类服务包括重资产的仓储运输服务、轻资产的货运代理服务，如贝海国际、启明星、心怡物流等。第二类是分销服务，很多 B2B 供应链企业、贸易商、经销商、批发商等掌握货源和渠道支持，在跨境电商供应链上提供分销服务。第三类是采购与生产服务，如香港利丰公司依靠对上下游环节的把控能力和专业性，被品牌商或零售商全权委托，提供从原材料采购到生产的全过程服务。对于跨境电商平台而言，把控供应链的能力将成为其核心竞争力。大平台有可能主导整个链条，而中小 B2C 企业没有能力建立自己的供应链体系，这就考验其寻找合作商的能力。

3. 跨境电商物流渠道

物流是跨境电商不易控制的环节。相关领域的物流企业包括贸易商、国际快递、邮政包裹、转运公司等。跨境物流与其通关方式密切相关，通过商业快递的方式运输入境，以快件通关。发运邮政的国际包裹，则按个人物品行邮通关。直购进口可能用到海外仓与集货运输，保税进口则离不开保税仓，二者都是三单对碰清关。所有物流渠道一旦入境，国内段物流基本等同于国内快递，时效方面比较可靠，就看价格与地域的差别。

（1）邮政国际邮件。邮政网络覆盖全球，通过万国邮联的渠道传送数据，由两地邮政进行收寄、运输、清关和配送的交接承运。邮政小包是全球一种普惠的公共递送服务，作为第一跨境物流通道，邮政有以下优势：一是广泛性，邮政在大部分国家网络发达，行邮通道按"负面清单"管理，可邮寄物品范围广；二是安全性，有各国邮政信誉背书，国际干线运输以航空直航为主，两端海关及交接有专门通道，确保了邮包操作可控；三是报关手续简单，邮办海关是隶属于海关的一套独立监管通道，邮政向海关提供进出境邮政业务单证，包括收发邮件路单、封发清单、CN22/23 报关签条及报关单等，即可批量清关。四是运费低，邮政包裹资费普遍低于商业物流。

（2）商业快件直邮。商业快件是指进出境快件运营人以国际快递形式承运进出境货物、物品。我国海关将进出境快件分为三类：文件类，是指法律、法规规定予以免税且无商业价值的文件、单证、票据及资料；个人物品类，是指海关法规规定自用、合理数量范围内的进出境个人物品；货物类，超过个人物品限值类快件。商业快件清关流程要求逐件清关，每个包裹的申报信息都要由报关行录入海关系统，提供收件人的身份证信息。快件营运公司在特定时间内，根据货物属性向海关递交三类快件报关单，不同于邮关的个人申报，快件是由运营人代理货主完成清关手续，并缴纳关税，海关税票上的抬头是快件公司，当然快件公司会向货主收取费用。

（3）集货与转运。集货与转运是目前流行的跨境物流运作形式，性价比优于纯国际快件直邮。它突破了邮政包裹、商业快件、海外仓及国际空运等传统模式，是一个组合形态。前几年，大部分境外电商不支持跨国直邮，转运公司借机成长起来。这一运作模式的核心是利用国际物流的断层，抓住了环节规模效应。在物流过程中选取合适的集货仓库，揽收足够量的包裹，批量发运以降低航空订舱成本，到国内再转廉价的快递配送。随着跨境电商企业端物流需求的积累，这类快递的效率和体验也在快速改善，很多转运公司逐渐向综合国际物流服务提供商发展，如海带宝是首家依靠海淘转运上市的公司。

（4）中欧班列。中欧班列是一种专线运输，是比海运速度快也更安全的运输通道，可大幅缩短中欧之间的运输时间。随着中欧班列的飞速发展，其优势和潜力越来越明显。第一，中欧班列兼具快速高效和成本优惠的特点。中欧班列的运输时间仅为海上运输时间的 1/3，而运输成本只有空运的 1/6 到 1/8。第二，中欧班列实现常态化开行，充分发挥了铁路运输的稳定性优势。随着亚欧大陆铁路运输基础设施日益完善、通关标准更加协调便捷、各条班列线路之间整合提速，中欧班列的优势将进一步凸显。现阶段，虽然中欧之间货物运输绝大部分仍依靠海运完成，但是中欧陆路运输系统在全球经贸合作中扮演了动力源和稳定器的角色。

（5）保税仓。在保税区内建仓，使用跨境电商保税进口 B2B2C 模式，可以极大地改善跨境网购的速度。先备货后接单，国外商品整批抵达国内海关特殊监管区域和保税监管场所，如保税区、保税港区、保税物流中心等，商家根据消费者下单情况，商品从保税区直接清关发出。消费者退换货体验如同国内电商，海关的商品备案及溯源机制可以规避以往海淘灰色进境的风险。同时，"拼箱海运＋保税仓"可大幅降低物流成本，高效批量引入国外产品，货物进入保税区，理货后再报关，入仓处于保税状态，滞销产品也可以不缴出口关税直接退回海外。保税进口适合规模经营，成为实力雄厚的跨境平台获取市场份额的重要手段。

> **实际案例8-5** 亚马逊新手卖家如何找到合适的供应商？

当一个新手进入或打算进入亚马逊后，从注册公司、注册账号开始，算是正式进入了亚马逊开店的轨道。注册公司、注册店铺、通过二审等，那都是流程化的东西，只要动手就可以了。真正让不少新手卖家头疼的，是怎样选到好的产品，怎样选择靠谱的供应商。

新手卖家寻找供应商无非就是两个渠道，即线下和线上。线下，要么是去产品聚集地进行开发，要么是通过各种大型展销会进行开发。线上，目前在新手卖家中占据主流，主要就是 1688 网站和其他一些细分类目的网站。

卖家如果想去线下开发供应商，那么你选中什么样的产品，就需要去相应的产业带进行产品的开发。比如 3C 类周边产品，深圳华强北一带就是 3C 类目卖家的大本营。除了深入地去探厂，卖家还可以去各大展销会寻找灵感。可以去综合性的展销会，也可以去细分类目展销会，像每年都办的家居用品展销会、宠物用品展销会等，都可以找到不少的产品灵感。

线上寻找则通过双方的网络沟通来确定对方的专业程度和服务水平。比如在 1688 上，很多的卖家并不是自有工厂，而是我们所熟知的"二道贩子"，如果你找到此类的开发商，无疑会被赚走一道多余的钱。卖家需要从服务能力、产品交期、定做改款能力、账期长短、质保约定等方面综合考察后，再决定选择哪家的产品。

8.2.4 跨境电商的瓶颈

跨境电商目前面临的主要问题是结汇退税、海关监管和查验征税等政策导向，以及商品侵权、交易纠纷、国际物流与通关等方面的问题。解决这些问题需要从两方面推动：一方面主要靠商业力量去布局和推进，如支付收款、侵权纠纷、海外仓、跨境配送等瓶颈。只要行业保持稳步增长，越来越多的资本和参与者加入，资源投入、模式创新、跨国合作等方式都会从不同角度逐步改善这些影响跨境电商发展的运作瓶颈；另一方面，则依赖于政府和法规政策。小包货物和零散订单的监管是一个全球性难题。在 2C 类到个人的包裹或快件数量少时，各国进出监管大同小异，电子化程度不高，几乎很少有针对自然人的报关和贸易监管，对大宗贸易也没有什么影响。但跨境电商爆发后，全球小件包裹一路飙升，B2B 贸易曾扮演的全球供应链中间角色被 B2C 影响，个人物品和贸易货物的差异在缩小，如果简单地让电子商务绕过传统贸易规则，必然引发外汇、税收、许可、知识产权等一系列问题。

从通关方式看，海关对一般贸易采取信用分级、分类通关、无纸化通关等便利措施，各项政策完善，通关效率比较高。而跨境电商 B2C 模式成交的商品以快件或邮件方式通关，按现行针对个人物品的非贸易性质管理，实际已经突破了传统非贸物品的范畴。跨境电商无法绕开贸易壁垒。

对于商品出口，通过跨境电商 B2C 直邮销往国外个人的出口商品，如果电商成交和结汇、报关、商检、退税等环节无法连通，会明显拖累交易效率。例如，由于产品订单零星，单笔交易金额较小，且通过跨国快递或航空邮件递送，达不到海关报关价值，或很难拿到海关正式报关单，所以出口时大多不报关，海关仅对其进行上机检验和随机抽检，无法按照经常项目联网核查，且交易物品从全国各地海关属地出境，无法实现单货相符，而没有海关的出关数据记录，外汇管理部门就无法验证货物真实出口，也就无法实现外贸核销和结汇，政府缺少相关贸易统计，卖家也就无法按常规途径结汇退税。到了境外，各国海关对小额贸易监管也很复杂和困难，小件征税侵权抽检、走私查验等工作量加重，通关效率低。

对于商品进口，B2B 和 B2C 适用于不同税率，但难以区分终端的小商户和个人，在不同交易模式下，国内市场"境外化"，传统监管方式难以满足税费认定，部分电商存在逃漏税问题。若跨境电商脱离贸易税进口商品，会影响贸易公平，冲击国内市场，影响政府的税收收入。如海外购中，一些企业或个人伪报物品品名，夹藏、伪造购物小票，利用晚间进行通关，试图逃避关税，还有的利用分散到各地邮寄的方法，防止批量邮寄产生联号而招致海关怀疑以此避税。

8.3 供应链上订单完成存在的问题及解决途径

8.3.1 供应链上订单完成存在的问题

将顾客购买的货物在预计的时间送达顾客指定的地点被认为是电子商务能够获得成功的一个关键因素。订单完成的过程非常复杂，订单管理和货物配送会面临以下挑战。

（1）订单预期。电子商务订单需要更高质量的服务和对客户的高度关注。所需的交付时间要短得多，而且订单的修改和取消常常在最后一分钟完成。

（2）订单准确性。如果送去商店的货物少了几件，那也没什么大不了的。但是如果同样的事情发生在电子商务客户身上，商家可能会失去这笔生意。

（3）多渠道订单管理。因为大多数公司对于不同的渠道都有单独的管理系统，所以很难向消费者呈现统一的公司形象。

（4）复杂的货物配送。与离线订单和货物交付相比，每个电子商务订单通常很小，只有几件商品，但是订单数量很多，包装和运输就更加困难。因为消费者在购买前不能"触摸、查看和感受"产品，所以有很多退货的情况。

客户满意度会受到订单完成过程的影响。客户不满意的主要原因有以下方面。

（1）订单不准确。

（2）订单处理时间长。

（3）未按计划及时交货。

（4）订单在实施过程中缺乏可视性。

这些问题是离线和在线业务都面临的典型挑战。但此类情况在电子商务的实施中更为常见，尤其是在全渠道电子商务中，这是因为电子商务的特点和要求与供应链的结构和流程不相匹配。例如，大多数厂商和分销商的仓库是根据为大量商店运送大量货物的需求而设计，并没有按照为大量消费者打包运送小订单的需求设计。此外，存货管理水平较差、配送调度不合理以及混合配送也是电子商务中的典型问题。

许多问题和挑战的根源在于缺乏规划和执行力。其中一些主要原因包括以下方面。

（1）需求的不确定性。许多电子商务供应链上的问题是由需求的不确定性以及整个供应链在试图满足这种不确定性需求时所面临的困难导致。这就需要对未来的需求进行预测。需求预测的一个主要目标是较为精准地预测未来特定区域和特定时间点（段）对于某一种商品的需求量。需求预测依赖于为历史模式、销售或订单数据的趋势以及天气或促销等因果关系因素的统计和商业分析估算。这些影响因素瞬息万变，因此，需求预测既是一门科学也是一门艺术。如果需求计划是错误的，它将波及整个供应链，影响对库存、原材料、半成品、工厂产能等的计划需求。企业试图通过调整预测和与供应链中的主要参与者共享预测数据来解决这些问题。

（2）信息共享不充分。目前，供应链上的信息流和商品流与服务流同等重要，供应链上的各方和系统都依靠信息系统中的信息流来互联互通及协同。信息流管理不善所伴随的问题是牛鞭效应。牛鞭效应一般指真实的商品需求与供应链所能提供的存货之间的信息不匹配。这种信息的不匹配导致了保有过量的存货和安全库存以作为预计不足的缓冲。在实际的业务操作中,当沿着供应链逆流而上,从零售商到分销商到供应商再到生产商一级一级地转移,信息的不匹配会逐级加剧,从而使存货和安全库存的数据一直发生变化。减少信息不匹配的一个解决方法是保证传递到各方的数据是可见的、实时的,以保证"只有一个正确的数据"。

(3)物流基础设施匮乏。纯粹的电子商务企业有可能会遇到更多问题。由于缺少合适的物流基础设施,纯粹的电子商务企业不得不使用外部的物流服务,而不是企业内部的相应职能部门,就像没有菜鸟网络之前淘宝与几大快递公司之间的关系一样。这些外部的物流服务通常被称为第三方物流企业(Third-Party Logistics,3PL),或物流服务供应商。物流服务外包是非常昂贵的,因为不仅需要更多的协调,还得依赖于并不可靠的外部企业。为此,大型的线上零售商往往拥有自己的实体仓库、发货和配送系统。

(4)资金流效率低下。供应链系统中存在问题并需要改善的地方不仅仅是物流,还包括信息流和资金流。资金流包括计价、支付、收款等。除了使用计算机系统,许多供应商、生产商、分销商和零售商还使用人工和纸质系统进行财务交易。这些效率低下的财务流程不仅阻碍了供应链上的资金流,还阻碍了商品和服务的流动,使各方都处于竞争劣势。

8.3.2 供应链上订单完成问题的解决途径

许多电子商务的物流供应链问题与实体经营中遇到的问题类似,因此,许多实体经营中的问题解决途径也适用于电子商务。信息技术和电子商务技术都促进了大多数问题的解决。它们也使供应链上很多环节自动化,这使供应链的运作得以改善。

1. 改进订单实施过程

改进订单实施的一个办法就是改进订单的接收步骤,同时改进订单接收和订单实施及物流的链接。订单的接收可以通过电子邮件完成,或者在网店完成,这些都可以用自动操作的形式。例如,在B2B模式下当存货的水平下降到一定临界值的时候,订单可以自动产生并自动传送给供货商。这个过程快速、经济,能够更准确接收订单。在B2C模式下,使用电子形式在网上下订单的方式会使整个过程加速完成,也会使整个过程更加精准(例如,自动化处理可以检查输入的数据,并且不断地提供反馈信息),还会降低卖方的加工成本。当电子商务的订单接收工作可以和公司的后台操作系统连成一体的时候,能够大大缩短订单完成时间,消除订单完成中可能存在的信息错误。当订单接收过程的改进发生在组织内部时,例如,制造商从自己的仓库订购零部件。如果派送这些零部件很顺利,制造过程的中断现象就会减少,从而降低停工带来的损失。

2. 改变供应链的结构和流程

解决许多供应链问题的一个有效途径是改变供应链的结构，从线性结构（图 8-4）到中心结构（图 8-5）。在中心结构中，供应链合作伙伴和各要素间的链接更短。中心结构的网络中心也应进行协调和控制，使得管理更加有效，这种结构增加了透明度。线性的供应链通常更容易产生问题。同时，中心结构的管理通常是完全电子化的，这会使履行订单更快、更省钱，产生的问题更少。借助 RFID 技术，它可以提高库存信息的可视性。

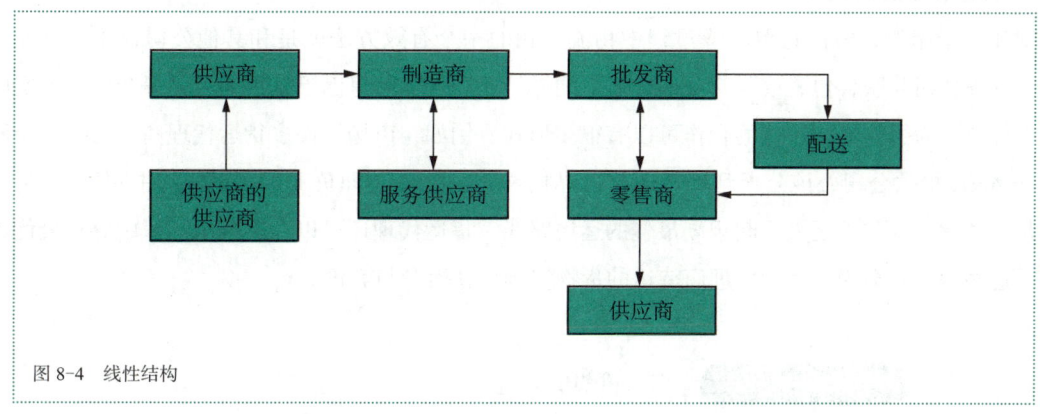

图 8-4　线性结构

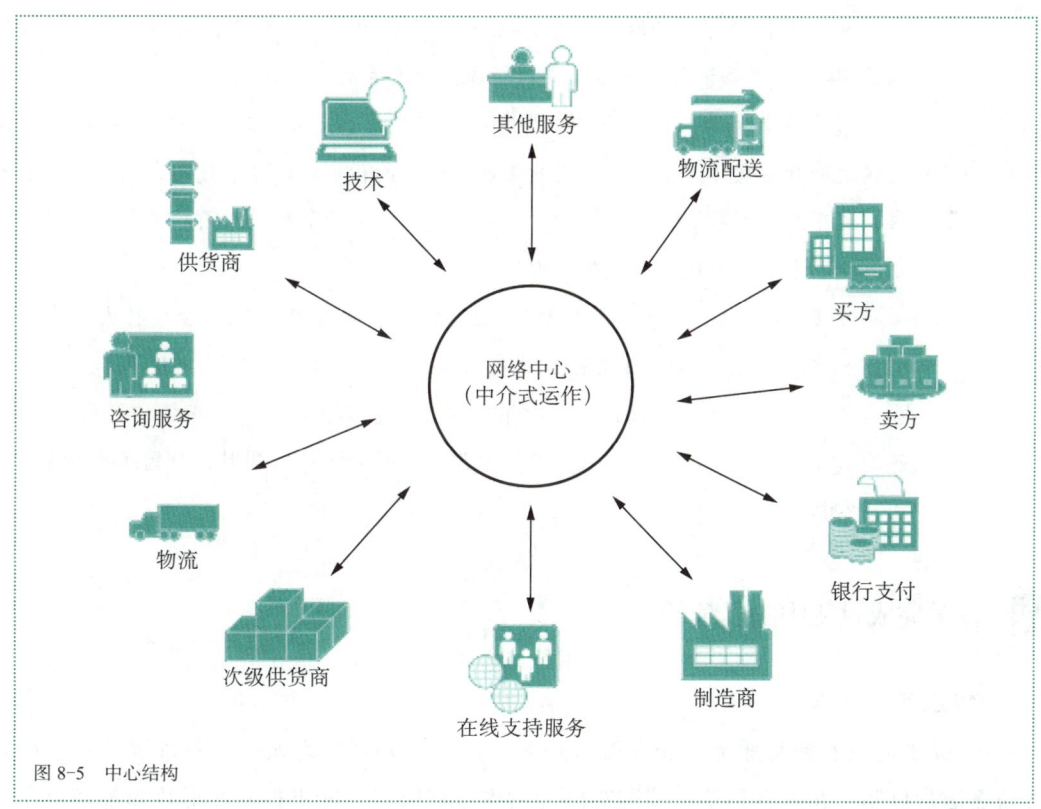

图 8-5　中心结构

3. 全球综合物流系统

贸易全球化的增长使得对全球物流系统的需求不断增长。跨国供应链上合作企业多（如报关公司、全球运输公司等），需要有更多的协调、沟通和合作。此外，跨国供应链系统需要比较高的安全水平，特别是当网络成为核心技术平台的时候更是如此。整合供应链各个独立的部分将对解决长供应链上的问题很有帮助。

4. 合作和物流外包

对于一个组织，解决订单完成过程中物流问题的一个有效方法就是和其他公司合作。例如，一些电子商务公司与联合包裹或联邦快递合作。同样，亚马逊和阿里巴巴旗下的天猫等会将订单实施环节进行外包。为了物流而进行的合作可以有很多形式。例如，市场被许多货运代理商中的某一个所掌控，如 A&A 报关公司，该公司帮助其他公司寻找"货运代理"（即负责货物运输的中间商）。货运代理会帮忙备货，并和承运人一起规划最佳的运送路线。货运代理还可以在航空承运商中寻找最优惠的价格，这些承运商会为了货运代理商待运的货物安排货仓而参与竞价。

> **实际案例8-6** 京东重塑供应链
>
> 京东零售管理着 500 多万个 SKU，运营着 700 多个仓库，零售库存周转效率达到了 34 天。可以说京东的运营周转管理能力有目共睹。
>
> 过去的十余年，当电商平台普遍追逐着流量、交易量时，京东"多快好省"、极速送达的背后实际上是在不断提升着零售行业的供应链效率。进而，对效率的极致追求，让京东不断在海量服务网络、仓储配送网络、数智化技术网络端加深布局，最终沉淀成了京东独有的基础设施能力。
>
> 京东在逐步从自营走向开放，"数智化社会供应链"中包含新三大要素：数智化、社会化、供应链，围绕着不变的成本、效率、体验的京东供应链"第一性"原则，打造全新的产业基础设施。利用数字化、智能化的技术，连接和优化社会生产、流通、服务的各个环节。在以智能技术为开放平台依托的同时，与更多产业重塑着供应链和协同关系。

8.3.3 订单完成过程中的其他问题

1. 退货处理

为顾客提供退货及换货服务是企业维持顾客信任、提升客户忠诚度的基础服务。有调查发现，"缺乏退货机制"在顾客拒绝在线购买的理由中位列第二。完善的商品退货政策在电子商务中是必需的。而退货处理是电子商务中一个主要问题是物流，企业处理退换货的方法包含以下四种。

（1）退货至商品购买处。退换在实体店购买的商品，这很容易做到，但是在虚拟店购买商品就需要更多的处理环节，以及更长的处理时间。把商品退回虚拟商店，顾客需要与商家协商同意退货，把商品打包，支付退货运费（在零售商不支付的情况下），甚至为商品投保。对于卖方而言，必须打开包裹，检查保修卡之类的文件是否完整，还要再次出售货物，这样通常会造成损失。因此，买卖双方都不愉快。

（2）把送货服务和退货服务分开。在此方式下，退货被运送到一个专门的退货部门，然后单独进行处理。这个方法对于卖方来说比较有效率，但是对于买方来说，退货过程并没有简化。

（3）退货服务完全外包。由几个外包商（包括联合包裹和联邦快递）提供退货的物流服务。该服务不仅仅处理送货和退货，还处理整个物流过程。

（4）允许顾客直接退货至某个退货中心或实体门店。

2. 电商物流逻辑重构

高度发达的物流能为电子商务产业提供强有力的支撑。电子商务领域的行业巨头们已经意识到电商物流对未来发展的重大战略意义。亚马逊在全球范围内建立了多个物流中心，积极打造全球配送网络，使其产品在短时间内送到消费者手中。京东物流正积极在三四线城市物流端发力，想要将其在一二线城市的强大配送服务拓展到三四线城市。阿里巴巴的菜鸟物流目前正在全国范围积极开疆拓土，以推动极致的电商购物服务。据统计，在消费者网购投诉事件中，与物流相关的投诉占比高达70%，相对比较集中的问题主要有包裹破损、快件丢失、时效差、服务态度恶劣等。物流服务体验差，已经成为影响电商用户网购的一大痛点。

快递本身的特性决定了它不可能是破解电商物流困境的核心因素，要让电商物流问题得到有效解决，关键不是在于快递公司，而是在于电商从业者。电商从业者对于物流、快递、供应链管理等方面要有深层次的理解与认知，并最终创造出一套全新的电商物流解决方案，将会成为解决电商物流问题的有效途径。

和传统所采用的多层分销的商业模式相比，电商平台是实现商家与消费者之间无缝对接的商业模式，虽然在信息流及资金流方面更具优势，但在物流方面的劣势也十分明显。在传统商业模式中，商品大规模地从一个仓储中心转运到另一个仓储中心，并在多个中间商中层层传导。在消费者购买产品之前，商品流通的很大一部分流程就已经完成。然而在电子商务模式中，商品却是按照单件的形式从卖家经过快递公司运输到消费者手中，在消费者购买后，商品流通才会开始。

两种模式所采用的物流配送逻辑存在着巨大差异，传统商业模式是批量运输的，从一个配送中心转移至另一个配送中心，用户在线下商店中购买自己满意的商品后，即可直接获得商品。而电商模式则是单件运输，从配送中心转移到个人，用户在电商平台购物后需要等待一段时间才能收到货物。从物流角度来看，单件运输不但成本要明显高于大批量运输，而且也很难控制配送服务质量。

此外，即便是忽略掉单件运输所带来的高成本、耗时长问题，快递行业所采用的多个环节集散分拨的运作模式，也会使货物在分拣及配送过程中损坏、丢失等问题难以避免。而且这种问题，也不是快递公司对自身的配送流程进行有效监管就能解决的。因为很多时候最终送到消费者手中的货物出现的各种问题,并非是快递员造成的,整个包裹的配送过程需要经过多个环节,这些环节分别由不同的个体及组织负责,所以很难具体查明到底是哪个环节出现了问题。

从物流角度上看,电商平台的商家造成了一定程度的物流资源浪费,例如,位于上海地区的淘宝商家从广州地区的电子产品生产商手中购进了一批电子产品,然后广州地区的消费者在这家淘宝商家中选中了一款满意的产品,接着商家便安排快递公司将包裹从上海运输到广东地区。未来的电商信息化要解决的就是尽量减少物流资源的浪费,将商品就近发送给附近的消费者。从物流成本、服务体验的多个方面来考虑,"卖家商品分布式存储 + 同城配送"可以有效降低配送路程,并减少中间流通环节。但考虑到电商覆盖的市场范围如此广泛,要想实现商品的分布式存储,快递公司能够做得相当有限,更为关键的是电商平台利用大数据分析、云计算技术等对用户需求进行分析,强化自身的供应链管理能力。

实际案例8-7　快手小店退换货纠纷如何处理?

快手是一个很受欢迎的短视频平台,现在也能在上面卖货了,而在卖货的过程中,买卖双方难免会发生一些纠纷,为了公平合理地处理好这些纠纷,需要正确公正地判别责任,下面就是各种案例分析。

(1)消费者退回商品有破损且商家已签收的。若商品为轻微破损,建议商家与消费者协商折价退款;双方就退款金额无法达成一致,申请快手小店介入的,快手小店有权就折价比进行判定。商品破损严重的,商家有权将商品寄回消费者;若商家无法提供商品破损的有效证明,快手小店有权以先行赔付方式为客户办理退货退款。

(2)快手小店介入判定商家少件问题成立的。商家应在24小时内为消费者补发并提供补发运单号,如超时将按商品延时发货处理;如无法补发,快手小店有权以优先赔付方式退还消费者少件金额(少配件和赠品将参照商品详情页标明的价格进行退款;少商品将按消费者购买该商品的实际金额进行退款),由此产生的费用由商家自行承担。

(3)快手小店介入判定商家发错货问题成立的。商家应为消费者办理退换货处理,若消费者发起赔付申请的,快手小店有权按订单延时发货处理,退换货产生的运费由商家自行承担。

(4)快手小店介入判定商家无故驳回退换货申请或变更服务单处理结果,快手小店有权以先行赔付方式为客户办理退货退款,商品由商家联系消费者取回。

(5)快手小店介入判定商家无正当理由拒收的。快手小店有权以扣除货款或扣除保证金方式为消费者办理仅退款,商品由商家自行联系消费者取回。

(6)快手小店介入判定商品退换货不及时问题。物流显示商家已签收或在商家当地停滞超过 24 小时，快手小店有权优先以先行赔付方式为客户办理退款。

（7）若消费者因商家违反本标准退换货服务要求而提出赔付申请的，由此产生的赔付费用将由商家自行承担。

（8）商家违反"退换货问题管理规范"致使买家无法完成退换货或商品已不适宜退货（已拆封的食品、已损毁的商品等），快手小店支持消费者仅退款不退货。

（9）如商家提供的退货地址错误导致消费者操作退回商品后无法送达的，快手小店将支持消费者退款，商品由商家自行召回，由此产生的损失由商家承担。

本章小结

1. 电子商务订单完成过程。该过程是指企业从收到客户订单到产品交付给客户的整个过程。这些与前台运作活动密切相关，如广告、接单等，随着科技的发展，电子商务订单完成全过程变得越来越可视化。电子商务订单完成过程始于订单，但是从商品准备到最终交付的全过程则与供应链运营模式密切相关。电子商务能够定制产品和个人服务，大规模定制（Mass Customization）和延迟制造就是供应链中能够有效完成订单的策略。在电子商务供应链上，仓储不再是简单的"储存保管东西的场所"，而逐渐成为"商品配送服务中心"。货物配送的"最后一公里"是指从物流分拣中心到客户手中这一段距离，也是电子商务订单完成过程中唯一直接和客户面对面接触的环节。

2. 跨境电商供应链指跨境网络零售，主要特点是小批量、多批次、单笔交易金额小。目前，我国跨境出口电商主要有四类商业模式，分别是批发贸易模式、批发零售兼营模式、开放平台 POP 模式和新型市场零售模式。进口跨境电商也主要有四种模式分别是海外直供模式、海外优选模式、全球买手模式和线上线下融合模式。跨境电商的交易实现要找到合适的货物源，还要结合三类跨境电商供应链服务：物流外包服务、分销服务和采购与生产服务。跨境电商目前面临的主要问题是结汇退税、海关监管、查验征税等政策导向，以及商品侵权、交易纠纷、国际物流与通关等。

3. 供应链上的订单完成。该过程非常复杂，订单管理和货物配送会面临以下挑战：订单预期高、订单准确性要求高、订单渠道多和货物配送复杂。要改善订单完成过程要从以下方面入手：改进订单实施过程、改变供应链的结构和流程、整合全球综合物流系统、合作和物流外包。

课后习题

1. 请简述电子商务订单的完成过程。
2. 供应链运作模式中哪些是需求拉动型的，哪些是生产推动型的？各自有什么优缺点？

3. 为了完成电子商务订单，供货商、制造商或零售商如何以一个合理的成本在合理的时间内向客户提供定制产品？

4. 请简述智能化仓储。

5. 请查阅资料，简述全渠道供应链的特点。

6. 请对比各种出口跨境电商商业模式的特点。

7. 请对比各种进口跨境电商商业模式的特点。

8. 请简述跨境电商的货物来源。

9. 请简述跨境电商的物流渠道。

10. 在供应链上，请简述电子商务订单完成过程中存在的问题。

章后案例

京东到家：O2O 战略背后的众包模式[1]

"无知和弱小不是生存的障碍，傲慢才是。"邓天卓引用科幻小说《三体》里的名言来论证传统互联网企业被 O2O "卡住"的根本原因，这句话对于京东也同样适用。

成为巨型电商公司之后，京东要思考的是下一步如何在 O2O 的新领地上抢占制高点。从创业公司（今夜酒店特价）CEO 变成京东副总裁，邓天卓的使命就是协助刘强东制定方案，并确保最终登顶。

当登顶之后，京东到家和京东又当如何相处？从 B2C 到 O2O，这是不是一个跨时代的必然？面对赛道上的竞跑者，京东到家用什么方式去验证自己押宝的商业逻辑是正确的？

京东 2016 年 4 月 15 日宣布旗下 O2O 子公司"京东到家"与众包物流平台"达达"合并。合并后的新公司将保持独立运营和发展，主要两大业务版块包括：众包物流平台及超市生鲜 O2O 平台。其中众包物流平台将整合原有达达和京东到家的众包物流体系，并继续使用"达达"品牌，通过发挥共享经济特点为零售、服务和 O2O 企业提供"最后三公里"物流基础设施服务。O2O 平台则会继续沿用"京东到家"的品牌，通过与线下商超、零售店和便利店等多种业态的合作，在超市生鲜领域持续深耕。"京东到家"，是达达集团旗下中国最大的本地即时零售平台之一。依托达达快送的全国即时配送网络平台，沃尔玛、永辉超市、华润万家等超过 10 万家线下门店已入驻平台，涵盖超市便利、生鲜果蔬、医药健康、3C 家电、鲜花绿植、蛋糕美食、服饰运动、家居建材、个护美妆等多个零售业态。

同时，京东到家致力于提供全面完善的数字化整体解决方案和系统化工具，优化运营、销售、履约效率，助力零售商和品牌商的全渠道数字化转型。依靠京东在电商领域的丰富实践经验及组织管理方面的优势，通过网络化手段实现线上各种资源之间的贯通。从一定程度上来说，也体现出线下渠道及网络平台的一体化发展。

基于京东物流系统和物流管理优势的同时，通过共享经济流动，利用"网络"技术大力发展"大众物流"，综合各种 O2O 生活类别，为消费者提供生鲜和超市产品配送，基于 LBS 定位在 2 小时内快速配送，京东到家提供多种家居服务，分别是超市家居、快递家居、质量生活、访问服务、健康家居等，已覆盖北上广深以及西安、重庆等一二线城市。

所有商家都不是完美无缺的，他们在不同类型的资源上存在短板，相比之下，通过互联网应用开辟不同于以往的新道路来实现线上线下一体化运营更具优势。"京东到家"一体化运营后，订单分布集中的时段是上午 10 点至下午 4 点，给外卖运营带来巨大的挑战。电商平台促销期间，会由于物流能力不足出现订单积压；恶劣的天气也会给外卖及配送工作带来巨大挑战。若用户无法在预定时间内收到包裹，其购物体验

---

[1] 由木清.京东到家 4.15 大促背后：即时零售 6 年进化史（https://baijiahao.baidu.com/s?id=16971106113109825 02&wfr=spider&for=pc）等资料汇编。

会大打折扣。

O2O 与 B2C 在物流配送上有较大区别。采用 B2C 模式的企业，其配送业务比较集中，通过订单分配与管理能够较好控制成本，并且运营过程中不会出现中断现象。采用 O2O 模式的平台，由于需求的随机性较强，配送业务的集中化程度较低。

圆通速递、申通速递、中通速递及韵达快递公司的配送员，平均每天完成的配送订单约 160～180 个，总体规模相当大，最后一公里配送成本能够控制在 1 元左右的水平上。而大多数 O2O 模式的企业，除了在特殊情况下（如商家搞促销活动、特殊节日等）的订单量较高之外，其配送员平均每天完成的订单数量差别较小，其终端配送的平均成本高，以京东为例，该平台的终端配送成本为 6 元，远远高于 B2C 物流企业。

物流行业作为一个服务性行业，消费者的体验是物流效果好坏的重要评判指标，在优化物流过程中，寻求创新商业模式、减少物流成本、提升物流效率的背景下诞生了众包物流模式。众包物流模式指依托互联网平台，将配送工作从以前的交给专职人员配送转换成转包给"大众"配送，即直接以社会招募的非专业群体作为众包物流模式下的快递员。

众包物流作为一种新兴的第三方物流，以同城配送服务为主的商业模式，在"互联网+"的浪潮下快速发展应用，企业利用互联网、大数据，整理分析客户多样化的需求，合理地安排仓储与配送，减少物流时间，优化客户体验，最终实现利益的增加，是目前市场上较受欢迎的一种模式。

众包物流模式主要分为 C2B 模式和 C2C 模式。

C2B（Customer to Business）模式，即消费者对企业，C2B 类型企业以消费者为中心，服务于生活服务平台或具体的商家，配送距离以最后三公里为主，配送货物安全，且市场需求大。

C2C（Customer to Customer）模式，即个人对个人，C2C 模式下的企业有人人快递、闪送等。这类企业相比 C2B 模式下的企业而言服务更广泛，快递员直取直送，配送距离更广。

亚马逊、京东等电子商业巨头较早开始大力发展众包物流，如今一些电商平台如美团、饿了么等也都采用众包物流的模式。

物流众包能够整合广大用户的闲暇时间，鼓励他们以兼职形式担任配送员，从而有效降低专业物流运营所需的大规模成本消耗。相比之下，京东用于物流管理及专业监察的成本超出很多小规模及初创企业的负担能力，在这种情况下，众包模式成为此类企业的首选，通过该模式的实施来实现多方资源的整合利用。如今"京东到家"采用的模式，即能将多方资源聚合到同一个平台上，无论是京东本身的专业配送人员，还是各行各业的大众群体、有充裕时间的人，都可以参与配送工作，实现社会资源的优化配置。

但在具体实施过程中，为了保证配送业务的正常开展，还是要引入部分全职配送人员，如此一来，才能避免出现运营中断的现象。京东在采用众包模式的初期发展阶段，在北京组建了 500 支专职配送队伍，由全职员工负责业务启动，与此同时，不断纳入外部人员，实施众包模式。平时通过自己拥有的全职员工来维持基本的业务运营，当高峰期来临时，则可充分发挥兼职人员的作用。为了调动兼职配送人员的工作积极性，还可以尝试在不同时期对价格进行相应调整，例如，在高峰期提高兼职配送人员的报酬。

京东之所以采用这种模式，是因为认识到了订单资源的重要性。在其发展过程中，数据收集及分析发挥着十分关键的作用，由此可见，随着该领域的进一步发展，同类企业之间的比拼，更多的是平台之间的较量同时也是各大体系之间的激烈争夺。

京东到家与达达两者资源互补，以其优质的服务吸引了众多用户。

O2O 模式下，京东到家以同城交易为主，营业额具有地区差异，在上海、北京等城市核心区域发展迅速，京东到家每年可为商家们提供几亿元甚至几十亿元的营业额。

用户可以在京东 App 主页面中找到京东到家平台，点击进入京东到家界面，也可以直接下载京东到家 App，进行线上购物。

紧跟时代趋势，京东到家 O2O 平台采用众包物流走向市场，实现最后三公里配送。

物流企业可通过这种方式降低末端配送的成本，当配送需求处于高峰期时，对配送工作本身及传统运营方式都带来很大挑战，为了有效应对这种变化，要对资源分配进行重新规划，通过提高员工工作效率来维持自身运转。

思考题

1. 京东到家平台的商家采用是哪种供应链模式？
2. 试着研究"最后一公里"的其他实现方法，并分析这些方法是否适用于京东到家。
3. 结合案例讨论电子商务中如何实现线上、线下渠道融合。
4. 线上、线下渠道的融合对实体零售商有什么价值？
5. 尝试探讨京东到家模式的配送成本控制方法。

互联网营销

学习目标

- ✓ 定义互联网营销
- ✓ 理解互联网营销的三大特性
- ✓ 掌握互联网营销的理论基础
- ✓ 学习微博营销的推广技巧
- ✓ 了解 App 营销的常用策略
- ✓ 熟悉微信营销的手段与方法
- ✓ 认识短视频营销和直播带货

先导案例

解读互联网+：揭秘江小白酒业背后的几个加法[1]

2015年全国两会，"互联网+"被写入李克强总理的政府工作报告，这意味着"互联网+"正式成为国家战略。在这种大背景下，传统企业该何去何从？作为酒细分市场中的弄潮儿和引领者，作为最早定位在青年群体的白酒品牌，作为最早依靠互联网社交媒体建立人格化品牌的酒类品牌，在行业整体不景气的背景下，江小白酒业却持续3年保持高速增长，这背后究竟有着怎样的逻辑？

1. 互联网+效率，商业的本质是效率的竞争

江小白将差异化定位在单一的高粱酿造的小曲清香高粱酒，酒体本身具有单纯柔和的特点，相对于浓香酱香的浓烈，年轻消费者更容易接受。从一开始就以轻奢品质定位，大众价格入市。20元左右一瓶的零售定价满足了都市消费者的主流消费，尽管不能给企业带来所谓的暴利，但只要上规模，效率就显现出来了。产品效率自然就是传统商业和互联网环境下都通行的商业法则，性价比就是效率，单品规模就是效率。江小白一直控制单品的数量，这个商业逻辑与小米手机异曲同工。商业竞争本质上没有绝对竞争力，所谓优势都是相对的：一个品牌一个产品，不要试图去满足所有人的需求，在精准的领域把效率做到最高，就能形成相对竞争力。

品牌传播是"互联网+"提升效率的最佳领域。美国人彼得·蒂尔大作《从零到一》的书名四个字就是江小白董事长陶石泉经常挂在嘴边的一句话，他说：我们始终会以最快速度尝试一些新鲜的东西，尝试好了就是从零到一的领先，尝试失败了也无伤大雅。江小白是整个行业中最早获得微博红利的，微博在2012年、2013年社交媒体领域独领风骚的时候，恰好就是江小白的品牌建设期，做得早、做得好，自然获得了领先的优势。社交媒体的运用，帮助企业在品牌传播的过程中获得了更高的效率。

去中间化也是"互联网+"的核心价值，"逐步去中间化、本质去中间化"是江小白所遵循的原则。一步到位式的盲目革命和被假象掩盖的抓不到本质都是伤害而不是提升，比如一味地否定传统渠道的价值，单一的电商化渠道只不过是把传统代理商换成了网络代理商，费用率和博弈甚至有增无减。

2. 互联网+社群社交

纵观中国酒业品牌，特别是在行业的黄金十年，绝大部分的品牌思考如何抓住"关系"，品牌定位和消费场景更多是提炼出"关系"的要素。江小白的核心品牌诉求"我是江小白，生活很简单"从推出，就引起了大部分消费者的共鸣，这种看似叛逆式的思考表达，直接跳开"关系酒"的红海竞争，专注在"非关系社交"的消费场景开发。一旦战略上明确定位，在执行上就可以坚决地在社群社交上做文章。

---

[1] 资料来源：本文原载于2015年3月30日的国际在线（http://gb.cri.cn/44571/2015/03/30/7872s4918029.htm）有删节。

社交网站、社交媒体、社交App都有标签这个功能应用,每个个体都会往自己身上贴标签。标签是无敌利器,标签的解读和应用就成了江小白最大的营销秘密。找到标签,找准标签,就找到了社群。喜欢户外探险旅游的、喜欢摄影的、喜欢机车的、喜欢摇滚的、喜欢跑酷的、喜欢前卫艺术的,各种标签人群形成的社群,虽然不高大上,虽然比较松散,但是发动起来却力量无穷。

3. 互联网+品牌众筹

迄今为止,江小白算得上行业内少有的情感品牌。传统酒企往往乐意于用重金砸广告,进行大众化僵硬化的"灌输式"沟通。而作为依托互联网环境成长起来的江小白自创立之日起就摆脱了僵化的历史包袱,十分重视通过社区和媒体开展双向沟通,最终创造出带有社群色彩的情感品牌。

以往的品牌,是由经营者和广告公司挖掘并赋予品牌精神,再通过广告单向传递给消费者,不断地叠加品牌印象。江小白的做法是把很多本应该由企业完成的品牌管理事项,丢给消费者来众筹。比如品牌文案,江小白都依靠在微博微信上征集粉丝的智慧完成;比如约酒大会的创意和节目,都由粉丝主动参与;比如所有的江小白调配饮料的鸡尾酒喝法,都是热心粉丝创造出来的。解密小米手机的《参与感》一书,道出了品牌"参与感"在互联网环境下的重要性。以娃哈哈为代表的一些饮料巨头为什么出现了增长放缓甚至下滑的经营状况,恐怕品牌缺乏"参与感"可能是一方面的原因。

4. 互联网+商业模式,互联网不是颠覆,不是取代,而是叠加的优势

与用车、房地产、家装、物流、餐饮等许许多多行业一样,中国的白酒行业是传统的,但可以拥抱互联网。江小白的产品本质也还是传统的高粱酒,但品牌经营和管理理念已经"互联网+"了。现实的消费场景还是餐馆、超市、家庭聚会,电商有一定的比例不过还是补充,但获得消费者流量可以"互联网+"了。笔者大抵不赞同那些互联网"颠覆论"者,言必称"颠覆、取代、破坏……",以为互联网化的表象动作可以给行业重新带来繁荣,这样只会让中国酒业陷入到更加迷茫的浓雾中。谁能将"+"的文章做好,将叠加的本质认清,就能找到未来"互联网+"对于传统行业带来的红利。

从农耕时代到工业时代再到信息时代,技术力量不断推动人类创造更新的世界。在当今社会,互联网技术正以一种改变一切的力量,在全球范围内掀起一场影响人类所有层面的深刻变革。之前区域的限制、信息传输的阻碍等限制人类交流与互通的问题,在互联网时代到来之后,都将不攻自破。而互联网营销作为一种借助互联网而兴起的营销方式,也将打破各种限制,让全球营销互通成为一种现实。

9.1 互联网营销定义

互联网营销,也称网络营销,指的是一种利用互联网的营销形态。20世纪90年代,随着信息传播方式的变革和计算机技术的日趋成熟,一种新的营销模式随之诞生,即互联网营销。互联网营销是以互联网为媒体,以新的方式、方法和理念,通过一系列营销策划,制定和实施的营销活动。传统营销的诸多要素,如4P等,其实在互联网营销中仍然有所体现,只不过有了新的表现形式和内容。

新型互联网营销基于互联网平台,利用信息技术与软件工具满足公司与客户之间交换概念、产品、服务等活动,同时可以通过在线活动创造、宣传、传递客户价值,并且对客户关系进行管理,以达到一定的营销目的。在互联网营销中,走在最前端的就数电商了。

这里所说的"电商"不是单纯的电子商务,电子商务是指在互联网、企业内容网或增值网(Value Added Network,VAN)上以电子交易的方式进行交易和相关服务的活动,是传统商业活动各环节的电子化、网络化的新型商业模式。"电商"更具体地讲是借助互联网进行产品推广、宣传和营销的商家,也指运用电子商务模式从事营销活动的企业或个人。

在众多的电商之中,以阿里巴巴和淘宝为平台的电商可以说是执行业牛耳者。以"双11"为例,电商的强劲发展势头可见一斑。

实际案例9-1　2021年"双11"购物节出现新变化[1]

历时13年,"双11"购物节在经历快速增长之后逐渐成熟。同往年相比,2021年"双11"出现明显新变化,在时间跨度、渠道倾向、消费品类等方面均有所体现。此外,消费者更趋理性,新兴消费者Z世代崛起,将成为未来消费新潜力群体。

1. 倡导理性消费,"双11"不再一味追求GMV

根据尼尔森IQ研究显示,"双11"购物节开始倡导理性消费,不再一味追求GMV(Gross Merchandise Volume,译为商品交易总额),各平台纷纷回归本我共建永续发展电商环境,开始更加重视发展的质量、更好的客户体验、更友好的经营环境和更健康的商业生态。

数据显示,2021年"双11"期间,天猫总成交额5 403亿;京东累计下单金额超3 491亿元;快手平台上品牌商家开播数量同比增加391%,品牌商品订单同比增长350%;抖音电商则呈现"国潮"热,爆款榜国货数量占比达87.5%,电商直播间累计观看395亿次。整体来看,天猫、京东依旧在今年购物节交易额上保持领先位置,但快手、抖音电商凭借平台流量优势,局面已从早期的"双雄争霸"演变为"多方割据",四家头部平台均取得了亮眼表现。

---

[1] 资料来源:财经网:http://economy.caijing.com.cn/20211125/4820603.shtml,有删节。

今年"双 11"直播电商表现亮眼，销售额再破新高，部分头部电商平台直接将直播升级为一级入口，成为预售期品牌重要的引流和转化阵地。尼尔森 IQ 中国董事总经理宋烨表示，展望未来，提高消费者购物和商家入驻体验是各大电商平台提升核心竞争力的关键。

2. Z 世代入场，成为未来消费新潜力人群

"双 11"的重要消费群体 Z 世代正处于崛起阶段。由于该群体人数庞大、消费能力可观以及处于心智培养的特殊阶段，正被绝大多数品牌视作重点关注的潜力群体。

今年"双 11"，Z 世代已展现独特的消费需求与特点。最具代表性的大学生中，大多因为价格便宜及新品参与活动，其中受商品价格吸引而进行消费的人数占比高达86.9%。在商品品类的选择上，他们着重考虑美妆、个护、食品和服饰等，其中51%几乎在"双 11"用上了自己每月的零花钱（平均 1 680 元）。

Z 世代对于如今促销也有自己的态度。尽管善于使用手机，却对复杂玩法及过度宣传缺乏耐性。促销玩法复杂、较多的宣传与广告推送、部分价格具有误导性是 Z 世代认为今年"双 11"存在的主要问题。调研显示，这一年轻群体偏好参与复杂度低的促销方式，如简单的满减优惠及领取购物津贴等。

从上面的案例分析中，可以看到阿里巴巴对互联网销售的前瞻性和坚持不懈造就了一个疯狂的购物节——"双 11"。并且经过 13 年的努力，这个购物节也逐渐从疯狂回归理性，从关注成交数量转变成关注活动质量，这是个积极的信号，也标志着中国的电商发展正在逐步走向成熟。阿里巴巴的成功同时也证明了互联网营销与传统营销相比较，显现出了更多的优越性。

互联网营销是信息化社会的必然产物，具有跨时空、整合性、交互性、成长性和经济性等特征。随着互联网影响的进一步扩大，人们对互联网营销理解的进一步加深，伴随着越来越多的互联网营销推广的成功案例出现，互联网营销还将更加蓬勃地发展。

9.2 互联网营销的三大特性

互联网营销是传统营销在互联网下的深化和扩展，是数据商业时代的新变革，他们之间有着密不可分的关系。越来越多的企业认识到，大数据、社会化媒体和移动化成为互联网营销的三大特性。

9.2.1 大数据

2011 年，麦肯锡公司发布《大数据：创新、竞争和提高生产率的下一个新领域》的研究报告，指出数据已经渗透每一个行业和业务职能领域，逐渐成为重要的生产因素；而人们对于大数据的运用

将预示着新一波生产率增长和消费者盈余浪潮的到来。

对于"大数据"（big data），研究机构 Gartner 给出了这样的定义："大数据"是具有更强的决策力、洞察发现力和流程优化能力的海量、高增长率和多样化的信息资产。业界将大数据归纳为四个特点。第一，数据量大（volume）。目前，全球数字信息总量已达 ZB 级别，2020 年，全球数字信息总量已超过 30 ZB。第二，类型繁多（variety）。包括网络日志、音频、视频、图片、地理位置信息等，多类型的数据对数据处理能力提出了更高的要求。第三，价值密度低（value）。数据总量大，但真正的核心数据、有价值的数据少，致使数据的价值密度低。第四，速度快、时效高（velocity）。数据的处理能力变快，这是大数据区分于传统数据挖掘最显著的特征。

大数据时代的到来对营销模式产生了极为深刻的影响。正如前文所述，我们正在经历营销 3.0，这是价值驱动的营销时代。传统的营销方式已经难以满足当下的市场需求，大数据时代的到来为精准营销创造了条件，商家可以利用消费者的活动数据，进行相应的整理和分析，从中得到营销活动所需要的信息，并针对目标客户制定相应的营销方案，以此获得最大的营销效果。

大数据蕴含着巨大的营销价值，为营销活动的开展提供了无限可能，但是营销者仍然需要保持足够的清醒，全面认识大数据时代营销过程中可能出现的不利因素。随着大数据时代信息量的激增，新的变量也会随之出现，"混沌、失控、非线性"等词汇成为整个时代的典型标签，那些在传统营销时代原本理所当然的方法论开始变得不确定。因此，我们在大数据背景下开展营销活动时必须时刻注意对整体的掌控度。

9.2.2 社会化媒体

网络的普及与技术的发展，不仅改变了人们的生活方式，也催生了社会化媒体的诞生。

《什么是社会化媒体》的作者安东尼·梅菲尔德（Antony Mayfield）认为，社会化媒体是一种新型的、给用户提供极大参与度和空间的在线媒体，该类媒体具有公开性、参与性、对话性、交流性、社区性和联通性等特点。美国公关协会（Public Relations Society of America, PRSA）对于社会化媒体的定义是：从趋势来看，社会化媒体是人们通过使用中心化的、以人为基础的网络来获取他们所需要的东西，而非传统的商业或者媒体。社会化媒体包括社交网站（如人人网、领英）、微博（如新浪微博、腾讯微博）、视频分享（如优酷）、论坛（如天涯社区、百度贴吧）、即时通信（如 QQ、微信）和消费点评（如大众点评）等。社会化媒体的普及不仅给人们的生产生活带来极大便利，更是对企业营销及消费者行为的转变带来巨大影响。

社会化媒体营销就是利用社会化媒体的开放式平台，对社会大众进行的营销、销售、关系和服务的一种营销方式。社会化媒体改变了传统的营销模式，它集中于创造有吸引力的信息，并鼓励用户分享到他们的社交网络上。信息按照从用户到用户的传播方式，帮助企业建立网上信誉和品牌的信赖度。随着时间的推移，这可能带来更大的销售，因为人们倾向于购买他们（或者他们的朋友）信任的品牌产品。此外，社会化媒体已经成为一个平台，使得每个拥有网络连接的人可以方便地进入。它增加了企业与用户之间的交流，培养了品牌意识，提高了客户服务。因此，这种形式的营销是靠口碑推动的,它促使了口碑媒体而不是付费媒体的产生。

社会化媒体因成本低、定位准确、传播速度快、影响大,已经被越来越多的企业关注与应用。例如,小米手机的推广完全集中在小米官网、小米论坛和微博平台上。公司仅靠这单一线上营销模式,使小米手机成为智能手机行业中的后起之秀,并且获得了极好的口碑。这进一步体现了社会化媒体营销的优势——成本低、定位精准、传播快、影响广。

实际案例9-2　爱的距离

川崎尚平(Shohei Kawasaki)和阿倍野衣织(Iori Abeno)是一对相识两年半的真实恋人。因为工作关系,川崎(男)住在福冈,阿倍(女)住在东京。他们两人相距1 000公里,难慰相思之苦。有一天,他们决定不顾一切要见对方一面,但是他们选择了一个轰轰烈烈的形式,而且要让全世界见证他们的伟大爱情。于是,他们决定放弃使用任何交通工具,以跑步的形式到福冈跟东京之间的城市大阪见面。

他们计划2008年11月30日晚上11:00同时离开各自的家,然后每天跑21公里,这样就刚好可以在平安夜晚上在大阪城下见面。他们更向媒体公布要设立一个名叫"爱的距离"(Love Distance)的网站,让所有人共同见证他们两人的整个相聚过程。要浏览这个"爱的距离"网站,用户必须注册,为的是防止无聊的人来捣乱。男性用户可以看到的是"A Man"分站的内容,女性用户就只能看到"A Woman"分站的内容,就是说只能追随跟自己性别一样的主角。

两个主角在展开旅程后,每天会发短消息、电子邮件给对方,甚至会有视频通话、各自写的博客,这些都会实时显示在"爱的距离"网站上。注册用户甚至可以实时听见他们对话的声音,感受他们当时的心情。在页面上,还有一段数字,显示两人彼此的距离,以毫米计算。

终于到了12月24日晚上6:28,川崎和阿倍在大阪城下见到对方了。在全日本几百万人面前,他们流出感动的泪水,然后奔向对方,热情地拥抱在一起。网站上也显示了双方以毫米计算的距离,这个数字慢慢到了零,代表了"爱,是没有距离"的。

但是,突然,画面中央打出来一行字:"And yet, love needs distance"(可是,爱仍然需要距离),然后,距离显示从0.00毫米跳到0.02毫米。终于,品牌赞助的信息出现了"Sagami Original. The world's thinnest condom"(相模原创,世界上最薄的安全套)字样。

这时,观众才如梦初醒,明白了这个活动原来是一个精心策划的营销计划!而品牌赞助商,也就是相模原创安全套,要推广他们的新产品:世界上最薄的安全套!

9.2.3 移动化

乔布斯（Steve Jobs）说：要有 iPhone，于是世界变了。确实，iPhone 引领着智能手机的变革和发展。移动互联网络的出现，打破了固定网络在时空上的限制，使人们可以随时随地接触并使用网络。移动互联网的发展十分迅猛，CNNIC 中心的数据显示，截至 2020 年年底，我国网民使用手机上网的比例为 99.7%，手机网民规模已达 9.86 亿人。网民个人上网设备进一步向手机端集中，手机上网比例不断增长，台式电脑、笔记本、平板电脑的上网比例则呈下降趋势。随着移动互联网和移动终端的飞速发展，移动化趋势已成为不可逆转的时代潮流。在移动化趋势下，消费者获取信息更加便捷，消费者的行为也会受到一定的影响。在这种情况下，移动营销（Mobile Marketing）越来越受到重视。对此，移动营销协会（Mobile Marketing Associating, MMA）在 2006 年对移动营销给出如下定义：利用无线通信媒介作为传播内容进行沟通的主要渠道，所进行的跨媒介营销。移动营销相较于传统营销方式，有如下特点。

（1）便携性：移动营销可以让消费者随时随地参与消费活动，通过手机或者各种智能化的移动设备完成品牌搜索、产品信息互动、相关价格比对等此前只能在电脑上完成的购买行为。

（2）庞大的顾客群：手机网民规模已达 9.86 亿人，人们对于手机的依赖明显大于电脑。而且几乎所有的网络社区都已经实现移动平台化，这一措施会将更多的网络用户引入移动互联网中。

（3）低成本：基于移动互联网的营销手段，可以极大程度地降低营销成本。对于企业来说，减少广告宣传费用，只需开发一款 App 或注册微信公众账号便可以实现针对目标客户群或者潜在客户群进行"一对一"的营销活动。

（4）定位精准：在当今快速反应的消费模式时代，企业对于消费群体迅速定位也至关重要。移动营销结合大数据，能够帮助企业对用户的使用相关数据进行统计分析，并利用这些信息来制定营销方案。实现定向产品信息投放，避免信息传播中的误投而造成品牌形象受损的局面。

9.3 互联网营销的理论基础

在移动互联网时代，社交媒体广受欢迎。以微信、微博、QQ、快手、抖音和头条等为代表的新媒体传播渠道迅速发展，信息传播的中心也在发生转变，从之前的"以传播者为中心"调整到"以受众为中心"的传播模式，传统的 4P、4C 及 4R 理论在一些特定环境下已经不再适应。用户购买产品获得好的体验后，习惯了通过新媒体进行分享，形成了以消费者个体为中心的涟漪效应，扩散到相互关联群体。因为消费者相关群体之间比较熟悉，传播也更有影响力和效能。在此背景下，诞生了互联网整合营销的 4I 理论。

4I 理论由美国营销大师唐·舒尔茨提出，在移动互联网时代被应用于众多领域。4I 理论基于整合营销理论，提出了营销的四个原则：个性原则（Individuality）、趣味原则（Interesting）、互动原则

（Interaction）和利益原则（Interests）。强调营销应借助现代互联网渠道，与消费者进行深入互动交流，在了解消费者真实需求的基础上，进行有的放矢的营销。不仅在产品和服务上体现差异，在营销渠道上要实现个性化。4I 理论强调更重视和理解消费者，不仅了解消费者当下的需求，还要通过互动沟通去了解消费者的动态需求。做到更贴近消费者、了解消费者，建立完全以消费者为中心，产品和服务紧随消费者需求而动态变化的一套营销体系。4I 理论追求紧跟消费者，多渠道、多维度了解消费者动态的需求，及时反馈给企业，使产品和服务的设计与消费者需求步调一致，永不落后，从而实现预期营销效果。四个基本要素适应了移动互联网时代客户追求个性化、差异化、互动性的特点。

1. 个性原则

个性原则的核心是个体识别，企业需要充分关注每一个顾客的独一无二的个性，按照不同个体的差异化需求对市场进行细分。企业可以针对不同的目标人群，开展特色的业务和服务，打造不同的品牌，获得稳定的顾客群。

随着手机、笔记本电脑等移动智能终端的大量使用，为广告推送带来了极大便利，但是由于每位消费者的背景差异，大范围无差别的广告推送方式无法满足所有用户的个性化需求。中国电子商务产业在近二十年的发展中积累了海量的用户数据库，使得企业可以对个体用户进行精准化的数据描述和定义。在这种场景下，企业的产品和服务都在追求个性化，人人都追求与众不同，差异化已经成为社会消费趋势。营销也要做到针对不同的客户，设置对应的属性，制定个性化的策略，通过不同维度的标签实现"千人千面"，进而做到一对一的精准营销。

2. 趣味原则

趣味原则是强调营销传播过程要有趣味性、有话题感，要尽量选择一些目标顾客群关心和感兴趣的话题，策划和构思要能激发消费者的想象力，激发其参与的冲动。企业可以通过这些趣味性的话题，引导公众关注产品或品牌理念、功能、价值。

当前互联网社会是一个全民娱乐化的时代，新媒体都在采用更加口语化、生动化、个性化的内容形式进行推广传播。生硬、枯燥和千篇一律的内容已经不能成功引起消费者的注意力，没有分享价值的内容也不再有营销价值。推销不应再是生硬的广告词，而是用更加符合广大群众的语言形式进行包装。

3. 互动原则

互动原则就是要吸引客户，找到双方的利益共同点。只有抓住了客户的兴趣点，才能引起关注、引发共鸣并让客户参与，持续吸引客户。企业才能在顾客的参与和互动中传播经营理念、引导市场。

告别传统的单向信息传递式的营销，充分利用网络的便利性和随时在线且永远互联的特性与消费者进行沟通，在沟通中建立吸引。互动是移动互联网时代最重要的社交属性，现在新媒体的盛行很大一个原因就是有了互动属性，信息不再是单向传播，消费者不再沉默，有了沟通渠道，有了足够的话语权，反过来又深刻地影响了企业产品的设计，形成了一个有效信息交流和沟通的闭环，构建了一个由消费者和企业共创的有生命力的产业生态。

4. 利益原则

利益是贯通商业活动始末的重要元素，是商户进行经营活动的根本目的，也是用户进行消费活动的动因。如果一个营销项目仅仅符合趣味、个性原则，那么它很难将商家、媒体、用户等不同类型的机构与个人汇聚一起。而利益则是连接营销活动中不同参与者的纽带。

随着人们消费水平的提高，消费意识也有了很大的增强。然而，消费者对广告有天然性的抵触，消费者不仅要知道产品资料，还想知道与之相关的附加信息。只推送产品信息的公告式推销意义不大，但是可以转变思路，以一种新的视角切入，包装成咨询类信息，消除消费者的警戒心，慢慢引导逐步深入，消费者会更容易接受。

现代社会处于一个重视服务的时代，企业在设计产品和服务时，越来越重视消费者体验。企业正在从产品提供商向服务供应商转换。在从产品向服务转换的过程中，消费者的消费偏好和消费体验直接影响着产品功能和服务的设计方向。

按照马斯洛的需求层次理论，把人的需要进行分类，从低到高分别是生理、安全、归属和爱的、尊重的、自我实现。根据不同客户群体、不同组织差异性、变化性等特点，及时更新客户的标签画像，设计不同的有区别的产品和服务，才能对客户真实需求做到有针对性的精准营销。

互联网时代万物互联，每天都会产生海量信息，我们每个人每时每刻都面临着巨量信息，沉浸在微博、微信、头条、抖音以及各种各样的手机 App 里。海量信息造成了人的焦虑和不适。如果没有实际利益驱使，没有客户愿意腾出时间接听陌生人电话。所以对客户提供切实符合自身利益的产品和服务才是迫切需要的。

9.4 互联网营销的常用策略

和传统的营销模式不同，互联网营销有其自身的特点。因此，要想做好互联网营销，就必须依据其特点，采用不同的营销策略来推动。那么，本节将探讨一下在当今社会常用的互联网营销模式。

9.4.1 微博营销

很多人应该还记得，当年微博的异军突起，不仅改变了人际互动方式，还催生了新的商业模式，改变了品牌与消费者的沟通结构，重塑行业的营销环境。最近几年，虽然微信已经成为人们社交的主流渠道，但是微博仍然发挥着不可替代的作用。从政府到公众、企业到消费者、个人到个人，都是微博信息交流的体验者与构建者。鉴于微博用户的巨大基数，可以说微博营销依然是互联网营销的大本营。

1. 微博营销的含义及特点

微博营销是以微博作为营销平台，每一个用户（粉丝）都是潜在的营销对象，每个企业都可以在新浪门户网站注册一个微博，然后不断更新自己的微博向网友传播企业、产品的信息，树立良好的企业形象和产品形象。微博营销具有以下四个特点。

（1）即时性强。一条关注度较高的微博发出后，短时间内就能被转发到世界的任何一个角落，这种高速的传播性是任何传统媒体都望尘莫及的。以前召开新闻发布会是传播信息的最佳选择，如今却只要把这个消息放到微博上发布，立刻就能引来大量关注。

（2）传播力强。微博简单方便的操作流程让用户随时随地都能发布信息，基本不受周围环境的影响。微博的传播方式就像原子核裂变一样，由一个人传给一圈人，一圈人传给一群人，如滚雪球般瞬间裹挟大量人群。微博营销的交流方式看似随意，其实用户渗透率更高，传播影响力也更大，这样产生的潜移默化的影响要比直白的广告攻势更为有效。

（3）精准度高。企业可以关注有潜在消费力的微博用户，观察他们感兴趣的活动和话题。同时，企业在微博上保持活跃，也能引来对产品感兴趣的用户的关注。这两部分人都是企业直接的目标客户，与他们在线沟通就是直接触达市场第一线。所以，无论企业是通过微博搜集市场反馈，还是品牌传播，都是面对更加精准的消费群体。

（4）亲和度高。微博营销通过片段式、随机性的发言，可以进行各种企业宣传、提供售后服务等，尽可能为用户提供帮助，给用户营造良好的品牌感受。微博营销某种程度上淡化了企业的商业形象，让企业以倾听者的姿态亲近消费者，从而为彼此搭建沟通的桥梁。

> **实际案例9-3** 螺蛳粉先生的微博营销

螺蛳粉先生是北京蓟门桥一家卖螺蛳粉出名的店铺，因在新浪微博中率先使用"螺蛳粉先生"一名与顾客在微博上互动，开通微博订餐而名扬远播。目前，"螺蛳粉先生"的微博粉丝已达到2.8万名，店面80%的顾客都是通过微博引流吸引来的，每天卖出400多份螺蛳粉。

"多年以后，你会不会想起这样一个夜晚，那时我们在北京，时值秋季，在螺蛳粉先生家门外的空地，支上桌椅，就着灯光和月亮，叫上三五好友，来一碗火辣火辣的螺蛳粉，就着漓泉，我们一起喧嚣，一起欢乐，一起书写那些肆无忌惮的青春……"这是"螺蛳粉先生"的一条微博。

"螺蛳粉先生"由店主马中才运营，马中才的确是个文艺青年，曾出版过8本小说，获得过"新概念作文大赛"一等奖，将140字的微博写得生动好玩可谓强项。

马中才说，微博是非常适合餐饮业推广生意的平台，可以黏住老顾客，招来新顾客。不过一切营销的本质还是在产品，产品的好坏决定了营销效果。马中才的"产品"，就是螺蛳粉。他说，小店位置偏僻，食材成本较高，唯一的竞争力就只能把味道和服务做好。

因为味道好，顾客才会在微博中@螺蛳粉先生，食客们看到微博，找到店里品尝才能不失望。但是马中才也经常在微博中看到"投诉"，如顾客抱怨店太小、等太久等，马中才都及时回复和改进。他说正是微博营销的两面性，让小店不断改进，以质量和服务为重，才能长期黏住粉丝和顾客。

总结"螺蛳粉先生"的微博营销成功之道，马中才称没有法则，但可以总结出以下几点。

（1）好记性。马中才平时留心观察顾客，在微博中看到粉丝晒的螺蛳粉照片，就会想起顾客到店的场景，用这种方式回复粉丝的微博，会产生浓厚的亲切感。马中才说："螺蛳粉先生只不过是故事中的一个地点，每天都有各种故事在这里上演。留心观察这些有故事的人，展现在微博中，跟粉丝特别有共鸣。"于是，在螺蛳粉先生的微博中，诞生了"螺蛳粉先生家的顾客"这个栏目，无非写些市井小事，却被马中才讲述得津津有味，充满了人情味，每条都能产生几十个转发量。

（2）名人口碑效应。作为一个作家，马中才的圈中好友常常在店里聚会，例如，作家柏邦妮（咆哮女郎柏邦妮）、蒋峰（蒋峰之梦）、蔡骏、吴虹飞，美食家陈晓卿等微博红人都是螺蛳粉先生的常客，饕餮一番难免要在微博中晒晒，"每当有名人@了我，当天的粉丝数都会有100以上的增长。"随着螺蛳粉先生越来越火，名人效应愈发明显。

（3）及时反馈建议与意见。"这点非常重要，服务也主要靠这种方式改进。有时候服务上的失误，也会被顾客发到微博上，尤其在微博上出名了之后，来自微博的顾客心理预期比较高，让这些人也满意，要下很多功夫。"

（4）在微博中发布优惠活动。"微博的传播形式非常适合宣传优惠活动。"螺蛳粉先生家的促销奖品也很特别，如赠送话剧演出票，又如端午节的时候，家人包了300个粽子，马中才统统送给了顾客。

2. 微博营销的推广优化技巧

要做好微博营销，需要善于利用微博优化技巧和手段，如热门关键词选取优化、微博名称的优化、微博URL地址优化、个人资料优化、个人标签优化等，通过这些优化技巧和手段都有助于提升微博营销的效果和获得更多的关注。

（1）热门关键词选取优化。微博内容尽可能以关键字或者关键词组来开头，并且加上"#话题#"。尽量利用热门的关键词和容易被搜索引擎搜索到的词条，增加搜索引擎的抓取速率，但考虑受众，这些内容也是要和推广的内容相关。

（2）关键词选取要和SEO（搜索引擎优化）结合起来。对SEO来说，微博的信息是非常重要的，搜索引擎会把微博的信息纳入到搜索结果中来，它们的索引算法也会根据微博的内容，选取信息作为标题。要明确SEO优化哪些关键词，只有找到了关键词，才能做好微博的SEO。

（3）名称要简单易记。微博要简单易记，要让微博用户名成为你的代言，让其他人看到你的微博用户名的时候，就能很快记住。

（4）URL 地址要简洁明了。除了用户名，微博的 URL 地址也尤为重要，因为通过 URL 地址才能访问到你的微博，而这个 URL 也会影响搜索引擎的搜索结果。

（5）个人资料要填关键词。微博的个人资料也会被搜索引擎所索引，所以在介绍自己的同时，也要填入要优化的关键词，提升搜索引擎抓取的几率。

9.4.2　App 营销

随着智能手机和 Pad 等移动终端设备的普及，人们逐渐习惯了使用 App 客户端上网的方式，而目前国内各大电商均拥有自己的 App 客户端。数据表明，App 给手机电商带来的流量远远超过了 PC 端的流量。更重要的是，由于手机移动终端的便捷，为商户积累了更多用户，更有一些用户体验性强的 App 使得用户的忠诚度、活跃度都得到了很大程度的提升，从而帮助商家增长营收。

1. App 营销的含义及常用模式

通常来说，App 营销是指通过手机、社区、SNS 等平台上运行的应用程序来展开的营销活动，它是整个移动营销的核心板块，是移动互联网时代企业和消费者之间形成消费关系的重要渠道，更是连接线上线下的天然枢纽。企业在进行 App 营销时，只有准确把握用户心理、深入挖掘用户需求，用种种方法引发用户共鸣，才能最大程度地引导用户参与到自己的营销过程中，达到营销目的。

不同的 App 类别自然需要不同的营销模式，App 营销的常用模式包括广告植入模式、用户参与模式和购物网站移植模式。

广告植入模式是 App 营销中最常见的模式，广告主通过在功能类、游戏类 App 中植入动态广告链接的方式打广告，用户点开链接就是相关产品的介绍、销售页面。种种模式操作简单，投放在热门 App 上能够让更多的人直观地接触到企业的产品。但由于这种植入相对生硬，其购买转化率并不高。

用户参与模式是企业把符合自身品牌定位的应用发布到应用商店内供手机用户下载，用户可以从该应用中获得自己需要的实用功能，同时还能直观地了解该品牌的信息。这种模式对提高企业美誉度，增加用户黏性的效果比较明显。相比广告植入模式，这种模式更容易被用户接受。

购物网站移植模式是购物网站的手机 App 化，用户可以随时随地通过该 App 浏览网站，获取商品信息，同时进行购买和支付。这种模式相比于以往通过手机浏览器登录相关购物网站再进行同样操作来说，更加快速便捷，内容也更丰富，更有针对性。缺点是适用的行业比较单一，不具有广泛的应用性。

2. App 营销的常用策略

（1）把握用户心理，引起兴趣和共鸣。

移动互联网时代的用户购买行为已经不再是简单接受企业广告，而是从自身需求出发，通过对所需产品的全面分析，评估可购买性，最后才决定自己的购买行为。所以，只有引起消费者的心理共鸣，企业才有机会向他们推荐自己的产品。因此，企业在做 App 营销时要注重与消费者进行深入对话，充分了解消费者的潜在需求和心理预期，根据这些反馈优化自己的产品，调整宣传策略。

实际案例9-4 西门子时尚厨房 App

当世界最大的电器公司之一的西门子把营销目光瞄准移动 App 的时候，究竟如何将电器与实用 App 结合在一起就成了首要面对的难题。西门子公司决定不直接宣传自家电器，而是以"吃"为切入点，将产品悄悄嵌入到菜谱介绍当中去。

西门子开发的这款 App 叫"西门子时尚厨房"，是一款生活应用类软件，实用性很强。它在软件介绍里就充分强调了自己的实用性："你能想象有朝一日，因为有它……你无需再翻阅纸质菜谱，弹指之间便能烹制精致美食；你的厨房从此与众不同，成为你时尚家居生活的中心。"它最初发布的板块有五个：推荐菜谱、视频饕餮、定制食谱、时令美食和微博分享。在积累了相当的人气后，才在后来新发布的版本里增加了产品介绍和品牌直营店两个板块。

"西门子时尚厨房"介绍了各种美食的做法，从食材的挑选到每个烹饪步骤都十分详细，让用户不再为自己的厨艺感到烦恼。同时，它的设计也很精美，用户体验上佳。其内容左上方是美食图片，右侧配有详细制作说明，左下方是该美食的简介与材料说明，右下方是推荐制作这款美食的厨具。该 App 还在制作界面中设有视频讲解，进一步降低了用户的学习难度。所以，该 App 一经推出，就受到了广大用户的追捧。

（2）刺激用户参与，积极互动。

移动互联网时代，营销不能再一味向消费者进行单向的理念灌输，以用户为主导的双向甚至多向互动，才是 App 营销的首选策略。谁能充分利用消费者碎片化的 App 使用时间，最大程度地与用户随时、随地、贴心地交流，谁就能在互动中拉近与消费者的距离，抢占 App 营销的先机。

与用户互动的方式有很多，其中最重要的就是提供优质内容。现在的消费者都希望看到有创意、有内容的东西。一项调查显示：70% 的消费者更希望通过一篇文章而不是广告来了解某企业。当然，内容并不仅仅是文字，还有实用的服务。

实际案例9-5 星巴克的晨鸟闹钟（Early Bird）

随着移动互联网时代的到来，星巴克也将自己的体验式营销从线下带到线上。除了在微博、微信上布局，星巴克还开发了专属的 App：Early Bird。这是一款颇有新意，同时又处处体现诚意的闹钟 App。只要在闹钟规定的时间起床，并点击起床按钮，然后在一小时内到附近任意一家星巴克咖啡店购买咖啡，就能享受五折优惠。

Early Bird 成功地将星巴克咖啡和用户的日常生活结合在一起，它巧妙地将自己的产品嵌入用户的某个生活习惯中，让用户在购买星巴克咖啡时不是感到自己花了钱，而是做成了一件事，一个对自己的承诺。这种营销显然比一般的广告植入高明得多。

（3）联合各渠道，结合新技术。

App 营销愈发呈现多元化发展趋势，因此，整合其他营销手段和技术支持，给消费者带来突破性的用户体验，才能够彻底挖掘 App 营销的价值。企业的 App 营销可以选择与传统广告、视频营销、店面促销、事件营销等方式结合，形成协同效应，将营销效果最大化。同时，App 营销还应该结合各种新技术：LBS 位置定位、手机身份识别、AR 增强现实、重力感应灯，这些新技术的不断涌现给了 App 营销更多的想象空间。

比如 ibutterfly App，它将各种优惠券变成一只只飞舞在城市各个角落的蝴蝶，用户利用手机摄像头进行捕捉。它根据各个地区的特点，会呈现出不同种类的蝴蝶。这款有创意的 App 能够帮助服务行业，如餐饮行业进行有效地宣传。而这款 App 正是将 App+AR+LBS 完美结合在了一起，使客户既得到实用信息，又得到不错的游戏体验。

9.4.3　微信营销

自面世以来，微信已经成为人们即时通信的重要工具之一。随着微信用户数量的迅猛增长，微信营销也应运而生。微信营销是移动互联网时代下的新型营销方式，具备营销成本低、潜在客户群大、营销定位精准、信息交流及时、信息传播有效和营销方式多样化等优势。也正因为如此，微信营销正在被越来越多的企业和个人所关注和应用，甚至可以说微信营销已然成为移动互联网营销的关键阵地。

1. 微信营销的含义与特点

微信营销是 21 世纪网络经济时代营销模式的一种创新，主要包括：微信公众号营销、微信朋友圈营销、微信群营销、信息流广告和微信分销等。商家可利用微信平台展示商家微官网、微会员、微推送、微支付、微活动，为其产品或理念做营销。个人或团队也可通过微信公众平台与商家合作，通过软文、软广告进行推广。

微信营销有以下五个特点。

（1）营销形式多样。利用微信进行营销的形式和途径有很多。比如，企业可以设定自己品牌的二维码，用折扣和优惠来吸引用户关注，开拓 O2O 的营销模式；企业通过微信开放平台，应用开发者接入第三方应用，将应用 Logo 放入微信附件栏，使用户可以方便地调用第三方应用进行内容选择与分享。例如，聚美优品的用户可以将选中的商品内容分享到微信好友、微信群聊和朋友圈中，从而使该商品得到不断的传播，进而实现口碑营销。另外，在微信公众平台上，每个个体、小型商户、企业都可以打造自己的微信公众号（订阅号、服务号、企业号），并在微信平台上实现与特定群体以文字、图片、语音的全方位沟通和互动。如一家餐饮企业，将门店的打折、会员信息都公布到微信公众号上，实现了微信订座、等位、点餐等功能，到店之后直接下单让老顾客去分享，吸引新客户。

（2）消费者占据主动位置。营销讲究"推"和"拉"的概念。在微信平台，消费者更具主动性，他们主动选择、关注甚至推广自己感兴趣的内容，而非被动接受。消费者决定了微信营销能走多远，只有赢取了用户的青睐，才能获得高阅读量、高关注量和高转发量，实现圈层式发展，在维系老客户的同时吸引新客户。

（3）点对点精准营销。微信拥有庞大的用户群，借助手机移动终端天然的社交和位置定位等优势，每个信息都是可以被推送的，每个个体都有机会接收到信息，从而帮助商家实现点对点精准化营销。例如，拥有微信公众平台的商家可以建议前来消费的顾客扫描微信二维码关注，当商家发布有关产品或服务的消息以及优惠信息时，可以及时地被其目标客户群接收到，并且这部分客户群一定是在地理位置上能够容易到达并对产品或服务感兴趣的潜在客户群体。

（4）推广成本低廉。相对于传统的营销方式来说，微信广告的营销成本比较低廉。如果宣传内容足够引起用户关注，会在朋友圈内形成主动推广，这种圈层式传播的潜力是巨大的，而商户为此不需要付出额外的时间和物质成本。

（5）良好的用户黏性。微信的点对点产品形态保证了其能够通过互动的形式增强内容的人文情感共鸣，增加用户的黏性，从而产生巨大的价值。文章末尾留言回复、公众号留言自动/人工回复、回赠用户资源等都是与用户建立亲密联系的互动方式，商家可以通过及时高效的微信沟通提升服务的质量，最大限度地保持并提高用户黏性，增加用户的关注度，同时在过程中发现潜在消费者，对客户进行准确定位。

2. 微信营销的应用手段与方法

微信营销是基于微信平台已有的功能模块展开，主要聚焦于社交互动、信息推送等功能板块，结合微信内嵌的支付功能，形成了从信息传播、用户触达到交易支付的营销闭环。目前常见的营销手段与方法主要有以下几种。

（1）"朋友圈"营销。

"朋友圈"营销最早来自微信电商，也称为"微商"，主要针对品牌认知度较低的快消类产品，如化妆品、食品、服装等，参与主体主要是小企业以及一些独立的商户。

商户将独立的个人用户聚集，在产品现有的销售渠道上拓展出新的线上销售渠道网络，通过个人在其微信朋友圈的产品推送，将产品信息推送至自己的强社会关系网络，增强了产品的露出以及消费者对于产品的信任度，形成了"全民销售员"的营销概念。在具体应用的过程中，商户制定统一的产品宣传话术、奖励政策，配合产品口碑，通过种子用户在朋友圈的露出，可以在短时间内给商户导入极大的用户流量。随着"朋友圈"个人营销的广泛使用，越来越多商户开始使用类似的策略，同质化竞争日趋激烈，用户的耐受性也随之不断提高，如今商户在进行"朋友圈"营销时，需要更加考虑品牌形象、产品质量、种子用户选择、差异化的露出方式等层面。

(2)"附近的人"营销。

"附近的人"功能模块，是微信推出的基于LBS的陌生人社交功能模块。用户在此模块可以查看附近的陌生人，并申请添加对方为好友，建立联系后，商户可以适当地开展产品介绍等营销内容。同时，商户可以设置与运营产品、服务相关的个人签名以实现主动的露出，有兴趣的陌生人可以主动与商户建立联系。

此类营销方式主要适用于独立的个体商户，如餐饮、便利生活等区域性较强的产品与服务。其优点在于可以足不出户地在线上实现区域性商业"地推"，触达的用户都是真实用户，成本极低。缺点是覆盖人群小，难以突破陌生人之间的信任壁垒，用户响应率以及转化率较低，难以建立起积极的品牌形象。

(3)"漂流瓶"营销。

与"附件的人"类似，"漂流瓶"也是微信平台陌生社交功能模块的组成部分。商户可以在此功能下，实现和陌生人直接建立联系。商户自营的产品与服务相关信息以漂流瓶的形式随机推送给陌生用户，接收到的陌生用户查看此内容，在此阶段产品或服务内容可以实现初步露出，如果能够进一步建立联系，可以进行后续营销工作的开展。

此类营销手段主要针对独立的个体电商店铺，同时经营的业务范围不局限于本地，适用于需求普遍的常规产品或服务，是低成本集客的一种手段，但是受制于较小的推送数量以及信任壁垒等问题，该手段的用户响应率以及转化率较低，目前还无法成为普适性的营销策略。

(4)"公众号"营销。

微信公众号是嵌在微信内部的给个人、企业和组织提供业务服务与用户管理功能的全新服务平台，从公众号的使用者角度可以分为订阅号、服务号以及企业号三种，其中个人只能申请订阅号，而企业可以申请任意类型的公众号。其中订阅号与服务号面向的用户是社会化用户群体，而企业号面向的是企业内部人员。从营销的功能性而言，前两种类型是公众号营销的主要形态，企业号更加注重企业内部管理层面，对外的营销属性相对较弱。因此，本节关于公众号营销的探讨也将主要基于订阅号和服务号展开。

(5)"订阅号"营销。

订阅号面向的使用主体主要是个人、媒体类用户等，最初的功能与博客类似，是个人对公众进行媒体类信息分享的自媒体平台。"订阅号"营销的核心是通过优质的内容吸引用户关注、朋友圈转发，最终积累巨大的关注用户体量以及大批忠诚用户，形成大量线上流量的入口。

如今，大用户存量的订阅号开始不断与外部企业、商户合作，订阅号也逐渐成为众多企业、商家向新用户传递产品或服务信息的新营销渠道，通过流量进行变现也成为了目前各大订阅号获取盈利的主要模式。

订阅号的营销潜力与盈利能力也吸引了资本市场的关注。目前，许多订阅号已开始向资本融资，部分甚至在初期就已收获数千万美元的投资，未来在资本的驱动下，订阅号的营销方式可能将孵化出新的形式。

(6)"服务号"营销。

服务号面向的使用主体是企业、商户等，而非独立的个人。与订阅号偏向单纯性的内容输出不同，服务号更加注重企业与用户的互动，同时也可以将企业的各类服务、产品通过各类接口在线上直接呈现给用户，鼓励用户产生交易。目前，服务号营销的主要形式为"抢红包""集赞送礼""帮砍价""转发送礼"等带有物质激励的方式激励用户传播，最终达到营销的目的。

因此，服务号营销的实质是通过用户有偿转发与分享，将企业、商户信息，甚至交易场景，直接地传递给用户群体，并激起用户群体的多次推广转发，实现大批量的品牌露出与交易量提升。

9.4.4 短视频营销

随着智能硬件及网络的快速发展与普及，当流量、带宽、资费、终端等都不再成为问题，尤其是在视频移动化、资讯视频化和视频社交化的趋势带动下，短视频营销正在成为新的品牌营销风口，各企业纷纷进入短视频的创业浪潮，以京东、淘宝为代表的电子商务也开始在短视频领域争夺流量。

短视频营销是内容营销的一种，短视频营销主要借助短视频，通过选择目标受众人群，并向他们传播有价值的内容，从而吸引用户了解企业品牌产品和服务，最终形成交易。做短视频营销，最重要的就是找到目标受众人群和创造有价值的内容。在长视频统治的时代，人们想做视频营销，需要花费很大的人力和物力（资金）。随着短视频的兴起和火爆，人们找到了视频营销的切入点，因为门槛低，传播速度快，入手简单，投入的人力物力更少，短视频成为众多商家青睐的营销工具。

实际案例9-6 麦当劳的"Snapchat招聘"

2017年4月，一向正经的麦当劳联合全世界最受欢迎的短视频平台Snapchat悄悄开启了一场"Snapchat招聘"。想来麦当劳上班？请先用Snapchat弄一份个性化的面试简历！麦当劳说了，面试者要在Snapchat里"套上"一件虚拟的麦当劳工作制服，然后在一个十秒钟的视频中展示自己的才能、优点，并把视频发送给麦当劳。如果你的视频足够有趣，料又足，麦当劳方面通过了，他们就会通知你进入下一步的面试环节。

用视频展示个人才艺已经不是招聘过程的新鲜做法了，社交平台用来招聘也已经很常见，不过当这两个结合，在Snapchat上的玩法和"脑洞"就多了起来。当然，招聘只是麦当劳试水短视频营销的一个噱头，相比之下，该行为的品牌传播性显然大于招聘严肃性。麦当劳的这个举动迅速在网络上走红，成为各大版头的话题中心。

短视频营销之所以被誉为"种草神器"，主要是因为以下原因。

（1）短视频是更具表达力的内容业态。内容营销时代已然来临，品牌营销已和以往形式不同，相比于单一地讲述品牌故事，更致力于用情感和角色来打动用户，从而让他们与品牌的产品或服务建立情感纽带。当讲述情怀、引发共鸣的营销成为趋势，相较于传统手段，短视频的优势就凸显了出来。

比起图文视频内容更具三维立体性，结合声音、动作、表情等于一体，可以让用户更真切地感受到品牌传递的情绪共鸣，是更具备表达力的内容业态。

（2）短视频是新人类的社交名片。年轻化已成为品牌绕不开的一门必修课，"90后""95后"是年轻化用户的分水岭，这一代人是互联网时代的原住民，依靠纸媒、电梯楼宇广告等传统媒介的渠道已不足以引起他们的关注。相反，快速兴起的社交网络是围猎"90后"的社交场，是品牌垂直攻略年轻受众的最有效途径。而数据显示，短视频是当下年轻化受众最潮流的社交方式。"你玩短视频吗？""玩呀！你关注我，最近我拍了个短视频需要点赞分享。"像这样的对话，在当今的年轻人交流中频繁出现。短视频已成为新人类的社交名片，陌陌的一句广告语"用视频认识我"足以证明。如此便进一步催生了短视频营销的迅猛发展。

（3）短视频是大脑更喜欢的语言。据研究数据表明，大脑处理可视化内容的速度要比纯文字快60 000多倍。这是从生理角度的人体本能来分析，大脑更乐于接受短视频。而同时，当下"年轻人很忙"的生活节奏催生了地铁上看、上厕所看、等车也要看的现状，短小精悍的短视频也更符合当下忙时代的时间碎片化场景需求。这就意味着品牌使用短视频作为与用户交流的语言将更容易被受众接受，更容易达到品效合一的传播效果。

9.4.5 直播带货

近几年，随着网络的发展，直播行业也在蒸蒸日上。在这个网络直播大潮中，直播带货更是从中衍生出来的新兴行业，直播带货从一开始的颇受非议，到现在的全网直播热潮，从事这个行业的队伍也日益强大起来。那直播带货又是从哪里来的呢？

随着直播行业的日益发展，直播从一开始只是一些网红或者普通素人的直播聊天、才艺展示，发展到现在已经越来越商业化和专业化。最初的时候，各个直播平台上的直播收益，只能靠网友的打赏、送礼物赚取，经过一段时间的演变，直播越来越向商业靠拢。

所谓的直播带货就是将"直播"和"卖货"合二为一，在直播过程中进行商品宣传或售卖，从而提高销量的过程。在这个过程中，人物没有变，可以是网红、素人、明星、商人等任何人。但是直播的内容发生了变化，如今变成了主播对一些物品使用感受的分享，一些爱用物和好用物品的推荐及"种草"，又或者是对一些直接销售商家的商品的讲解，最终达到宣传和提高销量的目的。

1. 直播平台与网红直播

谈到直播平台，首推淘宝和抖音。这些年，淘宝直播迅猛发展，抖音和快手直播带货量级也不容小视。淘宝直播背靠淘宝强大的电商流量基础，而真正在内容、流量和玩法上有重大升级发生在2017年。相比早些年在微博上发图片和文字的网红，2017年在短视频强势扩张下诸多网红冒出速度变得更快，传播范围也变得更广，对淘宝直播又有很强的流量反哺作用。而淘宝直播也有意培养或扶持出一批网红。

2018年，淘宝直播带货规模超千亿元，同比增速达350%。抖音和快手除了拥有孵化网红的流量优势外，自身带货规模的成绩也不错。2018 年 4 月，快手小范围内测"我的小店"，6 月与有赞合作推出"短视频电商导购"，并新增"快手小店"，同时推出"魔筷 TV"小程序，引导用户一键跳转完成购买。2018 年 5 月，抖音则上线了店铺入口。

2019 年可以说是直播带货爆发的一年。2019 年，淘宝"618"直播截至 15 点 30 分成交规模为 130 亿元。根据 QuestMobile《2019 双 11 洞察报告》，手机淘宝 App 内观看直播的用户规模为 4 133 万人次，同比增长 130.5%。而"双 11"淘宝直播成交规模为 200 亿元，其中有超过 10 个亿元直播间，超过 100 个千万元直播间。

在直播带货的模式中，网红的作用非常关键和明显。用户观看直播的首要需求是消磨时间，那么直播内容必须得足够有趣。有趣的人和有趣的内容是网红直播带货商业模式可持续的基础。这也解释了商家完全可以把最优惠的折扣直接放在流量平台上来吸引买家，但还是选择与网红合作的原因。传统的图文种草平台，如微博和小红书，网红的流量聚集效应也很强，但是短视频、直播或"短视频＋直播"的方式极大地提高了趣味性和网红人格部分的展示，为商家降低了用户注意力抢夺的难度，用户信赖和喜欢的情绪更容易产生，购物行为也更容易发生，留存率也会提高。

直播带货各环节如图 9-1 所示。

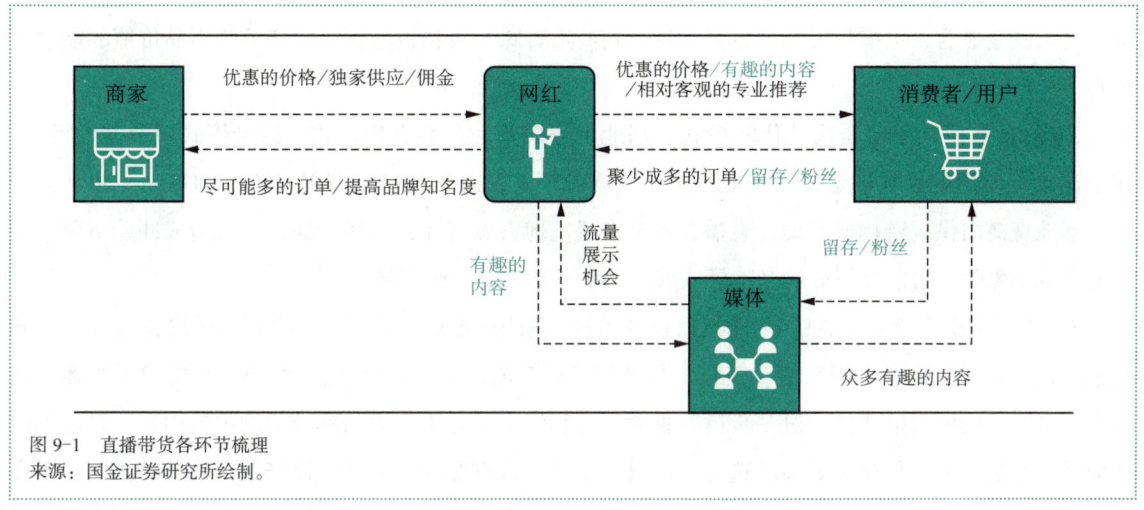

图 9-1　直播带货各环节梳理
来源：国金证券研究所绘制。

2. 直播带货的适用品类

直播带货容易爆发的品类往往是低单价且高复购率的，背后是用户对于小额消费以及囤积消费的偏好。除了快消品里洗护用品、卫生纸、家居用品和零食外，近年来随着国货美妆产品的崛起，在美妆产品里单价相对较低的消耗类护肤品如面膜、彩妆产品里的口红乘着网红直播带货的风潮取得了骄人的成绩。

但其实这些低单价且高复购率的产品本身在使用价值上差异并不突出。那么除去价格（往往各品牌间价格差异也并不是特别大），品牌性或者消费者的认知程度占据了购买决策实行时的很大一部分。网红，不论是淘宝模特、专柜美容顾问（Beauty Assistant）、时尚博主，他们通常都深谙消费者心理，利用自己卓越的形象管理，用自身人格化特征的部分来赋予产品或品牌新的定义，引发用户共鸣或共情。

高单价、低复购的品牌在网红直播带货中也在受益，品类仍在扩展。消费分期渗透加速，尤其在年轻人群体中，直播带货进一步发展，同时拓展了品类。分期付款的流行助长了交易行为的发生，而电商平台的消费分期支付方式，如蚂蚁花呗、京东白条、苏宁任性付等也为网络购物助力不少。一方面降低了消费的门槛，另一方面也为用户冲动消费减少心理的阻力。尤其是对于单价较高的品类（超过千元），如电子产品（手机和电脑等）、大牌美妆和护肤产品、家电等电商分期付款显得具有诱人的吸引力。更甚者，汽车也有成功的案例。

3. 直播带货的未来发展

网红直播带货模式的演进就是不断靠近货源。1.0 时代，主播除了没有稳定的流量，甚至需要自己购买样品进行直播。一些主播在做直播初期，为了打造品牌吸引力，不要链接费、不要佣金，自己贴钱做全网最低价。2.0 时代，机构大规模进驻，也有了"走播""玉石基地"等新玩法。3.0 时代，头部主播已经开始深入供应链，并且把中台系统对接给其他中小主播。

1.0 的直播模式主要包括店铺直播模式、秒杀模式和达人模式。店铺直播模式，就是主播一款款介绍在售商品，其核心竞争力来自在播商品。秒杀模式最为常见，主播和品牌商合作，帮品牌商带销量，马太效应显著，主播带货能力越强，越受到商家青睐，折扣也越低，主播渲染商品价值的能力是核心。

2.0 的直播模式主要是国外代购模式、基地走播模式、产地直播模式、砍价模式以及博彩模式。其中比较有趣的就是基地走播、产地直播以及砍价模式，对于传统电商触及不到的货品和领域有奇效。基地直播由供应链构成基地，直播在各个直播基地去做直播，现场开播，容易造成冲动下单，有一定退货率风险。目前比较好的基地模式就是品牌基地和产业带直播。

3.0 的直播模式就是 C2M。主播根据粉丝需求，采用 OEM 或者 ODM 的方式推出特有款式，同时也保证了品质。汇聚各类服装、美妆、食品等工厂产能，基于 C2M 的生产模式赋能旗下主播，逐渐提高自有货物的直播比例，进一步提升直播间的利润率。对于仅为品牌带货的主播而言，自建供应链似乎暂时是一个性价比不够高的选择。而对于积累了自有服饰供应链主播来说，货品的重要性不言而喻。

本章小结

1. 互联网营销的定义。互联网营销是以互联网为媒体，以新的方式、方法和理念，通过一系列营销策划，制定和实施的营销活动。互联网营销的三大特性：大数据、社会化媒体和移动化。

2. 互联网营销的理论基础——4I 理论。个性原则（Individuality）、趣味原则（Interesting）、互动原则（Interaction）和利益原则（Interests）。个性原则的核心是个体识别，企业需要充分关注每一个顾客的独一无二的个性，按照不同个体的差异化需求对市场进行细分。趣味原则是强调营销传播过程要有趣味性、有话题感，要尽量选择一些目标顾客群关心和感兴趣的话题，策划和构思要能激发消费者的想象力，激发其参与的冲动。互动原则就是要吸引客户，找到双方的利益共同点。利益是贯通商业活动始末的重要元素，是商户进行经营活动的根本目的，也是用户进行消费活动的动因。

3. 互联网营销包括 5 种主要类型，即微博营销、App 营销、微信营销、短视频营销和直播带货。微博营销是以微博作为营销平台，每一个用户（粉丝）都是潜在的营销对象，每个企业都可以在新浪门户网站注册一个微博，然后不断更新自己的微博向网友传播企业、产品的信息，树立良好的企业形象和产品形象。App 营销是指通过手机、社区和 SNS 等平台上运行的应用程序来展开的营销活动，它是整个移动营销的核心板块，是移动互联网时代企业和消费者之间形成消费关系的重要渠道，更是连接线上线下的天然枢纽。微信营销是基于微信平台已有的功能模块展开，主要聚焦社交互动、信息推送等功能板块，结合微信内嵌的支付功能，形成了从信息传播、用户触达、交易支付的营销闭环。短视频营销是内容营销的一种，短视频营销主要借助短视频，通过选择目标受众人群，并向他们传播有价值的内容，这样吸引用户了解企业品牌产品和服务，最终形成交易。所谓的直播带货就是将"直播"和"卖货"合二为一，结合起来的一种在直播过程中进行商品宣传或售卖，从而提高销量的营销。

课后习题

1. 什么是互联网营销？互联网营销与传统营销有何不同？
2. 互联网营销具有哪三大特性？
3. 你是如何理解 4I 理论的？为什么 4I 理论是互联网营销的理论基础？
4. 什么是微博营销？微博营销在今天还有发展机会吗？
5. App 营销有哪些常用策略？请结合你的使用经验谈谈体会。
6. 什么是微信营销？微信营销包含哪些种类？
7. 订阅号营销和服务号营销的差异是什么？
8. 短视频营销的主要目的是什么？
9. 谈谈你所理解的直播带货以及如何看待直播带货的未来前景。

章后案例

元气森林的成功与隐忧[1]

唐彬森，开心农场的创始人，元气森林品牌的缔造者，眉头紧蹙站在元气森林大楼的窗前，今年夏天，竞争激烈的软饮市场不禁让唐彬森陷入了沉思。

回想上个夏天，如果谁没有喝过元气森林苏打气泡水，生命都不算完整。2019年，没有比喜茶更火的奶茶店；2020年，则没有比元气森林更火的苏打气泡水。"糖脂卡"的概念首度被人们提起，元气森林以"互联网+饮料"的模式席卷了线上社交媒体和线下门店。

在元气森林气泡水推出之前，人们对于无糖的呼声已经很高，在当时已经有了无糖的可乐、雪碧，而元气森林恰好在人们已经适应无糖的口感后正式上线，元气森林品牌乘势而上。截至目前，元气森林在百度的搜索结果有1 230多万条；微博平台上元气森林的讨论有118万多个；小红书上，元气森林的笔记有2万多篇。与之相呼应的还有元气森林的营收，上半年，元气森林的营收超8亿元，接近去年全年的水平。元气森林的估值也不断水涨船高。据媒体报道，元气森林将完成来自红杉中国和元生资本的第五轮融资，投后估值约为20亿美元。

被元气森林搅动的气泡水市场风生水起，也引来可口可乐、农夫山泉、娃哈哈、伊利和青岛啤酒等食品饮料巨头的凶猛入局，抢食者们都迫不及待地想成为下一个「元气森林」。

元气森林的诞生是2016年。创始人唐彬森笃信气泡水是个大市场。他曾分享过这样一个观点："你能力再出色，你做的行业不好，你基数概率不行，你就是不行。"在他看来，顺应趋势，找对行业很重要。

在当时，气泡水并不算是一个新产品。在欧洲，气泡水有着160多年的历史，早在20世纪90年代进入中国，但一直未得到国人的认可。近几年，健康概念火热，气泡水凭借自身"无糖、无添加、0卡"等优点重回国人视野。

有数据表明，中国市场2018年气泡水的销售额同比增长了43.9%，远高于普通矿泉水5%的销售额增长率。根据前瞻数据显示，2019年国内气泡水整体市场规模为150亿元左右，预计到2025年，将达到320亿元。气泡水也因此被认为是风口，是潜力股。

在元气森林真正杀入市场之前，国内气泡水行业主要由海外进口品牌盘踞。在几近饱和的中国饮品市场，元气森林推出国内首个0糖0脂0卡苏打气泡水，通过5块5的低价策略，杀出一条差异化道路，由此掀起了无糖饮品的新风潮。

元气森林在诞生之初就决定要抢占"无糖饮料"的领先者地位。元气森林找到了一种既能保证甜味口感、又能避免热量产生的蔗糖替代品——"赤藓糖醇"，代替"蔗糖"，更低脂健康。

---

[1] 深度研究不太一样的元气森林解读：成功与隐忧. https://www.163.com/dy/article/GQFBUHAG0511805E.html；无糖战争，元气森林守得住吗？https://baijiahao.baidu.com/s?id=1727517171996443110&wfr=spider & for=pc 等。（有删节）

作为刚出世的新晋品牌，最大的劣势就是饮料的传统资本不够，譬如在传统的经销商、卖场上明显实力不足。而不同于传统饮料巨头，"元气森林"选择了与目标用户更接近的渠道作为流量入口，而这些渠道也正是传统饮料巨头忽视或运营能力欠佳的。

第一，重视传统巨头忽视的便利店。元气森林首批选择进入的渠道是全家、罗森、便利蜂、盒马这种互联网型的连锁便利店，而不是体量更大的华润、大润发等传统商超。2017—2018年是新型连锁超市（便利店）的高速成长期，而且便利店大部分开在写字楼、人流量密集的市区、景区等位置，针对的消费人群以寻求便利为主，对价格敏感度较低，且以年轻人为主。因此，通过便利店渠道，"元气森林"获得了第一批"目标用户"。

第二，元气森林选择了传统饮料巨头难以运营的电商平台。在线上，元气森林选择进入天猫、京东等核心电商平台，并通过其线上运营能力获得规模销量。根据相关报道，其线上和线下销售的占比为3∶7至4∶6，相比传统饮料巨头，其线上销售占比更高。

元气森林本身产品的设计也值得一提，品牌名采用偏日系"元氣森林"这个标识，同时在无糖气泡水的包装上，将唯一与中国汉字不同的"氣"置于醒目位置。一股日式气息扑面而来，在白色的包装加上"糖脂卡"的描述，也让人产生一种整洁、健康的感觉。

有数据表明，当消费者进入商店，拿起产品，就会有50%的可能性去买下这款产品。元气森林的包装就成功吸引住了消费者。可以说，仅仅通过包装就让元气森林迈出了成功的第一步。元气森林旗下产品线包括：无糖气泡水、无糖奶茶、无糖茶饮、果汁气泡水、健美轻茶及无糖功能性饮料六大类。

"元气森林"在产品设计方面，走的是充分满足"年轻群体"这一目标客户的"用户思维"模式，让"年轻群体"对产品有了认同感。

除了产品出色以及选中足够大的赛道外，元气森林还有足够的资本进行营销。唐彬森自身便是天使投资人，元气森林顺利拿到了4轮融资，有效地帮助元气森林放大声量，拓宽市场。资本是粮草，营销则是进攻。元气森林的进攻十分强势。近半年里，不管是线上综艺节目，还是线下场景，总能看到元气森林的影子。元气森林非常舍得在营销上花钱。唐彬森曾说，"我们敢在创造20亿元收入时，就掏出18亿元做广告投放"。在营销方面，"元气森林"是走了互联网的"打造人设"、"蹭热点"的精准营销模式。

元气森林选择了伪日系风格，蹭年轻人对于日系产品的好感度。品牌名采用偏日系"元氣森林"这个标识，同时在无糖气泡水的包装上，将唯一与中国汉字不同的"氣"置于醒目位置。日系饮料给年轻人的印象为高质量、高品质，因此，蹭日系品牌也有助于提升自身调性，符合自身中高端的定价。

在线上借助新媒体营销，打造"潮酷"的品牌人设。邀请话题女王张雨绮为其代言。冠名综艺，比如《我们的乐队》和《元气满满的哥哥》，通过赞助这些与自身品牌文化契合的综艺节目快速树立品牌形象并打开市场。品牌联名，比如公司赞助了深受观众喜爱的B站纪录片《人生一串》和《生活如沸》，这些与年轻人息息相关的明星、音乐和视频等，通过抖音、小红书、微博等社交媒体制造话题，一下子拉近了元气森林与用户的距离。

如此爆火的元气森林，为什么会使得唐彬森忧心忡忡呢。

同年，喜茶立马推出了喜小茶汽水生产线，同样是主打0糖0脂0卡，同样外观设计得偏日系风，同样售价5块5一瓶。喜茶汽水开卖首日，在直播间首战告捷，30万瓶、25 000箱的汽水秒空。

网红前浪喜茶杠上了网红后浪元气森林，相比元气森林，喜茶汽水更具优势。喜茶汽水可依托自有线下门店渠道，出货量更高效，更有保障。截至2019年年底，喜茶在全国已经开出390家门店，并规划要在2020年将门店总数扩张到800家。除此之外，过去元气森林在全家、711、盒马等便利店及商超出售，喜茶汽水也强势入驻。

同样，喜茶也是不缺钱的主儿。今年上半年元气森林的销售额超8亿，而业界估算喜茶2019年全年的销售额就已经达到35亿元。2020年3月，有媒体报道喜茶即将完成新一轮融资，高瓴资本和高都资本Coatue联合领投，投后估值从2019年7月的90亿元跳到160亿元。

显然，喜茶汽水与元气森林，并不是一场势均力敌的较量。无论是从渠道、规模、营收还是供应链，元气森林都处于下风。

有业界人士表示，元气森林以气泡水切入，无非是看中了气泡水的风口。这位人士认为，元气森林这种依靠新消费进行包装营销、做大估值的网红模式，尽管短期内会迅速火爆，但本质上仍缺乏体系支撑。就目前饮品行业而言，元气森林的技术壁垒、品牌壁垒和规模壁垒都不具备优势。

资本加持下，喜茶可以在短时间重演元气森林的发展路径，说明元气森林无论是营销、渠道，还是产品本身，都具有极强的可复制性。也说明，元气森林并不具备核心的竞争壁垒。

而元气森林也没有坐以待毙，选择自己开厂。今年6月22日，元气森林安徽滁州一期自建工厂生产出第一瓶汽水，这意味元气森林开始从一家轻资产公司转向重资产公司了……

唐彬森不禁感叹，小品牌教育了市场，大品牌却等待着收割。

在资本魔咒之下，饮品巨头往往陷入"创新者窘境"，也很难进入小市场。有食品饮料行业专家表示，软饮行业的创新往往来自小品牌。从销售渠道，到链接消费者，再到物流，小众品牌让产品调整的周期变快，产品迭代的速度加快，无形为小众产品插上翅膀。

而因为大品牌拥有足够的资金、足够的技术，往往会在市场成熟后伺机而动，依靠强大的品牌效应和市场网络去做收割者。

饮品行业是个万亿的大市场，在多年竞争中，各大品牌在不同的品类里占山为王。其中，碳酸饮料是可乐、百事两个国际品牌的天下；包装饮用水行业中，康师傅、农夫、怡宝、娃哈哈等四家巨头占比超过70%；果汁饮料行业，康师傅、统一、汇源、可口可乐四家企业占比超过60%；功能性饮料市场中，脉动和红牛占据主要份额；茶类饮料中，康师傅、统一占比60%。

其中，可口可乐已经成为现象级千亿大单品。娃哈哈、农夫山泉旗下，均有超百亿级别的单品。从表面上看，这些饮品巨头各有山头，但实际上每个巨头都在蠢蠢欲动，随时准备将触角伸向别人的地盘。

在元气森林的搅动之下，无糖无热量的新型碳酸饮料的出现，又带动中国碳酸饮料市场占比重回10%左右。有行业人士分析，未来新型碳酸饮料将成为左右行业发展的决定性力量。

根据元气森林官方数据，2019年近10亿元的销售额中，元气水占比超过60%，燃茶销售额占比只有近30%，其他新品如乳茶、健美清茶等反响平平。

随着消费者不断变化，产品的生命周期不断缩短，元气森林如果短期内无法在气泡水之外找到第二增长点，这无形加剧了元气森林的风险。

目前，已知的大品牌——可口可乐、统一、娃哈哈、农夫山泉、青岛啤酒已经进入苏打水的战局。有行业人士猜测，未来会有更多大品牌，如雀巢、康师傅、百事、百威、怡宝、旺旺也极有可能在新品上筹备入局。一场混战在所难免，未来气泡水风口之下，将会迎来更多的刀光剑影，而谁能抓住时机，很值得期待。

思考题

1. 传统软饮销售模式与元气森林所代表的"互联网+"销售模式有何异同？
2. 试用SWOT分析元气森林品牌。
3. 谈谈元气森林为何能在短时间内获得成功。
4. 请用波特五力模型分析元气森林所处的市场环境。
5. 元气森林的发展存在哪些问题？
6. 你认为元气森林应该如何应对喜茶的进攻？
7. 面对大品牌的介入，元气森林应该如何打破大品牌收割的现状？

10 电子商务法

学习目标

- 认识电子商务法
- 了解电子商务立法发展概况
- 识别电子商务经营者
- 理解电子商务经营者义务
- 学习电子商务合同的订立及履行
- 掌握数据电文、电子签名与认证相关规定

先导案例

小程序第一案——网络服务提供者的平台属性[1]

基本案情：该案系某讯公司作为微信小程序服务提供者首次被起诉，被诉要求与具体小程序运营人共同承担侵权责任并下架涉案小程序的案件。长沙某网络公司在某讯公司微信上注册开发了微信小程序，其未经原告许可，在小程序中传播原告享有信息网络传播权的作品。

原告诉请：判令长沙某网络公司承担侵权责任，某讯公司下架涉案小程序并承担连带赔偿责任。

裁判结果：无论是《中华人民共和国侵权责任法》《信息网络传播权保护条例》《中华人民共和国电子商务法》，还是相关司法解释，所有涉及"通知删除"有关的规定，其中最核心的处理措施都是删除或者屏蔽侵权内容（链接），而非直接停止信息的自动接入、传输或缓存等。因此，根据上述法律规定及权利义务相一致原则，《侵权责任法》第三十六条"通知删除"规则中"网络服务提供者"应指向提供信息存储空间或者搜索、链接等服务的网络服务提供者，其不适用于提供自动接入或自动传输等基础性网络服务的提供者。该案中，某讯公司对小程序开发者提供的是架构与接入的基础性网络服务，其性质类似《信息网络传播权保护条例》规定的自动接入、自动传输服务，因此不适用"通知删除"规则。以法律规定和客观技术事实为依据，法院驳回了原告对被告某讯公司的诉讼请求。

典型意义："通知-删除"规则应建立在网络服务提供者具有控制侵权内容并可以精确删除的基础上。被告公司提供的是小程序架构与接入的基础性网络服务，小程序内容均存储于开发者服务器上，该服务具有无差别性、技术性和被动性等特点，其性质不属于提供信息存储空间或者搜索、链接服务，故小程序服务提供者应不适用"通知删除"规则。[2]

微信、淘宝、京东、拼多多以及各品牌公司电子商城……这些层出不穷的新兴平台有一个统一的名称，电子商务平台。在网络服务提供者的平台属性之外，它们还有许多共同特点，如主体复杂、契约形式新颖多样等。中国的电子商务经过多年探索，其发达程度已经达到引领世界的水平，也遇到较多纷繁复杂的电子商务法律问题。电子商务法，这一研究涉及电子商务法律问题的规范总称，在世界及我国范围已发展多年，为解决电子商务问题提供了巨大的帮助。

---

［1］ 参见（2019）浙01民终4268号判决书。
［2］ 参见"北京大学电子商务法研究中心发布《电子商务法》三周年影响力报告及十大电商案例"（http://finance.people.com.cn/n1/2021/0903/c1004-32216657.html）。

10.1 导言

10.1.1 世界范围电子商务法发展概况

自 20 世纪 90 年代中期电子商务兴起，世界范围内，关于电子商务的立法出现了两次热潮。第一次发生在 1997—2021 年，大多数国家或地区的电子商务立法受到了 1996 年联合国国际贸易法委员会《电子商务示范法》(The United Nations Commission on International Trade Law Model Law on Electronic Commerce) 和 2000 年 7 月 5 日通过、2001 年 12 月 12 日通过《电子签名示范法》(The United Nations Commissionon International Trade Law Model Law on Electronic Autograph) 的促进和影响。以两个示范法为蓝本，出现了一系列的代表性立法。新加坡于 1998 年颁布了《电子交易法》(Eleetronic Transactions Act)，该法主要涉及电子商务的三个核心问题，其中之一即是"电子签名"，其内容占据了大量篇幅，是该法的核心内容，该法被多个亚太国家或地区效仿。日本政府在 2000 年 5 月颁布《电子签名及认证业务的法律》后，又于 2000 年 6 月颁布了《数字化日本之发端——行动纲领》，该纲领重申了电子签名认证系统对发展电子商务的重要意义，并分析了几类具体认证系统及日本应采取的态度，行动纲领建议立法要明确"电子签名"的法律地位，保障"电子签名"所使用技术的中立性等。联邦德国在 2001 年 5 月 16 日颁布了《德国电子签名框架条件法》。在国际层面，1996 年 12 月联合国国际贸易法委员会推出《电子商务示范法》，其中第 7 条对"签字"问题做了具体规定。欧盟委员会 1997 年 4 月提出著名的《欧洲电子商务行动方案》之后，欧盟各国又于同年 7 月召开了有关全球信息网络的部长级会议，并通过了支持电子商务发展的部长宣言。随着电子商务的发展，为了在欧洲层面上制定一个统一的电子签名法律框架，欧盟委员会于 1999 年 12 月 13 日制定了《关于建立电子签名共同法律框架的指令》。

21 世纪第一个十年的中后期，电子商务立法第二次热潮逐渐显现。2005 年联合国国际贸易法委员会在总结提炼两部电子商务"示范法"经验和教训的基础上，于 2005 年 11 月 23 日通过并于 2013 年 3 月 1 日生效了《联合国国际合同使用电子通信公约》(Convention on the Use of Electronic Communications in International Contracts)（以下简称《公约》）。《公约》旨在确保以电子方式订立的合同和往来的其他通信在公约成员国之间的效力和可执行性，与传统的纸面合同及通信相同。从而促进在国际贸易中使用电子通信，保障在国际合同中使用电子通信的法律确定性和商业可预期性。

电子商务立法已经由浅入深、由点及面、由分散到系统。从最初消除妨碍电子商务发展之法律障碍的电子交易法，发展到涵盖电子商务中的数据流、商品流、资金流，保障电子商务发展环境的综合性法律。涉及商品质量、消费者保护、数据及隐私保护、网络服务提供者的责任、争议解决、网络安全、网络侵权、网络犯罪、网络知识产权、税收和金融以及电子政务等各个方面。更加注重促进跨境电子商务，推动电子口岸、一站式通关等国际贸易便利化，实施电子政务，保障电子支付，发展云计算、大数据等新兴产业。随着 21 世纪第一个十年结束，主要达峰经济体电子商务立法向更加成熟的阶段迈进，对于电子商务核心、根本的法律问题的认识逐渐深化，立法向维护和规范数字经济时代市场竞争秩序、保护当事人基本权利的更高层次发展。

在第一次电子商务立法过程中，形成的法律大多以电子签名法为核心，尤其使用大篇幅对第三方认证加密数字形式的电子签名加以详细规定。但是随着电子商务的发展不断成熟，国际社会和各国越来越清晰认识到现有的电子签名法在实践中存在的局限性、应用的不广泛性，数字签名机构运行也存在很多问题。在第二次电子商务立法过程中，国际社会和各国不再将电子签名及认证作为立法的核心内容，转而以法律规范构建安全、信用的电子商务发展环境及健康、公平的市场秩序为重点。新加坡 2010 年重新颁布《电子交易法》，取代 1998 年的旧法。欧盟 2014 年颁布、2018 年 5 月 25 日生效《统一市场电子交易有关电子认证和可信服务条例》(EC 2014/910，EIDAS)，欧盟 2016 年 4 月 27 日通过、颁布《欧盟一般数据保护条例》(General Data Protection Regulation，GDPR)。

在美国，2012 年颁布了《2012 年网络安全法案》，认为关键基础设施很容易受到网络威胁，其国内的核电站、供水系统和金融市场都很容易遭受网络攻击从而削弱美国的经济。该法案为美国近年来保护关键基础设施系统提供了指导方针。2013 年颁布《国家网络安全与关键基础设施保护法案》，旨在建立国土安全部与国家关键基础设施系统的所有者和运营商之间的威胁信息共享合作关系，使国家公用事业和其他主要的基础设施系统免受具有严重破坏性的网络攻击。2014 年颁布《网络安全加强法案》，该法案的目标是创建一种持续、自愿的公私合作伙伴关系，以改善网络安全，并加强网络安全的研究和发展、劳动力的发展和教育为目标。2015 年颁布《网络安全法案》(Cybersecurity Information Sharing Act of 2015，CISA2015)，该法案包括《网络安全信息共享法》《国家网络安全促进法》《联邦网络安全强化法》《联邦网络安全人事评估法》4 个部分，将"网络安全"所指内容由之前单一的"信息系统安全"扩大为"信息系统安全和网络数据安全"两大部分，保障电子商务的市场秩序与交易安全。

10.1.2 我国电子商务立法的发展概况

我国电子商务立法与世界电子商务立法走过了同样的历程，2004 年 8 月 28 日颁布了《中华人民共和国电子签名法》(以下简称《电子签名法》)，自 2005 年 4 月 1 日起施行，并于 2015 年进行了第一次修正、2019 年进行了二次修正。《电子签名法》包括五章：第一章总则；第二章数据电文；第三章电子签名与认证；第四章法律责任；第五章附则。

2018 年 8 月 31 日颁布了《中华人民共和国电子商务法》(以下简称《电子商务法》)，自 2019 年 1 月 1 日起施行。包括七章：第一章总则；第二章电子商务经营者，包括第一节一般规定、第二节电子商务平台经营者；第三章电子商务合同的订立与履行；第四章电子商务争议解决；第五章电子商务促进；第六章法律责任；第七章附则。《电子商务法》具有以下几个特征：第一，《电子商务法》是综合性立法，涵盖了与电子商务有关的法律问题，包括电子交易、电子支付、快递物流、数据保护、市场竞争、消费者权益保护、在线争端解决、跨境电子商务、政府监督管理及其他关键性基础性法律问题，因此，《电子商务法》是一部"数字经济"的母法；第二，《电子商务法》修正与更新了《电子签名法》《消费者权益保护法》《著作权法》《反不正当竞争法》等，并为这些法律的修改奠定了基础；第三,《电子商务法》是国际化的立法,其关于跨境电子商务的条款与国际贸易的法律、标准高度一致,建立了无纸化贸易与单一窗口机制的法律框架,鼓励发展关于跨境电子商务的综合性服务。

《电子签名法》和《电子商务法》具体内容包括电子商务主体制度、电子签名与认证制度、电子商务合同制度、电子支付制度、电子物流制度、电子商务与知识产权制度、电子商务与个人隐私保护制度、电子证据制度、电子商务纠纷及解决制度、电子商务税收制度、跨境电子商务制度等,以下对此展开介绍。

10.2 商务主体制度

10.2.1 商务主体制度基本规定

《中华人民共和国民法典》(以下简称《民法典》)规定,民事法律关系主体包括平等主体的自然人、法人和非法人组织。《电子商务法》第一条使用"电子商务各方主体"用词,并在具体条文中使用"电子商务经营者""电子商务平台经营者"和"平台内经营者"。《电子签名法》第一条使用"有关各方的合法权益"用词,并在具体条文中使用"电子签名人""电子签名依赖方"和"电子认证服务提供者"。

10.2.2 电子商务经营者

1. 电子商务经营者含义

《电子商务法》规定,电子商务是指通过互联网等信息网络销售商品或者提供服务的经营活动。电子商务经营者是指通过互联网等信息网络从事销售商品或者提供服务的经营活动的自然人、法人和非法人组织。电子商务经营者包括三种情形:①电子商务平台经营者,《电子商务法》规定,电子商务平台经营者是指在电子商务中为交易双方或者多方提供网络经营场所、交易撮合、信息发布等服务,供交易双方或者多方独立开展交易活动的法人或者非法人组织;②平台内经营者,《电子商务法》规定,平台内经营者是指通过电子商务平台销售商品或者提供服务的电子商务经营者;③通过自建网站、其他网络服务销售商品或者提供服务的电子商务经营者。

2. 电子商务经营者市场主体登记

《电子商务法》规定,电子商务经营者应当依法办理市场主体登记。

(1)电子商务经营者为营利法人的登记。如果电子商务经营者是法人组织,根据《民法典》规定,法人应当依法成立。法人应当有自己的名称、组织机构、住所、财产或者经费。法人成立的具体条件和程序,依照法律、行政法规的规定。登记机关应当依法及时公示法人登记的有关信息。营利法人经依法登记成立。依法设立的营利法人，由登记机关发给营利法人营业执照。营业执照签发日期为营利法人的成立日期。如果营利性法人是公司，还需要按照《中华人民共和国公司法》（以下简称《公司法》）进行注册。《公司法》规定的公司类型包括有限责任公司和股份有限公司，各自注册条件、程序要求不同。

（2）电子商务经营者为非法人组织的登记。如果电子商务经营者是非法人组织，根据《民法典》规定，非法人组织应当依照法律的规定登记。设立非法人组织，法律、行政法规规定须经有关机关批准的，依照其规定。非法人组织包括个人独资企业、合伙企业、不具有法人资格的专业服务机构等。个人独资企业需要按照《中华人民共和国个人独资企业法》登记，合伙企业需要按照《中华人民共和国合伙企业法》登记，不具有法人资格的专业服务机构按照各自行业立法注册。

（3）电子商务经营者的行政许可。《民法典》规定，设立法人，法律、行政法规规定须经有关机关批准的，依照其规定。《电子商务法》规定，电子商务经营者从事经营活动，需要依法取得相关行政许可的，应当依法取得行政许可。上述两项规定体现了"先照后证"制。首先通过市场准入程序获得商事主体资格，再依法向有关部门提出行政许可申请。亦即商事主体可以先获得营业执照，从而取得主体资格，再获得许可证进入特定行业。

（4）电子商务经营者登记例外情形。《电子商务法》规定，电子商务经营者登记有三种例外情形：个人销售自产农副产品、家庭手工业产品；个人利用自己的技能从事依法无须取得许可的便民劳务活动和零星小额交易活动；以及依照法律、行政法规不需要进行登记的。

3. 电子商务经营者的义务

第一，电子商务经营者应当依法履行纳税义务，并依法享受税收优惠。依照《电子商务法》规定不需要办理市场主体登记的电子商务经营者在首次纳税义务发生后，应当依照税收征收管理法律、行政法规的规定申请办理税务登记，并如实申报纳税。依法纳税是宪法规定的企业经营者的义务。

第二，电子商务经营者销售的商品或者提供的服务应当符合保障人身、财产安全的要求和环境保护要求，不得销售或者提供法律、行政法规禁止交易的商品或者服务。该规定是电子商务经营合法性要求，电子商务经营者销售的商品或者提供的服务应当符合：①保障人身、财产安全的义务，如果电子商务经营者违反该义务，需要按照《民法典》《产品质量法》和《消费者权益保护法》等承担民事侵权责任。②环境保护义务，该项规定是生态文明和环境保护义务在电子商务经营中的体现。如果电子商务经营者违反该义务，需要按照《民法典》《环境保护法》等法律承担民事侵权责任。③不得销售或者提供法律、行政法规禁止交易的商品或者服务，该规定是保障交易合法性的义务，是概括性要求，具体要根据各个不同的部门法来确定。

第三，电子商务经营者销售商品或者提供服务应当依法出具纸质发票或者电子发票等购货凭证或者服务单据。电子发票与纸质发票具有同等法律效力。

根据《发票管理办法》，发票是指在购买商品、提供或者接受服务以及从事其他经营活动中，开具、收取的收付款凭证。发票具有证据作用，经营者向消费者提供发票，可以认定经营者已经提供商品或服务，消费者已经支付钱款。即发票能够证明合同已经履行，除非有相反证据证明。发票具有税务管理的作用,根据《中华人民共和国税收征收管理法》规定,发票是税务机关征税的主要凭证。发票具有企业财务管理的作用,发票所记载的交易金额、纳税额是企业财务管理中的重要内容。

购货凭证或者服务单据是电子商务交易双方权利义务的直接证明。根据《中华人民共和国消费者权益保护法》的规定,经营者提供商品或服务,应当按照国家有关规定或者商业惯例向消费者出具发票等购物凭证或者服务单据。这里规定的经营者当然包括电子商务经营者。

电子发票是以数据电文形式代替纸张来记载发票内容的发票。电子发票符合电子商务发展的需要。

根据民法的基本原理,依法出具纸质发票或者电子发票等购货凭证或者服务单据是当事人的从给付义务。所谓从给付义务是指本身不具有独立意义,仅具有辅助主给付义务的功能,其存在目的不在于决定合同关系的类型,而是在于确保债权人的利益能够获得最大满足。

第四,电子商务经营者的信息公示义务。电子商务经营者应当在其首页显著位置,持续公示营业执照信息、与其经营业务有关的行政许可信息、属于依照《电子商务法》规定的不需要办理市场主体登记情形等信息,或者上述信息的链接标识。前述信息发生变更的,电子商务经营者应当及时更新公示信息。

虽然《电子商务法》没有规定电子商务主体的退出机制,但是《电子商务法》规定,电子商务经营者自行终止从事电子商务的,应当提前三十日在首页显著位置持续公示有关信息。电子商务经营者自行终止从事电子商务的不等于终止其商事主体资格,其仍可以从事线下交易。

第五,电子商务经营者保障消费者知情权和选择权的义务。电子商务经营者应当全面、真实、准确、及时地披露商品或者服务信息,保障消费者的知情权和选择权,该项被称为电子商务经营者的积极义务。电子商务经营者不得以虚构交易、编造用户评价等方式进行虚假或者引人误解的商业宣传,欺骗、误导消费者,该项被称为电子商务经营者的消极义务。编造用户评价是《电子商务法》创设的一项新规定。一方面,《民法典》一般性规定了一方以欺诈手段,使对方在违背真实意思的情况下实施的民事法律行为,受欺诈方有权请求人民法院或者仲裁机构予以撤销。另一方面,《消费者权益保护法》《电子商务法》规定消费者享有知情权和选择权,给予消费者特殊保护,其原因在于消费者处于信息不对称、没有谈判能力的弱者地位。《民法典》追求"理性的抽象人"的形式正义,和《消费者权益保护法》《电子商务法》追求的实质正义能够共同保护消费者合法权益。而且,在电子商务时代,这种弱者地位更加明显。

第六,电子商务经营者向消费者提供搜索结果和发送广告的义务。《电子商务法》电子商务经营者根据消费者的兴趣爱好、消费习惯等特征向其提供商品或者服务的搜索结果的,应当同时向该消费者提供不针对其个人特征的选项,尊重和平等保护消费者合法权益。该项规定是针对大数据杀熟和大数据营销而确立的。

电子商务经营者向消费者发送广告,应当遵守《中华人民共和国广告法》的有关规定。电子商务经营者在发送广告时必然会涉及收集和使用用户的个人信息。因此,《电子商务法》规定,电子商务经营者收集、使用其用户的个人信息,应当遵守法律、行政法规有关个人信息保护的规定。"遵守法律、行政法规有关个人信息保护的规定"属于立法技术上的参引性条款,需要结合其他法律来理解。

例如,《民法典》规定,自然人的个人信息受法律保护。任何组织或者个人需要获取他人个人信息的,应当依法取得并确保信息安全,不得非法收集、使用、加工、传输他人个人信息,不得非法买卖、提供或者公开他人个人信息。

《消费者权益保护法》规定,经营者收集、使用消费者个人信息,应当遵循合法、正当、必要的原则,明示收集、使用信息的目的、方式和范围,并经消费者同意。经营者收集、使用消费者个人信息,应当公开其收集、使用规则,不得违反法律、法规的规定和双方的约定收集、使用信息。经营者及其工作人员对收集的消费者个人信息必须严格保密,不得泄露、出售或者非法向他人提供。经营者应当采取技术措施和其他必要措施,确保信息安全,防止消费者个人信息泄露、丢失。在发生或者可能发生信息泄露、丢失的情况时,应当立即采取补救措施。经营者未经消费者同意或者请求,或者消费者明确表示拒绝,不得向其发送商业性信息。

《中华人民共和国网络安全法》规定,网络运营者收集、使用个人信息,应当遵循合法、正当、必要的原则,公开收集、使用规则,明示收集、使用信息的目的、方式和范围,并经被收集者同意。网络运营者不得收集与其提供的服务无关的个人信息,不得违反法律、行政法规和双方的约定收集、使用个人信息,并应当依照法律、行政法规的规定和与用户的约定,处理其保存的个人信息。

实际案例 10-1 法学博士诉某短视频平台案——平台经营者应合理收集、使用个人信息[1]

基本案情:2019 年 3 月,重庆法学博士生凌某某向北京互联网法院分别起诉抖音和多闪所属公司——北京微某播视界科技有限公司和北京拍某某看科技有限公司,称两款 App 在用户未授权的情况下,存在过度读取手机通讯录的情况。原告称在 2019 年 2 月 9 日之前,他从未使用过抖音和多闪 App,也从未在抖音和多闪上注册和上传他的任何信息,但这两款 App 却向他推荐了很多"可能认识的人",大部分都是他的微信好友。抖音的"关注"一栏,会向用户推荐"你可能感兴趣"的人。深感隐私权被侵犯的凌某某随即向法院起诉。

原告诉请:要求两款 App 告知如何获取其"好友关系",并赔偿经济损失六万元。

法院判决:凌某某的姓名和手机号码、社交关系及"地理位置"属个人信息,微某播视界公司构成侵权,微某播视界公司于判决生效之日删除 2019 年 2 月 9 日前收集并存储的凌某某姓名和涉案手机号码的个人信息;删除未经凌某某同意通过抖音软件收集并存储的其地理位置信息;以书面形式向凌某某道歉;赔偿凌某某经济损失 1 000 元及维权合理费用 4 231 元。

典型意义:该案显示了互联网时代下,自然人的隐私权和个人信息权益保护与平台对大数据的利用之间的紧张关系。随着互联网行业的发展和技术的进步,网络场景不同,使用的技术和产品运行逻辑不同,行为的性质就可能不同,需要根据具体场

---

[1] 参见(2019)京 0491 民初 6694 号判决书。

景进行谨慎分析和判断。本案法院的裁判思路强调审慎、实质地判断是否构成侵犯个人信息权益，在保护个人信息权益的前提下肯定了大数据利用的合规性，强调保护缺乏个人信息控制力的信息主体的同时也反映了信息使用方从保护信息主体权利的角度合法合规地设计产品模式、开发技术应用的必要性。[1]

第七，电子商务经营者进行搭售时应当履行的义务。《电子商务法》规定，电子商务经营者搭售商品或者服务，应当以显著方式提请消费者注意，不得将搭售商品或者服务作为默认同意的选项。2018年1月1日新施行的《中华人民共和国反不正当竞争法》将旧法中禁止搭售条款删除，即法律不再全面否定搭售行为的效力，而是尊重商家的自主经营权和消费者的自主选择权，但是搭售时不得侵害消费者的其他合法权益。

电子商务经营者进行搭售时应当履行下列义务：①以显著方式提请消费者注意的义务。该项义务并不是《电子商务法》的新规定，而是来自《中华人民共和国消费者权益保护法》（以下简称《消费者权益保护法》）。该法规定，消费者享有自主选择商品或者服务的权利。消费者有权自主选择提供商品或者服务的经营者，自主选择商品品种或者服务方式，自主决定购买或者不购买任何一种商品、接受或者不接受任何一项服务。消费者在自主选择商品或者服务时，有权进行比较、鉴别和挑选。搭售商品并不是纯粹地向消费者推销一个商品，而是因消费者对某件商品的依赖，从而搭售另一件商品。因此，基于对消费者自主选择权的保障，商家必须以显著的方式提醒消费者其在搭售，消费者知情后自主选择的结果法律无权干涉，但法律必须保障消费者的知情权和选择权。②不得将搭售商品或者服务作为默认同意的选项的义务。该项义务是《电子商务法》独创的规定。该项规定来自《民法典》。该法规定，行为人可以明示或者默示作出意思表示。沉默只有在有法律规定、当事人约定或者符合当事人之间的交易习惯时，才可以视为意思表示。《电子商务法》规定的默认属于《民法典》规定的沉默。由于网上交易的便捷性，消费者很容易点击默认选项。因此，如果电子商务经营者将搭售作为默认选项，难以确定其为真实意思表示。出于对消费者自主选择权的保护，电子商务经营者除了应当以显著方式提请消费者注意外，还不得将搭售商品或者服务作为默认同意的选项。

第八，电子商务经营者的交付义务与风险规则。电子商务经营者应当按照承诺或者与消费者约定的方式、时限向消费者交付商品或者服务，并承担商品运输中的风险和责任。但是，消费者另行选择快递物流服务提供者的除外。①电子商务经营者履行交付商品的义务。根据《消费者权益保护法》规定，经营者向消费者提供商品或者服务，应当依照本法和其他有关法律、法规的规定履行义务。经营者和消费者有约定的，应当按照约定履行义务，但双方的约定不得违背法律、法规。《电子商务法》规定与《消费者权益保护法》规定交付义务基本一致，都将双方的约定置于非常重要的地位。"双方的约定"符合《民法典》意思自治的原则，即民事主体从事民事活动，应当遵循自愿原则，按照自己的意思设立、变更、终止民事法律关系。交付义务是经营者在合同中的主给付义务。如果双方没有约

---

[1] 参见"北京大学电子商务法研究中心发布《电子商务法》三周年影响力报告及十大电商案例"（http://finance.people.com.cn/n1/2021/0903/c1004-32216657.html）。

定或者约定不明，按照《民法典》确定基本原则和《电子商务法》规定按照承诺或者与消费者约定的方式、时限向消费者交付商品或者服务。承诺是电子商务经营者单方意思表示。与消费者约定则是电子商务经营者与消费者双方意思表示一致。除二者在意思表示解释上存在差异外，对消费者利益没有大的影响。②电子商务经营者承担交付商品运输中的风险和责任的义务。但是消费者另行选择快递物流服务提供者的除外。风险负担是合同履行尤其是买卖合同履行的一项重要规则。《民法典》规定了交付时风险承担的基本原则，标的物毁损、灭失的风险，在标的物交付之前由出卖人承担，交付之后由买受人承担，但是法律另有规定或者当事人另有约定的除外。而《电子商务法》规定，电子商务经营者承担商品运输中的风险和责任。但是同时规定消费者另行选择快递物流服务提供者的除外，亦即如果消费者另行选择快递物流服务提供者的，则电子商务经营者不再承担商品运输中的风险和责任。该项规定符合《民法典》意思自治的基本原则。如果消费者另行选择快递物流服务提供者的，对于电子商务经营者来说，其只要将标的物交付给消费者另行选择快递物流服务提供者后，交付风险就转移给后者了。按照《民法典》为"货交第一承运人"。

第九，电子商务经营者退还押金的义务。《电子商务法》规定，电子商务经营者按照约定向消费者收取押金的，应当明示押金退还的方式、程序，不得对押金退还设置不合理条件。消费者申请退还押金，符合押金退还条件的，电子商务经营者应当及时退还。

押金并没在我国过去的民事立法中规定，也没有在《民法典》中规定，但是在现实交易中，押金发挥着重要担保作用，在电子商务交易中亦是必不可少的手段。押金，通常又称抵押金、担保金等，是指债务人或者第三人在债务之外又交付一定数额的金钱，该特定数额的金钱的得丧与债务履行与否直接联系在一起，债务履行时，返还押金或者予以抵扣，债务不履行时，债权人得就该款项优先受偿。此外，押金不属于《民法典》规定的定金。

《电子商务法》规定，基于双方的约定，电子商务经营者向消费者收取押金，应当明示押金退还的方式、程序，不得对押金退还设置不合理条件。符合押金退还条件的，电子商务经营者应当及时退还。问题在于：一是"不合理条件"如何认定？通常认为，违反交易习惯、交付押金和退还押金条件不对等都可以被认定为不合理；二是《电子商务法》并没有规定具体时间，而是规定为"及时"，是否"及时"，最后只能将纠纷提交人民法院或者仲裁机构后，由其认定。

押金的收取是通过押金合同实现的，应属于约定。但是电子商务中，押金合同通常是格式合同或者格式条款。因此，电子商务经营者通过押金合同收取押金，除应当遵守《电子商务法》规定外，还需要遵守《民法典》和《消费者权益保护法》的规定。

《民法典》规定，格式条款是当事人为了重复使用而预先拟定，并在订立合同时未与对方协商的条款。采用格式条款订立合同，提供格式条款的一方应当遵循公平原则确定当事人之间的权利和义务，并采取合理的方式提示对方注意免除或者减轻其责任等与对方有重大利害关系的条款，按照对方的要求，对该条款予以说明。提供格式条款的一方未履行提示或者说明义务，致使对方没有注意或者理解与其有重大利害关系的条款的，对方可以主张该条款不成为合同的内容。

《消费者权益保护法》规定，经营者在经营活动中使用格式条款的，应当以显著方式提请消费者注意商品或者服务的数量和质量、价款或者费用、履行期限和方式、安全注意事项和风险警示、售后服务、民事责任等与消费者有重大利害关系的内容，并按照消费者的要求予以说明。经营者不得以格式条款、通知、声明、店堂告示等方式，做出排除或者限制消费者权利、减轻或者免除经营者责任、加重消费者责任等对消费者不公平、不合理的规定，不得利用格式条款并借助技术手段强制交易。格式条款、通知、声明、店堂告示等含有前款所列内容的，其内容无效。

按照《民法典》规定，"主张该条款不成为合同的内容"意味着对方（消费者）不仅是可以否认该条款的效力，且认为，合同中该条款是不存在的。根据《消费者权益保护法》规定，对方（消费者）可以主张该条款内容无效。"不成为合同的内容"和"无效"在民法上具有差异性，前者是"即使有也被认为事实上无"，后者是"即使有也被认为法律上无"。

因此，根据《民法典》和《消费者权益保护法》的规定，结合《电子商务法》，如果通过具有格式条款的押金合同收取押金，该条款既有可能被消费者主张为"不成为合同的内容"，也有可能被消费者主张为"无效"。

第十，电子商务经营者不得滥用市场支配地位的义务。《电子商务法》规定，电子商务经营者因其技术优势、用户数量、对相关行业的控制能力以及其他经营者对该电子商务经营者在交易上的依赖程度等因素而具有市场支配地位的，不得滥用市场支配地位，排除、限制竞争。

根据《中华人民共和国反垄断法》（简称《反垄断法》）的规定，市场支配地位是指经营者在相关市场内具有能够控制商品价格、数量或者其他交易条件，或者能够阻碍、影响其他经营者进入相关市场能力的市场地位。认定经营者具有市场支配地位，应当依据下列因素：①该经营者在相关市场的市场份额，以及相关市场的竞争状况；②该经营者控制销售市场或者原材料采购市场的能力；③该经营者的财力和技术条件；④其他经营者对该经营者在交易上的依赖程度；⑤其他经营者进入相关市场的难易程度；⑥与认定该经营者市场支配地位有关的其他因素。

有下列情形之一的可以推定经营者具有市场支配地位：①一个经营者在相关市场的市场份额达到二分之一的；②两个经营者在相关市场的市场份额合计达到三分之二的；③三个经营者在相关市场的市场份额合计达到四分之三的。推定经营者具有市场支配地位有两种例外情形：一是有②、③规定的情形，其中有的经营者市场份额不足十分之一，不应当推定该经营者具有市场支配地位；二是被推定具有市场支配地位的经营者，有证据证明不具有市场支配地位的，不应当认定其具有市场支配地位。

因此，《电子商务法》判断电子商务经营者是否滥用市场支配地位，还需根据《反垄断法》判断。市场支配地位是市场竞争的结果，并不为法律所禁止。但是滥用市场支配地位会破坏市场的竞争体系，破坏市场平衡。

根据《反垄断法》规定，禁止具有市场支配地位的经营者从事下列滥用市场支配地位的行为：①以不公平的高价销售商品或者以不公平的低价购买商品；②没有正当理由，以低于成本的价格销售商品；③没有正当理由，拒绝与交易相对人进行交易；④没有正当理由，限定交易相对人只能与其进行交易或者只能与其指定的经营者进行交易；⑤没有正当理由搭售商品，或者在交易时附加其他不合理的交易条件；⑥没有正当理由，对条件相同的交易相对人在交易价格等交易条件上实行差别待遇；⑦国务院反垄断执法机构认定的其他滥用市场支配地位的行为。

在《反垄断法》之外，电子商务经营者同样应当遵守《反不正当竞争法》的规定。

实际案例 10-2 首例涉平台数据权益认定不正当竞争案——平台经营者对数据资源整体享有相应权益[1]

基本案情：两被告开发、运营的"某群控软件"，利用 Xposed 外挂技术将该软件中的"个人号"功能模块嵌套于个人微信产品中运行，为购买该软件服务的微信用户在微信平台中开展商业营销、管理活动提供帮助。两原告认为，两被告的行为妨碍微信平台的正常运行，损害了两原告对于微信数据享有的数据权益，违反了《反不正当竞争法》第二条、第十二条的规定，构成不正当竞争。

原告诉请：判令两被告赔偿经济损失 500 万元并承担赔礼道歉、消除影响的民事责任。

法院判决：法院经审理认为，被控侵权软件批量化操作微信、发布商业活动信息异化了个人微信产品的作为社交平台的服务功能，给用户使用微信产品造成了明显干扰，同时危及微信平台的安全、稳定、效率，已妨碍、破坏了两原告合法提供的网络产品与服务的正常运行，属于《反不正当竞争法》第十二条第二款第四项所规定的妨碍、破坏其他经营者合法提供的网络产品或者服务正常运行的行为，构成不正当竞争。

典型意义：数据资源整体系平台经营者投入了大量人力、物力，经过长期经营积累聚集而成的。该数据资源能够为平台经营者带来商业利益与竞争优势，平台经营者对于平台数据资源整体应当享有数据权益，破坏性使用该数据资源的行为构成不正当竞争。[2]

实际案例 10-3 "共享账号"不正当竞争纠纷案——平台账号分时段出租构成不正当竞争[3]

基本案情：北京爱某艺科技有限公司（以下简称爱某艺公司）是爱某艺网和手机端爱某艺 App 的经营者，用户支付相应对价成为爱某艺 VIP 会员后能够享受跳过广告和观看 VIP 视频等会员特权。杭州龙某魂网络科技有限公司（以下简称龙某魂公司）、杭州龙某境科技有限公司（以下简称龙某境公司）通过运营的"马上玩"App 对其购买的爱某艺 VIP 账号进行分时出租，使用户无须购买爱某艺 VIP 账号、通过云流化技术手段即可限制爱某艺 App 部分功能。

原告诉请：消除影响并赔偿经济损失及合理开支 300 万元。

---

[1] 参见（2019）浙 8601 民初 1987 号判决书。
[2] 参见"北京大学电子商务法研究中心发布《电子商务法》三周年影响力报告及十大电商案例"（http://finance.people.com.cn/n1/2021/0903/c1004-32216657.html）。
[3] 参见（2019）京 73 民终 3263 号判决书。

法院判决：一审法院认定龙某魂公司、龙某境公司的涉案行为构成不正当竞争，判令其停止侵权，并赔偿爱某艺公司经济损失及合理开支共计 300 万元。龙某魂公司、龙某境公司不服一审判决，提起上诉，北京知识产权法院二审认定，龙某魂公司、龙某境公司的行为妨碍了爱某艺公司合法提供的网络服务的正常运行，主观恶意明显。龙某魂公司、龙某境公司运用网络新技术向社会提供新产品并非基于促进行业新发展的需求，该行为从长远来看也将逐步降低市场活力，破坏竞争秩序和机制，阻碍网络视频市场的正常、有序发展，并最终造成消费者福祉的减损，具有不正当性。北京知识产权法院判决驳回上诉、维持一审判决。

典型意义：本案是司法实践对日趋普遍的"共享账号"行为的第一次回应。该案对以"合法使用"为名出租会员账号的行为给予了否定性评价，认为被告通过"流化技术"分时出租会员账号的行为是在侵害视频网站会员收入与用户流量的基础上为自身牟利，不具有正当性，属于不正当竞争行为。[1]

第十一，用户处置自身信息时电子商务经营者的义务。《电子商务法》规定，电子商务经营者应当明示用户信息查询、更正、删除以及用户注销的方式、程序，不得对用户信息查询、更正、删除以及用户注销设置不合理条件。电子商务经营者收到用户信息查询或者更正、删除的申请的，应当在核实身份后及时提供查询或者更正、删除用户信息。用户注销的，电子商务经营者应当立即删除该用户的信息；依照法律、行政法规的规定或者双方约定保存的，依照其规定。

第十二，实现消费者收到商品之日起七日内主张无理由退货的义务。《消费者权益保护法》规定，经营者采用网络、电视、电话、邮购等方式销售商品，消费者有权自收到商品之日起七日内退货，且无须说明理由，但下列商品除外：①消费者定做的；②鲜活易腐的；③在线下载或者消费者拆封的音像制品、计算机软件等数字化商品；④交付的报纸、期刊。除前述所列商品外，其他根据商品性质并经消费者在购买时确认不宜退货的商品，不适用无理由退货。消费者退货的商品应当完好。经营者应当自收到退回商品之日起七日内返还消费者支付的商品价款。退回商品的运费由消费者承担；经营者和消费者另有约定的，按照约定。

> **实际案例 10-4** 滥用七天无理由规则退换货案——平台对滥用权利的用户停止服务的格式条款有效[2]

基本案情：2018 年 4 月，吴某在某平台商城举行的生鲜大卖场活动中购买了 1 852.08 元的商品，在配送过程中，商品被拆分为 4 个订单，并由吴某支付全部快递费用。吴某不满，拒收了其中的商品白虾，并申请办理退货退款手续。吴某购买了该平

---

[1] 参见"北京大学电子商务法研究中心发布《电子商务法》三周年影响力报告及十大电商案例"（http://finance.people.com.cn/n1/2021/0903/c1004-32216657.html）。

[2] 参见（2019）粤 0192 民初 939 号判决书。

台的超级 VIP 服务，享有无限免邮和免费退货等权利，但因吴某于短时间内在该商城频繁购物，退货拒收率高达 84.54%，某平台遂暂停其部分账户权限和超级 VIP 服务。

原告诉请：判令平台停止侵害，立即恢复账户的完整使用权限，恢复超级 VIP 等级及所有购买使用功能；平台赔偿 500 元；平台赔礼道歉，赔偿合理费用 30 800 元。

裁判结果：吴某作为某平台商城的会员，虽然购买了超级 VIP 服务，但从权利的名称和规则来看，超级 VIP 享有的免费退货权利只是对部分商品可以由某平台公司免费上门取件，但不等于无限退货。吴某于短时间内频繁购物，退货拒收率高达 84.54%，结合日常生活经验判断，此确属不合常理的高退货率。网络购物的用户虽然依法享有退货的权利，但吴某如此高的退货率，反映其在购物时未能尽到起码的谨慎义务，在行使退货权利时过于随意，这种做法不合理地增加了企业和社会的成本，有悖于诚实信用原则，是对自身权利的滥用。故法院判决驳回原告吴某的全部诉讼请求。

典型意义："七天无理由退货制度"赋予了消费者退货权，但不代表其可以滥用该权利。消费者违反诚实信用原则的退货行为，构成权利滥用，平台有权利在不违反法律法规的前提下，根据平台规则对滥用权利的用户作出管理性措施。[1]

第十三，电子商务经营者向主管机关提供信息的义务及主管机关采取措施保障数据信息安全和保密的义务。《电子商务法》规定，有关主管部门依照法律、行政法规的要求电子商务经营者提供有关电子商务数据信息的，电子商务经营者应当提供。有关主管部门应当采取必要措施保护电子商务经营者提供的数据信息的安全，并对其中的个人信息、隐私和商业秘密严格保密，不得泄露、出售或者非法向他人提供。

第十四，电子商务经营者合法从事跨境电子商务的义务。《电子商务法》规定，电子商务经营者从事跨境电子商务，应当遵守进出口监督管理的法律、行政法规和国家有关规定。本规定属于参引性条款。

4. 电子商务平台经营者的特殊义务

电子商务平台经营者是电子商务经营者一种类型，因此前者不仅要遵守电子商务经营者的义务，还要遵守法律赋予其的特殊义务。

第一，电子商务平台经营者形式审查的义务。《电子商务法》规定，电子商务平台经营者应当要求申请进入平台销售商品或者提供服务的经营者提交其身份、地址、联系方式、行政许可等真实信息，进行核验、登记，建立登记档案，并定期核验更新。电子商务平台经营者为进入平台销售商品或者提供服务的非经营用户提供服务，应当遵守《电子商务法》的有关规定。

电子商务平台经营者形式审查的义务与《消费者权益保护法》规定密切相关，但两个法律规定不

---

[1] 参见"北京大学电子商务法研究中心发布《电子商务法》三周年影响力报告及十大电商案例"（http://finance.people.com.cn/n1/2021/0903/c1004-32216657.html）。

同的是，平台经营者违反形式审查义务的法律后果是承担行政责任。而根据《消费者权益保护法》规定需要承担民事赔偿责任。《消费者权益保护法》规定，消费者通过网络交易平台购买商品或者接受服务，其合法权益受到损害的，可以向销售者或者服务者要求赔偿。网络交易平台提供者不能提供销售者或者服务者的真实名称、地址和有效联系方式的，消费者也可以向网络交易平台提供者要求赔偿；网络交易平台提供者作出更有利于消费者的承诺的，应当履行承诺。网络交易平台提供者赔偿后，有权向销售者或者服务者追偿。网络交易平台提供者明知或者应知销售者或者服务者利用其平台侵害消费者合法权益，未采取必要措施的，依法与该销售者或者服务者承担连带责任。

第二，电子商务平台经营者协助监管的义务。《电子商务法》规定，电子商务平台经营者应当按照规定向市场监督管理部门报送平台内经营者的身份信息，提示未办理市场主体登记的经营者依法办理登记，并配合市场监督管理部门，针对电子商务的特点，为应当办理市场主体登记的经营者办理登记提供便利。电子商务平台经营者应当依照税收征收管理法律、行政法规的规定，向税务部门报送平台内经营者的身份信息和与纳税有关的信息，并应当提示依照本法规定不需要办理市场主体登记的电子商务经营者依照本法规定办理税务登记。

第三，电子商务平台经营者对违法经营的处置和报告的义务。《电子商务法》规定，电子商务平台经营者发现平台内的商品或者服务信息存在违反本法规定情形的，应当依法采取必要的处置措施，并向有关主管部门报告。这里违反本法规定的情形主要是指，违反《电子商务法》第十二条"电子商务经营者从事经营活动，依法需要取得相关行政许可的，应当依法取得行政许可"、第十三条"电子商务经营者销售的商品或者提供的服务应当符合保障人身、财产安全的要求和环境保护要求，不得销售或者提供法律、行政法规禁止交易的商品或者服务"的规定。

第四，电子商务平台经营者网络交易系统的安全保障义务。安全保障义务是《民法典》诚实信用原则在网络交易中的体现。《电子商务法》规定，电子商务平台经营者应当采取技术措施和其他必要措施保证其网络安全、稳定运行，防范网络违法犯罪活动，有效应对网络安全事件，保障电子商务交易安全。电子商务平台经营者应当制定网络安全事件应急预案，发生网络安全事件时，应当立即启动应急预案，采取相应的补救措施，并向有关主管部门报告。网络安全是网络技术发展中需要面对的重要问题。

2015年7月1日开始施行的《中华人民共和国国家安全法》将网络安全纳入国家安全，其规定，国家建设网络与信息安全保障体系，提升网络与信息安全保护能力，加强网络和信息技术的创新研究和开发应用，实现网络和信息核心技术、关键基础设施和重要领域信息系统及数据的安全可控；加强网络管理，防范、制止和依法惩治网络攻击、网络入侵、网络窃密、散布违法有害信息等网络违法犯罪行为，维护国家网络空间主权、安全和发展利益。《网络安全法》虽然没有直接规定网络安全的含义，但是从其整个条文设计看，包括网络运行安全（包括关键信息基础设施的运行安全）与网络信息安全，这与《国家安全法》相一致。因此，《电子商务法》上的网络安全范围应当包括交易过程中的网络安全与交易信息安全。

第五，电子商务平台经营者交易信息保存的义务。《电子商务法》规定，电子商务平台经营者应当记录、保存平台上发布的商品和服务信息、交易信息，并确保信息的完整性、保密性和可用性。商品和服务信息、交易信息保存时间自交易完成之日起不少于三年；法律、行政法规另有规定的，依照其规定。平台经营者在履行交易信息保存义务的同时还必须遵守前文所述的《民法典》《网络安全法》《消费者权益保护法》等确保个人信息安全的规定。

第六，电子商务平台经营者制定平台服务协议、交易规则要求的义务。根据《电子商务法》规定，具体包括：①电子商务平台经营者应当遵循公开、公平、公正的原则，制定平台服务协议和交易规则，明确进入和退出平台、商品和服务质量保障、消费者权益保护、个人信息保护等方面的权利和义务。②电子商务平台经营者应当在其首页显著位置持续公示平台服务协议和交易规则信息或者上述信息的链接标识，并保证经营者和消费者能够便利、完整地阅览和下载。电子商务平台经营者修改平台服务协议和交易规则，应当在其首页显著位置公开征求意见，采取合理措施确保有关各方能够及时充分表达意见。修改内容应当至少在实施前七日予以公示。平台内经营者不接受修改内容，要求退出平台的，电子商务平台经营者不得阻止，并按照修改前的服务协议和交易规则承担相关责任。

第七，禁止电子商务平台经营者对平台内经营者进行不合理限制、附加不合理条件，收取不合理费用。《电子商务法》规定，电子商务平台经营者不得利用服务协议、交易规则以及技术等手段，对平台内经营者在平台内的交易、交易价格以及与其他经营者的交易等进行不合理限制或者附加不合理条件，或者向平台内经营者收取不合理费用。

第八，电子商务平台经营者对平台内经营者违反法律、法规的行为处置义务。《电子商务法》规定，电子商务平台经营者依据平台服务协议和交易规则对平台内经营者违反法律、法规的行为实施警示、暂停或者终止服务等措施的，应当及时公示。

第九，电子商务平台经营者明示自营业务的义务。《电子商务法》规定，电子商务平台经营者在其平台上开展自营业务的，应当以显著方式区分标记自营业务和平台内经营者开展的业务，不得误导消费者。电子商务平台经营者对其标记为自营的业务依法承担商品销售者或者服务提供者的民事责任。

第十，电子商务平台经营者承担安全保障义务的民事责任。《电子商务法》规定：①电子商务平台经营者知道或者应当知道平台内经营者销售的商品或者提供的服务不符合保障人身、财产安全的要求，或者有其他侵害消费者合法权益行为，未采取必要措施的，依法与该平台内经营者承担连带责任。根据该项规定，电子商务平台经营者与平台内经营者承担连带责任的前提是，其一，知道或者应当知道平台内经营者销售的商品或者提供的服务不符合保障人身、财产安全的要求，或者有其他侵害消费者合法权益行为；其二，未采取必要措施的。由此可知，电子商务平台经营者承担的是不作为侵权行为。不作为侵权又称消极的侵权行为，是行为人有能力履行但有意识地不为特定的作为义务。这种故意或者过失的不作为与所导致他人损失的事实之间存在着因果关系，行为人应对损害结果承担责任。根据《民法典》规定，连带责任由法律规定或者当事人约定。②对关系消费者生命健康的商品或者服务，电子商务平台经营者对平台内经营者的资质资格未尽到审核义务，或者对消费者未尽到安全保障义务，造成消费者损害的，依法承担相应的责任。根据该项规定，对于关系到消费者生命健康的商品或者服务，电子商务平台经营者，对平台内经营者的资质资格未尽到审核义务及对消费者未尽到安全保障义务，造成消费者损害的，依法承担相应的责任。这里的"相应的责任"可能是《食品安全法》规定的连带责任，也可能是《民法典》规定的补充责任和按份责任。

> **实际案例 10-5**　"极限第一人"坠亡案——直播平台的安全保障义务[1]
>
> 基本案情：吴某某从 2017 年开始，在某直播平台发布大量徒手攀爬高楼的视频，总浏览量超过 3 亿人次，拥有上百万粉丝。2017 年 11 月 8 日，吴某某在攀爬长沙华远国际中心时失手坠亡。其母亲何某将该直播平台诉至法院。
>
> 原告诉请：吴某某坠亡时，正处于和直播平台签约期内，被告对其死亡有直接的推动和因果关系，应承担侵权责任。被告赔偿原告共计 6 万元；被告对原告赔礼道歉；被告承担全部诉讼费用。
>
> 法院判决：在一审判决中，法院认为，平台作为信息存储空间的网络服务提供者，其所属的直播平台是公共场所在网络空间的具体表现形态，具有公共场所的社会属性，且该平台具有盈利性，与吴某某共同分享了打赏收益，理应对其承担相应的安全保障义务。二审判决中，北京四中院认为，本案中，物理空间的安全保障义务人现实存在，且已经承担了相应的民事责任。事实上，网络空间作为虚拟公共空间，其与现实物理公共空间还是存在着明显差异。能否扩大解释侵权责任法的相关规定，将有形物理空间的安全保障义务扩张到无形网络空间，用适用网络侵权责任的内容来确定网络服务提供者的安全保障义务，尚存争议。在适用《侵权责任法》的过错责任原则能够归责的情况下，不必扩大解释侵权责任法相关的适用范围。故二审法院认为一审判决适用法律有误，应当予以纠正。
>
> 典型意义：目前能否将有形物理空间的安全保障义务扩张到无形网络空间，适用网络侵权责任的内容来确定网络服务提供者的安全保障义务，尚存争议。但是网络空间不是法外之地，应当进行必要的规制。在适用侵权责任法第六条第一款规定的过错责任原则能够归责的情况下，不必扩大解释侵权责任法第三十七条第一款的适用范围。[2]

第十一，电子商务平台经营者建立健全信用评价制度的义务。《电子商务法》规定，电子商务平台经营者应当建立健全信用评价制度，公示信用评价规则，为消费者提供对平台内销售的商品或者提供的服务进行评价的途径。电子商务平台经营者不得删除消费者对其平台内销售的商品或者提供的服务的评价。

商事信用是商事交易的基础，是体现商事法律的最基本原则，是《民法典》诚实信用制度的具体体现。市场经济是信用经济，信用是市场经济运行的基础。电子商务平台信用评价制度主要包括消费者评价系统和平台信用评价系统。消费者评价系统是电子商务平台采用技术手段建立的，收集消费者对平台内经营者提供商品、服务的质量、履约能力、服务态度和售后保障等事项做出的主观评价，进行公示并实时更新的系统。消费者评价系统是消费者评价权实现的有效途径，是平台内经营者商业信

---

[1] 参见（2019）京 04 民终 139 号判决书。
[2] 参见"北京大学电子商务法研究中心发布《电子商务法》三周年影响力报告及十大电商案例"（http://finance.people.com.cn/n1/2021/0903/c1004-32216657.html）。

誉的体现。平台信用评价系统是指平台根据自身设置的科学、公平的资信评定标准，通过参考消费者评价系统和自身掌握的经营者信息，对平台内经营者做出的合理、直观的信用等级评价体系。

第十二，电子商务平台经营者的搜索结果显示义务和竞价排名的提示义务。《电子商务法》规定，电子商务平台经营者应当根据商品或者服务的价格、销量、信用等，以多种方式向消费者显示商品或者服务的搜索结果。对于竞价排名的商品或者服务，应当显著标明"广告"。

实际案例 10-6 首例消费者因检索服务状告电商平台违约案——电子商务平台算法歧视的司法审查思路[1]

基本案情：赵某欲购买国美牌冰箱，其用"国美冰箱"在某网购平台进行检索，平台未将国美牌冰箱列于检索结果的前列。原告认为该网购平台未能按合同约定提供检索服务，属于瑕疵履行，构成违约。

原告诉请：判令该网购平台停止违约行为，重新提供符合合同目的的服务，并支付违约金1元。

法院判决：首先，原告与被告公司之间的《服务协议》《隐私权政策》等协议未对检索服务的具体内容或服务标准进行明确约定，双方亦无法在事后就该内容达成补充协议。其次，从交易习惯来看，其他同类网购平台提供的关键词检索结果均包含同类其他品牌产品，无法推断出被告公司提供的检索服务不符合行业惯例。再次，从合同目的来看，本案中，该网购平台提供了基于价格、销量、信用、综合等不同的排序方式，帮助消费者基于自身偏好检索商品。平台亦提供了检索反馈渠道等辅助工具，为用户提供了个性化反馈通路，在一定程度上可以弥补算法的不足。因而不能因为检索结果未完全贴合赵某个人预期，即认定网购平台提供的检索服务存在违约。最后，在没有强制性规定的前提下，该网购平台向赵某提供检索服务并非法定义务。电子商务平台作为营利法人，可以在法律框架内对如何进行信息展示行使经营自主权。根据权利义务对等原则，对于电子商务平台提供的检索服务不应苛以过高要求。综上，法院判决驳回赵某的全部诉讼请求。

典型意义：本案确定了在审查电商平台检索服务的算法时应充分考虑电商平台的功能定位、人工智能的发展阶段等因素，并得出电商平台在精确匹配程度上应低于搜索引擎的标准。同时肯定了电商平台在提供检索服务时有一定的经营自主权。在个案审理中，既要考虑到消费者对平台推荐结果的依赖性进而严格审查检索算法的合理性，也要充分尊重电商平台的自主经营权。[2]

---

[1] 经检索，该份判决书尚未公开，案件详情可参见文章"网购平台搜索结果不合预期，构成违约吗？"（https://mp.weixin.qq.com/s/TAVu3iW5Jh5YTL7tvtSBgg）。

[2] 参见"北京大学电子商务法研究中心发布《电子商务法》三周年影响力报告及十大电商案例"（http://finance.people.com.cn/n1/2021/0903/c1004-32216657.html）。

第十三，电子商务平台经营者保护知识产权及相关权利人权利的义务。《电子商务法》规定电子商务平台经营者保护知识产权及相关权利人权利义务的具体内容包括以下部分。

（1）电子商务平台经营者应当建立知识产权保护规则，与知识产权权利人加强合作，依法保护知识产权。

（2）知识产权权利人认为其知识产权受到侵害的，有权通知电子商务平台经营者采取删除、屏蔽、断开链接、终止交易和服务等必要措施。通知应当包括构成侵权的初步证据。电子商务平台经营者接到通知后，应当及时采取必要措施，并将该通知转送平台内经营者，未及时采取必要措施的，对损害的扩大部分与平台内经营者承担连带责任；因通知错误造成平台内经营者损害的，依法承担民事责任；恶意发出错误通知，造成平台内经营者损失的，加倍承担赔偿责任。该项规定中的加倍承担赔偿责任属于惩罚性赔偿，符合《民法典》"法律规定惩罚性赔偿的，依照其规定"。

（3）平台内经营者接到转送的通知后，可以向电子商务平台经营者提交不存在侵权行为的声明。声明应当包括不存在侵权行为的初步证据。电子商务平台经营者接到声明后，应当将该声明转送发出通知的知识产权权利人，并告知其可以向有关主管部门投诉或者向人民法院起诉。电子商务平台经营者在转送声明到达知识产权权利人后十五日内，未收到权利人已经投诉或者起诉通知的，应当及时终止所采取的措施。

（4）电子商务平台经营者应当及时公示收到的（2）、（3）中的通知、声明及处理结果。公示是保障消费者知情权的重要方式。消费者只有充分享有知情权才能够保障其权利。

电子商务平台经营者公示义务的内容主要包括：其一，公示（2）中通知、声明；其二，公示（3）中平台内经营者接到转送的通知后的回应声明；其三，公示（2）中的处理结果。

（5）电子商务平台经营者知道或者应当知道平台内经营者侵犯知识产权的，应当采取删除、屏蔽、断开链接、终止交易和服务等必要措施；未采取必要措施的，与侵权人承担连带责任。该项规定与电子商务平台经营者承担安全保障义务的民事责任精神相一致。该项规定是电子商务平台经营者帮助侵权。所谓的帮助侵权，是指乙方帮助他人实施侵权悉能为致人损害而应承担侵权责任。帮助行为又被称为"视为的共同的侵权"。在帮助他人事实侵权行为案件中，帮助人并未直接参与事实侵权行为，但是基于特定的原因法律规定其承担连带责任。

> **实际案例 10-7**　GUCCI 腰带真假案——跨境电子商务零售进口商品合法性的认定[1]

基本案情：原告于 2021 年 3 月 18 日在被告平台购买了一根 GUCCI 皮带，2021 年 3 月 21 日收到此商品。2021 年 3 月 29 日，原告于得物平台鉴别此商品为假，原告在网上发现同一天在被告处购买该皮带的消费者，其在优奢易拍上鉴定的结果亦是皮带为假。

原告诉请：被告退货款 2 549 元，并十倍赔偿 25 490 元；被告赔偿针对此案涉

---

[1] 参见（2021）粤 0192 民初 10203 号判决书。

及的假商品退货运送途中的费用、鉴定费 69 元以及其他相关费用；被告下架此商品，公开赔礼道歉，口头承诺此商品为真的客服人员对其欺诈行为赔礼道歉。

法院判决：根据唯某会公司所举证据，案涉商品来源清晰，属于合法销售的跨境电子商务零售进口商品，并非假冒品牌商品。同时，曹某某提交的得物 App、优奢易拍平台的相关鉴别意见或者"鉴定报告"不足以证明案涉商品为假冒商品。相关鉴别意见或者"鉴定报告"并非由具备相应资质的鉴定机构出具，当事人未提交证据证明上述第三方平台具有鉴定资质以及鉴定人员具备鉴定能力。相关鉴别意见或者"鉴定报告"缺乏中立性、客观性、权威性，不足以证明案涉商品为假冒的"古驰"品牌商品。曹某某关于案涉商品为假冒的"古驰"品牌商品的主张与事实不符，本院不予采信。唯某会公司不存在告知消费者虚假情况或者隐瞒真实情况的情形。曹某某关于唯某会公司对其存在欺诈行为的主张缺乏事实依据，本院不予采纳，对曹某某据此提出的各项诉讼请求，本院不予支持。

典型意义：本案中，法院根据跨境电商平台提供的海外购买流程和相关凭据、进口货物报关单、知识产权备案信息等证明案涉商品具有合法来源的证据，认定案涉商品来源合法，肯定了跨境电子商务零售进口商品的合法性。该案对规范跨境电商行为具有重要意义，也提示电子商务经营者应按照《电子商务法》第二十六条，遵守进出口监督管理的法律法规，确保产品的合法性和可追溯性。[1]

第十四，电子商务平台经营者经营业务范围及限制。电子商务平台经营者，除可以从事本法规定的为交易双方或者多方提供网络经营场所、交易撮合、信息发布等服务外，还可以按照平台服务协议和交易规则，为经营者之间的电子商务提供仓储、物流、支付结算和交收等服务。电子商务平台经营者为经营者之间的电子商务提供服务，应当遵守法律、行政法规和国家有关规定，不得采取集中竞价、做市商等集中交易方式进行交易，不得进行标准化合约交易。在我国，从事集中竞价、做市商、标准化合约交易，需要取得经营许可证，现阶段主要是证券交易所和期货交易所可以采取上述交易方式。

10.3 电子商务合同的订立与履行

10.3.1 合同法概述

2021 年 1 月 1 日施行的《民法典》第三编为合同编，包括第一分编通则、第二分编典型合同、第三分编准合同。

---

[1] 参见"北京大学电子商务法研究中心发布《电子商务法》三周年影响力报告及十大电商案例"（http://finance.people.com.cn/n1/2021/0903/c1004-32216657.html）。

从《民法典》的逻辑体系看，一个合同发生纠纷，首先适用《民法典》合同编第二分编典型合同中具体规定，然后再适用第一分编通则的规定，如果没有相应规定的，需要适用《民法典》第一编总则第六章民事法律行为的规定。因为合同是典型的民事法律行为。电子商务合同，首先应该适用《电子商务法》和《电子签名法》，然后再按照上述方式适用。

《电子商务法》施行时，我国仅制定了《中华人民共和国民法总则》，因此《电子商务法》规定，电子商务当事人订立和履行合同适用《中华人民共和国民法总则》和《中华人民共和国合同法》《中华人民共和国电子签名法》等法律的规定。实施《民法典》的同时，《中华人民共和国民法总则》和《中华人民共和国合同法》已经被废止。本书不对《民法典》关于合同编等进行具体阐述，仅针对电子商务合同特殊性进行介绍。

10.3.2 电子商务合同的特征

根据《民法典》的规定，合同是民事主体之间设立、变更、终止民事法律关系的协议。《电子商务法》没有给出电子商务合同的定义。我们认为，电子商务合同是根据《民法典》规定的数据电文形式订立的合同。《民法典》规定，当事人订立合同，可以采用书面形式、口头形式或者其他形式。书面形式是合同书、信件、电报、电传和传真等可以有形地表现所载内容的形式。以电子数据交换、电子邮件等方式能够有形地表现所载内容，并可以随时调取查用的数据电文，视为书面形式。

电子商务合同具有以下特征。

（1）从订立形式上看，电子商务合同使用电子信息技术手段，包括电子信息手段（如计算机网络）、数字通信技术（如电子数据交换、电子邮件）和计算机网络。电子商务合同常采用数字认证、电子签名。电子商务合同大多数时候是自动信息系统订立的，身份需要依靠密码的辨认或者认证机构的认证。电子商务合同订立时要约与承诺、履行与传统合同有所不同。电子商务合同条款是由一方当事人确定，另一方当事人通过点击方式选择同意与否，无法与对方协商，属于格式条款。

（2）从记载载体上看，电子商务合同的载体是磁介质，即数据电文。电子商务合同的生成、存储、发送、接受的载体都是数据电文。《民法典》允许采取数据电文的形式订立合同，并将数据电文视为书面形式。

（3）从本质上看，电子商务合同没有改变合同的实质，改变的只是形式。因此，电子商务合同仍然需要适用《民法典》关于合同的规定。

10.3.3 使用自动信息系统订立或者履行合同的效力

《电子商务法》规定，电子商务当事人使用自动信息系统订立或者履行合同的行为对使用该系统的当事人具有法律效力。在电子商务中推定当事人具有相应的民事行为能力。但是，有相反证据足以推翻的除外。

电子商务合同，除非特殊情况（如缔约当事人特别约定采用传统纸质形式签订）或者特殊领域

（如法律、行政法规强制性要求合同采取传统纸面形式签订），都可以采取自动信息系统订立和履行。自动信息系统是电子商务合同最为突出的特点，因此需要立法对其法律地位、订约双方当事人的权利义务作出明确规定。电子商务合同自动信息系统的自动性与互助性，对于合同的订立与履行、当事人权利义务与责任、风险的分配与分担均产生影响，促使相应法律规范的发展与演化，并衍生出自动信息系统用户的概念及相应制度。

自动信息系统又称"自动电文系统（Automated Message Systems）""电子代理人（Electronic Agent）"或"电子自动交易（Electronic Automated Trade）"。所谓自动信息系统，是指不需要自然人的审查和操作，而能够独立发出、接收、处理数据电文，亦即部分或全部地履行合同的计算机程序、电子手段或者其他自动化手段，为交易双方订立或者履行合同进行信息互动的计算机系统。自动信息系统发送、接收、信息与向对方互动，可以导致双方当事人之间合同关系的发生、变更与终止。

电子商务当事人使用自动信息系统订立或者履行合同的行为对使用该系统的当事人具有法律效力。该项规定中的"法律效力"是承认自动信息系统可以用于当事人之间的合同订立或者履行，而不是《民法典》第一编第六章第三节规定的民事法律行为的有效、无效、效力待定、可撤销、部分有效部分无效及绝对不发生效力。

实际案例 10-8　"超前点播"第一案——平台经营者不得单方面变更合同[1]

基本案情：平台经营者在"热剧抢先看"VIP会员权益的协议中增加了"付费超前点播"条款的行为，引发了争议。吴某作为该平台主打的会员模式中的黄金VIP会员，在观看平台推出的相关影视剧集时，认为其已有的"热剧抢先看"VIP会员权益已经包含"看最新剧集"的内容，平台推出的"付费超前点播"模式，使其需要额外付费才能"看最新剧集"，损害了其会员权益。平台则认为"付费超前点播"是一种创新的商业模式，属于新的会员权益，并不造成对吴某已有会员权益的损害。

原告诉请：请求法院确认，平台经营者于2019年12月18日更新的"VIP会员协议"中"付费超前点播"等条款或无效或未发生效力。请求判令平台自动跳过包括前贴片广告在内的所有广告内容，并取消超前点播功能，向吴某提前供应包括《庆余年》在内的所有卫视热播电视剧、爱奇艺自制剧。请求判令平台赔偿其公证费损失等。

判决结果：一审法院确认于2019年12月18日更新的"VIP会员协议"中导言第二款部分内容无效；确认涉案VIP会员协议中关于"超前点播"的条款对原告吴某不发生效力；平台向原告吴某连续15日提供爱奇艺平台"黄金VIP会员"权益，使其享有平台已经更新的卫视热播电视剧、平台优质自制剧的观看权利；平台赔偿吴某公证费损失1 500元；驳回原告吴某的其他诉讼请求。二审法院维持原判。

典型意义：平台经营者与用户间的服务协议和交易规则，在没有无效事由的情

---

[1] 参见（2020）京04民终359号判决书。

况下，自可有效约束二者，平台经营者不得单方面更改相关条款；即便平台在协议中设定了单方变更权，但仍受到《合同法》中公平原则、格式条款以及《电子商务法》中协议修改等规范的制约，平台经营者依然不得通过单方面更改协议而不公平地、实质性地侵犯用户权利。[1]

电子商务合同中当事人民事行为能力的推定，应该只限于自然人的民事行为能力推定。根据《民法典》的规定，自然人的行为能力分为完全民事行为能力、限制民事行为能力和无民事行为能力。推定当事人具有相应的民事行为能力是指推动自然人具有完全民事行为能力和限制民事行为能力。完全民事行为能力人，可以独立实施民事法律行为。所谓完全民事行为能力是指自然人能够以自己的行为，独立享有民事权利以及承担民事义务的资格。完全民事行为能力人包括十八周岁以上的自然人，即成年人和以自己的劳动收入为主要生活来源的十六周岁以上的未成年人，后者也视为完全民事行为能力人。根据《民法典》的规定，民事法律行为有效的条件之一是行为人具有相应的民事行为能力。由于自动信息系统交易具有匿名性，因此，需要在电子商务中推定当事人具有相应的民事行为能力。但是，有相反证据足以推翻的除外。

10.3.4 电子商务合同的订立与成立

《电子商务法》规定，电子商务经营者发布的商品或者服务信息符合要约条件的，用户选择该商品或者服务并提交订单成功，合同成立。当事人另有约定的，从其约定。电子商务经营者不得以格式条款等方式约定消费者支付价款后合同不成立；格式条款等含有该内容的，其内容无效。

1. 电子商务合同订立时要约和承诺

根据《民法典》规定，当事人订立合同，可以采取要约、承诺方式或者其他方式。要约是希望与他人订立合同的意思表示，该意思表示应当符合下列条件：①内容具体确定；②表明经受要约人承诺，要约人即受该意思表示约束。承诺是受要约人同意要约的意思表示。承诺应当以通知的方式作出；但是，根据交易习惯或者要约表明可以通过行为作出承诺的除外。承诺应当在要约确定的期限内到达要约人。

在电子商务合同订立时，用户选择该商品或者服务并提交订单成功即为承诺。一旦用户承诺，合同成立。当事人另有约定的，从其约定。也就说，如果没有当事人另行约定，一旦承诺，合同成立。根据《民法典》规定，作为民事法律行为一种形式的合同自成立时生效，但是法律另有规定或者当事人另有约定的除外。也就说，如果法律另有规定或者当事人另有约定的，合同成立不等于合同生效。

---

[1] 参见"北京大学电子商务法研究中心发布《电子商务法》三周年影响力报告及十大电商案例"（http://finance.people.com.cn/n1/2021/0903/c1004-32216657.html）。

2. 电子商务经营者采取格式条款等方式约定消费者支付价款的法律效力

根据《民法典》规定，格式条款是当事人为了重复使用而预先拟定，并在订立合同时未与对方协商的条款。采用格式条款订立合同的，提供格式条款的一方应当遵循公平原则确定当事人之间的权利和义务，并采取合理的方式提示对方注意免除或者减轻其责任等与对方有重大利害关系的条款，按照对方的要求，对该条款予以说明。提供格式条款的一方未履行提示或者说明义务，致使对方没有注意或者理解与其有重大利害关系的条款的，对方可以主张该条款不成为合同的内容。

《电子商务法》特别规定，电子商务经营者不得以格式条款等方式约定消费者支付价款后合同不成立；格式条款等含有该内容的，其内容无效。根据该项规定，消费者一旦支付价款后，合同已经成立。即使电子商务经营者不得以格式条款等方式约定消费者支付价款后合同不成立，该约定不具有法律效力，含有该内容的格式条款无效。亦即合同已经成立，且不存在其他导致合同无效的原因的，该合同有效。

10.3.5 电子商务经营者告知及提供保证便利的义务

《电子商务法》规定，电子商务经营者应当清晰、全面、明确地告知用户订立合同的步骤、注意事项和下载方法等事项，并保证用户能够便利、完整地阅览和下载。电子商务经营者应当保证用户在提交订单前可以更正输入错误的内容。

电子商务经营者履行告知义务，是《民法典》诚实信用原则的体现。履行告知义务必须符合清晰、全面、明确三个基本原则。所谓清楚是指，以一般用户可以理解的方式进行说明；所谓全面是指，不能有所保留，对于订立合同有必要说明的事项都要进行告知，尤其是能够决定合同性质、影响对方当事人重大利益等重要事项都需要告知；所谓明确是指不能有不确定性内容，对于各自的权利义务亦即当事人可以选择的范围及对应的结果都要明确说明。保证用户能够便利、完整地阅览和下载告知事项，是履行告知义务，保障用户知情权的重要方式。

在电子商务合同订立过程中，经常发生输入错误。因此电子商务经营者应当保证用户在提交订单前可以更正输入错误。根据《民法典》的精神，用户一旦输入并提交订单为承诺，承诺生效时合同成立。但是法律另有规定或者当事人另有约定的除外。因此《电子商务法》规定，电子商务经营者应当保证用户在提交订单前可以更正输入错误的内容。

10.3.6 电子商务合同的交付时间

1. 交付的意义

交付是合同法中一项重要制度，涉及交付标的物所有权转移、风险转移、标的物孳息归属、执行政府定价或政府指导价时价格确定等。线上交付与线下交付相比，存在一定的特殊性。

2. 电子商务合同交付时间的确定

《民法典》规定了交付时间的一般性规则，即出卖人应当按照约定的时间交付标的物。约定交付期限的，出卖人可以在该交付期限内的任何时间交付。当事人没有约定标的物的交付期限或者约定不明确的，可以协议补充；不能达成补充协议的，按照合同相关条款或者交易习惯确定；按照合同相关条款或者交易习惯仍不能确定的，债务人可以随时履行，债权人也可以随时请求履行，但是应当给对方必要的准备时间。

同时《民法典》（2021年1月1日起施行）采用了《电子商务法》（2019年1月1日起施行）的规定，通过互联网等信息网络订立的电子合同的标的为交付商品并采用快递物流方式交付时，收货人的签收时间为交付时间。电子合同的标的为服务提供的，生成的电子凭证或者实物凭证中载明的时间为服务提供时间；前述凭证没有载明时间或者载明时间与实际提供服务时间不一致的，以实际提供服务的时间为准。电子合同的标的物为采用在线传输方式交付的，合同标的物进入对方当事人指定的特定系统且能够检索识别的时间为交付时间。电子合同当事人对交付商品或者提供服务的方式、时间另有约定的，按照其约定。

10.3.7 电商合同采取快递物流交付方式和服务规定

《民法典》采取对电子合同的标的为交付商品并采用快递物流方式交付的，予以承认。

《电子商务法》规定，电子商务当事人可以约定采用快递物流方式交付商品。快递物流服务提供者为电子商务提供快递物流服务，应当遵守法律、行政法规，并应当符合承诺的服务规范和时限。快递物流服务提供者在交付商品时，应当提示收货人当面查验；交由他人代收的，应当经收货人同意。快递物流服务提供者应当按照规定使用环保包装材料，实现包装材料的减量化和再利用。快递物流服务提供者在提供快递物流服务的同时，可以接受电子商务经营者的委托提供代收货款服务。

10.3.8 电商合同采取电子支付服务提供者的义务

电子支付是通过电子形式支付货币，实现资金转移的行为。电子支付服务提供者包括依法提供电子支付服务的商业银行和非银行支付机构。

《民法典》对合同的价款或者费用的支付方式并没有具体规定。

《电子商务法》规定，电子商务当事人可以约定采用电子支付方式支付价款。该项规定属于任意性法律规范，由当事人自己选择是否采取电子支付方式。

一旦当事人选择了电子支付方式支付价款，《电子商务法》规定电子支付服务提供者的义务。一是提供电子支付服务，应当遵守国家规定；二是告知用户电子支付服务的功能、使用方法、注意事项、相关风险和收费标准等事项；三是不得附加不合理交易条件；四是电子支付服务提供者应当确保电子支付指令的完整性、一致性、可跟踪稽核和不可篡改；五是电子支付服务提供者应当向用户免费提供对账服务以及最近三年的交易记录。

《电子商务法》规定，电子支付服务提供者提供电子支付服务不符合国家有关支付安全管理要求，造成用户损失的，应当承担赔偿责任。该项规定的赔偿责任是《民法典》规定的侵权责任，具体案件可以适用《民法典》侵权编的规定。至于"国家有关支付安全管理要求"属于引致性条款，需要借助其他法律、行政法规进行判断，如《网络安全法》《中华人民共和国计算机信息系统安全保护条例》等。

10.3.9 用户核对支付指令的义务和发生错误的责任承担

《电子商务法》规定，用户在发出支付指令前，应当核对支付指令所包含的金额、收款人等完整信息。该项规定是用户的注意义务的体现。

《电子商务法》规定，支付指令发生错误的，电子支付服务提供者应当及时查找原因，并采取相关措施予以纠正。造成用户损失的，电子支付服务提供者应当承担赔偿责任，但能够证明支付错误非自身原因造成的除外。该项规定中的支付指令发生错误是指在支付指令传递过程中出现支付指令所载内容与指令发出人内心真意不一致的瑕疵，包括支付命令表述错误、错误的支付命令和支付命令的错误执行等。

支付指令发生错误主要有客观瑕疵和主观瑕疵。前者是指由于自动信息系统在生成、发送、接收或者存储信息时可能发生难以预测和控制的技术故障，使得在支付指令到达前或者到达后，可能发生错误或者丢失等风险。后者是指指令发出人的输入错误。支付指令发生错误的，电子支付服务提供者应当及时查找原因，并采取相关措施予以纠正。支付指令发生错误造成用户损失的，电子支付服务提供者应当承担赔偿责任，但能够证明支付错误非自身原因造成的除外。该项规定的损害赔偿，体现了《民法典》过错推定原则，即"依照法律规定推定行为人有过错，其不能证明自己没有过错的，应当承担侵权责任"。过错推定原则属于过错责任原则的特殊形式，是指依照法律规定，原则上即推定行为人有过错，行为人不能证明自己没有过错的，应当承担侵权责任。即在法律，如《电子商务法》特别规定的情况下，针对特定的侵权行为，推定行为人具有过错，由行为人举证自己不存在过错，而被侵权人只需证明上述侵权责任构成要件的另外三项，即违法行为、损害事实和因果关系。若行为人不能证明其不存在过错，则应当承担侵权责任。

10.3.10 电子支付服务提供者确认支付信息的义务

《电子商务法》规定，电子支付服务提供者完成电子支付后，应当及时准确地向用户提供符合约定方式的确认支付的信息。该项规定为电子支付完成后，电子支付服务提供者有向用户及时准确确认支付信息的义务，该项义务为法定义务，具体确认可以按照当事人约定的方式进行。确认信息后，便于用户及时发现支付错误或者非授权交易，防止损失的发生。非授权交易是指因为用户的电子支付工具被盗、丢失等原因而发生的未经用户确认的电子支付。并且在非授权支付中，电子支付账户的使用人不是用户本人，也未经用户的授权。

10.3.11 非授权支付中的用户义务和责任分担

《电子商务法》规定，用户应当妥善保管交易密码、电子签名数据等安全工具。用户发现安全工具遗失、被盗用或者未经授权支付的，应当及时通知电子支付服务提供者。该项规定是用户的注意义务的体现，用户的义务体现为，其一，妥善保管交易密码、电子签名数据等安全工具；其二，发现安全工具遗失、被盗用或者未经授权支付的，应当及时通知电子支付服务提供者。该规定属于不真正义务，如果用户未及时通知电子支付服务提供者，不能就扩大的损失要求电子支付服务提供者承担。

《电子商务法》规定，未经授权的支付造成的损失，由电子支付服务提供者承担；电子支付服务提供者能够证明未经授权的支付是因用户的过错造成的，不承担责任。该项规定了电子支付服务提供者的过错推定责任。

《电子商务法》规定，电子支付服务提供者发现支付指令未经授权，或者收到用户支付指令未经授权的通知时，应当立即采取措施防止损失扩大。电子支付服务提供者未及时采取措施导致损失扩大的，对损失扩大部分承担责任。该项规定了电子支付服务提供者因其"未及时"采取措施导致损失扩大的过错赔偿责任。

10.4 数据电文、电子签名与认证制度

10.4.1 《电子签名法》概述

《中华人民共和国电子签名法》（以下简称《电子签名法》）自 2005 年 4 月 1 日起施行，并于 2015 年 4 月 24 日、2019 年 4 月 23 日进行了两次修正。制定《电子签名法》目的，一是规范电子签名行为；二是确立电子签名的法律效力；三是维护有关各方的合法权益，《电子签名法》包括第一章总则、第二章数据电文、第三章电子签名与认证、第四章法律责任和第五章附则。

10.4.2 电子签名和数据电文含义

《电子签名法》规定，电子签名是指数据电文中以电子形式所含、所附用于识别签名人身份并表明签名人认可其中内容的数据。数据电文是指以电子、光学、磁或者类似手段生成、发送、接收或者储存的信息。

10.4.3 电子签名、数据电文的适用范围和法律效力

《电子签名法》规定，民事活动中的合同或者其他文件、单证等文书，当事人可以约定使用或者

不使用电子签名、数据电文。

《电子签名法》规定，当事人约定使用电子签名、数据电文的文书，不得仅因为其采用电子签名、数据电文的形式而否定其法律效力。数据电文不得仅因为其是以电子、光学、磁或者类似手段生成、发送、接收或者储存的而被拒绝作为证据使用。该项规定体现了电子签名、数据电文的功能等同原则和非歧视原则。

但是《电子签名法》规定电子签名、数据电文不适用下列文书：①涉及婚姻、收养、继承等人身关系的；②涉及停止供水、供热、供气等公用事业服务的；③法律、行政法规规定的不适用电子文书的其他情形。

《电子签名法》规定，伪造、冒用、盗用他人的电子签名，构成犯罪的，依法追究刑事责任；给他人造成损失的，依法承担民事责任。

10.4.4 数据电文相关规定

1. 数据电文视为书面形式

《电子签名法》规定，能够有形地表现所载内容，并可以随时调取查用的数据电文，视为符合法律、法规要求的书面形式。

《民法典》规定，以电子数据交换、电子邮件等方式能够有形地表现所载内容，并可以随时调取查用的数据电文，视为书面形式。

"视为"在民法上属于拟制，是一种法律的调整方法，简单说是把甲事实看成乙事实。

2. 符合条件的数据电文视为满足原件形式要求

《电子签名法》规定，符合下列条件的数据电文，视为满足法律、法规规定的原件形式要求：①能够有效地表现所载内容并可供随时调取查用；②能够可靠地保证自最终形成时起，内容保持完整、未被更改。但是，在数据电文上增加背书以及数据交换、储存和显示过程中发生的形式变化不影响数据电文的完整性。

3. 符合的数据电文，视为满足的文件保存要求

《电子签名法》规定，符合下列条件的数据电文，视为满足法律、法规规定的文件保存要求：①能够有效地表现所载内容并可供随时调取查用；②数据电文的格式与其生成、发送或者接收时的格式相同，或者格式不相同但是能够准确表现原来生成、发送或者接收的内容；③能够识别数据电文的发件人、收件人以及发送、接收的时间。

4. 审查数据电文作为证据真实性应当考虑的因素

《电子签名法》规定，审查数据电文作为证据的真实性，应当考虑以下因素：①生成、储存或者传递数据电文方法的可靠性；②保持内容完整性方法的可靠性；③用以鉴别发件人方法的可靠性；

④其他相关因素。

5. 数据电文的发送

数据电文的发送是一种意思表示，通常由发件人本人发送，但是事件中也存在其他情形。《电子签名法》规定，数据电文有下列情形之一的，视为发件人发送：①经发件人授权发送的；②发件人的信息系统自动发送的；③收件人按照发件人认可的方法对数据电文进行验证后结果相符的。当事人对前款规定的事项另有约定的，从其约定。

6. 数据电文的收讫和接收时间

《电子签名法》规定，法律、行政法规规定或者当事人约定数据电文需要确认收讫的，应当确认收讫。发件人收到收件人的收讫确认时，数据电文视为已经收到。

《电子签名法》规定，数据电文进入发件人控制之外的某个信息系统的时间，视为该数据电文的发送时间。收件人指定特定系统接收数据电文的，数据电文进入该特定系统的时间，视为该数据电文的接收时间；未指定特定系统的，数据电文进入收件人的任何系统的首次时间，视为该数据电文的接收时间。当事人对数据电文的发送时间、接收时间另有约定的，从其约定。

《民法典》规定，以非对话方式（数据电子为非对话方式）作出的意思表示，到达相对人时生效。以非对话方式作出的采用数据电文形式的意思表示，相对人指定特定系统接收数据电文的，该数据电文进入该特定系统时生效；未指定特定系统的，相对人知道或者应当知道该数据电文进入其系统时生效。当事人对采用数据电文形式的意思表示的生效时间另有约定的，按照其约定。

7. 数据电文的发送地点

《电子签名法》规定，发件人的主营业地为数据电文的发送地点，收件人的主营业地为数据电文的接收地点。没有主营业地的，其经常居住地为发送或者接收地点。当事人对数据电文的发送地点、接收地点另有约定的，从其约定。

10.4.5 电子签名相关规定

1. 电子签名及相关概念的含义

签名是一种特殊的仪式，标志着对某些（项）内容的认可。传统的签名带有一定的神秘色彩。签名是指在文件上亲笔署名或者画押。传统签名的基本功能包括来源功能、约束功能和责任功能。

电子签名是指数据电文中以电子形式所含、所附用于识别签名人身份并表明签名人认可其中内容的数据。

《电子签名法》对电子签名人、电子签名人依赖方、电子签名认证证书、电子签名制作数据和电子签名验证数据等用法进行了规定。电子签名人是指持有电子签名制作数据并以本人身份或者以其所代表人的名义实施电子签名的人。电子签名依赖方，是指基于对电子签名认证证书或者电子签名的信赖从事有关活动的人。电子签名认证证书是指可证实电子签名人与电子签名制作数据有联系的数据电文或者其他电子记录。电子签名制作数据，是指在电子签名过程中使用的，将电子签名与电子签名人可靠地联系起来的字符、编码等数据。电子签名验证数据，是指用于验证电子签名的数据，包括代码、口令、算法或者公钥等。

2. 电子签名的特征和功能

（1）电子签名法律的特征。

第一，电子签名是以电子形式出现的数据；第二，电子签名附着于数据电文；第三，电子签名必须能够用于识别签名人身份，并表明签名人认可与电子签名相联系的数据电文的内容。

（2）电子签名的功能。

第一，证明文件的来源，识别签名人；第二，表明签名人对文件的确认；第三，构成签名人对文件内容正确性和完整性负责的依据。

3. 电子签名的法律效力

电子签名的法律效力，是指具备法律规定条件的电子签名与传统的签名具有同等的法律效力。

《电子签名法》规定，电子签名同时符合下列条件的，视为可靠的电子签名：①电子签名制作数据用于电子签名时，属于电子签名人专有；②签署时电子签名制作数据仅由电子签名人控制；③签署后对电子签名的任何改动能够被发现；④签署后对数据电文内容和形式的任何改动能够被发现。当事人也可以选择使用符合其约定的可靠条件的电子签名。上述规定可以概括为，可靠的电子签名应具备专有性、控制性、防篡改性和防改动性。

《电子签名法》规定，只有可靠的电子签名才与手写签名或者盖章具有同等的法律效力。

> **实际案例 10-9**　案例：刘某诉陈某借款合同纠纷案——网络借贷中电子签名的效力[1]
>
> 基本案情：原告被告通过第三方支付平台支付宝应用中的合同服务，以电子合同方式签订个人借款合同向原告借款 15 000 元，约定借款期限从 2016 年 4 月 30 日起至 2016 年 5 月 7 日止，若被告逾期还款，则每天按逾期部分的万分之二计收逾期利息。2016 年 5 月 1 日，双方再次签订个人借款合同补充协议，约定在 4 月 30 日借款外，被告陈某再向原告借款 1 500 元，并于同年 5 月 8 日前偿还。原告以支付宝转账方式向被告支付借款共 16 100 元后，被告至起诉之日未偿还借款本息。
>
> 原告诉请：诉请被告偿还借款本金及利息。
>
> 法院判决：法院认为，原告刘某与被告陈某签订借款合同及其补充协议，双方

---

[1] 参见（2016）浙 0326 民初 4924 号判决书。

存在借贷合意，借款事实清楚、证据充分。法院认为，借款金额应当以实际给付金额为准，本案中双方虽然在借款合同及补充协议中约定的借款金额合计为 16 500 元，但原告实际交付的金额为 16 100 元，且原告在庭审中自认预扣了 400 元利息。故认定本案借款本金为 16 100 元，对预扣的借款本金不予认定。双方在借款合同中约定逾期利息按日万分之二计收，即月利率 0.6%，未超过法律强制性规定。应按双方书面约定计收利息。法院判决被告陈菲于本判决生效后 10 日内偿还原告刘健借款本金 16 100 元及利息（以未还本金为基数，从 2016 年 8 月 2 日起按月利率 0.6% 计算至实际偿还之日止）。

典型意义：网络借贷纠纷中，由于电子证据举证难、认定难等特点，应适当减轻举证方举证责任或加强电子证据的采信力度。如果被告未提出抗辩或提供相应证据，综合关联证据加以印证以及根据证据的高度盖然性原理，应推定该电子证据具有法律效力。根据传统的司法证据理论及我国现行的民事诉讼相关规定，电子证据作为法定证据形式的一种，必须具备客观性、关联性、合法性才能作为定案依据。除采集方式有所不同外，电子证据的关联性与合法性与普通证据并无实质不同。本案中，检验报告对双方签订的个人借款合同及补充协议作出了系原始文件的鉴定结论，电子合同与纸质合同的性质在表现形式上有所差异，但新的数据传输形式与传统合同法的矛盾在国际操作上却有章可循。联合国国际贸易法委员会在电子商务示范法中提出了功能等同的概念，即无论法律行为的载体是纸面的还是电子数据的，只要拥有其基本功能，就应当视为符合法律对书面形式的要求。[1]

4. 电子签名人的注意义务及违反注意义务的赔偿责任

《电子签名法》规定，电子签名人应当妥善保管电子签名制作数据。电子签名人知悉电子签名制作数据已经失密或者可能已经失密时，应当及时告知有关各方，并终止使用该电子签名制作数据。电子签名人知悉电子签名制作数据已经失密或者可能已经失密未及时告知有关各方、并终止使用电子签名制作数据，未向电子认证服务提供者提供真实、完整和准确的信息，或者有其他过错给电子签名依赖方、电子认证服务提供者造成损失的，承担赔偿责任。

10.4.6 电子签名认证相关规定

1. 电子签名认证产生原因及基本法律规定

传统的签名与其载体书面文件是不可分离的，但是电子交易时代，"书面"与"签名"是分离的，因而导致绝大多数对方当事人无法依靠自己技术来判定这种签名的真伪。因此交易当事人需要由各方都信赖的第三方证明电子签名人的身份，该项行为称为认证。

---

[1] 参见郑永建，毛振淼. 网络借贷中电子签名的效力 [J]. 人民司法，2018, 0（17）：47-48.

由国务院颁布，自 2003 年 11 月 1 日起施行、并经 2016 年 2 月 6 日和 2020 年 11 月 29 日两次修订的《中华人民共和国认证认可条例》（以下简称《认证认可条例》）是我国认证基本法律。《认证认可条例》规定，所谓认证是指由认证机构证明产品、服务、管理体系符合相关技术规范、相关技术规范的强制性要求或者标准的合格评定活动。由中华人民共和国工业和信息化部颁布，自 2009 年 3 月 31 日起施行，并经 2015 年 4 月 29 日修订的《电子认证服务管理办法》是专门规范电子认证的部门规章。

2010 年 3 月 25 日中国人民银行发布了《中国人民银行信息系统电子认证应用指引》，对电子认证应用类型、应用模式和应用实现策略及流程进行了规定。

2. 电子签名的第三方认证

（1）电子签名的第三方认证主体。

《电子签名法》规定，电子签名需要第三方认证的，由依法设立的电子认证服务提供者提供认证服务。

从事电子认证服务，应当向国务院信息产业主管部门提出申请，后者接到申请后经依法审查，予以许可的，颁发电子认证许可证书。取得认证资格的电子认证服务提供者，应当按照国务院信息产业主管部门的规定在互联网上公布其名称、许可证号等信息。

电子认证服务提供者应当制定、公布符合国家有关规定的电子认证业务规则，并向国务院信息产业主管部门备案。电子认证业务规则应当包括责任范围、作业操作规范和信息安全保障措施等事项。

（2）电子签名人的申请和电子认证服务提供者的审查。

《电子签名法》规定，电子签名人向电子认证服务提供者申请电子签名认证证书，应当提供真实、完整和准确的信息。电子认证服务提供者收到电子签名认证证书申请后，应当对申请人的身份进行查验，并对有关材料进行审查。

（3）电子签名认证证书的内容。

《电子签名法》规定，电子认证服务提供者签发的电子签名认证证书应当准确无误，并应当载明下列内容：第一，电子认证服务提供者名称；第二，证书持有人名称；第三，证书序列号；第四，证书有效期；第五，证书持有人的电子签名验证数据；第六，电子认证服务提供者的电子签名；第七，国务院信息产业主管部门规定的其他内容。

（4）电子认证服务提供者对电子签名认证证书内容的保证义务及赔偿责任。

《电子签名法》规定，电子认证服务提供者应当保证电子签名认证证书内容在有效期内完整、准确，并保证电子签名依赖方能够证实或者了解电子签名认证证书所载内容及其他有关事项。

《电子签名法》规定，电子签名人或者电子签名依赖方因依据电子认证服务提供者提供的电子签名认证服务从事民事活动遭受损失，电子认证服务提供者不能证明自己无过错的，承担赔偿责任。该项规定，电子认证服务提供者承担过错推定责任。

《电子签名法》规定，电子认证服务提供者应当妥善保存与认证相关的信息，信息保存期限至少为电子签名认证证书失效后五年。

本章小结

1. 电子商务法的发展概况。电子商务自20世纪90年代中期兴起，世界范围内关于电子商务的立法出现了两次热潮。第一次发生在1997年至2021年；21世纪第一个十年的中后期，电子商务立法第二次热潮逐渐显现。我国电子商务立法与世界电子商务立法走过了同样的历程，2004年8月28日颁布了《中华人民共和国电子签名法》，自2005年4月1日起施行，并于2015年、2019年两次修正。2018年8月31日颁布了《中华人民共和国电子商务法》，自2019年1月1日起施行。

2. 电子商务主体制度基本规定。《电子商务法》第一条使用"电子商务各方主体"用词，并在具体条文中使用"电子商务经营者""电子商务平台经营者"和"平台内经营者"。《电子签名法》第一条使用"有关各方的合法权益"用词，并在具体条文中使用"电子签名人""电子签名依赖方"和"电子认证服务提供者"。电子商务经营者，指通过互联网等信息网络从事商品销售或者提供服务的经营活动的自然人、法人和非法人组织，包括三种情形：①电子商务平台经营者；②平台内经营者；③通过自建网站、其他网络服务销售商品或者提供服务的电子商务经营者。电子商务经营者市场主体登记。具体包括：营利法人的登记、非法人组织的登记、行政许可和例外情况。

3. 电子商务经营者的义务。第一，依法履行纳税义务，并依法享受税收优惠。第二，销售的商品或者提供的服务应当符合保障人身、财产安全的要求和环境保护要求。第三，销售商品或者提供服务应当依法出具纸质发票或者电子发票等购货凭证或者服务单据。第四，信息公示义务。第五，保障消费者知情权和选择权的义务。第六，向消费者提供搜索结果和发送广告时的义务。第七，进行搭售时应当履行的义务。第八，交付义务与风险规则。第九，退还押金的义务。第十，不得滥用市场支配地位的义务。第十一，用户处置自身信息时电子商务经营者的义务。第十二，实现消费者收到商品之日起七日内主张无理由退货的义务。第十三，向主管机关提供信息的义务及主管机关采取措施保障安全和保密的义务。第十四，合法从事跨境电子商务的义务。

4. 电子商务平台经营者的特殊义务。第一，形式审查。第二，协助监管。第三，对违法经营的处置和报告。第四，网络交易系统安全保障。第五，交易信息保存。第六，制定平台服务协议、交易规则要求。第七，禁止对平台内经营者进行不合理限制、附加不合理条件，收取不合理费用。第八，对平台内经营者违反法律、法规的行为处置。第九，明示自营业务。第十，承担安全保障义务的民事责任。第十一，建立健全信用评价制度。第十二，搜索结果显示义务和竞价排名的提示义务。第十三，保护知识产权义务及相关权利人权利保护。第十四，电子商务平台经营者经营业务范围及限制。

5. 电子商务合同的特征。从订立形式上看，电子商务合同使用电子信息技术手段。从记载载体上看，电子商务合同的载体是磁介质，即数据电文。从本质上看，电子商务合同没有改变合同的实质。因此，电子商务合同仍然需要适用《民法典》关于合同的规定。

6. 电子商务合同的订立与成立。电子商务经营者发布的商品或者服务信息符合要约条件的，用户选择该商品或者服务并提交订单成功，合同成立。当事人另有约定的，从其约定。电子商务经营者不得以格式条款等方式约定消费者支付价款后合同不成立，格式条款等含有该内容的，其内容无效。电子商务经营者应当清晰、全面、明确地告知用户订立合同的步骤、注意事项和下载方法等事项，并保证用户能够便利、完整地阅览和下载。电子商务经营者应当保证用户在提交订单前可以更正输入的错误。

7. 电子商务合同的交付时间。通过互联网等信息网络订立的电子合同的标的为交付商品并采用快递物流方式交付的，收货人的签收时间为交付时间。电子合同的标的为提供服务的，生成的电子凭证或者实物凭证中载明的时间为提供服务时间，前述凭证没有载明时间或者载明时间与实际提供服务时间不一致的，以实际提供服务的时间为准。电子合同的标的物为采用在线传输方式交付的，合同标的物进入对方当事人指定的特定系统且能够检索识别的时间为交付时间。电子合同当事人对交付商品或者提供服务的方式、时间另有约定的，按照其约定。

8. 数据电文。电子签名是指数据电文中以电子形式所含、所附用于识别签名人身份并表明签名人认可其中内容的数据。数据电文视为书面形式；符合条件的数据电文视为满足原件形式要求；符合的数据电文，视为满足文件保存要求。

9. 电子签名与认证制度。电子签名是指数据电文中以电子形式所含、所附用于识别签名人身份并表明签名人认可其中内容的数据。《电子签名法》对电子签名人、电子签名人依赖方、电子签名认证证书、电子签名制作数据和电子签名验证数据等用法进行了规定。电子签名认证制度，主要包括对电子签名第三方认证主体的要求，电子签名人的申请和电子认证服务提供者的审查，电子签名认证证书的内容，电子认证服务提供者对电子签名认证证书内容的保证义务及赔偿责任等。

课后习题

1. 试着概括世界及我国电子商务法发展历程。
2. 该历程体现出电子商务法的什么特点？
3. 电子商务经营者有哪些类型？成为电子商务经营者的条件是什么？
4. 电子商务经营者的义务有哪些？
5. 请尝试检索更多电子商务经营者不正当竞争的案例。
6. 电子商务经营者的特殊义务有哪些？
7. 电子商务合同的特征有哪些？
8. 使用自动信息系统订立或者履行合同的效力如何？
9. 试着概括数据电文、电子签名及认证的相关规定。

章后案例

案例：同业竞争者恶意投诉案——知识产权恶意投诉的认定[1]

基本案情：嘉某宝公司于2016年12月9日在淘宝天猫平台开设了"嘉某宝旗舰店"的店铺，赵某某、多某斯公司、欧某雅公司也分别在淘宝天猫平台开设店铺，以上四个店铺均从事地毯销售，且线下经营地点位于同一地区。自2019年6月起，赵某某借用徐某某的身份证，分别利用赵某某、多某斯公司以及欧某雅公司的淘宝店铺销售地毯的订单记录以及该三家店铺出具的包含虚假内容的《声明函》，并伪造了签有徐某某名字的授权委托书等材料，由多某斯公司法定代表人赵某某委托熟悉淘宝网络业务的邓某某，通过使用前述资料办理了涉案三幅地毯图形的版权登记手续，以著作权侵权为由在阿里巴巴知识产权保护平台向"嘉某宝旗舰店"的三款热销商品先后发起五次投诉，导致部分商品链接被删除。

原告诉请：判令五被告赔偿原告因商品链接被删除造成的经济损失计人民币200万元及合理费用人民币5万元；判令第三人不再受理被告针对原告的任何知识产权投诉；判令五被告承担本案全部诉讼费用。

法院判决：人民法院经审理认为，赵某某、多某斯公司共谋，恶意利用阿里巴巴知识产权保护平台规则进行投诉致嘉某宝公司商品链接被删除的行为，构成对嘉瑞宝公司的不正当竞争，判决赵某某、多某斯公司、欧某雅公司、邓某某赔偿嘉某宝公司经济损失共计35万元。

典型意义：本案系因通知错误造成平台内经营者损害引发的纠纷。本案从投诉行为主体、权利凭证、收到原告律师函后拒不撤回投诉等行为，综合判定被告通知错误，且主观上具有过错。财产损失方面，本案考虑了网络店铺因平台处罚产生的访问流量流失、用户黏性减弱、搜索降级等无形资产损失，以及为恢复原状产生的支出等因素。此外，也需要考虑到因网店经营期间能否产生利润，受到交易价格、交易对象等众多因素影响，利润损失并不具有确定性和可预见性。[2]

思考题

1. 电子商务法应如何规制经营者间恶意投诉？应如何事前防范？
2. 电子商务法现行规制手段是否存在问题？
3. 请阅读《中华人民共和国电子商务法》，并思考有何启发？
4. 电子商务中当事人应如何更好地保护自身权益？

---

[1] 参见（2019）津0116民初5880号判决书。
[2] 参见"北京大学电子商务法研究中心发布《电子商务法》三周年影响力报告及十大电商案例"（http://finance.people.com.cn/n1/2021/0903/c1004-32216657.html）。

第四篇 新科技革命与电子商务

- **11** 大数据
- **12** 人工智能
- **13** 区块链
- **14** 云计算与物联网

11 大数据

学习目标

- ✓ 理解大数据的相关概念
- ✓ 掌握大数据分析的相关技术
- ✓ 掌握电子商务中大数据的应用
- ✓ 了解大数据的未来发展趋势

先导案例

爱奇艺——大数据技术与娱乐艺术的两位一体性[1]

网络视频行业的领军企业——爱奇艺，一直致力于通过技术创新和内容创意，让人们平等便捷地获得更多、更好的视频。目前，爱奇艺已经构建起涵盖电影、电视剧、综艺节目、动漫、纪录片等十余种类型正版视频的内容库，并积极推动中国视频行业产品、技术、内容、营销等全方位创新，构建起全球首个视频大脑，为用户提供丰富、高清、流畅的优质视频，并且在版权运营、影视制作等领域都建立起领跑优势。

2010年才刚刚起步的爱奇艺通过其技术与艺术融合的双螺旋基因，在激烈的市场竞争中快速赶超一众老牌视频网站，成为中国最大的综合视频服务平台，并在用户覆盖和观看时长等多项核心指标上领跑行业。爱奇艺得以快速实现核心数据和用户口碑领跑业界的一个重要原因在于，自成立伊始，它就一直将自己定位为一家有强大媒体基因的科技公司。科技公司的定位使得爱奇艺在技术研发上大力投入，并获得了远高同业的价值回报。如今，在内容制作、版权采买、营销推广等众多核心业务环节，大数据都成为爱奇艺重要的决策参考。

要获得实时的受众娱乐数据，互联网是一个捷径。通过与百度数据的无缝对接，爱奇艺获得了视频同业难以比拟的独特大数据资源，在了解用户视频娱乐需求的同时，还能够充分了解用户其他方面需求。产生、存储、挖掘、整合应用海量数据，爱奇艺以此展现出巨大的用户服务价值和商业价值，其个性化推荐、绿镜、一搜百映、流景预估等众多专利技术每天都在为用户、制片方、广告主提供与之相关的大数据服务，并为爱奇艺内容制作提供重要决策参考。

当前，爱奇艺数据库中包含数十万条明星关系、数以千万星级视频数据，以及每月五亿用户数的十亿条行为数据。这些数据今包含着"人与人""人与视频""视频与视频"间错综复杂的关系。爱奇艺正着力挖掘这些关系中的有效数据，构建全球最大数据量的视频知识图谱，向用户提供定制化的、更精准的搜索推荐结果。

与此同时，爱奇艺还是世界上最大的云计算应用平台之一，其与Akamai、网宿等全球最大的云计算服务及内容分发网络（CDN）供应商深度合作，服务全球视频用户。而其由CDN网络与全球最大P2P网络融合研发的全球独家高效HCDN架构，则在保证用户高清流畅在线播放视频的同时，也支撑起了爱奇艺各端大数据运算及技术研发高效运转。

传统互联网在很长的时间内一直是电子商务发展的重要基石。然而随着信息技术的进一步展开，越来越多的新科技开始进入电子商务领域。从爱奇艺的业务开展当中，可以清晰看到大数据及相关技术的价值。充分认识大数据及相关分析技术的作用，将会对今后电子商务的开展提供更强的支撑。

---

[1] 曾羽. 大数据创造商业价值案例分析 [M]. 成都：电子科技大学出版社，2017.

11.1 大数据的定义与特征

信息技术的出现为数据处理提供了自动化的方法和手段,推动数据(信息)成为继物质、能源之后的第三大战略资源。大数据作为信息技术及其普适应用发展到一定阶段的"自然现象",源于互联网及其延伸所带来的无处不在的信息技术应用以及信息技术的不断低成本化。

当下,大数据正在成为一股热潮,世界各国都在加快大数据战略布局,以抢占新一轮科技革命的制高点。大数据在商业、通信、物流、健康医疗、公共交通和能源等众多行业领域得到了大范围的应用,并取得了巨大的成功。在电子商务领域,大数据技术可以用于定向投放广告和智能推荐;在金融领域,企业可以应用大数据技术来做基于客户行为分析的大数据营销和供应链管理;在医疗领域,医生可以对患者诊疗和治疗过程中产生的数据进行分析,为医疗决策提供重要的辅助依据,为患者提供个性化健康医疗服务;在交通领域,可以基于城市实时交通信息优化交通情况;在电力、石油、燃气等能源领域,可以通过大数据的综合采集、处理和分析,促进能源生产、消费及相关技术革命与大数据理念的深度融合,将加速推进能源行业发展及商业模式创新。

2016 年 12 月,麦肯锡全球研究院(MGI)发表了题为《分析的时代:在大数据的世界竞争》(*The Age of Analytics: Competing in a Data-Driven World*)的报告。该报告指出近年来数据量呈指数型增长,更复杂的算法被提出,计算机的储存能力也得到提升,伴随着技术日新月异的变化,商业模式也受到颠覆式影响。大数据正在被商业化,这些来自网络、手机、传感器、支付系统等多途径的数据逐渐形成了一项庞大的资产,拥有巨大的潜在价值。

实际案例 11-1　阿里巴巴:大数据为商业赋能

2014 年,阿里巴巴意识到"人类正从 IT 时代走向 DT 时代",IT 时代是以自我控制、自我管理为主,而 DT(Data Technology)时代是以服务大众、激发生产力为主。阿里巴巴的策略是让大数据、云计算成为中国商业的基础设施。2015 年"双 11",阿里创下 912 亿元交易额的新纪录,背后支撑的就是大数据与云计算。阿里云总裁胡晓明介绍说,"双 11"期间,阿里把淘宝、天猫核心交易链条和支付宝核心支付链条的部分流量,直接切换到阿里云的公共云计算平台上,通过将公共云和专有云无缝连接的模式,全面支撑"双 11"。阿里因此成为首个将核心交易系统放在云上的企业,阿里云也成为全球第一家有能力支撑核心交易系统的云服务商。正是因此,系统有效地应对了"双 11"当天 14 万笔/秒的交易创建峰值、8.59 万笔/秒的支付峰值。

11.1.1 大数据的定义

1980年，在著名未来学家 Alvin Toffler 出版的《第三次浪潮》一书中，将"大数据"赞颂为"第三次浪潮的华彩乐章"。1997年，美国国家航空航天局（NASA）的研究人员 Michel Cox、David Ellsworth 使用"大数据"一词来描述超级计算机在实验中生成的"巨大的对主机内存、磁盘等带来挑战"的信息数据量。1998年，刊发于国际著名学术期刊 Science 的《大数据的处理程序》（*A Handler for Big Data*）一文中使用了"大数据"（Big Data）一词。2008年9月，Nature 专门设立 Big Data 专刊。之后，随着互联网的快速发展，数据呈现爆炸式增长，"大数据"开始引起人们的注意。

如今，对大数据的定义众说纷纭。起初，大数据泛指无法在可容忍的时间内用传统信息技术和软硬件工具对其进行采集、存储、处理和分析的巨量数据集合。随着信息技术的进一步发展，大数据又被赋予了新的内涵。美国信息技术研究分析公司 Gartner 认为，大数据指的是速度快、容量大、多样化的信息资产，它们需低成本、高效率以及全新的处理方式，从而增强洞察力与决策自动化。中国工业和信息化部电信研究院在其公布的《大数据白皮书（2014）》中对大数据的定义如下：大数据是具有体量大、结构多样、时效强等特征的数据；处理大数据需采用新型计算架构和智能算法等新技术；大数据的应用强调以新的理念应用于辅助决策、发现新的知识，更强调在线闭环的业务流程优化。

从宏观的角度看，融合信息空间、物理世界以及人类社会的枢纽就是大数据技术；从信息产业的角度看，大数据能够推动信息技术产业的发展；从社会经济的角度看，大数据可视为第二经济的关键支撑以及核心内涵。

11.1.2 大数据的特征

大数据表现出了五个方面的基本特征，可以用5个"V"来概括。

1. 数据规模巨大（Volume）

大体量是大数据区分于传统数据最显著的特征。通常来说，大数据的起始计量单位至少是 PB（1 024 TB）、EB（1 024^2 TB）乃至 ZB（1 024^3 TB）。非结构化数据规模超大，且其增长比结构化数据增长快10倍到50倍。如百度首页一天所提供的数据就高达 1.5 PB，Google 公司每天要处理超过 24 PB 的数据，Twitter 上每天都会发布超过4亿条微博。

2. 数据种类和来源多样化（Variety）

大数据具有多样性的特点，其格式与形态较传统数据相比更具多样性。传统的数据大多数是以二维表的形式存储的结构化数据。大数据的类型已不再是单一的文本形式或结构化数据库中的表，还包括半结构化和非结构化数据，如网络日志、微博、音频、视频和图片等新兴的数据形式，具有异构性和多样性的特点。相比于传统数据而言，这些非结构化的数据也对数据处理能力提出了更高的要求。

3. 数据增长速度快（Velocity）

数据产生速度快，有的数据是爆发式产生，如点击流、日志、GPS 位置信息等。而且大数据处理速度也需要快，时效性要求高，需要实时分析而非批量式分析，如很多传感器的数据在产生几秒之后就失去意义了。这也是大数据分析区分于传统数据挖掘最显著的特征。

4. 数据准确度可靠性（Veracity）

大数据中的内容与真实世界中的发生息息相关，整体可靠性很高，但是具有一定的二分性，即单纯地分析某一部分数据时，可能存在可靠性很低的情况。所以，在进行数据处理分析时，一定要保证数据的准确性和可信赖度。

5. 数据价值密度低（Value）

大数据规模巨大，具有一些值得挖掘的深度价值，如果能够对其加以挖掘和利用，就能够对社会经济产生巨大的推动作用。一般来说，价值密度的高低常常与数据总量的大小成反比，因此如何迅速地完成数据价值的"提纯"成为目前大数据背景下亟待使用者解决的难题。

11.2 大数据分析相关技术

简单来说，从大数据的生命周期来看，大数据采集、大数据预处理、大数据存储与管理、大数据分析与挖掘，共同组成了大数据生命周期里最核心的技术。

11.2.1 大数据采集技术

大数据时代背景下，如何从大数据中采集有用的信息已经成为影响大数据发展的关键因素之一。数据采集主要是指由 RFID 射频数据、传感器数据、社交网络交互数据以及移动互联网数据等方式获得各种类型的结构化、半结构化及非结构化的海量数据，是大数据知识服务模型的根本。

而电子商务数据主要分为由文字、数值组成的文本类型数据和包括图片、视频等在内的多媒体数据。因此，对电子商务数据的采集可以参考文本数据和多媒体数据的采集方法。

1. HTML 网页文本、图片数据采集

获取网页内容是电商数据采集最基本的操作，以对电子商务平台网站数据的获取为主要渠道。获取电子商务数据可以通过分析电子商务平台网页结构、定位数据位置、提取数据标签、编写爬虫程序、使用爬虫和一定的数据预处理来进行。电子商务网站种类繁多，网页结构多变，采用动态加载的方式，对采集的数据要求较高，数据分类较细这些特点都导致了其采集难度比一般的网站大。

2. JSON 或 XML 页面文本、图片数据采集

尽管可以通过网络爬虫及其改进技术实现电子商务平台数据的采集，但网络爬虫获取的往往是整个页面的数据，缺乏针对性。另外，仅用爬虫从社会化媒体网站（如微博）上批量获取电子商务相关数据的难度较大。调用网站自身提供的 API 可以很好地解决数据缺乏针对性的问题，很多社会化媒体网站推出了开放平台，允许用户申请平台数据的采集权限，并提供相应的 API 接口以采集数据。

开放认证（OAuth）协议不需要提供用户名和密码来采集用户数据，它给第三应用提供一个令牌，每一个令牌授权对应特定的网站（如社交网站），并且能在令牌规定的时间范围内访问特定的资源。在获得授权的情况下，第三方程序通过这些 API 直接获取网络数据，这些数据通常以 JSON 或 XML 的格式呈现，有清晰的数据结构，非常便于通过程序直接进行数据抽取。

11.2.2 大数据预处理技术

数据预处理是数据分析与挖掘前的准备工作，是数据分析与挖掘中必不可少的关键一步。一方面要保证挖掘数据的正确性和有效性；另一方面，通过对数据格式和内容的调整，使数据更符合分析与挖掘的需要。大数据预处理技术就是要完成对已接收数据的辨析、抽取、清理等操作。这些数据处理技术在数据分析与挖掘之前使用，能够有效提高数据分析的质量和效率。

1. 数据清理

数据清理是发现并纠正数据文件中可识别错误的一道程序，其目的在于格式标准化、异常数据清除、错误纠正、重复数据的清除。常见的清理对象有缺失值和异常值。

（1）缺失值。由于采集缺失、数据存储失败、有意隐瞒等多种原因，数据往往会出现缺失。对待缺失值，可以删除包含有缺失值的元组或属性，但这样会导致样本不足或者特征数不够，一般不建议采取此种做法。对缺失值的处理原则是用最可能的值代替缺失值，使缺失值与其他数值之间的关系保持最紧密。填充缺失值的常用办法有：人工填充缺失值（适用于数据集小，缺失值少的情况）、使用一个全局常量填充缺失值，如 0 或者 "NULL" 等、使用属性的中心度量（如均值或中位数）填充缺失值。

（2）异常值。异常值是数据集中偏离大部分数据的数据。从数值上表现为数据集中与平均值的偏差超过两倍标准差的数据，其中与平均值的偏差超过三倍标准差的数据称为高度异常的异常值。总的来说，对异常值的处理方式有：直接删除、用均值或其他统计量取代、视为缺失值处理。直接删除虽然简单易行，但在数据量少的情况下可能会造成样本量不足的情况，也会有造成统计模型不够稳定的可能性。

2. 数据集成

数据集成是将来自多个数据源的数据合并在一起，形成一致的数据存储，如将不同数据库中的数据集成到一个数据仓库中存储。数据集成主要涉及冗余处理和冲突数据检测和处理。良好的集成有助

于减少数据集的冗余和不一致。

数据冗余是指数据属性过多，且其中部分属性可以相互代替或推导得出，对于冗余数据需要分析检测后将其删除。冗余处理的主要方法是相关性分析。

对于冲突数据检测与处理，主要原因在于数据集成时会将一个数库的属性与另一个数据库匹配，此时要考虑数据的结构，保原系统中的属性数依赖和参照约束与目标系统中的匹配。例如，重量属性可能在一个系统中以公制单位存放，而在另一个系统中以英制单位存放。

3. 数据变换

数据变换是指通过平滑聚集、数据概化、规范化等方式将数据转换成适用于数据分析与挖掘的形式。数据变换大多采用线性或非线性的数学变换方法将多维数据压缩成较少维数的数据，消除它们在时间、空间、属性及精度等特征表现方面的差异。一般有以下三种常见的数据规范化方法。

（1）重缩放/归一化（rescaling）：通常是指增加或者减少一个常数，然后乘以或者除以一个常数，来改变数据的衡量单位，如将温度的衡量单位从摄氏度转化为华氏度。

（2）正则化（normalization）：通常是指除以向量的范数。在神经网络中，"正则化"通常是指将向量的范围重缩放至最小化或者一定范围，使所有的元素都在 [0, 1] 范围内。通常用于文本分类或者文本聚类中。

（3）标准化（standardization）：通常是为了消除不同属性或样本间的不齐性，使同样本内的不同属性间或同一属性在不同样本内的方差减小。例如，如果一个向量包含高斯分布的随机值，可以通过减去均值后除以标准偏差，然后获得零均值单位方差的"标准正态"随机变量。

规范化数据试图赋予所有属性相等的权重。对于涉及神经网络的分类算法或基于距离度量的分类（如最近邻分类）和聚类，规范化特别有用。如果使用神经网络后向传播算法进行分类挖掘，则对训练元组中每个属性的输入值进行规范化，将有助于加快学习阶段的速度。对于基于距离的方法，规范化可以防止具有较大初始值域的属性与具有较小初始值域的属性相比权重过大的问题。在没有数据的先验估计时，规范化也很有价值。

4. 数据归约

数据归约技术可以用来得到数据集的归约表示，降低数据规模，但可以几乎保持原数据的完整性，产生同样或接近的分析结果。策略包括维归约、数量归约和数据压缩。

（1）维归约（dimensionality reduction）是减少所考虑的随机变量或属性的个数，方法包括小波变换、主成分分析，把原数据变换或投影到较小的空间。属性子集选择也是一种维归约方法，不相关、弱相关或冗余的属性或维度将被检测和删除。

（2）数量归约（numerosity reduction）是用替代的、较小的数据表示形式替换原始数据，包括参数方法和非参数方法。参数方法使用模型估计数据，使得只需要存放模型参数而不是实际数据，如回归和对数-线性模型。非参数方法则包括直方图聚类、抽样和数据立方体聚集。

（3）数据压缩（data compression）是使用变换的方法，以便得到原数据的归约或压缩表示。如果原数据能够从压缩后的数据重构，而不损失信息，则该数据归约称为无损方法，如果只能近似重构原数据，则该数据归约称为有损方法。

为了完成数据挖掘或数据分析的任务，将近 60% 的时间都将花在数据的预处理上，所以尽管已经有很多数据预处理的方法，由于不一致性或"脏"数据的数量巨大以及问题本身的复杂性，数据预处理仍然是一个活跃的研究领域。

11.2.3 大数据存储与管理技术

大数据存储与管理就是要用存储器把采集的数据存储起来，建立相应的数据库并进行管理和调用。由于从多渠道获得的数据缺乏一致性，数据结构复杂，数据量增长迅速，加之存储器内存容量、硬盘容量、存储速度等物理上的限制，导致我们经常需要在硬件限制和性能之间做取舍，因此大数据存储与管理技术对整个大数据系统都至关重要。数据存储与管理的好坏直接影响了整个大数据系统的性能表现。在大数据存储和管理发展的过程中，出现了几种较为有效的存储和管理大数据的方式。

1. 关系型数据库存储

关系型数据库是指采用关系模型来组织数据的数据库。通过关系型数据库管理软件，可以很方便地存储和处理数据。常用的关系型数据库有 Access、Oracle、MySQL 和 SQL Server 等。

关系型数据库的一个主要作用是构建 OLTP 系统。我们常见的信息化系统背后大多都由关系型数据库支撑。但是 OLTP 除外，关系型数据库也可以用作构建 OLAP，即数据分析平台，采集并汇总存储各种来源的数据，并实现分析挖掘功能。

技术成熟、广泛使用的关系型数据库多为单机使用，受到单个计算机 CPU、内存和硬盘的限制。在存储和计算上难以满足海量数据的需求（如互联网业务海量行为日志分析），不过因其发展相对成熟，系统维护相对容易，系统成本非常低廉，成为大多数用户的第一选择。

2. 分布式存储

随着互联网的发展，尤其是用户行为数据的爆发式增长，传统的单机数据库已经难以满足数据存储和处理的需要。因此，分布式存储技术应运而生。

分布式存储系统是将数据分散存储在多台独立的设备上。分布式网络存储系统采用可扩展的系统结构，利用多台存储服务器分担存储负荷，利用位置服务器定位存储信息，它不但提高了系统的可靠性、可用性和存取效率，还易于扩展。

> **实际案例 11-2** Hadoop 分布式文件系统

典型的、应用最为广泛的分布式存储系统就是 Hadoop 分布式文件系统（HDFS）。HDFS 是设计运行在通用硬件上的分布式文件系统，适合于大数据的读写，在设计上考虑了系统的容错性。

HDFS 的架构包含了 3 个基本组成部分。客户端（Client）：访问 HDFS 系统的客户端。名称节点（NameNode）：HDFS 系统的管理者，保存了元数据。数据节点（Datanode）：数据的实际存储者，执行数据的读写操作；一份数据默认会备份在 3 个数据节点上，防止机器故障时数据丢失。

3. 云存储

云存储是指通过集群化、虚拟化技术，将网络存储中大量不同类型、不同规格存储进行集群统一虚拟化整合管理，共同对外提供数据存储和业务访问功能的一个系统，目的是保证数据的安全性，并节约存储空间。使用者可以在任何时间、任何地方，透过任何可连网的装置连接到云上方便地存取数据。同时，云存储能够完好地支持非结构化数据存储，通过智能化的处理方式，非结构化数据存储效率也得到了大幅度的提升。

11.2.4 大数据分析与挖掘技术

大数据分析与挖掘技术是指对规模巨大的数据进行分析，主要包括以下四种方法。

1. 可视化分析

不管是对数据分析师还是普通用户，对于大数据分析最基本的要求就是可视化分析，因为可视化分析能够直观地呈现大数据特点，同时能够非常容易被用户所接受，就如同看图说话一样简单明了。可视化可以直观地展示数据，让数据自己说话，让观众看到和听到结果。数据可视化是数据分析工具最基本的要求。

2. 数据挖掘算法

大数据分析的理论核心就是数据挖掘算法，数据挖掘是指从数据库的大量数据中揭示出隐含的、先前未知的并有潜在价值的信息的非平凡过程。数据挖掘算法多种多样，且不同算法因基于不同的数据类型和格式，会呈现出不同的数据特点。

根据挖掘方法可将这些算法粗分为：统计方法、数据库方法、机器学习方法和神经网络方法等。统计方法包括回归分析（多元回归、自回归等）、判别分析（贝叶斯判别、费歇尔判别、非参数判别等）、聚类分析（系统聚类、动态聚类等）、探索性分析（主元分析法、相关分析法等）等。数据库方法主要是多维数据分析或 OLAP 方法，还有面向属性的归纳方法等。机器学习方法包含归纳学习方法（决策树、规则归纳等）、基于范例学习、遗传算法等。神经网络方法包括前向神经网络（BP 算法等）、自组织神经网络（自组织特征映射、竞争学习等）等。

3. 预测性分析

大数据分析最普遍的应用就是预测性分析。从大数据中挖掘出有价值的知识和规则，通过科学建模的手段呈现出结果，然后可以将新的数据代入模型，从而预测未来的情况。

4. 数据质量和数据管理

数据质量和数据管理是指为了满足信息利用的需要，对信息系统的各个信息采集点进行规范，包括建立模式化的操作规程、原始信息的校验、错误信息的反馈和矫正等一系列的过程。大数据分析离不开数据质量和数据管理，无论是在学术研究还是在商业应用领域，高质量的数据和有效的数据管理都能够保证分析结果的真实和高价值。

11.3 大数据在电子商务中的应用

随着大数据时代的到来，各行各业都开始与大数据挂钩，电子商务领域更是离不开与大数据技术的结合。以下集中讨论大数据对商业尤其是电子商务的影响，并通过一些具体的案例，介绍大数据特性和思维如何解决商业中遇到的困难和问题，同时分析大数据技术在电子商务领域中应用的特点和不足之处，最后给出大数据技术在电子商务领域中的具体应用措施。希望在阅读后，读者能对大数据思维有更深的认识和体会，感受大数据给人类和社会思维带来的变革。

11.3.1 大数据的商业价值

当今社会，随着计算机和网络通信技术的广泛应用，数据量因其源头成倍增加和收集方式的多样化而大幅度快速增长。现代的商业环境中，不乏有个人和企业利用大数据思维，仅仅通过改变做事情的方式，便可解决之前一直想解决却难以解决的问题，而且创造了巨大的经济效益和价值。这些价值往往蕴含在大数据具有的特征当中，如何在大数据中结合市场需求提升数据处理能力，这就是接下来要探讨的大数据的商业价值。

1. 规律性

在大数据之前，寻找规律往往是很困难的一件事情，经常要经历"假设—求证—再假设—再求证"的漫长过程。即使找到了规律，应用到个案身上时也可能会产生很高成本。在大数据时代，我们不必非得知道现象背后的原因，而是要让数据自己"发声"。通过对大量用电数据的直接统计，我们便能对不同类用户特有的用电模式作出分类，不同的用电模式意味着不同的用户需求，供电企业可以凭此做到以用户为中心的服务供给。然而大数据的采集工具——智能电表在国内的应用和普及还相对较少，而国外展开的相关研究已经取得很大进展。

> **实际案例 11-3** 智能电表利用大数据刻画用户画像

智能电表是智能电网数据采集的基本设备之一，承担着原始电能数据采集、计量和传输的任务，是非侵入式电荷监测和负荷用电行为分析等领域的研究基础。智能电表用于频繁测量观察家庭的耗电量，从而获得大量关于个人消费者用电量数据的细粒度数据。其中一类应用便是通过分析电表数据来服务消费者，包括需求侧管理改进，从而对用户归类，为电价、电价与供需联动激励政策的制定提供依据；对消费者用电行为习惯、家庭特征提取出相关需求模式，有助于更好地了解居民家庭及其电力需求行为，进而创造新的收入机会。

通过智能电表记录数以万计用户的用电记录，便能得到有关家庭用电情况的大数据信息。供电企业运用数据分析方法解析家庭用电数据蕴含的数据特征，便能够刻画某类用户甚至某个用户的用电情况，其应用场景数不胜数。

比如，供电企业为了解决用电峰值期间电力供应不足的问题，企业便可根据用户用电数据找出那些常在峰值期间用电的用户群，推出不同时段用电收费标准，促使用户改变自身用电行为。再比如，人口普查工作由于人口流动频繁等诸多原因有时难以保证其准确度，通过家庭人口用电数据可以从另一方面支持人口普查工作。WangYi 等人便运用卷积神经网络（Convolutional Neural Networks, CNN）提出自动提取智能电表数据特征的方法，并运用分类器验证了一些人口社会属性与其家庭电表用电数据存在一定的相关性，如主要收入者的年龄、主要收入者是否退休、是否有孩子和卧室数量等。[1]

2. 时效性和个性化

企业原有的决策通常建立在对历史数据的分析之上，但是这样的分析实效性比较弱，很难发现客户当下或者是之后的真正需求。大数据技术可以帮助企业实时获取所有客户的信息，从而帮助企业构建个性化和时效性强的市场方案。

> **实际案例 11-4** Netflix 利用大数据特点成功转型

美国在线电影、电视租赁公司 Netflix（网飞）作为上市最早的公司之一，其利用大数据的时效性和个性化成功转型的事例也说明了大数据蕴含的巨大商业价值。[2]

Netflix 原先的商业业务是通过 DVD 邮寄展开的。用户在互联网上选定自己想看的电影后，Netflix 将电影的 DVD 快递邮寄给用户，用户看完后再将 DVD 通过邮

---

[1] WANG Y, CHEN Q, GAN D, et al. Deep learning-based Socio-demegraphic in formation identification from smart meter data[J]. IEEE Transactions on Smart Grid, 2018:H.

[2] 吴军. 智能时代：大数据与智能革命重新定义未来 [M]. 北京：中信出版集团股份有限公司，2016.

递返还给 Netflix。同时 Netflix 做出这样一项规定：用户手上只能保留 1~4 张 DVD，超过数量时只有 Netflix 收到用户返回的 DVD，才会再次邮寄给用户下一张预订的影片。Netflix 收费大约为每月 8~18 美元，考虑邮寄的周期为一周，用户大约相当于花 2~3 美元在家看一场电影。

Netflix 本想通过这套营业方式在电影租赁行业竞争，但早期 10 年发展没有如此快速，用户增长不多且用户活跃度也不高。早期的 Netflix 订阅用户往往不清楚自己想要看哪些影片，即使 Netflix 推荐给用户相关影片，但由于用户口味的差异，简单推荐最热门和最高分影片的策略不能起到很好的效果。用户原本定 18 美分一次保留 4 部电影的用户，就改为每月 8 美分，而原本影片观看量需求不大的用户直接退订。Netflix 后来将邮寄方式改为线上宽带观看，虽然理论上省下了来回邮寄的时间，但因为并没有解决如何有针对性地推荐电影的问题，大部分用户的活跃度仍然不高。

但是，随着数据量的积累，尤其是与每一个用户相关的各种维度数据的积累，Netflix 越来越能准确给每一个用户推荐电影。Netflix 不仅知道每个用户看什么风格的电影最多，如导演、题材、演员等，而且明白给用户推荐的效果，如是否点击观看、用户观看时长等。Netflix 最终靠着精准推荐，不断提升用户活跃度，它的用户所观看的节目有 3/4 是 Netflix 推荐的。2008 年 Netflix 的业务量剧增，到了 2014 年，Netflix 的流量已经占到美国峰值流量的 1/3 以上，并且为全世界除中国外主要国家提供在线电影服务。2016 年年初，Netflix 的市值已经超过传统的电视网、默多克的 DirectTV。

Netflix 的成功来自两个方面。一是通过互联网 Netflix 获得了关于用户的大量观看数据，从而得到了用户的喜好特征，这是其他传统传媒公司难以做到的。二是 Netflix 运用大数据的时效性和个性化特点，能够根据实时数据调整自己的市场策略，这也是过去提前安排电视节目的有线电视网无法做到的。

11.3.2 大数据的商业思维

1. 精准营销

大数据时代下的电子商务营销方式有可以利用的数据处理和收集技术，所以市场营销能够实现精准营销，从而为广大消费者提供更好的多元化服务。这个工作流程主要是对消费者心理和行为相关的数据进行获取，了解不同消费者的消费心理和行为特点，然后依据其特点来对广大消费者进行分类，从而帮助市场营销工作变得更加有针对性。做好这些准备工作，有助于提升市场营销行业的营销能力，能够吸引更多企业的互联网消费者，从而保障企业的经济效益。[1]

---

[1] 张磊.大数据技术在电子商务中的应用 [J].商场现代化，2021（07）：28-30.

实际案例 11-5　亚马逊的精准营销策略

亚马逊在推荐商品方面做得最成功，今天它的销售额有 1/3 是靠用户推荐生成的。相比沃尔玛，亚马逊有三个优势。

第一，亚马逊上的交易数据均被及时而完整地记录下来，且可以做到随时取用和分析。而沃尔玛等传统公司，虽然保留了交易数据，但未有组织地进行数据管理，甚至有些数据存放在第三方。

第二，亚马逊掌握顾客全面的信息。如果同一家庭地址的不同用户买了不同的商品，那么亚马逊便能推测顾客购买行为的理由。比如顾客张三购买了数码相机，同一购买地址的顾客李四购买了婴儿用品，那么网站就有理由推测张三购买数码相机是为了给孩子照相，于是精准推荐婴儿玩具或者电子相框等商品。

第三，亚马逊销售策略实施的及时性。包括国内的京东、淘宝等电商平台都能随时根据节日和销售情况进行实时促销。而相比较线下实体店，调整价格往往需要提前规划和商议，反应速度远远不及电商平台。

在用户使用电商进行购物体验过程中，购买目的很明确的用户可以靠搜索栏直接搜寻挑选想要购买的商品。但在大多数情况下，大部分人逛网店没有明确的购买目的，这时针对用户的精准推销就显得格外重要。亚马逊的个性推荐不仅考虑了用户的喜好，而且也具备很强的时效性，比如同一用户今明两天亚马逊所推荐的商品也有所区分，而沃尔玛仅仅是要做到把两类商品准确关联起来就有着不小的难度。

2015 年 7 月，亚马逊的市值超过了沃尔玛，以大数据为基础的电子商务将超越传统的零售商业。当然亚马逊能够做到精准营销得益于其长时间大数据的积累，亚马逊在初期数据量不足而做商品推荐的时候，也不得不采用同类顾客归类的方式，而实际销售额也证明简单聚类的归类方式往往效果不是很好。

2. 数据流动

无论是 Netflix 收集用户看电影的行为，还是亚马逊记录大量顾客的购买清单，都体现了数据流的普遍规律，即看似生成彼此独立的数据，从很多地方通过某种方式搜集起来可形成所谓的大数据记录。只有这些大量独立数据聚合在一起，才能客观准确得出具有价值的统计结论，如网页搜索和结果的相关性、不同商品的相关性或者不同电影的联系等（图 11-1）。

此外，大数据在产生和收集时候没有特定目的，如何分析和使用数据完全取决于应用目的和其商业价值。大数据的多维特征让使用者可以根据自己的需求进行筛选、分析和处理。由于数据在收集时没有太多的目的性，这些数据当中能够分析出何种结果也具有不确定性，且依赖于原始数据的质量。当然，计算机界有一个很名的说法，叫"Garbage In Garbage Out"，也即"垃圾进、垃圾出"，意思是一个系统如果输入的数据是垃圾，则其输出也是无用的垃圾。如果不注重原始数据在收集时期的质

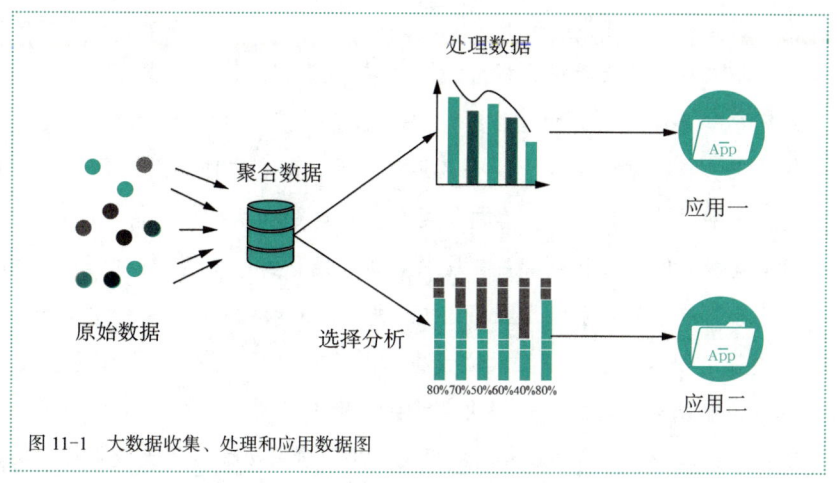

图 11-1 大数据收集、处理和应用数据图

量,其可利用价值也会大打折扣。

上述过程中,数据的流向是从枝末的局部流向整体,而当我们谈论利用大数据分析的特征和规律指导商业行为时,数据的流向便成为从整体到局部。这也并非是一种简单的循环往复,这是大数据蕴含的商业价值被不断挖掘与应用的过程。

上述例子均是先从大数据中找到普遍规律,然后再应用于每一个具体的用户。通过针对智能电表的家庭用电的记录和分析,我们能总结出正常家庭的用电模式,而异常用电模式就可能反映家庭电路的异常或者用户行为的异常。亚马逊从顾客购买行为中分析能够进行用户模型的刻画,可以得到关于顾客家庭的收入情况等人口社会属性,甚至精细到对于顾客购买每一次展示内容都有所不同,这些均在今天这个大数据时代成为可能。

3. 服务生态

未来是服务的时代。未来大数据和智能工具将会如同水电资源一般,由专门的公司提供给全社会服务。IBM 全速向服务转型就是未来企业和行业趋势例子之一[1]。

实际案例 11-6 IBM 的服务至上理念

IBM 认为,数据无处不在,而且正在成为一种新的自然资源,从而成为兵家必争之地。大数据分析领域正在成为 IBM 重点布局的业务重心所在,IBM 在这一领域的累积投资已超过 240 亿美元,包括 30 多项重大收购,总收购金额达 170 亿美元,IBM 的目标是通过积极投资,构建世界上最深入、最全面的大数据分析能力。

IBM 在大数据分析领域的投入决心源于市场需求,IBM 中国首席技术官及金融

---

[1] 王晓民,张贝贝,王柳. IBM 全速向服务转型 [J]. 软件和信息服务,2014(04):14-16.

事业部首席架构师程静指出，行业客户在客户分析、风险管控和资产管理等方面正在产生越来越多的大数据分析需求，"以银行为例，仅一个省的网银系统一个季度产生的客户信息数据量就可达到 8 个 TB，过去虽然有数据仓库，但对这样庞大的数据完成一个分析，常常要花上一个多月的时间，即客户能看到的是基于一个月前数据分析出来的结论，但现在，客户需要马上知道分析结果，以指导经营决策"。不仅仅银行有需求，IBM 中国研究院副院长董进介绍了另一个例子：中国西南有很多的河流，每一条河流上都有系列的水电发电，进入雨季汛期之后，每一次是泄洪还是蓄水都很难决策。如果蓄水，一旦水位过高，水坝就会面临险情；但如果决定泄洪，因为泄洪时不能发电，基本上泄一次洪就会浪费 1 亿度电，价值达 3 000 万元人民币。"一次错误的决策就是 3 000 万元的损失，决策者需要的是用大数据技术实时对整个流域的传感器进行分析，预测未来几天的总降雨量，进而作出正确决策，是泄洪，还是蓄水。"

银行、电信、医疗、交通、物流、零售和公共事业等行业正在涌现越来越多的大数据分析需求。据预测，到 2015 年，全球的数据和分析市场将达到 1 870 亿美元。IBM 在这一领域迄今已经推出了 40 000 多个服务项目，形成了非常丰富的数据和分析产品组合，包括决策管理、内容分析、规划和预测、发现和探索、商业智能、预测性分析、数据和内容管理、流计算、数据仓库、信息集成以及治理等。据悉，2013 年，IBM 的业务分析收入上升了 9%，完成了近 160 亿美元业务量，显然，IBM 对大数据分析市场志在必得。

而中国的制造业随着中国外向型经济的兴起，以及"世界工厂"地位的形成，拥有很多产业的"世界第一"。然而国内市场竞争激烈，大部分行业利润率日益下降，客户需求多样且不断增多。在降低成本、提高生产效率、薄利多销、品牌塑造等传统手段用尽之后，中国的企业如何才能走出制造业的传统困境？

答案即服务。中国传统制造业内比如家电行业，生产厂商和顾客往往难以建立联系，即经销商在把商品卖给顾客后，大部分家电企业只能从家电本身赚点钱，却对自己的产品卖给了哪一个具体消费者一无所知，很难提供后续的增值服务。

大数据时代下，家电厂商可以通过产品跟踪技术让自己的电器成为收集用户数据的采集器。家电厂商通过自己电器产品记录数据，一方面从宏观角度，可以了解自己产品卖给消费者的详细渠道，另一方面从微观角度，像上述智能电表应用一样记录用户生活。这样家电厂商便消除了信息的不对称性，从而和顾客建立起细水长流的商业关系。厂商的核心竞争力不再仅仅是商品本身，而是以用户为中心的服务。企业只有进行大数据时代下如此思维方式和商业模式的转变，才能在未来的商业中立于不败之地。

11.3.3 大数据下的电子商务

1. 大数据时代下的电子商务及其特点

在大数据的背景下，电子商务的发展借助大数据高效率的数据采集处理分析能力，将电子商务的价值创造推向新的高峰。作为伴随企业经济发展与消费这一需求产生的一系列新型消费形式，无论是在电商平台、移动终端或是各类社交软件、其他任何第三方平台，电子商务都会产生大量的数据。比如电商中的大数据，包括客户在购物行为中产生的交易（或业务）数据、浏览网站产生的点击流数据，以及在电商活动各环节产生的音视频数据等。其中，交易（或业务）数据源自电商企业管理、维护的客户关系资料，下单、支付和配送等销售过程数据，以及售后客户评价、投诉事件数据等，这些数据虽来源众多，但本质上是结构化的，利用其可帮助电商企业大幅提升在整个价值链中的收益；点击流数据源自互联网访问痕迹、在线广告（或推文）、社交媒体帖子等，利用其可帮助电商企业做出明智的、战略性的决策和精准化的、个性化的营销策略；音视频数据源自客服或呼叫中心的语音数据，售后评价中客户上传的图像、视频数据，以及在电商活动其他环节捕获的语音、图像和视频数据，这些数据是非结构化的，利用其可帮助电商企业识别客户的情感偏好、兴趣导向等细微差别，提供有针对性的、个性化的服务，培养忠诚客户或锁定新客户，进而为电商企业增加竞争优势和价值。

在大数据的时代背景下，电子商务的经营模式发生了很大变化，由传统的管理化运营模式变为以信息为主体的数据化运营模式。在大数据环境下，要想使电子商务工作能够更好地进行，就需要利用好大数据信息化。亚马逊和网飞案例的成功得益于大数据商业思维的应用。它们一方面能够很好将数据整理在一起，实现大数据的高效组织管理；另一方面能根据商业策略快速提取所需数据信息，使得企业信息数据的处理更加便捷、高效。电子商务要想发挥大数据的威力作用，也要根据当前企业的经营策略建立现代化信息管理系统，使得开始接受市场信息便做到数据的多维度收集和共享，进而更好发现数据间值得应用商业的相关性，实现数据从枝末流向整体，再从整体流向枝末的闭环。

2. 大数据时代下的电子商务问题

大数据时代下电子商务的问题也蕴含在大数据时代下电子商务的特点之中。

首先是数据整合提取能力差。前面提到，大数据具有"5V"特性，即体量巨大（Volume）、类型多样（Variety）、快速高效（Velocity）、真实准确（Veracity）和价值密度低（Value）。电商大数据也不例外，同样具有"5V"特性。在电商领域，其行业数据呈指数式增长，体量现已达PB级，且包含结构化、半结构化、非结构化等多种类型的数据。如何尽可能实时进行数据的收集、处理及分析，如何保证数据源的可靠性、准确性和高质量，以及如何在价值密度低的电商数据中挖掘潜在的商业利用价值，实现以低成本创造高价值，这些都是电子商务中需要考虑的问题。

其次是资源共享困难。大数据时代已经到来，我国不同企业的数据却无法进行统一、共享，这使得电商的行业大数据并未实现协调发展，也并未发挥大数据的真正威力。一方面是由于部分企业不具备大数据收集和分析的能力，或者仍固执于传统思维，并未认识到大数据的重要性。另一方面，拥有大数据处理能力的企业，对于数据分析的认知存在一定的局限性，它们虽然认识到了大数据能够带来利益与价值，但却因为思想狭隘、保守而拒绝数据的分享与开放，只追求自身的眼前利益。要想让大数据真正在电商领域得到有效应用，就必须将各企业分散的数据整合起来，构建多维管理机制，以满足电商企业管理及营销的需求。

3. 解决措施

针对上述大数据时代下电子商务的两个突出问题，有如下解决思路供参考。

（1）完善数据的收集及整合能力。要建立健全大数据管控体系或机制，如建立独立、有效的云管控体系，为第三方租赁企业提供个性化的专属服务，在保证数据得到管理的同时，实现电商活动的有序进行，以确保经济效益的最大化。一方面，大数据在电子商务中发挥多大的价值很大程度取决于源数据质量的好坏高低。另一方面，针对多种类型的数据的挖掘算法以及分析建模等技术也需进行深入的研究分析，这样才能让数据本身能够发声。

（2）相关电商企业需要树立自身的数据化意识，对整个电子商务进行数据化运营，有意识地将决策、管理以及运营等工作建立在大数据的基础上。新时代下大数据服务需要更加符合消费者需求，这就要求电商企业根据消费者消费过程提供的数据进行分析，将大数据分析出的结果应用于电商销售的各个环节，研发更加适合消费群体的个性化电商服务模式，充分利用网络资源与电子商务平台社交功能，通过各种渠道全面掌握消费者信息，从而革新电子商务服务模式，满足消费者消费理念，促进电子商务的新发展。

（3）政府部门需要进行大数据的顶层设计以及制定应用规范。在保证用户隐私的前提下，推行各平台之间实现电子商务行业数据信息的整合，将电子商务服务精品化，从而提升整个电子商务的经济效益。

11.4 大数据的未来趋势

2015年9月，《国务院关于印发促进大数据发展行动纲要的通知》中明确指出：信息技术与经济社会的交汇融合引发了数据迅猛增长，数据已成为国家基础性战略资源，大数据正日益对全球生产、流通、分配、消费活动以及经济运行机制、社会生活方式和国家治理能力产生重要影响。可以说，大数据引起的行业变革正逐步带动整个社会的升级和变迁。本节首先从历史上几次技术革命中引出人类社会发展的相似规律，说明大数据引发的社会变革也将遵循其规律的事实。然后，本节介绍大数据下的部分未来产业实例，展现大数据如何深入融合我们的实际生活中。最后给出关于大数据的未来展望与总结。

11.4.1 历史经验下看大数据

历史上第一次工业革命开始于18世纪60年代，是资本主义工业化的早期历程，工业革命是以机器取代人力，以大规模工厂化生产取代个体工场手工生产的一场生产与科技革命。这场以蒸汽机为核心动力的革命，在瓦特改良蒸汽机之后，许多有着上千年历史的古老行业在使用蒸汽机重新开启新产业。

几千年来纺织业一直是一家一户式的小手工业。英国的纺织业早在蒸汽机出现之前已经有了很大的发展，如靠水能驱动的各种纺织机在19世纪之前已经有了很大的发展，它们的生产效率比东方纯粹手工的纺织机要高很多。但是，那个年代英国的纺织品并没有多到向全世界倾销，而改良后的蒸汽机应用于纺织业却彻底改变了这一情况。英国应用蒸汽机于纺织业生产剩余的大量产能，最终需要打开东方市场才能消化，这也导致了中国封建时期传统的家庭纺织业在短短100年的时间里消失了。

运输业中蒸汽机的应用也让陆路运输和水路运输带来革命性的变革。自从第一部真正意义上的蒸汽机车由英国人乔治·斯蒂芬森（George Stephenson,1781—1848）制造后，铁路运输在英国的兴起极大地促进了当地及周边经济的快速发展，以及人口、货物的流通，并且它的影响也是持久和深刻的。以当时斯蒂芬森主持修建的利物浦—曼彻斯特铁路线运营为例，1842—1850年，该线路的乘客数量增长了3倍，货运吨数增长了7倍，1850年客运所得比1842年翻了2倍，同一时期货运收入也翻了4倍，这部分收入在19世纪50年代占到了国民总收入的8%到15%。有相关研究指出，铁路运输为当时的英国节省了大约40%的运输费用，可以说铁路为19世纪中后期的英国经济作出了巨大的贡献[1]。

在水路运输方面，大帆船曾是当时水路运输的主要工具，但在蒸汽机应用到轮船之后也就逐步退出历史舞台。水路运输贸易业的兴起和繁荣加速了当时整个世界城市和港口的建设，英国得以通过水路运输把剩余工业品产能输向全世界。

回顾第一次工业革命，英国用蒸汽机为核心的动力机械重新定义或者说是改造了传统行业，而正是这一条规律进而带动了整个商业和社会的行为变革：

传统产业 + 蒸汽机 = 新产业

到了19世纪中期，第二次工业革命的蓬勃兴起，人类自此进入了电气时代。第二次工业革命与第一次工业革命有着相似之处，即电能作为一种新的能量源取代了蒸汽能量源，同时也使得传统产业因使用电能焕发新的商业价值。

比如，冶金业作为人类古老行业之一，在电出现以前，人类只能生产很少几种金属和合金，且往往很难做到精纯。法国皇帝拿破仑三世是一个喜欢奢华的人，他在宴会上给与客人使用的餐具是银制作的，自己用着铝制品。由于当时冶炼铝十分困难，铝的价格比黄金都要高得多。但在电运用到化学工业后，人们发明了电解铝的制作方法，铝的价格则一落千丈。金属和合金、化肥和农药、航天和航空工业等都离不开电在化学工业的催化作用。

当然，第二次工业革命在改变传统行业的同时，也带来了新的生产生活方式。比如，电的使用造就了以电报和电话为核心的通信产业，在今天仍是全球最大的产业之一。再比如，留声机、电影和收音机的发明，带动了大众娱乐产业的出现。这些行业大部分在电出现之前早已存在于人们的生活当

---

[1] 詹姆士.第一次工业革命——第一辆蒸汽机车及其对交通运输业的影响[EB/QL]. https://zhuan/an.zhihu.com/p/379136225, 2021-06-09/2021-11-29.

中，也均是在电出现后才变成了当时的新行业。即上述规律仍然适用于第二次工业革命：

$$传统产业 + 电 = 新产业$$

第三次科技革命是人类文明史上继蒸汽技术革命和电力技术革命之后科技领域里的又一次重大飞跃。其可分为两方面的革命：一方面，信息革命创造了一批与信息的产生、传输和处理有关的产业，如电视、通信和卫星，以及与信号处理相关的产业，比如军事上的雷达、地质上的遥感；另一方面，原有的传统行业在计算机的应用下发生了本质变化。

1965 年，戈登·摩尔提出了摩尔定律，以下是一个版本说法：用一美元所能买到的计算机性能，每隔 18 个月翻两番。这一经验性规则让计算机得以应用到生活的方方面面。如今，计算机被应用到各行各业，我们难以想象没有计算机的社会将被如何运转。人们出行所使用的交通工具均由计算机控制，人们相互之间电话沟通均由手机等移动设备实现，如果交通瘫痪，生产停滞，人类可谓寸步难行。在人类生活完全依赖计算机的社会中，大部分产业也在计算机广泛应用之前便已经存在，这个规律同样概括为：

$$传统产业 + 摩尔定律 = 新产业$$

回顾过去，展望未来。如今，由大数据引发的智能革命也将是以一种与前面几次技术革命类似的方式展开，即可用下面两个简单等式来加以概括：

$$现有产业 + 大数据 = 新产业$$

$$现有产业 + 机器智能 = 新产业$$

同时，通过上述历次技术革命商业模式变迁的分析，我们可以得到如下结论：

（1）技术革命导致商业模式的变化，尤其是新的商业模式的诞生。蒸汽机的广泛应用逐步取代大量重复性人力劳动，电力促进的新兴产业的发展无不印证了这一点。

（2）商业模式的变化有其继承性，也有其创新性。继承性体现在每一次技术革命，大部分行业都在与传统行业融合变成新行业。创新性体现在新的技术变革迸发出的新的生产活力，更好地精细化智能化服务用户。

（3）以服务为导向的商业活动越发明显。无论是电气时代还是信息时代，它均不要求每一个公司参与技术本身的开发和产品研制。正如在大数据正逐步引发智能时代的今天，虽然每一个公司得益于大数据的红利，但这并不意味着每家企业都要聘请数据分析的专家或者机器智能的专家。以大数据为承载特征的服务，将作为付费第三方服务，如同人们日常生活使用的水电一般由专门的企业提供给全社会使用。

11.4.2 大数据下的未来产业

大数据时代的出现简单地讲是海量数据同完美计算能力结合的结果，确切地说是移动互联网、物联网产生了海量的数据，大数据计算技术完美地解决了海量数据的收集、存储、计算、分析的问题。

对于大数据的应用场景，包括各行各业对大数据处理和分析的应用，最核心的还是用户需求。接下来，本节通过梳理各个行业在大数据应用领域面临的挑战、如何寻找突破口来展示其潜在存在的大数据应用场景和未来产业，我们也仍会体会到许多传统产业经历大数据的应用而带来的变革。

1. 医疗大数据看病更高效

除了较早前就开始利用大数据的互联网公司，医疗行业是让大数据分析最先发扬光大的传统行业之一。医疗行业拥有大量的病例、病理报告、治愈方案和药物报告等，如果这些数据可以被整理和应用，将会极大地帮助医生和病人。我们面对的数目及种类众多的病菌、病毒以及肿瘤细胞，都处于不断进化的过程中。在诊断疾病时，疾病的确诊和确定治疗方案是最困难的。

在未来，借助于大数据平台我们可以收集不同病例、治疗方案以及病人的基本特征，可以建立针对疾病特点的数据库。如果未来基因技术发展成熟，可以根据病人的基因序列特点进行分类，建立医疗行业的病人分类数据库。在医生诊断病人时可以参考病人的疾病特征、化验报告和检测报告，参考疾病数据库来快速帮助病人确诊，明确定位疾病。在制定治疗方案时，医生可以依据病人的基因特点，调取相似基因、年龄、人种、身体情况等相似病人的有效治疗方案，制定出适合病人的治疗方案，帮助更多人及时进行治疗。同时，这些数据也有利于医药行业开发出更加有效的药物和医疗器械。

实际案例 11-7 "大数据"对抗肿瘤

思路迪精准医疗集团（3DMed）成立于2010年，由中科院肿瘤生物化学与分子生物学博士熊磊创立，科学家团队由来自美国哈佛大学、麻省理工、罗切斯特大学、国立卫生研究院和瑞士苏黎世大学等著名高校及国际知名药厂的资深科学家组成，平均拥有超过10年以上的肿瘤研究经验。目前，旗下拥有新药研发中心、两个独立医学检验所的医疗集团及聚焦肿瘤精准预防、肿瘤精准治疗和精准新药开发的3个子公司。2015年第二季度完成了1.46亿元D轮融资，累计共获得14家国内知名风险投资机构数亿元人民币资金的注入。

3DMed开发精准药物的办法，是采用生物标志物驱动的模式做肿瘤新药开发，即从患者各自的用药需求出发，挖掘个体数据，通过大数据分析找到个性化的药物治疗指标。除了肿瘤精准药物开发外，同时关注精确诊断、肿瘤预防与健康管理。以肿瘤预防与健康管理为例，通过个人基因组测序，可以发现个人所携带的遗传变异基因。一旦发现，便可为测试者定制系统的体检方案，做到肿瘤"早发现，早治疗"，增加治愈成功率。在这一领域，3DMed目前正与一家保险公司共同推进"肿瘤早期预防"这一险种。

医疗行业的数据应用一直在进行，但是没有打通的数据都是孤岛数据，因此没有办法进行大规模应用。未来需要将这些数据统一收集起来，纳入统一的大数据平台，为人类健康造福。政府和医疗行业是推动这一趋势的重要动力。

2. 生物大数据改良基因

自人类基因组计划完成以来，以美国为代表，世界主要发达国家纷纷启动了生命科学基础研究计划，如国际千人基因组计划、DNA百科全书计划和英国十万人基因组计划等。这些计划引领生物数据呈爆炸式增长，目前每年全球产生的生物数据总量已达EB级，生命科学领域正在爆发一次数据革命，生命科学某种程度上已经成为大数据科学。

基因测试能让未来的父母对于他们未出生的孩子的健康有更多了解。对基因携带者筛查和胚胎植入前诊断，使一个家庭孕育小孩的过程产生了巨大改变。

当下，我们所说的生物大数据技术主要是指大数据技术在基因分析上的应用。通过大数据平台，人类可以将自身和生物体基因分析的结果进行记录和存储，建立基于大数据技术的基因数据库。大数据技术将会加速基因技术的研究，快速帮助科学家进行模型的建立和基因组合模拟计算。基因技术是人类未来战胜疾病的重要武器，借助于大数据技术的应用，人们将会加快自身基因和其他生物基因的研究进程。未来利用生物基因技术来改良农作物，利用基因技术来培养人类器官，利用基因技术来消灭害虫都即将实现。

与全球蒸蒸日上的生物大数据创新发展热潮相比，中国的研发及应用才拉开帷幕。我国在四个方面非常欠缺：其一，国内现有的生物大数据分析能力虽然与欧美相差不大，但是在数据分析构架、软件系统与先进的IT技术接轨上有待提升。其二，国外在生物大数据领域的领先人才多，尽管我们也有国际顶级刊物上发表的论文和成果，总体而言，国内高水准团队还是少。其三，欧美讲求成果应用，层出不穷的分析软件可被实验室、临床、产业多方应用。其四，在生物大数据理论研究、标准制定和广泛应用上，中国都亟待全面跟进。

3. 农牧大数据量化生产

大数据在农业应用主要是指依据未来商业需求的预测来进行农牧产品生产，降低菜贱伤农的概率。大数据的分析将会更精确预测未来的天气情况，帮助农牧民做好自然灾害的预防工作。同时，大数据也会帮助农民依据消费者消费习惯来决定增加哪些品种的种植，减少哪些品种农作物的生产，提高单位种植面积的产值，并有助于快速销售农产品，完成资金回流。牧民可以通过大数据分析来安排放牧范围，有效利用牧场。渔民可以利用大数据安排休渔期、定位捕鱼范围等。

由于农产品不容易保存，因此合理种植和养殖农产品十分重要。如果没有规划好，容易产生菜贱伤农的悲剧。过去出现的猪肉过剩、卷心菜过剩、香蕉过剩的原因就是农牧业没有规划好。借助于大数据提供的消费趋势报告和消费习惯报告，政府将为农牧业生产提供合理引导，建议依据需求进行生产，避免产能过剩，造成不必要的资源和社会财富浪费。农业关乎国计民生，科学的规划将有助于社会整体效率提升。大数据技术可以帮助政府实现农业的精细化管理，实现科学决策。在数据驱动下，结合无人机技术，农民可以采集农产品生长信息，病虫害信息。相对于过去雇佣飞机成本将大大降低，同时精度也将大大提高。

实际案例 11-8　美国利用大数据打造精准农业[1]

美国农业正在采用大数据和互联网方法提升农业生产的效率和效益，以 1% 的农业人口维持庞大的农业生产体系，不仅满足美国本土需要，而且还大量出口。

罗德尼·席林（Rodney Schilling）是美国伊利诺伊州的一个农场主，他和父亲二人经营着 1 300 英亩[2]（约 7 900 亩）田地，最好的帮手是农场里的几台农业机械。

重要的是，这些"大家伙"很有"头脑"——驾驶室里配备的全球卫星导航系统和自动驾驶系统。即使在下田作业时，席林也远没有传统农民那么辛苦，只要他愿意，完全可以坐在驾驶座上，一边喝着咖啡，一边用平板电脑浏览新闻，机器会按照设定的路线工作，施肥、打药完全自动化。

席林会把平板电脑带在身边，内置的 App 软件会提醒他何时适宜下地查看，该打药或是该施肥了，并提供实时的和未来几天的天气数据。

在美国，农业生产模式正在从机械化向信息化转变，以精准为特征的农业，正在让种植变得更加容易。

席林每 4 英亩设 1 个取样点，做土壤的分析测试。完成后，席林得到一份书面报告，除了给出各个地块详细的土壤成分数据，还有种植不同作物时所需要的肥料、水分以及未来产量等数据。据此，他可以精确安排农场的生产计划。

随着种植活动，土壤的成分是动态变化的。因此，每过三年，席林会重新做一次土壤分析，每次要花费 5 000 多美元。不过，由于精确数据意味着几乎最高的投入产出比，席林还是很乐意花这笔钱。

大数据让农民用移动设备管理农场，可以掌握实时的土壤湿度、环境温度和作物状况等信息，大幅度提高了管理的精确性。

在大田中，即使相隔两三米远的两块土地，土壤的水分含量、营养情况、农作物的生长情况都可能不相同。过去几千年中，农民并不区分这种差异，会把同样的品种以等间距播种下去。

如今，精准农业颠覆了这一传统，在肥力高的地方密植，在肥力低的地方稀植，还可以更换种子品种。这些作业都随着播种机的行进自动完成。仅此一项改变，即可给玉米带来每公顷 300～600 千克的增产。

精准农业下的农业机械必须是智能化的，通常安装有卫星导航系统、自动驾驶

---

[1] 一米农服. "农业 + 大数据" = 大数据农业 [EB/OL]. https://www.sohu.com/a/360970211_446668.

[2] 1 英亩 ≈ 4 046.86 平方米.

系统、计算机设备以及必要的传感器，这样才能"理解"大数据分析软件给出的信息，并准确地执行。

智能化的农业机械也大大提高了作业质量，单粒播比率可以提高到99%。农民可以实时监控播种机的准确率，如果出现大面积异常，可以马上停机，检查纠正播种机。以前，如果播种机出了毛病，农民很难立即发现，而只能接受损失。现在，智能化的农机可根据土地的松软程度，自动调节播种动作，以便所有种子处于同样的深度。

通过全流程的精打细算，精准农业可以极大地节约化肥、水、农药等投入，把各种原料的使用量控制在非常准确的程度，让农业经营像工业流程一样连续地进行，从而实现规模化经营。

4. 教育大数据因材施教

随着技术的发展，信息技术已在教育领域有了越来越广泛的应用。考试、课堂、师生互动、校园设备使用、家校关系等只要技术能应用的地方，均都被数据包裹。

在课堂上，数据不仅可以帮助改善教学，在重大教育决策制定和教育改革方面，大数据更有用武之地。美国利用数据来诊断处在辍学危险期的学生、探索教育开支与学生学习成绩提升的关系、探索学生缺课与成绩的关系。举一个比较有趣的例子，教师的高考成绩和所教学生的成绩有关吗？究竟如何，不妨借助数据来看。比如，美国某州公立中小学的数据分析显示，在语文成绩上，教师高考分数和学生成绩呈现显著的正相关。也就是说，教师的高考成绩与他们现在所教语文课上的学生学习成绩有很明显的关系，教师的高考成绩越好，学生的语文成绩也越好。这个关系让我们进一步探讨其背后真正的原因。其实，教师高考成绩高低某种程度上是教师的某个特点在起作用，而正是这个特点对教好学生起着至关重要的作用，教师的高考分数可以作为挑选教师的一个指标。如果有了充分的数据，便可以发掘更多的教师特征和学生成绩之间的关系，从而为挑选教师提供更好的参考。

大数据还可以帮助家长和教师甄别出孩子的学习差距和有效的学习方法。比如，美国的麦格劳希尔教育出版集团就开发出了一种预测评估工具，帮助学生评估他们已有的知识和达标测验所需程度的差距，进而指出学生有待提高的地方。评估工具可以让教师跟踪学生学习情况，从而找到学生的学习特点和方法。有些学生适合按部就班进行学习，有些则更适合图式信息和整合信息的非线性学习方法。这些都可以通过大数据搜集和分析很快识别出来，从而为教学提供坚实的依据。

在国内尤其是北京、上海、广东等城市，大数据在教育领域就已有了非常多的应用，如慕课、在线课程和翻转课堂等，就应用了大量的大数据工具。

毫无疑问，在不远的将来，无论是针对教育管理部门，还是校长、教师，以及学生和家长，都可以得到针对不同应用的个性化分析报告。通过大数据的分析来优化教育机制，也可以做出更科学的决策，这将带来潜在的教育革命。不久的将来个性化学习终端，将会更加融入学习资源云平台，根据每个学生的不同兴趣爱好和特长，推送相关领域的前沿技术、资讯、资源乃至未来职业发展方向等，并贯穿每个人终身学习的全过程。

11.4.3 关于大数据的未来展望

从用户服务角度看，未来呈现始终以人为本的大数据技术发展趋势。无论社会怎么变化，信息怎么革新，我们所服务的对象都是人类，都是为了提高人们的生活质量，方便人们的生活。[1]

智能化社会。未来随着大数据技术的发展加深多领域的耦合，大数据会让我们的生活和工作更加方便和安全，人类能做出更快、更准确的决策。

例如，百度开发了预测热门城市和景点的拥挤情况等相关信息的服务。百度能够从安装了 App 的大量用户手里得到人流信息，并把数据汇总后用于训练一个根据人流和时间变化的模型。这样可以根据当前人流分布使用这个模型预测在未来的几个小时里人流的流动情况。如果发现过多的人流涌向某一个地点，那么就可以及时预警避免踩踏等事故发生。

精细化社会中，大数据会使得社会资源的利用率极大地提高，做到让整个社会精细化。

工业革命之前的社会，人类使用的产品和服务都有细微的差别，效率很低。工业化之后，靠批量生产的效率和标准化让个性化产品和服务从大众市场上消失，其原因在于工业化社会中，个性化的产品和服务成本太高。在大数据时代，以用户为中心的服务理念让个性化再次成为未来企业发展的理念，人们在享受个性化服务的同时，成本与过去标准化服务相当，这是大数据带给未来社会人们生活的巨大改善，也是对人类文明发展的质的提升。

本章小结

1. 大数据的定义与特征。大数据是指无法在一定时间范围内用传统软硬件工具进行采集、管理和处理的数据集合。大数据的特征主要体现为规模巨大、种类来源多样、增长速度快、准确真实以及低价值密度。

2. 大数据分析相关技术。从大数据的生命周期来看，大数据采集、大数据预处理、大数据存储与管理、大数据分析与挖掘，共同组成了大数据生命周期里最核心的技术。

3. 大数据在电子商务中的应用。大数据商业价值蕴含着大数据具有的特征，如规律性、时效性和个性化等。利用大数据特性和思维去解决商业中遇到的困难和问题，是大数据与电子商务领域深度融合的必走之棋。大数据思维通过改变做事情的方式，便可解决之前一直想解决却难以解决的问题，创造了巨大的经济效益和价值，甚至引发人类和社会思维的变革。

4. 大数据的未来趋势。在大数据引发的社会变革下，传统产业结合大数据能产生新兴产业，焕发新的创造活力，而大数据越来越多的应用场景也不断印证了以人为本的服务理念。智能化社会和精细化社会下，大数据会随时随刻方便生活和工作，极大提高社会资源的利用率。

---

[1] 袁满，于新艺，王世成. 大数据分析技术现状与未来趋势 [J]. 中国航班，2021（3）：100-102.

课后习题

1. 简述什么是大数据？随着时间推移，大数据又被赋予了哪些新的内涵？

2. 大数据具有哪些特征？能不能结合电子商务进一步分析。

3. 大数据带来了哪些益处？又带来了哪些难点与挑战？

4. 大数据分析的核心技术有哪些？你认为其中哪一过程花费的时间最多？为什么？

5. 大数据预处理的目的是什么？在这一过程中又需要注意哪些事项？

6. 大数据的分析与挖掘技术有哪些？在你的生活和学习中是否使用到了这些技术？

7. 大数据的商业价值利用到了大数据具有的哪些特征？

8. 有人说大数据服务即是对信息"共性到个性"的应用，请用本章中的例子进行说明。

9. 联系实际生活，如何理解"现有产业＋大数据＝新产业"这个观点？

10. 大数据推动肿瘤治疗、基因工程等领域的发展，但也带来道德问题、隐私问题，面对大数据这把双刃剑你认为应该如何使用？

11. 参考智能化社会、精细化社会下以人为本的服务理念，说说你想象中的大数据未来是什么样的。

章后案例

Google 自动驾驶汽车利用大数据思维解决问题[1]

  Google 的自动驾驶汽车可以算是一个非常聪明的机器人，因为它可以像人一样控制汽车、识别道路，并且对各种随机突发性时间快速地做出判断。如果单从驾驶的安全性来看，它的表现甚至超过了人。从产生做无人驾驶汽车的想法开始，到研制出让人眼前一亮的原型车，Google 只花了 4 年多的时间，这让全世界大吃一惊，其震惊程度不亚于当年深蓝战胜卡斯帕罗夫。其原因是，在所有专家们看来，自动驾驶汽车这件事太难了，而 Google 在这个领域进步的程度超出了最乐观的专家们最大胆的想象。

  2004 年，美国国防部高级研究计划局（Defense Advanced Research Projects Agency，DARPA）组织了世界上第一届自动驾驶汽车拉力赛。由于当时各个研究团队水平都不高，因此比赛不敢在真正的道路上进行，而是选择了 150 英里[2]长的废弃道路。不过后来的结果表明根本不需要准备这么长的赛道，因为最终取得第一名的汽车花了几小时才开出 8 英里，然后就抛锚了。至于其他参赛的汽车，不是提前抛锚了，就是撞坏了。

  但是，就在 DARPA 拉力赛过去仅仅 6 年之后，2010 年 Google 就研制出了自动驾驶汽车，并且已经在各种道路上，从闹市区到高速路，行驶了 14 万英里，没有出一次事故。为什么 Google 能在如此短的时间里做到这一点呢？它聘用了这个领域世界上最好的专家，即几年前获得自动驾驶汽车拉力赛第一名的卡内基-梅隆大学的团队，并采用了当时最好的信息采集技术，从激光雷达到高速摄像机，再到红外传感器等。而最根本的原因是 Google 采用了和其他研究单位不同的研究方法——它把自动驾驶汽车这个看似是机器人的问题变成了一个大数据的问题。

  首先，Google 自动驾驶汽车项目其实是它已经成熟的街景项目的延伸。对 Google 自动驾驶汽车的各种报道通常会忽视一个事实，那就是它只能去 Google "扫过街"的地方。对于这些已经去过的地方，Google 都收集了非常完备的信息，比如，周围的各种目标的形状、大小、颜色，每条街道的宽窄、限速、不同时间的交通情况、人流密度等，Google 都事先处理好以备未来使用。因此，自动驾驶汽车每到一处，对周围的环境都非常了解，它可以迅速把这些数据调出来作为参考。而过去那些研究所里研制的自动驾驶汽车使用的是人的思维方式，每到一处都要临时识别目标，这样即使所搭载的计算机再快，也来不及进行太深入的计算，因此无法做出准确判断。

  其次，自动驾驶汽车上装有十多个传感器，每秒钟进行几十次的各种扫描，这一方面超过了人所能做到的"眼观六路、耳听八方"，同时大量的数据要在短时间内处理完，计算的压力非常大。Google 的自动驾驶汽车通过移动互联网与 Google 的超级数据中心相连，虽然它本身携带的电脑不过是一台简单的服务

---

  [1] 资料来源：吴军. 智能时代：大数据与智能革命重新定义未来 [U]. 北京：中信出版集团股份有限公司，2016 年。
  [2] 1 英里≈1.609 千米。

器,但是整体的数据量和计算能力要远远超出过去其他公司和大学那些自动驾驶汽车上面所携带的计算机。

最后,我们人开车,常常是根据周围情况临时做出判断,遇到死胡同,转弯掉头再找其他的道路。Google 拥有最好的全球地图数据,它的自动驾驶汽车不仅行驶的路线大部分是事先规划好的,而且对各地的路况以及不同交通状况下车辆行驶的模式有准确的了解,因此它可以规避很多不必要的麻烦。当然,如果开到了事先(扫街汽车)没有去过的地方,自动驾驶汽车常常会无计可施。

AlphaGo 击败围棋世界冠军[1]

从 2016 年 3 月 9 日开始,一场人与机器的围棋大战吸引了全世界的目光。这场大战在韩国首尔上演,一直持续到 15 日,共 5 轮。大战之所以举世瞩目,是因为对战的双方是世界围棋冠军李世石与围棋人工智能程序 AlphaGo。令人惊叹的是,整个比赛过程中,AlphaGo 的表现都堪称完美,最终以 4∶1 击败李世石。

这个战胜人类世界围棋冠军的 AlphaGo 程序到底是何方神圣?它为什么如此厉害?"阿尔法狗"是什么?

"阿尔法狗"是什么?

一款人机对弈的围棋程序,棋艺不是开发者教给它的,而是"自学成才"。

AlphaGo 程序是美国谷歌公司旗下 DeepMind 团队开发的一款人机对弈的围棋程序,被中国棋迷们戏称为"阿尔法狗"。游戏是人工智能最初开发的主要阵地之一,比如,博弈游戏就要求人工智能更聪明、更灵活,用更接近人类的思考方式解决问题。

1997 年,IBM 的"深蓝"计算机首次击败国际象棋世界冠军卡斯帕罗夫,成为人工智能战胜人类棋手的第一个标志性事件。此后近 20 年间,计算机在诸多领域的智力游戏中都击败过人类。但在围棋领域,人工智能却始终难以逾越人类棋手。直到 2015 年,由谷歌开发的这款"阿尔法狗"程序才首次战胜欧洲围棋冠军樊麾。

为什么对于人工智能而言,围棋的难度这么大?中国自动化协会副理事长、秘书长王飞跃说:"首先,围棋的可能性太多。围棋每一步的可能下法非常多,棋手起手时就有 19×19=361 种落子选择。一局 150 回合的围棋可能出现的局面多达 10 170 种。其次,是规律太微妙,在某种程度上落子选择依靠的是经验积累而形成的直觉。此外,在围棋的棋局中,计算机很难分辨当下棋局的优势方和弱势方。因此,围棋挑战被称作人工智能的'阿波罗计划'。"

既然围棋对于人工智能来说这么难攻克,那么对于 AlphaGo 程序的设计者来说,是否也需要具备很高的围棋水平?

"这个不需要,设计者们只需要懂得围棋的基本规则即可。AlphaGo 背后是一群杰出的计算机科学家,

---

[1] 资料来源:人民日报 吴月辉."阿尔法狗"为什么厉害(https://www.cas.cn/cm/201603/t20160321_4550032.shtml?from=timeline)。

确切地说，是机器学习领域的专家。科学家利用神经网络算法，将棋类专家的比赛记录输入给计算机，并让计算机自己与自己进行比赛，在这个过程中不断学习训练。某种程度上可以这么说，AlphaGo 的棋艺不是开发者教给它的，而是'自学成才'的。"王飞跃说。

"阿尔法狗"怎样下棋？

用两个神经网络大脑——策略网络和估值网络，像人类棋手一样判断当前局面并推断未来局面。

AlphaGo 到底是如何下棋的呢？AlphaGo 通过蒙特卡洛树搜索算法和两个深度神经网络合作来完成下棋。在与李世石对阵之前，谷歌首先用人类对弈的近 3 000 万种走法来训练"阿尔法狗"的神经网络，让它学会预测人类专业棋手怎么落子。然后更进一步，让 AlphaGo 自己跟自己下棋，从而又产生规模庞大的全新棋谱。谷歌工程师曾宣称 AlphaGo 每天可以尝试百万量级的走法。

"它们的任务在于合作'挑选'出那些比较有前途的棋步，抛弃明显的差棋，从而将计算量控制在计算机可以完成的范围内。在本质上，这和人类棋手所做的是一样的。"中国科学院自动化研究所博士研究生刘加奇说。

思考题

1. Google 能在如此短的时间在自动驾驶汽车领域取得如此成就，原因是什么？

2. 过去，统计学家们一直试图寻找好的采样方法，以便在有限的样本中找到覆盖尽可能全的规律。但是在大数据时代，这些努力都不需要了，因此样本集可以等于全集。这种大数据思维在上述 Google 自动驾驶汽车案例中是如何体现的？

3. Google 自动驾驶汽车案例让我们看到了大数据的威力，以及采用大数据思维的重要性，可以说没有数据就没有智能。读完本章内容，联系自己的实际生活总结自身对于大数据思维的理解。

4. AlphaGo 最终完成了堪称人工智能'阿波罗计划'的围棋挑战，其中运用到了哪些大数据思维？

5. Google 自动驾驶汽车案例和 AlphaGo 围棋战胜人类的案例解决思路上有哪些相同点？

6. 很多人都担心人工智能的发展会威胁到人类的生存，这次 AlphaGo 能在典型的反映人类智慧的比赛中打败人类，则更加重了人们的担忧。但目前专家都表示人工智能并不会对人类造成威胁，你能否查询相关资料阐述其原因？

12 人工智能

学习目标

- 了解人工智能的定义和三个流派
- 理解电子商务对这次人工智能浪潮的推动逻辑
- 认识互联网企业在人工智能兴起中的作用
- 掌握人工智能为企业创造价值的角度
- 了解我国推进人工智能发展的政策体系
- 了解中国人工智能产业化和产业人工智能化的现状及未来挑战

先导案例

人工智能助力 LCD 缺陷检测[1]

现在的大部分电子产品,如电脑和电视机显示器,普遍采用 LCD 屏幕作为显示设备。LCD 屏幕已经成为工作中不可或缺的重要组成元素。科技的发展使得人们对电子产品的质量要求日益提高,而触摸液晶屏作为电子产品的重要组成部件,其质量直接关乎电子产品的性能及外观。

在液晶屏、手机触摸屏玻璃等薄板类电子产品的生产过程中,由于生产工艺等客观因素,无法完全避免产生各种各样的缺陷(如气泡、结石、亮点、屏幕划伤、玻璃屏幕污点、污质、玻璃屏幕尺寸、崩边、缺角、手机触摸玻璃屏幕坏点等)。

目前来看,为了分辨具体瑕疵和缺陷,传统企业都是通过人工检测的方式,但由于人工检测往往凭主观判断瑕疵缺陷,一旦检测时间过长就会产生疲劳导致工作效率下降,从而发生误检及漏检等情况。从现有的技术水平来看,大部分企业在进行玻璃表面缺陷检测上存在几个问题。

第一,由于机器视觉检测尚未普及,现在还有很多厂家使用人工检测,人工检测成本较高,且需要对检测人员进行培训。

第二,人工检测对眼睛的伤害比较大,导致人员的流动性大,招工有一定的困难。

第三,人工检验受到主观因素的影响,质量稳定性比较低,导致客户的情绪波动较大,不满意度高。

随着科学技术的发展,机器视觉检测技术得到了越来越广泛的应用。机器视觉检测是利用图像作为被检测目标和信号传输的手段或载体,从图像中提取有用的信息。结合人工智能的液晶屏表面缺陷检测系统能够快速直观地检测液晶屏表面的各种缺陷。机器视觉检测技术代替传统的人眼检测,提高了生产和工作的效率。

盈泰德科技(深圳)有限公司是一家专业从事机器视觉领域的公司,专注于机器视觉检测、缺陷检测、尺寸测量和外观检测等视觉检测领域。他们开发的系统具有以下优点。

(1)低成本,高效率,稳定。屏幕缺陷检测系统产品,人工智能推理平台,人工智能培训平台等降低了系统维护和学习发展的门槛。AI 训练平台系统已经成熟,能够实现高可用性和负载均衡,确保整个系统连续稳定地运行。

(2)高速重复机器学习。AI 人工智能深度学习可以继续学习和发展,并在随后的使用中满足企业发展的需求。产品的反复更新、手机屏幕供应商的更换、机器硬件老化引起的图像问题等,都可以通过 AI 培训平台快速反复升级,满足生产线的新应用要求。

---

[1] 参见:LCD 液晶屏视觉检测设备(瑕疵、缺陷、划痕检测系统)(https://www.0755vc.com/9335.html)有删节。

（3）实时监控报告可视化。AI训练平台执行实时缺陷统计和趋势分析，有效统计缺陷状态和手机屏幕上的数据，提供数据可视化和分析处理应用程序，检查报告和批改处理。导出每日报告，可以准确有效地监测生产条件，监测各种移动屏幕质量和产量的变化。

（4）智能深度学习。机器学习使用分类和分段算法进行特征提取。通过大量的数据分析，可以自动提取准确的特征信息。应用程序中的持续学习提高了缺陷识别算法的准确性。不断学习和发展将使后续生产线缺陷识别更加准确。

在先导案例中频繁出现的"机器视觉""机器学习""深度学习"等专业名词正在向我们展示一项新科技革命的到来，那就是——人工智能。人工智能的发展正在世界范围内引起关注。

2020年3月4日，中共中央政治局常务委员会召开会议，提出要发力于科技端的基础设施建设，人工智能成为"新基建"七大板块中的重要一项。"新基建"不同于"铁公基"传统思路，其本质是信息数字化的基础设施建设，用于支撑传统产业向网络化、数字化、智能化方向发展。作为新基建领域之一，人工智能对5G基站建设、特高压、城际高速铁路和城市轨道交通、新能源汽车充电桩、大数据中心、工业互联网各新基建科技端领域有重大促进作用。人工智能与5G、大数据等技术结合，将带动诸多行业快速发展，为很多领域数字化、智能化转型奠定基础。

12.1 人工智能的发展

时至今日，尚没有一个公认的人工智能（Artificial Intelligence，AI）定义。目前，最常见的 AI 定义有两个。一个是图灵奖获得者，被尊称为"人工智能之父"的明斯基提出的：人工智能是一门使机器做那些人需要通过智能来做的事情的科学。另一个是美国斯坦福大学人工智能研究中心尼尔森提出的：人工智能是关于知识的科学，所谓知识的科学就是研究知识的表示、获取和运用。

现代人工智能的起源公认是 1956 年的达特茅斯会议。

> **实际案例 12-1** 达特茅斯会议
>
> 1956 年 8 月，在美国汉诺斯小镇宁静的达特茅斯学院中，约翰·麦卡锡（John McCarthy）、马文·闵斯基（Marvin Minsky，人工智能与认知学专家）、克劳德·香农（Claude Shannon，信息论的创始人）、艾伦·纽厄尔（Allen Newell，计算机科学家）、赫伯特·西蒙（Herbert Simon，诺贝尔经济学奖得主）等科学家聚在一起，讨论着一个完全不食人间烟火的主题：用机器来模仿人类学习以及其他方面的智能。
>
> 会议足足开了两个月的时间，虽然大家没有达成共识，但是却为会议讨论的内容起了一个名字：人工智能。因此，1956 年也就成为人工智能元年。达特茅斯会议的发起建议书中对于人工智能的预期目标的设想是"制造一台机器，该机器可以模拟学习或者智能的所有方面，只要这些方面可以精确描述"（Every aspect of learning or any other feature of intelligence can in principle be so precisely described that a machine can be made to simulate it）。

根据尼尔森的定义，考虑到知识的基本单位是概念，由此人工智能的问题就变成了如下三个问题：概念的定义、概念的学习和概念的应用。具体来说，概念具有三个功能。

（1）概念的指物功能。指向客观世界的对象，表示客观世界对象的可观测性，不依赖于人的主观感受，即对象对于人或者仪器的知觉、感知特性。例如，"十五的月亮升上了天空"，其中的"月亮"就是指一个客观存在的天体。

（2）概念的指心功能。即指向人心智世界里的对象，代表心智世界里的对象表示。概念的指心功能一定存在，如果对于某一个人概念的执行功能没有实现，则该人不能够理解该概念。例如，"你是飘啊飘着的云"，这个"云"，并不是客观世界的一片云，而是歌者心智世界中的"云"，表明对象的高冷。

（3）概念的指名功能。即指向认知世界或符号世界表示对象的符号名称，这些符号名称组成了各种语言。一般情况下，概念的指名功能，依赖于不同的语言系统或符号系统。比如，中文里面的"雨"，在英语里面被称为"rain"。

人类发展至今，虽然概念的三个功能越来越复杂，但并没有发生根本改变。人工智能根据概念的不同功能，分为以下三个流派。

（1）专注于实现 AI 指名功能的人工智能流派，被称为符号主义。符号主义提出了物理符号系统假设，即只要在符号计算上实现了相应的功能，那么在现实世界就实现了对应的功能，这是智能的充分必要条件。因此，符号主义认为只要在机器上是正确的，在现实世界就是正确的。符号主义的主要成就体现在机器证明和知识表示上，如专家系统和知识工程。

（2）专注于实现 AI 指心功能的人工智能流派，被称为连接主义。连接主义认为大脑是一切智能的基础，主要关注大脑神经元及其连接机制，试图发现大脑的结构及其处理信息的机制，从而揭示人类智能的本质机理，进而在机器上实现相应的模拟。连接主义是最为大众所知的 AI 实现路线。在围棋上采用了深度学习技术的 AlphaGo，战胜了围棋世界冠军；在机器翻译语音识别和图像识别当中，深度学习也达到了相当高的实用水准，取得了工业级的进展。

（3）专注于实现 AI 指物功能的人工智能流派，被称为行为主义。行为主义假设智能取决于感知和行动，不需要知识表示和推理，只需要将智能行为表现出来就好，只要实现指物功能就可以认为具有智能了，这一学派的代表是自动机器人。

虽然人工智能有三个流派，但是现在的人工智能研究已经不再强调人工智能的单一路径，很多时候都会综合各个流派的技术。在围棋上战胜人类顶尖棋手的 AlphaGo，就综合使用了三种学习算法：强化学习、蒙特卡罗树搜索和深度学习，其中，强化学习属于行为主义，蒙特卡罗树搜索属于符号主义，深度学习属于连接主义。无人驾驶技术，同样是各个流派的综合应用。三个流派的融合已经是大势所趋。

当前人工智能涵盖很多大的学科，全球著名人工智能专家朱松纯把它们归纳为六类。

（1）计算机视觉，模式识别，图像处理等问题归入其中。

（2）自然语言理解与交流，语音识别、合成归入其中，包括对话。

（3）认知与推理，包含各种物理和社会常识。

（4）机器人学，机械、控制、设计、运动规划、任务规划等。

（5）博弈与伦理，多代理人 agents 的交互、对抗与合作，机器人与社会融合等议题。

（6）机器学习，各种统计的建模、分析工具和计算的方法。

12.2 人工智能与电子商务

人工智能的再一次兴起，与电子商务和互联网的发展有着密不可分的关系。而人工智能也将为电子商务的发展带来新的机会和价值。

12.2.1 人工智能的电子商务动力

在大多数情况下，人们将这次人工智能浪潮的到来归功于三方面技术的突破：大数据资源、人工智能算法创新以及强大的计算能力。然而，从商业的角度来看，这一次人工智能浪潮的爆发，更应该是数字经济发展的必然产物，互联网应用、电子商务和互联网企业在其中做出了重要贡献。在这一波浪潮当中，全球领先的互联网企业，如谷歌，亚马逊，脸书和阿里巴巴等，同时也是人工智能领域研究的领先企业，这一现象并非只是偶然。

电子商务和数字经济对人工智能浪潮的推动，首先表现为大数据的产生。互联网应用推进了人类需求和供给信息的数字化表达。作为商业互联网化的时代，电子商务 1.0 时代鼓励企业将产品和服务目录放置在互联网上。这一时代的成功，推动着人们将更多需求和供给进行数字化表达，电子商务由此从 1.0 时代走向 2.0 时代，即生活互联网化的时代。线社交网络、社会化媒体、网络社区和移动互联网应用等的流行，使包括商务活动在内的社会生活实现了全方位数字化表达，由此产生了海量的社会大数据。

需求和供给信息的广泛数字化推动了生产和管理活动的数字化。互联网时代之前，人们通过将生产资料和劳动力集中在企业这一形态当中进行组织化和规模化生产，实现了一定程度的生产过程优化。但是相对于人们需求的多样化，这种资源配置在生产前和生产中依然表现出相对的分散性、稀缺性和不协调性。在数字社会时代，需求的数字化和规模化要求生产能够对应提升，实现生产的数字化管控。于是企业利用信息技术对包括生产资料、生产设备甚至于合作伙伴等资源进行数字化标识，通过网络连接进行统筹管理，以期高效调度生产过程中的所有资源。RFID 技术、工业 4.0、数字孪生、VR 和 AR 等新技术的应用产生了海量的工业大数据和机器大数据。

如此大规模的数字化供需表达和匹配，以及数字化资源配置，必须也只能寻求诸如人工智能等更强大的技术支撑。在全面的大数据和数字经济时代，依靠人力去实现资源配置的时效性、可用性、可靠性和高效率是完全不可能的。这从客观上决定了对诸如人工智能一类技术的强烈需求。

此外，互联网企业在人工智能浪潮的兴起和落地过程当中也发挥着重要作用。

（1）示范效用。互联网公司是数字经济的创新者和实践者，在其生产经营活动中，创造并积累了大量的数据，由于这些数据代表了用户的真实需求、反馈、行为和思想具备极高的商业价值，互联网公司对于数据的应用让整个社会都意识到数据的重要性，激活了各行各业的数据意识，推动了数字经济的快速发展和普及，从而奠定了第三次人工智能浪潮的大数据基础。

实际案例 12-2 信息机器人：下一个行业风口？

信息机器人是这次人工智能浪潮当中最受欢迎的应用之一。信息机器人能针对用户的各种指令，智慧回答用户的各种相关信息，并能够依据用户的个性化使用特征而不断学习，持续追踪用户感兴趣的内容。一旦从互联网获取相关信息，它会第一时间提醒用户，其核心技术在于基于自然语义分析对互联网信息大数据的智能聚合和追踪。在资本市场及信息分发领域获得广泛关注的天机智讯，正是"信息机器人"核心技术运用于实践的一款信息类 App。这款产品以"信息机器人"引擎为作为其心脏，对超过百亿条的信息内容和超过百万人的用户行为进行学习，提供更加精准的个性化聚合、追踪和推荐等服务。

（2）落地场景。互联网的网络效应，让互联网企业在短时间内积聚了大量用户，用户数量和业务内容增速之快，让互联网公司迫切需要远高于人力之外的技术手段进行应对。为此，互联网公司积极引入和尝试各种新型的人工智能工具。

实际案例 12-3　机器人客服正逐渐占领客服市场

"很高兴与您见面""有什么可以帮您的""请点击您想咨询的问题""请您耐心等待"，经常网购的顾客，对这些来自智能客服的回复应该并不陌生，当下线上交易愈发频繁，机器人客服正在电子商务、旅游出行、教育医疗和网游手游等多个领域踊跃"上岗"。

根据 2018 年 5 月发布的《中国智能客服行业研究报告》统计，机器人客服正在以 40%～50% 的比例替代人工客服的工作，目前来说，智能客服机器人按年计费，价格少则三四千元，多则几万元。

而这与需要按月发工资的人工客服相比，智能客服在成本价格上有着明显优势。此外，机器人客服 24 小时不间断服务，法定节假日均可提供服务，不存在人员流动问题，不会对枯燥的工作产生厌烦情绪，都让机器人客服受到了很多企业的青睐。

艾媒咨询数据显示，2020 年中国人工智能核心产业市场规模已达 1 500 亿元，2025 年将达 4 000 亿元，预计 2030 年将达 10 000 亿元。艾媒咨询分析师认为，在全球人工智能市场蓬勃发展与国家战略政策的支持下，中国人工智能技术日趋完善，智能客服行业发展具备基本的技术支撑。

（3）社会推广效应。随着商业互联网化和生活互联网化，互联网企业已经成为人类社会神经网络中的重要节点。互联网企业结合人工智能技术为客户提供的产品和服务，以及自身应用人工智能技术的经验，都对人工智能在全社会的认知和接受，提供了强大助推力。当下流行的智能音箱，帮助至少 1 000 万人或家庭体验了人工智能，此外支付宝的刷脸支付等功能也都对人工智能应用市场的扩大起到了积极推动作用。

实际案例 12-4　智能音箱行业发展迈向新阶段

自 2014 年亚马逊推出首款 Echo 开始，智能音箱立刻受到了消费者的狂热追捧。随后，百度、阿里巴巴、小米等公司也先后入场。到了 2017 年下半年，国内做智能音箱的企业已近 50 家。2017 年以后，随着中国互联网巨头接连布局，智能音箱在中国的普及度迅速提升，越来越多的用户习惯用"语音交互"的形式与智能音箱展开对话，查天气、问时间、听新闻等，为消费者生活带来相当大的便利。

小米在去年推出搭载 MiNLP 平台和 NLP 技术的小爱同学 5.0 并升级为智能生活

助手,拥有智能的多模态融合交互,可以通过声音、肢体语言、信息载体(文字、图片、音频和视频)和环境等多种方式与智能设备进行交流。小度作为持有百度 AI 血统的一员,不同于以前用一款产品进行泛覆盖,通过基于智能语音的底层能力与多元异构的大数据平台,不断推出小度添添等不同形态的智能硬件,对年轻人来说更具可玩性。

(4)云服务。神经网络、机器学习和深度学习等专业技术,对一般的企业和个人而言,都还处在概念的阶段。只有将人工智能与互联网平台结合在一起,在大规模公共云的支撑下,才能够帮助人工智能与产业结合,人工智能与消费者和个人用户结合,进而作为公共服务走向产业,走向社会。这种结合也有助于获得社会的检验和数据反馈,形成人工智能的持续迭代。

实际案例 12-5 高速增长的中国人工智能云服务

近年来,国内人工智能技术成熟度持续提升、服务种类不断丰富。然而,当前国内企业在进行 AI 开发和应用时仍然面临着技术人才储备不足、AI 应用部署存在困难和投入产出比不达预期等问题。人工智能云平台融合了成熟的人工智能开发框架以及云原生工具灵活调用云资源、高效部署云应用的能力,一方面帮助企业的开发者提高算法模型的开发效率,另一方面提升交付、部署和运维环节的效率并降低开发总成本。

国际数据公司(International Date Corporcotion, IDC)最新发布的《中国人工智能云服务市场研究报告(2019)》显示,中国 AI 云服务市场 2019 年市场规模达 1.66 亿美元。在当前主流的 AI 用例中,采用 AI 公有云服务的应用场景主要包括:互联网行业的内容审核、推荐系统;制造业供应链预测分析;金融行业中小型企业的智能客服;零售行业智能营销、产品推荐、对话式客服和客流分析;等等。

从 2019 年市场份额来看,在 AI 公有云服务市场规模中,百度智能云的市场份额最为领先,其次是阿里云、腾讯云,其他厂商则包括 AWS、华为云、微软 Azure、金山云和京东云等。从调用量以及营收来看,不同厂商在不同的细分技术领域会呈现一定的优势。

12.2.2 人工智能的企业价值创造

互联网应用、电子商务的发展和互联网企业,为人工智能的第三次浪潮提供了重要的数据环境和商业动力。人工智能的全面发展,深入各行业和企业,也能够为企业创造新的巨大的价值。

根据管理学的安东尼三角理论,企业一般可分为运作层、战术层和战略层。相应地,人工智能的价值创造一般也从这三个层次入手,实现企业的运作智能、流程智能和商业智能。

1. 运作智能

运作智能也称单点智能，是指用人工智能技术应用替代相应的运作层活动，达到提升工作效率的目标。具体包括知识自动化、机器智能化和能力突破化。

人工智能技术可以帮助实现人类知识的自动化应用。利用深度学习方法，通过对法律、会计、审计和税收等商业服务中的专业技术和知识的不断学习，人工智能将具备一定程度的人类知识水平。在一些初级和常见的商业场景当中，人工智能可以为用户提供智能密集型的商业服务。比如，智能化合同风险审核，可以提升风险识别准确率；应用语音识别技术，可以应对复杂的多种语言、多种口音和多个项目的会话情景。最近几届 WMP 国际机器翻译大赛的竞赛成绩表明，以人工智能为基础的机器翻译已经达到了非常高的水平，机器翻译水平提高促使了翻译机这一产品的诞生，为消费者提供手持快速翻译能力，从而成为许多出国旅游消费者的最爱。人工智能就此创造出一个销售规模约 561 亿元（2020 年预期）的翻译机市场。

将人工智能赋予机器，极大提升了工作的效率。以在人工智能支持下的物流园区为例，其中的 IoT 智能设备可以自动识别人员进出，指引货车行驶和装卸。再如智能分拨系统中的智能物流机器人，可以根据取货信息，选取最优的运输线路，互相避让，并可以自己充电，从而取代原来的人工模式，把人工作业模式变成了实时在线和自动化作业。

实际案例 12-6 京东首次对外公开无人仓，物流离"终极无人"还有多远？

2018 年 5 月 24 日，京东"亚洲一号"无人仓首次向媒体开放参观，并首次公开无人仓的建设标准。"全流程"和"智慧化"是京东对无人仓介绍的两大关键词。无人仓的"智慧"大脑在 0.2 秒内，可以计算出 300 多个机器人运行的 680 亿条可行路径，并做出最佳选择。智能控制系统反应速度 0.017 秒，运营效率可提升 3 倍。在无人分拣区，300 个被称为"小红人"的分拣机器人以每秒 3 米的速度往来穿梭，井然有序地进行取货、扫码、运输和投货。若出现常规故障，"小红人"能在短短 30 秒内自动修复；若电量低了，"小红人"会自动移动至充电桩旁边充电。

京东物流首席规划师、无人仓项目负责人章根云从"作业无人化""运营数字化"和"决策智能化"三个层面介绍了无人仓的建设标准。

在作业无人化方面，无人仓要具备三"极"能力，即单项核心指标、设备的稳定性、各种设备的分工协作都要达到极致化的水平。

在运营数字化方面，无人仓需要具备自感知、自适应、自决策、自诊断和自修复的能力。"我们做无人仓其实做的是生物进化论工作。运营的数字化，就是为无人仓装上'大脑''眼睛''胳膊'和'腿'。"章根云说。

在决策智能化方面，无人仓要实现成本、效率和体验的最优。章根云表示，在整个供应链体系中，仓储是核心环节，无人仓的智慧化在于能够驱动上下游的协同决策。它的数据能让上游供应商和下游的配送做到更及时地响应，快速地决策调整。

比较当下的信息技术和设备，人类在内在全局认知、高并发性、深度逻辑和复杂记忆等方面都呈现出一定的局限。人工智能将能够帮助人类突破在这些领域的能力极限，提供全新的生产力。

> **实际案例 12-7** "智慧国土"助力数字中国
>
> 在过去较长的一段时间里，我国的国土资源管理对人的依赖性较强，相关国土资源信息的搜集大多通过工作人员实地考察后进行统计来完成，这种传统的工作模式不仅效率较低，而且需要大量的人力资本投入，一些野外勘测任务还存在着一定的风险。
>
> 智慧国土以国土空间基础信息平台为依托，运用互联网、云计算、大数据和人工智能等技术，利用视频监测技术与 GPS 设备，把自然资源业务数据和视频采集网络进行深度融合，可视、直观、实时且精准，实现了业务管理工作的全覆盖，使建设用地的跟踪监管更加规范有力，土地综合整治监管更加直观透明，规划管控更加科学合理，地籍管理更加规范精准，综合巡查更加便捷高效，形成了新常态下自然资源科技与业务融合、数据与决策融合、管理与服务融合、机制与效能融合的"四位一体"新格局，通过自然资源管理方式的转变，来促进自然资源利用方式的转变。
>
> 智慧国土综合服务平台构建基于"山、水、林、田、湖、草、城"多要素融合的物联网智慧感知服务体系，构筑"天上看、地上查、视频探、网上管"的综合立体监管体系，运用人工智能实现地质灾害监测预警、海洋执法监察预警、土地矿山违法预警、森林防火防盗监控、生物多样性保护和自然资源生态监管。智慧国土以信息化、数字化和智能化推进网络强国、数字中国和智慧社会建设，以"绿水青山就是金山银山"的生态文明建设理念，让服务更高效，让生活更美好！

2. 流程智能

流程智能是指对于现有的工作流程，从数据和算法中揭示流程改进点，定义新的流程参数，从而实现流程优化。

目前，工业流程的实现是确定好参数，让生产线变成"黑灯工厂"。但是如果原料或产品品种发生改变，工艺就需要重做。决策部门需要进行指标调整，再由工程师将其设定在控制系统之中。自动化系统是一种人与信息物理系统融合的系统，也就是人参与的信息物理系统，综合应用信息系统得到的信息与人的感知、认知得到的信息，进行分析和决策。这样的系统存在一定的制约，因为人难以感知动态变化的运行工况，也难以及时处理异构信息。另外，人的决策是有主观性的，不同的人决策不一样，这就不能保证整个生产线是高效、全优的。实现个性定制的高效化、流程工业的全局优化，需要把现在的人和控制系统、装备变成自主系统，把管理系统变成人机合作的决策系统。这样的系统具有感知、认知和决策功能，最终目标是高效化和最优化，企业生产结构和效率将在系统的帮助下发生根本性改变。

数字世界试错成本远低于物理世界，人工智能应用通过在虚拟环境中对数据的改动和优化，帮助企业精准定位流程弱点，找到原本因为人力、脑力和物力等因素限制而无法发现的潜在逻辑和内在联系。

> **实际案例 12-8** 用友精智工业大脑，触手可及的工业智能
>
> 精智工业大脑是用友基于 30 余年以来服务 46 万家工业企业的经验积淀，通过数据连接，将企业核心业务模型与工业机理模型、机器学习算法相融合。通过提供企业核心应用场景的智能算法服务，帮助企业构建行业化、场景化算法工厂，搭建智能创新平台，普及工业智能在制造业中的应用，帮助制造企业实现合理排产、优化配料、质量诊断及故障预测等，让生产更简单，质量更稳定，成本更低廉，决策更科学。
>
> 精智工业大脑重点服务于冶金、化工、建材、能源、机械加工、汽配、离散制造和食品饮料行业，在已经积累的 300 余个业务模型、20 余个工业机理模型和 10 余个数据算法模型基础上，从供、研、产、销等领域提供咨询、数据加工、模型构建及优化运维服务。
>
> 他们的客户中有一家食品行业领先企业，旗下拥有 20 余家生产企业；每家生产企业均有多个卤制锅，每天总生产类别达 70 万种。每个卤制锅生产的产品以及产品圈次均有限制要求。如何选择每一口锅的生产路径，安排优化产能，满足需求并降低成本是企业关心的核心问题之一。精智大脑的智能优化排产算法充分考虑每口锅的限制约束条件，实现在产能均衡、成本最低的条件下，系统自动进行优化指导排产，实现生产效率提升 36%，能耗降低 8.1%。

3. 商业智能

传统的商业智能是指对商业信息进行搜集、管理和分析的过程，目的是使企业决策者获得知识或洞察力，支持他们做出对企业更有利的决策。商业智能一般由数据仓库、联机分析处理、数据挖掘、数据备份和恢复等部分组成。商业智能的实现涉及软件、硬件、咨询服务及应用，其基本体系结构包括数据仓库、联机分析处理和数据挖掘三个部分。

区别于传统商业智能，现阶段的商业智能通过将人工智能核心技术与大数据、机器人流程自动化（RPA）以及运筹学等技术相结合，促进商业中各领域在产品创新与服务升级等方面实现转型升级。所以，人工智能视角下的商业智能，是指利用人工智能和大数据，建立数据智能驱动的新商业模式。人工智能可以帮助企业精准匹配用户需求和业务需求，利用用户画像、知识管理和机器学习等技术创新商业模式。此外，在产品生产设计方面，"人工智能+数据+产品生产与设计"的智能化、自动化服务，将使得企业建立更具前瞻性的商业模式。在需求分析方面，不仅仅依靠客户告诉企业他们的需求，人工智能可以基于用户的购买习惯乃至场景信息来决定未来应该做什么产品，为顾客提供新产品和新服务；同时，借助人工智能可以快速梳理出产品设计和生产的迭代方向和改进点，从而彻底改变商业的运作模式，将传统的大众市场（mass market）优化成为单人市场（market of one）。除此之外，

越来越多的企业和人工智能从业人员认识到，人工智能必须要与产业知识、产业经验和产业特点相结合，真正具备产业所需要的技能和能力，实现产业 AI 化。因此，越来越多的人工智能提供商开始深入场景需求，与行业从业者合作来提供跨技术解决方案。

> **实际案例 12-9** "大数据 + 人工智能"助力精准诊疗实现
>
> 北京大学肿瘤医院医学影像科副主任崔湧在接受媒体采访时表示，国内外对于"大数据 + 人工智能"模式在医学临床应用的研究正在逐步深入，计算机对某些疾病的影像诊断水平已达到专家水准，未来或为实现精准诊疗、保障大众健康带来突破性进展。
>
> 作为影像学领域的专家，崔湧三次被派往拉萨市人民医院进行为期一年的对口援助工作，帮助该院影像科室更好地掌握核磁共振诊断技术。
>
> "来到西藏，才切实感到不同地区间医疗水平的差异。其中的原因不只是设备的差异，更重要的是人才的差异。"崔湧介绍，近年来由于国家和地方的大力支持，西藏地区的医疗设备水平和其他地区的差距正在逐步缩小，但医疗人才的培养周期要长得多。
>
> "培养一个医疗专家，没有十几年的专业训练是难以做到的。在这方面，'大数据 + 人工智能'模式不受人的学习规律局限，有可能在短时间内完成一个人多年的学习进步过程，培养'速成专家'，而且可以无限复制，使边远地区具有很多同水平'专家'。"崔湧认为，未来如果这个模式能广泛应用，对于提升边远地区的医疗水平、改善当地群众健康将发挥巨大作用。
>
> 但由于"大数据 + 人工智能"模式目前还处于研究阶段，应用在临床上还需时日，而另一种模式——"远程医疗"在现阶段更为切实可行。"对于一些内科疾病患者，远程医疗的作用很大，既可以免除患者的长途奔波，同时也让当地医生在此过程中接受了大专家的临床培训指导，提高了诊疗水平。"崔湧表示，对于需要手术的外科患者，鉴于远程手术系统尚未成熟、费用昂贵等原因，患者往往还要到其他地区接受治疗。

12.3 中国的人工智能产业化与产业人工智能化

12.3.1 人工智能产业政策

人工智能作为第四次工业革命的核心驱动力，将在很大程度上影响未来社会和经济发展，世界上主要的国家和经济体都抓紧布局人工智能，将其提升至国家战略层面。2016 年 10 月，白宫科技政策办公室（Office of Science and Technology，OSTP）国家科学技术委员会（National Science and Technology Council, NSTC）发布《为人工智能的未来做准备》以及《国家人工智能研究与发展战略计划》两份重要报告，正式将人工智能上升到美国国家战略层面。2018 年 4 月，欧盟委员会发布政策文件《欧盟人工智能》，提出将采取财政支持、教育培训和道德准则三管齐下的方式推动欧洲人工智能的发展，2018 年 12 月，欧盟发布主题为"人工智能欧洲造"的《人工智能协调计划》，除明确人工智能的核心倡议外，还包括了具体的项目。

作为世界第二大经济体，我国在人工智能研发和商用人工智能产品方面，正在缩小和美国的差距，中国现在已经是全球人工智能"两巨头"之一。主要指标包括：全球人工智能研究论文发表和引用世界第一；AI 专利中世界第一；AI 风险投资中世界第一；AI 公司数量世界第二；AI 人才世界第二。

这一切都离不开我国政府对人工智能发展的高度重视与战略布局。截至 2019 年，我国已发布了人工智能的多项政策和战略，加强顶层设计，加快推动人工智能产业体系建立。

1. 战略层面

党的十九大报告明确提出："建设现代化经济体系，必须把发展经济的着力点放在实体经济上，把提高供给体系质量作为主攻方向，显著增强我国经济质量优势。加快建设制造强国，加快发展先进制造业，推动互联网、大数据、人工智能和实体经济深度融合，在中高端消费、创新引领、绿色低碳、共享经济、现代供应链、人力资本服务等领域培育新增长点、形成新动能。"

2018 年，习近平总书记在主持中共中央政治局人工智能发展现状和趋势第九次集体学习时强调，人工智能是新一轮科技革命和产业变革的重要驱动力量，加快发展新一代人工智能是事关我国能否抓住新一轮科技革命和产业变革机遇的战略问题。要深刻认识加快发展新一代人工智能的重大意义，加强领导，做好规划，明确任务，夯实基础，促进其同经济社会发展深度融合，推动我国新一代人工智能健康发展。他强调，人工智能是引领这一轮科技革命和产业变革的战略性技术，具有溢出带动性很强的"头雁"效应。在移动互联网、大数据、超级计算、传感网以及脑科学等新理论新技术的驱动下，人工智能加速发展，呈现出深度学习、跨界融合、人机协同、群智开放以及自主操控等新特征，正在对经济发展、社会进步和国际政治经济格局等方面产生重大而深远的影响。加快发展新一代人工智能是我们赢得全球科技竞争主动权的重要战略抓手，是推动我国科技跨越发展、产业优化升级、生产力整体跃升的重要战略资源。

在《中华人民共和国国民经济和社会发展第十四个五年规划和 2035 年远景目标纲要》的第二篇"坚持创新驱动发展 全面塑造发展新优势"中，明确提出，在事关国家安全和发展全局的基础核心领域，制定实施战略性科学计划和科学工程。瞄准人工智能、量子信息、集成电路等前沿领域，实施一批具有前瞻性、战略性的国家重大科技项目。并给出具体的科技前沿领域攻关，包括：前沿基础理论突破，专用芯片研发，深度学习框架等开源算法平台构建，学习推理与决策、图像图形、语音视频和自然语言识别处理等领域创新。为此，文件还提出要以国家战略性需求为导向，推进创新体系优化组合，加快构建以国家实验室为引领的战略科技力量，聚焦诸如人工智能等重大创新领域，组建一批国家实验室重组国家重点实验室，形成结构合理运行高效的实验室体系。在产业领域，文件提出要深入实施智能制造和绿色制造工程，发展服务型制造新模式，推动制造业高端化智能化绿色化。在加快建设新型基础设施的主题上，文件提出要围绕强化数字转型、智能升级、融合创新支撑布局建设信息基础设施、融合基础设施和创新基础设施等新型基础设施。凡此种种，都体现了以习近平同志为核心的党中央对人工智能给予了突出重视。

2. 战术层面

2017年7月，国务院颁布了《新一代人工智能发展规划》，该计划是所有国家人工智能战略计划中最为全面的，包含了研发、工业化、人才发展、教育和职业培训、标准制定和法规和道德规范与安全等各个方面的战略，目标是到2030年使中国人工智能理论、技术与应用总体达到世界领先水平，成为世界主要人工智能创新中心。

同年12月，《促进新一代人工智能产业发展三年行动计划（2018—2020年）》发布，以信息技术与制造技术深度融合为主线，以新一代人工智能技术的产业化和集成应用为重点，推进人工智能和制造业深度融合，加快制造强国和网络强国建设。

在人才配备方面，2018年4月，教育部印发《高等学校人工智能创新行动计划》，从"优化高校人工智能科技创新体系""完善人工智能领域人才培养体系"和"推动高校人工智能领域科技成果转化与示范应用"三个方面提出了18条重点任务，着力推动高校人工智能创新。

在技术开发方面，2018年10月，科技部启动"科技创新2030—'新一代人工智能'"重大项目，在新一代人工智能基础理论、面向重大需求的关键共性技术和新型感知与智能芯片等3个技术方向启动16个研究任务，拟安排国拨经费概算8.7亿元。

在产业创新方面，2018年11月，工业和信息化部发布《新一代人工智能产业创新重点任务揭榜工作方案》，要求在17个方向及细分领域，开展集中攻关，重点突破一批创新性强、应用效果好的人工智能标志性技术、产品和服务。具体包括：在智能产品方面，选择智能网联汽车、智能服务机器人、智能无人机、医疗影像辅助诊断系统和视频图像身份识别系统等产品作为攻关方向；在核心基础方面，选择智能传感器、神经网络芯片和开源开放平台等开展攻关；在智能制造关键技术装备方面，选择智能工业机器人、智能控制装备、智能检测装备和智能物流装备等进行揭榜攻关；在支撑体系方面，选择高质量的行业训练资源库、标准测试、智能化网络基础设施和安全保障体系等作为揭榜攻关任务。

之后的国家部委政策更加聚焦人工智能的落地。2019年8月科技部发布了两项工作指引，《国家新一代人工智能开放创新平台建设工作指引》聚焦人工智能重点细分领域，充分发挥行业领军企业、研究机构的引领示范作用，有效整合技术资源、产业链资源和金融资源，持续输出人工智能核心研发能力和服务能力，开放创新平台建设可以整合行业技术、数据及用户需求等方面资源，以普惠应用的方式细化产业链层级，助力人工智能产业生态的构建。《国家新一代人工智能创新发展实验区建设工作指引》明确提出要依托地方开展人工智能技术示范、政策试验和社会实验，指出"应用牵引、地方主体、政策先行、突出特色"的四项建设原则，以及"服务支撑国家区域发展战略、以城市为主要建设载体"的两大总体布局。

2020年7月，中央网信办、国家发展改革委和科技部等部委联合发布《国家新一代人工智能标准体系建设指南》，提出到 2023 年，初步建立人工智能标准体系，重点研制数据、算法、系统和服务等重点急需标准，并率先在制造、交通、金融、安防、家居、养老、环保、教育、医疗健康和司法等重点行业和领域进行推进。建设人工智能标准实验验证平台，提供公共服务能力。

可以看出，从人工智能发展理念的树立、发展重要性的明确，到人工智能发展的全方位支撑体系建立，我国逐步构建了完善的政策体系，为我国人工智能发展提供了强有力的动力。

12.3.2 人工智能产业化

如图 12-1 所示，人工智能的产业链生态可以分为基础层、技术层和应用层。基础层侧重人工智能所需的基础设施和服务；技术层侧重核心技术的研发；应用层则注重人工智能技术的应用落地。

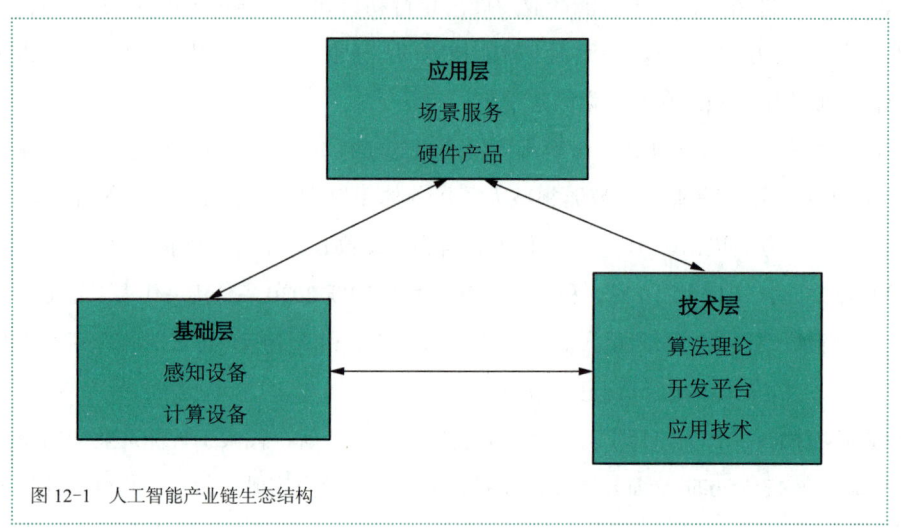

图 12-1　人工智能产业链生态结构

基础层为人工智能提供数据及算力支撑。感知设备主要包括以双目摄像头和模组摄像头为代表的摄像头设备，以及以激光雷达、麦克风阵列等为代表的传感器设备。云计算、云存储等云端服务为人工智能提供了核心计算能力，同原有的 CPU 一起，GPU、FPGA 和 ASIC 等各种硬件开发和升级将有效支持人工智能的高速运算需求。

通过对人工智能上市企业的经营数据统计，2019 年我国人工智能基础层上市企业前三季度的营收达到约 1 967 亿元，净利润达到 177 亿元，保持较好的盈利状态。2018 年及 2019 年的营收和净利润增长率相较之前两年有所放缓，特别是与 2016 年的爆发期相比，产业发展趋于稳定，盈利模式基本形成，如图 12-2 所示。

技术层是人工智能产业的核心。在算法理论方面，已有的数学模型被重新发掘价值，包括图模型、图优化、神经网络深度学习和增强学习等新兴的算法，为人工智能的其他技术开发和应用提供了理论支撑，相应的系统平台则将人工智能的算法形成工具和应用，为用户提供综合的智能化服务。应用技术则是指人工智能的细分领域，包括计算机视觉、自然语言、理解智能和语音等。

2019 年技术层上市企业净利润，相对于人工智能总体净利润占比有所上涨，部分技术层企业开

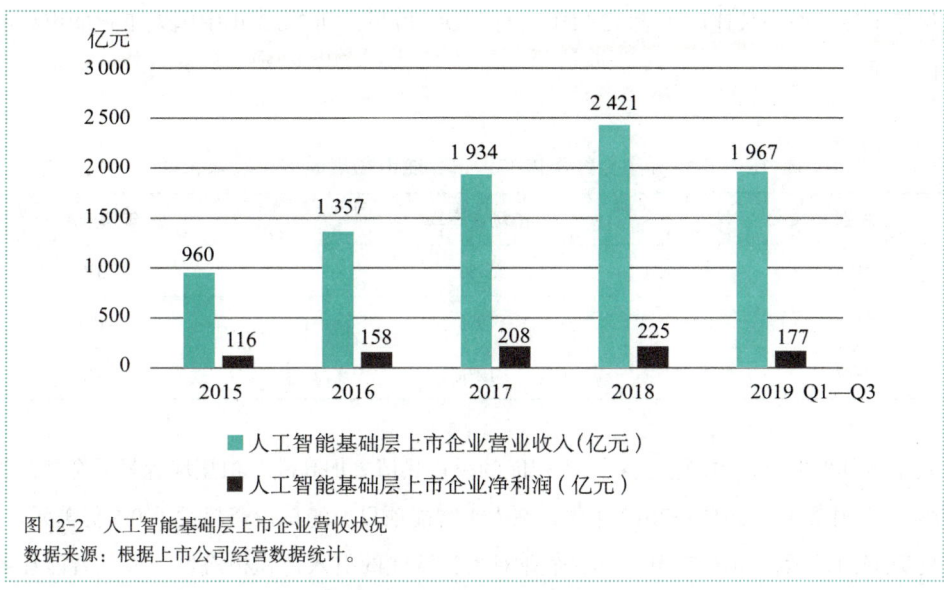

图 12-2　人工智能基础层上市企业营收状况
数据来源：根据上市公司经营数据统计。

始逐渐形成稳定的商业模式，实现盈利。由于技术应用的不断成熟，应用层企业对技术的需求增加，技术层企业开始具有更多的商业话语权。《中国新一代人工智能科技产业发展报告（2019）》数据显示，截至 2019 年 2 月，中国人工智能企业布局侧重应用层和技术层，应用层人工智能企业占比最高，为 75.20%；技术层居第二位，占比为 22.00%；基础层企业占比最少仅为 2.8%。

应用层是人工智能产业的延伸，和需求形成相应的软硬件产品或者是解决方案，其中场景服务可以包括智慧城市、智慧医疗、智能交通、智能家居、智能零售、智慧金融、智慧工厂、智慧农业和智慧教育等等。而在硬件产品方面则主要包括智能机器人、无人系统和相关的智能硬件等。

应用层在产业表现上形成了百花齐放的局面。智慧教育、智慧城市和智慧医疗等应用领域均有亮眼表现。

人工智能政策支撑力度强，配套措施到位，行业投资事件频繁，这些利好条件进一步带来了市场规模迅速发展。自 2015 年开始，中国人工智能产业规模逐年上升，据中国信通院数据，2015 年到 2018 年复合平均增长率为 54.6%，高于全球平均水平（约 36%）。

我国有着人工智能产业奋力前进的诸多企业。赛迪研究院发布《2019 赛迪人工智能企业百强榜研究报告》，报告从基础指标、企业成长性、创新能力和团队能力四个维度进行定量评比，对 700 余家中国人工智能主流企业进行定量评估，分别评选出 2019 人工智能企业综合实力百强、成长能力百强和创新能力百强企业。这百强企业当中，既包括以 BAT 为代表的互联网行业巨头，也包括华为、小米等工业巨头，还包括商汤、寒武纪及旷世等人工智能的新锐企业。

12.3.3　产业人工智能化

根据 IDC 的数据，2019 年全球人工智能市场规模将达到 375 亿美元。在全球排位中，中国市场份额仅次于美国和西欧，占到全球的 12%，成为全球第二大人工智能单一市场，而且中国人工智能市场的规模保持了极高的增长速度（表 12-1）。根据 IDC 预测，到 2023 年中国人工智能市场的规模将达到 979 亿美元。

表 12-1 世界主要经济体的人工智能市场规模占比及增长率

国别	市场占有率	年增长率
美国	57%	26%
西欧	19%	41%
中国	12%	64%

相比较全球其他地方，中国企业对人工智能的投资热情更加高涨。根据埃森哲的全球高管调研显示，有 49% 的中国企业在 2017—2019 年内，在人工智能项目上的总投资超过了 0.5 亿美元。

IDC 的数据则显示，2019 年中国行业企业对人工智能的引入持积极态度，人工智能在各行业中被广泛采用，许多重点行业基本已经具备一年以上的 AI 应用经验，尤其是互联网和信息服务行业采用 AI 更早，受访的中国企业普遍认为人工智能的引入能够给行业带来机遇和转变，所以积极投入 AI 项目。在 2019 年，有大约 8% 的金融行业用户在 AI 项目上有超过亿元人民币的投入，千万元以上的投资占比达到了 20%。

中国各个行业和企业在人工智能市场的持续投入，推动了产业智能化的发展。根据阿里云研究中心的数据，政务行业在云上 AI 的投入最多，应用份额占比超过 50%，其他依次为互联网行业、零售行业、工业制造行业、金融业和教育科技。

根据阿里云研究中心的"云上 AI 指数"，机器学习成为云上行业最主要的 AI 应用核心技术，画像分析、营销和推荐引擎是常见的机器学习系统，被广泛应用到各种行业场景中。在零售业、工业制造和政务三大行业当中，机器视觉成为应用的主角；互联网及文化教育和科技行业则更加侧重语音识别，充分利用智能客服及智能语音系统，构建下一代的智能问答系统，提升人机交互体验；金融领域主要应用自然语言处理和基于自然语言处理的知识图谱进行智能风控与反欺诈、金融舆情分析和行情预测分析，并结合大数据做好预测和预警，从而助力智能金融迈向新的台阶。

1. 我国人工智能推广现状及原因

根据埃森哲技术展望的调研显示，有 89% 的中国企业认为人工智能在自己企业当中的推广速度落后于该技术的发展速度，这一比例远高于全球平均值 77%。因此，正视中国人工智能产业化面临的挑战，是中国人工智能产业化走向更高阶段的重要任务。

根据 IDC 的调研，目前我国企业部署人工智能应用所面临的挑战来自人员、数据等多个方面。我国有超过 50% 的企业认为缺乏相应的技术人员是部署人工智能最大的挑战。企业要想有效并规模化部署人工智能，必须将多学科团队全面植入组织当中，这个多学科团队通常需要由首席人工智能官、首席数据官或首席数据分析官加以领导，包括数据科学家、数据建模师、人工智能工程师、可视化专家以及数据质量分析、培训和宣传等领域的专业人士，此外，要想有效的推进人工智能系统，必须保证企业员工绝大多数都接受过正规的人工智能培训，充分知晓如何在工作当中正确地理解和运用人工智能。

缺乏高质量的数据集也是我国企业应用人工智能的重大挑战之一。有效部署人工智能需要做到拥有精确的大型数据集，同时能够有效整合内外部数据，能够获取和整合各种不同的数据源，并选择恰当的 AI 工具来进行数据管理。我国企业拥有数据资源的优势，但是需要优化数据治理，建立有效的数据质量、数据管理和数据治理的框架。并利用恰当的人工智能工具来管理数据，这一类的工具包含云数据湖、具备管理和治理功能的数据工程或数据科学工作台等。

从管理的角度，我国企业人工智能应用举步维艰主要有以下两大原因：首先是企业无法有序地将人工智能的项目从概念验证向生产阶段顺利推进；其次，由于企业对人工智能整体发展和已经问世的商品化人工智能解决方案了解不足，导致企业往往从零开始进行 AI 应用开发和部署。

2. 人工智能未来发展趋势

展望人工智能行业应用的未来，可能存在以下的发展趋势。

（1）人才技能增强。预计到 2024 年有 3/4 的企业将会加强员工培训，以满足 AI 应用所带来的新技能需求和工作方式的转变。

（2）数据智能。到 2023 年，将会有超过一半的组织选择数据智能来统一数据获取、探索和分析过程中的数据，以提高应用开发过程和业务结果统计过程中数据的透明度和可信度。

（3）非结构化数据转化。越来越多的数据驱动型组织会将大量非结构化数据进行转化应用，推动自适应决策和数据驱动工作流的自动化。

（4）超级个性化应用发展。客户体验应用通过持续结合各种数据和创新的强化学习算法，将会实现超级个性化。

（5）AI 边缘应用。到 2024 年，将有超过一半的计算机视觉和语音识别模型，在边缘端运行。

（6）AI 按价值收费。到 2024 年，人工智能将成为各个业务环节不可或缺的一部分，人工智能解决方案将按价值收费，从而推动大规模的创新，实现巨大的商业价值。

本章小结

1. 人工智能的基本概念。明斯基提出人工智能是一门使机器做那些人需要通过智能来做的事情的科学。尼尔森认为人工智能是关于知识的科学，所谓知识的科学就是研究知识的表示、获取和运用。人工智能根据概念的不同功能，分为三个流派：专注于实现 AI 指名功能的人工智能流派，称为符号主义；专注于实现 AI 指心功能的人工智能流派，称为连接主义；专注于实现 AI 指物功能的人工智能流派，称为行为主义。三个流派的融合是大势所趋。

2. 电子商务对人工智能兴起的推动。互联网应用推进了人类需求和供给信息的数字化表达，需求和供给信息的广泛数字化推动了生产和管理活动的数字化。大规模的数字化供需表达和匹配，以及数字化资源配置，强烈呼唤人工智能这样强大技术的到来。互联网企业在人工智能浪潮的兴起和落地当中也承担着示范效用、落地场景、社会推广效应和云服务等重要角色。

3. 人工智能的企业价值创造。人工智能的全面发展能够为企业创造新的巨大的价值，包括运作智能、流程智能和商业智能。运作智能也称单点智能，是指用人工智能技术应用替代相应的运作层活动，达到提升工作效率的目标。具体包括知识自动化、机器智能化和能力突破化。流程智能是指对于现有的工作流程，从数据和算法中揭示流程改进点，定义新的流程参数，从而实现流程优化。现阶段的商业智能通过将人工智能核心技术与大数据、机器人流程自动化（RPA）和运筹学等技术相结合，促进各商业领域在产品创新与服务升级等方面实现转型升级。

4. 人工智能产业政策。习近平总书记强调，人工智能是新一轮科技革命和产业变革的重要驱动力量，加快发展新一代人工智能是事关我国能否抓住新一轮科技革命和产业变革机遇的战略问题。党中央、国务院推出《新一代人工智能发展规划》等系列政策，积极推动人工智能的发展，各个部委也从科技发展、人才培养、产业创新、领域落地和标准制订等方面全方位推进我国人工智能的发展。

5. 人工智能产业化和产业人工智能化。人工智能的产业链生态可以分为基础层、技术层和应用层。基础层侧重人工智能所需的基础设施和服务，技术层侧重核心技术的研发，应用层则注重人工智能技术的应用落地。中国企业对人工智能的投资热情高涨，目前我国企业部署人工智能应用所面临的挑战来自人员、数据等多个方面。

课后习题

1. 人工智能的定义是什么？
2. 概念的三个功能是什么？
3. 人工智能的三个流派是什么？它们的发展是各自独立还是走向融合？
4. 当前人工智能涵盖的主要学科有哪些？
5. 电子商务、互联网行业和数字经济对人工智能再一次兴起提供了怎样的推动力？
6. 互联网企业在这次人工智能浪潮中充当了怎样的角色？
7. 人工智能为企业创造价值的三个层次是什么？
8. 习近平总书记对我国人工智能发展的战略强调了什么？
9. 我国对人工智能发展提供了哪些方面的政策支持？
10. 人工智能产业链的结构是什么？代表性的企业有哪些？
11. 我国目前产业人工智能化的进展如何？还有哪些挑战？

章后案例

人工智能何时摆脱"增长陷阱"[1]

人工智能企业掉入"增长陷阱",正是因为缺少应用场景和成熟的商业模式。相关企业要想抢占先机,必须将技术能力转化为商业能力,拿出真实的落地数据和商业化方案,让盈利能力匹配估值。

与一级市场曾经备受追捧不同,国内人工智能企业2021年以来纷纷在上市道路上遭遇"滑铁卢"。即使是行业中的佼佼者,人工智能"四小龙"的上市之路也走得颇为艰辛。曾经资本追捧的"小甜甜",一度变成"牛夫人"。AI四小龙各有特色,目前商汤科技侧重从技术底层设施引领行业发展,在计算机视觉软件市场,商汤科技市场占用率为第一;旷视科技主要打造物流场景下的智能方案;依图科技集中于垂直整合;云从科技在国内银行人脸识别产品上优势更明显。

2021年11月23日,据港交所文件,AI企业商汤科技通过港交所上市聆讯,联席保荐人为中金公司、海通国际和汇丰银行。该公司预计很快会在港交所上市,IPO计划募资10亿美元,其中60%将用于公司研发投入。依图科技在2019年在港交所递交上市申请,当时被认为可能成为AI四小龙中第一个上市的公司,然而其在港股上市申请一直未被通过。2021年7月2日,依图科技又主动申请撤回科创板上市申请。2019年,旷视科技也向港交所提交了上市申请,但此后一直没有动静。此后,旷视科技转战科创板。2021年3月,该公司科创板IPO申请获得受理。云从科技稍微幸运一点,在2021年7月提交科创板申请,随后10月获批,该公司已经上市在即。

事实上,人工智能企业之所以上市难,关键在于高研发投入一直伴随着高亏损,盈利成为众多人工智能企业始终绕不过去的一道坎。由于人工智能研发成本高昂,高额的研发投入如果长期无法看到回报,投资人的资金存在"打水漂"的风险。

2020年7月20日,"AI芯片第一股"寒武纪(688256,SH)于科创板上市,当时总市值约600亿元。但一年之后,寒武纪的市值已经跌去一半,仅为344亿元。商汤科技称,受研发成本高昂影响,公司亏损不断扩大。招股书显示,2018—2020年及2021年上半年,商汤科技年度亏损净额分别为人民币34.32亿元、49.6亿元、121.58亿元及37.12亿元,合计亏损242亿元。云从科技,2018—2020年分别亏损2亿元、17.63亿元、7.21亿元,三年合计亏损27亿元,即使扣非后亏损也有13.52亿元,2020年收入还同比下降6.51%;旷视科技,2018—2020年Q3扣非归母净利润分别为-5.65亿元、-12.49亿元、-10.39亿元,3年内亏损28.4亿元,三年收入亏没了;依图科技,2018年—2020年中扣非归母净利润为-6.51亿元、-9.99亿元、-4.49亿元,亏损比收入还多。

---

[1] 经济日报 | 2021年08月06日(https://jingji.cctv.com/2021/08/06/ARTId3WaeiEPt5TRdoit45Et210806.shtml),有修改。

AI 四小龙都很相似，目前主要客户是政府和企事业单位。旷视科技 G 端占营收比居同行业最高，主要集中在城市物联网以及消费物联网（云端 SaaS 和移动终端类）建设，占比达到 57%。商汤的四大业务中，智慧城市业务收入占比是最高的，2018—2021 年中收入占比分别为 28.6%、41.9%、39.7%、47.6%，这些收入依赖于政府部门的采购与支出，属于 To G 业务。但是由于公共部门客户付款周期往往较长，资金回笼容易成为压死骆驼的稻草。

从更深层次来看，人工智能企业的盈利困局只是表象，背后反映出企业仍然难以推动人工智能技术走出实验室，与教育、金融、医疗、物流以及能源等产业深度融合，切实解决生产生活中的痛点，体现技术价值，增强用户感知，从而真正赢得市场认可。

在互联网产业红利逐渐消退的当下，人工智能被看作是重新激活数字经济潜能的"金钥匙"，人工智能产业的主导权也成为全球主要国家争夺的焦点。从层次上划分，人工智能主要有基础层、技术层和应用层三层。和欧美相比，中国近年来在基础支撑、科技研发等方面表现突出。中国科学技术信息研究所发布的《2020 全球人工智能创新指数报告》显示，中国人工智能创新指数在参评国家中排名第二，仅次于美国。

但技术研发的强大无法掩盖商业应用上的羸弱，人工智能企业掉入"增长陷阱"，正是因为缺少应用场景和成熟的商业模式。以人工智能"四小龙"为例，其创始团队大多为科学家出身，企业基因更倾向于技术研发，在商业化上始终走得磕磕绊绊。然而，产业持续发展需要源源不断的资金投入。在产业发展早期可以依靠输血，但长期发展必须增强造血能力，只有赚到"真金白银"才是产业可持续发展的关键保障。

当前，人工智能产业已经从技术探索走向规模商用阶段，相关企业要想抢占先机，必须将技术能力转化为商业能力，拿出真实的落地数据和商业化方案，让盈利能力匹配自己的估值。从第三方统计数据来看，当前人工智能应用较多的领域包括安防、金融、教育、客服、交通和医疗等。未来，人工智能企业要想建立竞争优势，必须拥有在这些专业领域的数据积累以及场景化的落地能力。以医疗行业为例，短期来看，相关企业亟须提升人工智能产品的成熟度，包括 CT 影像识别、视网膜病变筛查等，仍需要依靠不断的产品迭代来提升诊断的可靠性和稳定性。

此外，人工智能的广泛运用也引发了人们对于数据安全的担忧。2021 年央视"3·15"晚会上，部分商家安装人脸识别摄像头抓取个人信息问题被曝光，反映出人工智能的崛起的同时，遇到了伦理道德、法律法规等问题。

在央视的报道中，科勒卫浴等商家在众多门店安装了人脸摄像头，无须用户同意就将人脸信息记录下来，并对客户进行分类。据曝光，科勒卫浴门店中安装有具有人脸识别功能的摄像头，在顾客不知情的情况下，抓取人脸数据，生成人脸 ID。

从报道来看，提供人脸识别摄像头的企业至少有四家，分别是万店掌、悠络客、雅量科技、瑞为信息等。2021 年"3·15"晚会披露，苏州万店掌网络科技有限公司具有"人脸识别"功能的摄像头，可识别监控内人的性别、年龄，甚至用户心情。

从这些企业透露的信息来看，他们的客户中，规模较大的至少有上万家分店，销量已经上百万元，其中一家公司表示他们掌握的人脸信息至少上亿条，规模非常大，很多人的信息在无意中已经被这些商家窃取了。

对此，企业必须要建立健全全流程数据安全管理制度，履行网络安全等级保护制度设置的相应义务，在法律、法规规定范围内收集和使用数据。同时，配套的法律法规和监管也须跟上人工智能的发展进度。

"AI 落地是一个知易行难的过程。数据是制约 AI 成功落地的一大因素。因为 AI 依赖数据训练基础算法。获得有意义的高质量数据，对于 AI 落地成功至关重要。如果缺少统一、标准化、高质量的数据，AI 应用可能就是无米之炊、无源之水。"远望智库人工智能事业部部长、图灵机器人首席战略官谭茗洲在接受科技日报记者采访时表示。比如在制造行业，"该行业产生了大量的数据，数据质量和数据管理问题非常重要。"谭茗洲指出，但是制造业的数据可能是有偏差的、过时的，甚至是充满错误的。尤其是在生产车间这种繁重的制造环境中，极端、恶劣的操作条件下收集的数据。此外，数据的风险和合规因素也不容忽视。"AI 让企业开始习惯于大量依赖机器帮忙做决策。在这个过程中会带来隐私保护、AI 可信度、伦理和社会的问题等，这些都是 AI 在落地过程中需要解决的。"谭茗洲强调，规模化也是一大难题。大多数企业的 AI 创新都是点状的、实验性质的和局部的创新，缺少规模化、商业化和运行态的布局。

思考题

1. 结合案例中四小龙的情况，试着总结人工智能企业目前面临着怎样的困难？
2. 结合案例，你认为人工智能企业落地困难的主要原因有哪些？
3. 结合案例，试着总结人工智能面临的数据挑战有哪些？
4. 对于案例中涉及的隐私保护问题，你有什么看法？
5. 试着分析商汤科技的业务开展情况，针对这家公司的运营，你能提出什么样的商业对策和思路？

13 区块链

学习目标

- ✓ 了解区块链的定义
- ✓ 理解区块链的特征
- ✓ 了解区块链应用的发展历程
- ✓ 理解区块链的三种类型及其特点
- ✓ 了解我国的区块链政策发展状况
- ✓ 了解我国区块链产业的发展状况
- ✓ 了解我国产业区块链化的状况及其内在逻辑

先导案例

全国首个区块链发展先导区落户苏州[1]

2021年12月7日,《华夏时报》记者从苏州市工信局获悉,工信部在11月25日正式函复江苏省工信厅,支持苏州开展区块链发展先导区创建工作。苏州成为全国首个正式获批创建的国家区块链发展先导区。

在业内人士看来,苏州之所以能"拔得头筹",此前已有迹可循。2021年6月,工信部等多部委联合印发《关于加快推动区块链技术应用和产业发展的指导意见》,鼓励地方结合"监管沙盒"理念打造区块链发展先导区,苏州积极参与创建。

工信部在11月25日正式函复《江苏省工业和信息化厅关于恳请支持苏州市创建国家区块链发展先导区的请示》的内容显示,支持苏州市开展区块链发展先导区创建工作。工信部希望江苏省、苏州市抓住区块链技术及应用快速发展的契机,基于已有产业基础和独特区位优势,结合长三角一体化发展战略,完善顶层设计,明确发展方向,出台落实措施,推动区块链在实体经济和民生服务等重点场景应用落地,壮大产业主体,培育良好生态,加快区块链产业创新发展。

区块链作为我国核心技术自主创新的重要突破口,被列为国家七大数字经济重点产业之一。而苏州先前就制定出台了《关于加快推动区块链技术和产业创新发展的实施意见(2020—2022)》,这份三年规划也确立了现在苏州区块链"一核、两区、两带"发展空间格局。

苏州区块链产业三年发展目标是:以服务经济社会转型升级为主题,以赋能各领域融合发展为主线,以数字金融、智能制造、政务服务、供应链管理和数字资产交易等应用场景融合创新为重点,力争到2022年,市区块链领域技术创新能力大幅提升,关键技术达到国内领先水平,产学研协同创新成效显著。在具体目标方面:引进培育2~3家国内领先且具有核心技术的区块链龙头企业;建成8~10个区块链公共服务平台;打造1~2个省级以上区块链产业园区,2~3个市级区块链产业特色园区;力争实现全市区块链核心产业营业收入超10亿元,服务各领域企业规模超1 000亿元,建设成为全国有影响力的区块链示范应用的先行区、产业发展的新高地、技术创新的领跑者、标准体系的策源地和体制机制的试验田。

截至目前,苏州已集聚了以苏州市相城区块链科技有限公司、苏州同济区块链研究院有限公司和江苏通付盾科技有限公司等为代表的区块链企业160家,带动相关技术应用企业近300家,30家企业入选江苏省区块链重点企业库,完成中央网信办区块链信息服务备案项目38个,占全省备案总数的44.4%。今年《中国城市区块链发展水平评估白皮书》显示,苏州已从2019年的第18名,跃升至2021年的第4名,区块链产业综合实力快速上升。

苏州高度重视区块链技术与应用场景的深度融合发展,在央行数字货币流通、科技金融、工业互联网、

---

[1] 资料来源:华夏时报,2021年12月7日,有删节。

政务管理和医疗等多个领域探索了 40 余个典型应用场景。

12 月 7 日,苏州在区块链技术场景应用上公布了一项最新"成果":该市搭建的以公证业务为主导的"1+10+N"区块联盟链"苏州公证链",目前已保存 116 063 个区块,存证数量达 674 262 条。并且以"苏州公证链"为支撑,苏州陆续推出了区块链摇号系统、行政执法全过程记录、昆山赋强公证平台、"苏城存证"App 和"关证一链通"保税货物公证辅助销毁处置五项"区块链+公证"应用产品,涵盖了疫情防控、复工复产、行政执法和普惠金融等多个领域。

与区块链技术应用于政务方面场景相比,作为苏州另外一个发力区块链产业的领域——民生领域的场景同样不落下风。在 2021 年 6 月举行的 2021 年苏州高新区区块链产业发展峰会上,苏州高新区就发布了基于区块链的智慧园区综合服务平台、共享分布式认知工业互联网公共服务平台等十大区块链应用场景发布,更多的区块链应用正在加速走入百姓生活。

苏州高新区党工委副书记、管委会主任毛伟表示:区块链应用场景落地,驱动产业能级提升,近年来苏州高新区加快发展以区块链为核心技术的数字产业,到 2022 年将形成产值突破 600 亿元的数字经济产业链。

区块链起源于比特币,近年来,世界各地对比特币的态度起起落落,但作为比特币底层技术之一的区块链技术日益受到重视。2019 年 10 月 24 日,在中央政治局第十八次集体学习时,习近平总书记强调"把区块链作为核心技术自主创新的重要突破口""加快推动区块链技术和产业创新发展"。"区块链"已走进中国大众视野,引发了全社会的关注。我国"十四五"规划纲要圈定了七大数字经济重点产业,区块链与云计算、大数据、物联网、工业互联网、人工智能、虚拟现实和增强现实一起成为中国数字经济发展规划中的重要关切点。

13.1 区块链概要

13.1.1 区块链基本概念

2008年11月1日，中本聪（Satoshi Nakamoto）发表了题为 *Bitcoin: A Peer-to-Peer Electronic Cash System*（《比特币：一种点对点的电子现金系统》）的论文，借鉴哈希·现金（Hash cash）的思路将区块串联在一起作为比特币的核心组件，宣告了区块链的诞生。2009年1月3日，区块链由论文走向现实，第一个序号为0的创世区块诞生，2009年1月9日出现序号为1的区块，并与序号为0的创世区块相连接形成了链，标志着现实世界中的区块链诞生。

根据2016年我国工信部发表的《中国区块链技术和应用发展白皮书（2016）》的定义，狭义来讲，区块链是一种按照时间顺序将数据区块以顺序相连的方式组合成的一种链式数据结构，并以密码学方式保证的不可篡改和不可伪造的分布式账本。广义来讲，区块链技术是利用块链式数据结构来验证与存储数据、利用分布式节点共识算法来生成和更新数据、利用密码学的方式保证数据传输和访问的安全，并利用由自动化脚本代码组成的智能合约来编程和操作数据的一种全新的分布式基础架构与计算范式。

1. 区块链技术设想的五个特征

（1）去中心化。去中心化是指由于区块链使用分布式核算和存储，不存在中心化的硬件或管理机构，任意节点的权利和义务都是均等的，系统中的数据块由整个系统中具有维护功能的节点共同维护。

（2）开放性。开放性是指区块链系统是开放的，除了对交易各方的私有信息进行加密，区块链数据对所有人公开，任何人都能通过公开的接口，对区块链数据进行查询，并能开发相关应用，整个系统的信息高度透明。

（3）自治性。区块链的自治性特征建立在规范和协议的基础上。区块链采用基于协商一致的规范和协议（如公开透明的算法），使系统中的所有节点都能在信任的环境中自由安全地交换数据，让对"人"的信任改成对机器的信任，从而任何人为的干预都无法发挥作用。

（4）不可篡改性。信息不可篡改，一旦信息经过验证并添加到区块链，就会被永久地存储起来，除非同时控制系统中超过51%的节点，否则单个节点上对数据库的修改是无效的。正因为此，区块链数据的稳定性和可靠性都非常高。

（5）匿名性。匿名性是指节点之间的交换遵循固定算法，其数据交互无须信任，交易对手不用通过公开身份的方式让对方对自己产生信任，从而有利于信用的累计。

2. 区块链发展的三个阶段

（1）区块链1.0阶段（2009—2014年）：区块链1.0阶段，实现从"中心化账本+中介"模式转向"公共账本+共识"模式，主要应用在支付和流通领域。比特币是区块链1.0发展中最为成功的应用。在这个阶段，人们并没有特别关注区块链技术的价值，而是关注数字货币的投资回报，以及怎样把数字货币与现实世界中的实物联系在一起。但是区块链 1.0 的缺点是不支持其他基于此的开发，如写入智能合约功能等。

（2）区块链 2.0 阶段（2014—2017 年）：区块链 2.0 阶段主要以智能合约的开发和应用为代表。智能合约就是一套不需要第三方的情况下还可以保证合同得到执行的计算机编程，并且没有人能够阻止它运行一个计算机程序。这一阶段的标志是以太坊，它是一个开源的、有智能合约功能的公共区块链平台。由此区块链技术理论上可以被广泛地运用在涉及合同处理、数据交换和所有权转移等金融、物联网、物流和共享经济等场景中。当然，区块链 2.0 也是有缺陷的，它无法支持大规模的商业应用开发。比如，交易速度，比特币的交易速度每秒 7 笔，以太坊每秒不超过 80 笔，否则会造成网络堵塞，使用户无法完成交易。

（3）区块链 3.0 阶段（2017 年至今）：区块链 3.0 阶段，应用范围已经超出了金融领域。区块链 3.0 希望最终能够对每一个互联网中代表价值的信息和字节进行产权确认、计量和存储，从而实现资产在区块链上可追踪、控制和交易。区块链 3.0 将进入社会公证和智能化领域，包括身份认证、公证、仲裁、审计、域名、物流、医疗、邮件、签证和投票等领域，应用范围扩大到整个社会，区块链技术有可能成为"万物互联"的一种最底层的协议。

3. 区块链的基础架构

区块链基础架构分为三大层、六小层，包括基础网络层下的数据层和网络层、中间协议层下的共识层、激励层和合约层和应用服务层，如图 13-1 所示。

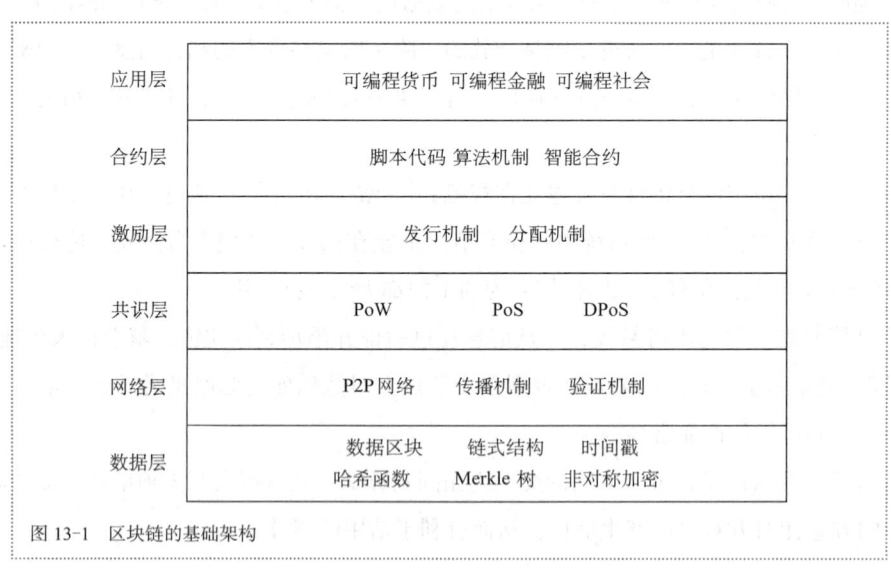

图 13-1 区块链的基础架构

数据层主要描述区块链的物理形式，是区块链上从创世区块起始的链式结构，包含了区块链的区块数据、链式结构以及区块上的随机数、时间戳和公钥私钥数据等，是整个区块链技术中最底层的数据结构。每个区块都包括了区块的大小、区块头和区块所包含的交易数量及部分或所有的近期新交易。在每个区块中，对整个区块链起决定作用的是区块头。数据的生成运用了诸多技术，如时间戳技术，它可以确保每一个区块按时间先后顺序相连接；非对称加密技术使得数据不能被篡改；等等。

网络层的主要是为了实现区块链网络中节点之间的信息交流，实现记账节点的去中心化。区块链网络本质上是一个 P2P 网络（对等网络，又称点对点网络），是没有中心服务器、依靠用户群交换信息的互联网体系。每一个节点既接收信息，也产生信息。区块链的网络中，一个节点创造新的区块后会以广播的形式通知其他节点，其他节点会对这个区块进行验证，当全区块链网络中用户验证通过后，这个新区块就可以被添加到主链上了。

区块链共识层包含共识算法以及共识机制，共识层的功能是让高度分散的节点在 P2P 网络中，针对区块数据的有效性达成共识，决定了谁可以将新的区块添加到主链中。这是区块链的核心技术之一，也是区块链社群的治理机制。目前，至少有数十种共识机制算法，包含工作量证明（PoW）、权益证明（PoS）、权益授权证明（DPoS）、燃烧证明和重要性证明等。

激励层主要包括经济激励的发行制度和分配制度，其功能是提供一些激励措施，鼓励节点参与记账，保证整个网络的安全运行。激励遵守规则参与记账的节点并惩罚不遵守规则的节点。通过共识机制胜出取得记账权的节点能获得一定的奖励。以比特币为例，它的奖励机制有两种。一是系统奖励给那些创建新区块的矿工，刚开始每记录一个新区块，奖励矿工 50 个比特币，该奖励大约每四年减半；另外一个激励的来源则是交易费，新创建区块没有系统的奖励时，矿工的收益会由系统奖励变为收取交易手续费。

合约层主要是指各种脚本代码、算法机制以及智能合约等，赋予账本可编程的特性。将代码嵌入区块链或是令牌中，实现可以自定义的智能合约，并在达到某个确定的约束条件的情况下，无需经由第三方就能够自动执行，是区块链去信任的基础。

应用服务层是获得持续发展动力所在，应用层封装了区块链的各种应用场景和案例。除了当下的可编程货币之外，未来的可编程金融和可编程社会也将会是搭建在应用层上。

13.1.2 对区块链的反思

在最初的区块链设计当中，所有的节点权利平等，每个节点可以自行决定是否成为验证执行挖矿和发布区块的节点。然而，彻底去中心化在人类社会中很难作为一种稳定状态实现。一定程度的去中心化，确实有助于提高系统可靠性和公开透明，但是过度强调去中心化也要付出一定的代价。这些代价有可能造成区块链落地的困难。

1. P2P 传输的效率

P2P 传输是指某个节点发起交易的时候，并不把交易请求发到中心节点，而是发给若干对等节点。根据这样的机制，交易信息才能够传遍全网，才能让每笔交易都受到人们监督。但是这样一来，大量传送的重复信息导致传输效率比较低下，相比而言，如果存在中心节点，那么交易只需把请求直接发送给中心节点，效率相对较高。P2P 传输带来的效率低下，是去中心化所付出的代价之一。

2. 泛在计算和存储

由于每个节点都可以对收到的交易请求进行验证、汇聚并进行区块发布，对其他节点的区块也可以进行验证并存储，这样区块链网络的各种计算和存储，通常是泛在和大量重复的。这导致了对资源的浪费，对整个链的性能也产生负面影响。这是去中心化要付出的代价之二。

3. 共识建立

区块链的特点是多方重复计算。这样一来，就会产生以谁的计算结果为准的问题。在去中心化程度不高的系统中，这并非大事，可以由某个中心节点主持，也可以按照固定的规则由若干节点担任。但这不是彻底去中心化，还是有一定程度的权威和中心在起作用，在彻底去中心化条件下，怎样获取共识是个很具挑战性的问题。共识和规则的概念不同。规则是强迫大家接受的静态内容，人们如果不遵守规则就无法接入网络。理想的共识是由网络成员进行动态协商的结果。从这一点讲，现有的共识机制，通常是由区块链系统的设计者所强行规定的，从根本上违反了共识的基本内涵。

4. 监管

由于初期的区块链网络账户是用户加密公钥的哈希值，在公有链中，用户可以自行生成公钥和私钥，并且同一个用户可以随意使用任意多对公钥和私钥，从而拥有任意多个地址，无需经过权威机关的分配和批准。这样，在比特币这样的区块链中，虽然可以从历史记载中追踪不同账户之间的资金往来，却无法知道是谁。因此对于一些非法活动缺乏有效监管。这一特征在比特币的应用中得到体现，很多比特币使用者是从事非法交易的人群。

5. 组织管理

在极端的去中心化网络中，例如，公有链对于用户是没有准入管理的，但是对于网络的维护者则存在较大争议，因为维护人员的权限本身就意味着中心化。此外，在完全匿名的情形下，区块链系统的维护和升级会产生很大的困难，考虑到用户节点权限的不同，系统的升级究竟是要覆盖全部节点还是部分升级也是一个难题。

事实上，最初的区块链设计原则随着区块链的应用发展面临越来越多挑战。人们采取了更为现实的态度，对区块链技术进行了相应调整和改变，以充分发挥区块链的最大效益。

> **实际案例 13-1**　通货紧缩会是比特币的问题么？

通常通货紧缩的定义是商品或服务价格的下跌。由于法币的价值保持不变，而比特币升值，购买同样货物所需支付的价格按比特币计量的话将下跌。这将引发通货紧缩。有些经济学家认为一旦通货紧缩开始，它终将发展至失控状态，通货紧缩中的价格整体下跌将降低经济的活力，这将导致投资者增大资金储蓄，让问题变得更糟糕。如果考虑到那些认为比特币将升值而进行囤币的人的数量，这个问题更是雪上加霜。

Brave New Wealthy World 的作者，经济学家 John Edmunds 博士解释了至少对法币而言，通货紧缩意味着什么。"央行通过对经济注入更多法币以此对抗通缩。然后消费者和商人消费了这些法币，提升了商品和服务的需求，这造成了通货膨胀。但是这个政策在 2008 年后就不怎么起作用了，因为消费者和商人变得非常小心谨慎，他们倾向于持有现金避险而不是花掉它。"

比特币的总量是有限的。比特币的货币供给量是随时间固定（且减少）的函数，无法随意修改货币供给量。中本聪设计的该系统，最终的比特币总量是 2 100 万个。这种固定的货币供给将导致严重的流动性紧缺，因为投资者倾向于持有比特币期待其汇率不断上涨而不是使用比特币去进行交易。这不是一个正常的市场运作的方式。

当然，比特币目前可以划分成更小的支付单位，细分到小数点后 8 位，最小为 0.00000001BTC。但既然如此，又何必在最开始宣称，比特币的总量是 2 100 万个，而不是 $2\,100\,万 \times 10^8$ 个呢？

13.1.3 区块链的类型

目前主流的区块链类型主要包括公有链、联盟链和私有链。

1. 公有链

公有链是发展最早的区块链类型。系统最为开放，理论上全世界任何人都可以参与区块链数据的维护和读取，公有链被认为是完全去中心化，不受任何机构控制。公有链的主要应用有比特币和以太坊等。我们在谈及区块链概念的时候，基本上都是从公有链的概念出发。

2. 联盟链

联盟链是一个半开放的系统，是需要注册许可才能够访问的区块链。联盟链仅限联盟成员参与，当然联盟的规模可以大至国与国之间，也可以是不同的机构或企业之间。这些机构共同参与区块链管理，每个机构运行一个或多个节点，其中的数据只允许系统内不同的机构进行读写和发送交易，并共同记录交易数据。联盟链可以做到较好的节点连接，所需的维系成本较低。典型的联盟链有 R3 和 Hyperledger 等。

3. 私有链

私有链是最为封闭的系统，仅限于企业机构或单独个体的内部使用的区块链。该系统的写入权限由一个组织和机构进行控制。读取交易记账权都受到严格限制。整个网络由成员机构进行维护，网络接入一般通过成员机构的网关节点接入，共识过程由预先选好的节点控制。因此，私有链有极快的交易速度，能够提供更好的隐私保护，不容易被恶意攻击，交易成本也较低。相较于中心化数据库，私有链可以防止机构内单节点对数据的隐瞒和篡改，即使发现错误也能够很快发现错误来源，很多大型金融企业更倾向于使用私有链技术。这样的私有链是可以被修改代码的。

> **实际案例 13-2**　联盟链是未来区块链发展的主力军

中国工程院院士陈纯将联盟链作为中国未来区块链发展的主力军。陈纯表示"当监管碰到一个无法实时发现、无法定位嫌疑人，同时又无法清除的信息，这个事情是很麻烦的。"有很多专家和很多研究人员在公有链上通过帐户地址分析和网络地址分析这些手段，希望能找到客户端真实身份来监管，从而做到实时发现、锁定嫌疑人和消除影响。但取得的成果还很微小，想达到内容监管的目标依然非常难。

陈纯认为，联盟链的共识过程受到多家机构节点的控制，极大地改善了系统信任问题，适合需要联合多机构的场景。联盟链容易进行权限控制，并具有更高的可扩展性，它在公有链低信任和私有链单一高度信任之间做了折中，这是联盟链最大的优点。

联盟链不仅对监管友好，还有三大核心优势。

第一，自主可控、可用。联盟链在中国监管的环境下，有认证的准入更加安全。

第二，隐私的保护。联盟区块链可以通过加密分区的办法来实现隐私保护，这跟公有链不一样。

第三，效率，如果是高频交易，一定要交易效益要高，所以交易的吞吐量是应用区块链的企业交易性能指标。

陈纯还表示，与西方区块链发展的区别在于，我国联盟链产业化应用并不局限于金融领域，在法律、医疗、能源、娱乐和公证等各个行业也都有所应用，而且现在国内有好几家联盟链平台，足以支撑现在的这些应用。

三种类型的区块链特征对比如表 13-1 所示。

表 13-1　三种区块链类型的对比

特征	类型		
	公有链	联盟链	私有链
参与者	任何人自由进出	联盟成员	个体或公司内部
共识机制	PoW/PoS/DPoS	分布式一致性算法	分布式一致性算法
记账人	所有参与者	联盟成员协商确定	自定义
激励机制	需要	可选	不需要
中心化程度	去中心化	多中心化	中心化
突出特点	信用的自建立	效率和成本优化	透明可追溯
典型场景	虚拟货币	支付结算	审计发行

13.2 区块链产业化

13.2.1 国家区块链政策

区块链和比特币的诞生引发了全球各国和地区的关注。各国纷纷出台政策，表明对区块链及数字加密货币的态度。

1. 中国对数字货币的态度

为打击非法集资、洗钱及诈骗等违法犯罪活动，维护金融市场的安全和稳定，我国政府一直坚持对虚拟货币市场保持严监管态势。

2017年9月，中国人民银行等七部委发布《关于防范代币发行融资风险的公告》(以下简称《公告》)。《公告》指出，近期国内通过发行代币形式包括首次代币发行（ICO）进行融资的活动大量涌现，投机炒作盛行，涉嫌从事非法金融活动，严重扰乱了经济金融秩序。《公告》指出，代币发行融资中使用的代币或"虚拟货币"不由货币当局发行，不具有法偿性与强制性等货币属性，不具有与货币等同的法律地位，不能也不应作为货币在市场上流通使用。自《公告》发布之日起，各类代币发行融资活动应当立即停止。已完成代币发行融资的组织和个人应当做出清退等安排，合理保护投资者权益，妥善处置风险。有关部门将依法严肃查处拒不停止的代币发行融资活动以及已完成的代币发行融资项目中的违法违规行为。

2018年1月，中国人民银行营业管理部发布《关于开展为非法虚拟货币交易提供支付服务自查整改工作的通知》，要求辖内各法人支付机构自文件发布之日起在本单位及分支机构开展自查整改工作，严禁为虚拟货币交易提供服务，并采取有效措施防止支付通道用于虚拟货币交易。

2021年9月24日，中国人民银行、中央网信办、最高人民法院、最高人民检察院、工业和信息化部、公安部、市场监管总局、银保监会、证监会和外汇局联合发布《关于进一步防范和处置虚拟货币交易炒作风险的通知》，明确虚拟货币和相关业务活动本质属性，包括：虚拟货币不具有与法定货币等同的法律地位，虚拟货币相关业务活动属于非法金融活动，境外虚拟货币交易所通过互联网向我国境内居民提供服务同样属于非法金融活动，参与虚拟货币投资交易活动存在法律风险。并构建多维度、多层次的风险防范和处置体系，要求：金融机构和非银行支付机构不得为虚拟货币相关业务活动提供服务，加强对虚拟货币相关的互联网信息内容和接入管理，互联网企业不得为虚拟货币相关业务活动提供服务，加强对虚拟货币相关的市场主体登记和广告管理，公安部部署全国公安机关严厉打击涉嫌虚拟货币犯罪活动，中国互联网金融协会、中国支付清算协会和中国银行业协会加强会员管理和政策宣传，加强行业自律。

2. 中国对区块链技术的态度

与对待数字加密货币的态度不同，我国对区块链技术非常关注和重视。

早在 2016 年 10 月，工信部发布的《中国区块链技术和应用发展白皮书（2016）》，就介绍了我国区块链技术发展路线图以及未来区块链技术标准化方向和进程，并激起了研究区块链的热潮。

2018 年 5 月 20 日，工信部发布《2018 中国区块链产业白皮书》，对我国区块链产业趋势进行了展望，一是区块链成为全球技术发展的前沿阵地，开辟国际竞争新赛道；二是区块链领域成为创新创业的新热土，技术融合将拓展应用新空间；三是区块链未来三年将在实体经济中广泛落地，成为数字中国建设的重要支撑；四是区块链打造新型平台经济，开启共享经济新时代；五是区块链加速"可信数字化"进程，带动金融"脱虚向实"服务实体经济。六是区块链监管和标准体系将进一步完善，产业发展基础继续夯实。

2018 年 6 月 7 日，工信部印发《工业互联网发展行动计划（2018—2020 年）》，提出要推进区块链技术应用研究。

2019 年 1 月 10 日，国家互联网信息办公室正式公布了《区块链信息服务管理规定》，该规定的出台意味着我国对于区块链信息服务的"监管时代"正式来临。

2019 年 10 月 24 日下午，中共中央政治局就区块链技术发展现状和趋势进行第十八次集体学习。中共中央总书记习近平在主持学习时强调，区块链技术的集成应用在新的技术革新和产业变革中起着重要作用。我们要把区块链作为核心技术自主创新的重要突破口，明确主攻方向，加大投入力度，着力攻克一批关键核心技术，加快推动区块链技术和产业创新发展，为区块链在我国的发展定下了基调。

2021 年 1 月 13 日，工信部印发《工业互联网创新发展行动计划（2021—2023 年）》，计划指出，到 2023 年，工业互联网新型基础设施建设量质并进，新模式、新业态大范围推广，产业综合实力显著提升。在标识解析体系建设和标识解析节点建设上，强调要充分融合区块链与大数据等技术构建相关的基础服务。同时在平台技术供给方面也强调要深化平台与区块链，人工智能和 5G 等技术融合的应用能力。

2021 年 6 月，工业和信息化部、中央网络安全和信息化委员会办公室联合发布《关于加快推动区块链技术应用和产业发展的指导意见》（以下简称《指导意见》）。《指导意见》明确指出，到 2025 年，我国区块链产业综合实力达到世界先进水平，产业初具规模。区块链应用渗透到经济社会多个领域，在产品溯源、数据流通和供应链管理等领域培育一批知名产品，形成场景化示范应用。

3. 美国对数字货币的态度

2017 年，由于比特币的价格从不到 1 000 美元骤升至近 2 万美元引起了美国的高度关注，2018 年初美国国会连开三场听证会，讨论证监会和商品期货委员会在虚拟货币产业中的角色，以及比特币和代币发行问题。2019 年 6 月 18 日 Facebook 联合多家机构发布加密货币 libra，国会又连开三场听证会，提及 libra 及其引发的监管，对区块链在数据隐私保护、反洗钱和反恐怖主义融资等方面的担忧。

2017 年以来，美国证监会（SEC）对数字货币产业的监管政策主要有发声明、起诉及调查等形式，阐明它认为绝大多数项目的代币融资行为都是发行证券，相关业态都要在 SEC 注册。2019 年 7 月之后，SEC 开始为合规项目放行，豁免了部分项目的上市注册，还为部分项目发放了不行动函。

2016年6月，美联储召集全球90多家央行出席闭门会议，商讨共同推进区块链发展。2016年12月，美联储发布首份区块链研究白皮书《支付、清算与结算中的分布式账本技术》，肯定了分布式账本技术在支付、清算和结算领域的应用潜力并探讨了未来实际部署和长期应用中面临的机遇和挑战。

4. 欧洲各国对区块链技术的态度

欧洲各国对区块链及数字货币的态度各有不同，但多数国家对于区块链技术发展持友好态度。

2016年3月，欧洲央行（ECB）在名为《欧元体系的愿景——欧洲金融市场基础设施的未来》的咨询报告中公开宣布，欧盟成员国正在探索如何使区块链技术为其所用。

2016年6月2日，欧洲证券和市场管理局（ESMA）发布了一份名为《分布式账簿技术应用评估》的报告，讨论了在证券市场使用区块链技术的可能性。

2018年4月10日，欧盟委员会宣布，22个欧盟国家签署了一份建立欧洲区块链联盟的协议。该联盟将成为成员国在区块链技术和监管领域交流经验和传播专业知识的平台，并为启动欧盟范围内区块链技术应用做准备。欧盟委员会强调：这一行动将促使欧洲继续在区块链技术的发展和应用方面发挥主导作用。

13.2.2 区块链产业状况

1. 产业规模发展状况

在产业规模方面，在经历了2014年和2017年区块链企业建立数量的高峰以后，全球范围内，自2018年起，新成立企业的数量开始下降。

根据中国信通院的数据，2016年中国的区块链企业只有165家，产业规模仅有1亿元左右。但在2016年到2018年间，大型互联网企业纷纷布局区块链初创企业，进入井喷模式，投资频次及额度剧增，产业规模不断扩大。到2018年12月，中国的区块链企业家数已达672家，区块链产业规模增至10亿元。2019年市场规模则增至12亿元，相关企业数量达到1 000多家。如图13-2所示。

图13-2　2016—2020年我国区块链企业数量

2. 产业融资情况

从近五年中国区块链产业融资情况（图 13-3）可以看出，2016—2018 年，区块链公司/项目融资数量、金额均呈明显上升趋势；2018 年，融资数量、金额达到近五年峰值；2019 年开始，区块链产业回归"理性"，融资数量、金额开始明显回落；2020 年，区块链领域仅发生 81 笔融资，其中，27 笔披露具体融资金额，共计 11.12 亿元人民币，相较于 2019 年，融资数量、金额分别下降 54%、57%。

图 13-3　2016—2020 年我国区块链产业融资情况

3. 技术发展情况

在技术方面，我国的专利申请数量逐年快速递增，在全球相关专利占比份额超过一半，是美国的三倍多。在全球区块链专利申请机构当中，阿里和联通分别以第一和第五位的身份跻身全球前列。

根据赛迪顾问数字经济产业研究中心 2021 年 7 月发布的《2020—2021 年中国区块链产业发展研究年度报告》显示，受疫情影响，2020 年全球区块链产业规模的增速明显放慢，产业总体规模为 28.1 亿美元（约 182 亿元人民币）。中国区块链产业规模达到 27.8 亿元，增速为 33.7%，超过全球区块链产业增速，成为全球区块链产业发展潜力最大的国家之一。其中，腾讯、蚂蚁、浪潮在中国区块链头部企业竞争力榜单中排名前三。在行业应用方面，当前全球区块链企业 38% 集中在加密货币领域，23% 的企业专注于区块链技术研发。美国、中国和英国区块链企业的数量列全球前三位。

13.3　产业区块链化

区块链是继互联网之后的又一次信息化革命，通过多种技术手段所建立的强大的信任关系和价值传输网络，改变着现有生产关系和商业逻辑，进而推进人类社会的更高质量发展。

区块链在发展过程当中，借助其具备分布式、不可篡改、价值可传递和可编程等特性，有效地推动了传统金融行业的变革。除却数字货币之外，在金融产业方面，区块链能够有效弥补金融和实体产业间的信息不对称，建立高效的价值传递机制，实现传统资产价值在数字世界的流转。

这些特性在解决传统产业升级过程中遇到的信任和自动化等问题的时候，也体现了技术层面的有效性，能够极大增强信息共享和重构，从而助力传统产业升级、重塑信任关系、提高产业效率。目前，区块链的技术应用不断展开，各方都在积极探索区块链的应用场景。但总体而言，区块链的应用仍处于探索阶段，各类应用模式仍在实际发展当中不断演进升级。

13.3.1 区块链应用的产业价值

我国在国家战略层面强调的区块链应用完全针对许可链，特别是联盟链和私有链。这些技术主要适用于行业级、工业级和企业级的各类应用。从技术角度来讲。联盟链与公有链的机制存在着很大的不同，并非是完全去中心化的机制，相反很多时候是高度中心化或者多中心化的，系统也并不提供完全匿名和透明的功能。

一般而言，联盟链的应用会带来以下的业务价值。

1. 数据的可信性

在商业世界中，由于采用了串行结构（图 13-4），几乎所有的信息化系统当中都存在着数据作假、丢失和出错的可能性。

为了防止数据出错，对账是在串联结构下所采用的重要的管理手段。常规状态下，业务方 1 将数据传递给业务方 2，业务方 2 进行业务处理后，继续发送给业务方 3。业务方 3 如果不与业务方 1 直接进行数据交互，就无法保证业务方 2 所提供数据的真实性。因此串联关系中两两对账是非常关键的数据安全措施。即使如此，仍不能百分百防范有业务方通过时间差和欺上瞒下等方式进行数据造假，如果对账流程不严谨，数据作假问题很难被发现。

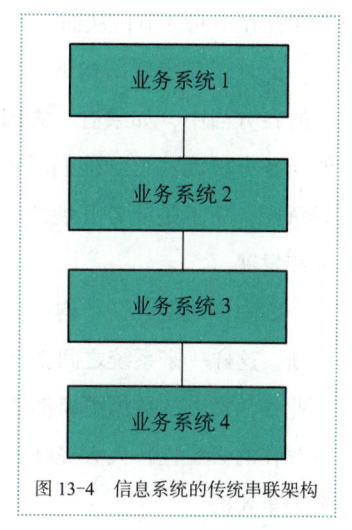

图 13-4　信息系统的传统串联架构

从监管的角度讲，在互联网的串联结构下，监管方通常只能在整个过程的某个或某些点上进行，无法对整个链路中的所有节点进行监管。因此很多违法行为只要避开相关的监管点就可以发生。

而在联盟链中，信息系统的架构发生了变化（图 13-5），变成了基于区块链的并联结构。

这样一来，任何一方进行数据更新，其他的所有方都能够立即知晓，同时所有方的数据完全一致，对账的需求将不复存在。对于企业内控、财务审计等业务来说，这样的变革将能够极大地降低对账成本，这将是一个每年以百亿美元为单位的巨大市场。

对于监管方来说。在区块链并联结构下监管机制可以随时了解所有业务方的数据变化，对整个业务链条进行全面的监管。

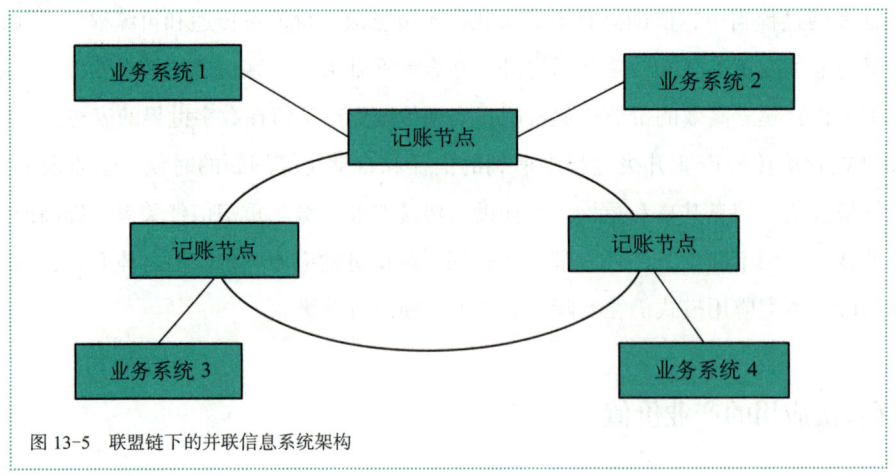

图 13-5 联盟链下的并联信息系统架构

2. 数据的获取效率

在串联结构下的信息系统，由于有着各自独立的数据库和数据结构。因此，在进行数据传递时，系统和系统之间必须进行接口开发，而且由于系统的独特性，开发的接口通常也只能用于这两个系统之间，无法有效复用。这导致了数据获取的技术复杂度和开发成本居高不下。

在管理结构上，很多商业流程当中都需要中间环节，哪怕有很多中间环节并不进行业务处理，而仅仅是对业务信息或数据进行传递。商业实践当中，由于地理、人员等资源不足，业务与业务之间必须要存在中间环节，从而大大降低了数据获取和数据传递的效率。

此外，在串联结构下，数据从一个系统到另外一个系统，实际上涉及数据所有权的转移。在协作的各方当中，如果有一方因为某些特定的原因，不愿意给其他业务协作方进行数据传递，那么其他业务方就无法得到他们所需的数据。也就是说，任何一方的业务数据获取完全依赖于合作方的主观意愿，而不是业务开展的客观需求。由此产生的信息孤岛现象，极大地影响了很多行业的业务开展和发展。

而在区块链并联结构下，业务各方统一使用共享账本，数据库之间通过区块链内部机制进行实时更新，这样一来系统之间就不再需要相关的接口开发，从而避免了开发和维护的麻烦。区块链的并联使业务任意方的数据更新都能够被其他各方实时获得，不需要任何一方来进行传递，中间环节不再具有存在的必要性，大大提高各方获取业务数据的效率。这种业务数据的及时传递对很多行业而言都是至关重要的。

3. 数据的安全性

在串联结构下，任何一个系统都不能够宕机或断线，否则容易导致整个流程的中断，为了解决这一问题，人们开发了相应的备份策略和容错机制，但也提高了信息系统建设和维护的成本。在区块链的并联结构下，某一节点的错误将不会影响其他节点的正常运行和数据处理。而出错的节点恢复之后，相关的数据也能够自动同步，不会造成信息数据的缺失。因此，将传统的信息系统进行区块链改造后，会极大地降低容错设备建设和维护的成本。

13.3.2 区块链的产业应用

1. 金融服务领域的应用

金融服务产业是全球经济发展中的重要产业，也是中心化程度最高的产业之一。在金融市场当中，交易双方信息不对称导致无法建立有效的信用机制，在产业当中存在着大量中心化的信用中介和信息中介，减缓了系统的运转效率，增加了资金往来的成本。区块链技术源自加密货币，其初始设计目的就是为了借助其开放、平等的系统结构，简化转账操作。因此，区块链与金融行业具有天然的契合性，金融领域成为区块链发挥优势作用的最早领域之一。

我国目前已经开发了一定数量的金融业区块链应用，并通过了原型验证和试运营。目前，我国的金融服务领域，区块链应用所取得的成果主要体现在多方协作的场景里，共享风控信息，跟踪合同类关键证据进行资产交易和信用传递。从而有效地扩大业务的规模，提升业务处理的效率，改善客户和参与方的体验，并降低风险和成本。

> **实际案例 13-3** 同济大学区块链团队合作服务的央企区块链项目落地
>
> 目前，国内区块链企业级底层技术主要都是由单一技术公司开发和推动。但是，为推动我国自主企业级区块链技术发展，更好地助力技术与应用需求的融合，同济大学联合海航科技、宝武欧冶金融和上海银行等企业，共同发起了梧桐链研发项目，希望通过整合项目经验、产业需求和社区资源，研发与行业应用场景高度融合的具有自主知识产权的区块链，塑造中国区块链技术的核心竞争力。
>
> 中国宝武钢铁集团与同济大学、上海银行合作建设"上海市大宗商品区块链供应链金融应用示范项目"。该供应链金融平台利用区块链等创新技术支撑实体经济，解决中小企业融资难题。该项目以宝武产业链场景为切入点，区块链作为平台底层技术，为各参与方提供平等协作的服务入口，革新用户体验、优化业务流程，降低机构间信用协作风险和成本，目标打造金融科技与实体经济相结合的标杆、打造数字经济新范式。
>
> 梧桐链平台是主要针对企业、机构的区块链应用场景开发的联盟链区块链系统平台。目前，梧桐链实现的特色包括：第一，自主知识产权的国密实现；第二，UTXO 实现；第三，方便迁移的智能合约实现方案；第四，高效的智能合约引擎等。设计上，梧桐链结合广泛的社区经验，从企业的实际需求和应用场景出发，目标是成为国内领先的具有知识产权的联盟链平台标杆。

2. 区块链产品溯源

商品溯源本质上是一个供应链的问题，是指在一件商品的生产、检测、运输和通关等整个供应链中，做到全流程把控，明确各环节负责人，从而提高透明度，尽量杜绝假冒伪劣，以提高消费者信任度所开展的活动。

由于目前的商品供应链有着众多的环节，把控措施缺少，类似于三无产品、以次充好及二手货等问题层出不穷。当出现问题时，要追查问题的原因，往往耗时耗力，甚至于无从查起。可以看出，商品供应链是一个典型的信任缺失的场景。信任的缺失，受损害的不仅仅是消费者，也包括采购产品的卖家。

目前的商品溯源，基本上是一个卖家自愿的自证行为。依靠商家为信任背书，商家有可能篡改整个商品的溯源信息。此外，由于第三方机构的监督缺失，消费者对于商家提供的信息也只能被动接受，无法自己查证。

区块链产品溯源是指利用区块链技术将不同的商品流通参与主体的信息数字化后重建区块链，涉及产品流通的所有主体，包括原产地生产商、渠道商、零售商、品牌商和消费者等，每一个参与者的信息在区块链系统中可以被公开查看。因此实现产品信息的透明化、全流程，任何环节均可真实追溯，以提高产品的可信度。

区块链对商品溯源提供的价值主要表现在以下方面。

第一，全流程跟踪记录。区块链将数据打包成区块，并加上时间戳，形成公开共享的信息链，完美地契合了商品供应链的流程，从而能够提供一个完整的商品流通记录。

第二，链上信息的不可篡改性。信息一旦存储在区块链中就无法被抹去。对于信息的读取，各个参与方都有权限执行，从而有效地解决了信任问题。同时由于参与的机构不止一家，彼此能够互相监督，也增加了作假的风险与难度。

当然，目前的区块链商品溯源也面临着一些问题和挑战。区块链技术的引入为制造销售假冒伪劣产品增加了难度和成本，但并不能彻底消除这一问题。区块链溯源目前面临的难题主要是物流产品跟数据的一致性问题。由于商品流通的每一个环节，都需要将对应的数据上传到区块链中，增加了相关方的工作量。数据的录入如果采用人工的形式，有可能人为造假。由于目前的溯源技术主要是依靠商品标装或内置标签上的二维码，因此溯源实际上追溯到的是标签而非商品本身，如果在特定环节当中商品被调包，那么假货的现象依然有可能发生。

> **实际案例 13-4**　山东省寿光市农业园区已全面推广区块链追溯系统

2018年以来，山东省寿光市新规划建设的18个重点农业园区，全面推广智能管控技术和区块链追溯系统，使每个大棚、园区都成为"绿色车间""绿色工厂"。

2020年，按照潍坊市委"着力推进绿色兴农质量兴农"的要求，寿光在全省率先推广了食用农产品合格证制度，探索建立了二维码信息追溯体系。健全完善农产品质量安全领域"红黑名单"管理和信用评级分类监管制度，将全市划分为28个监管网格，配备56名监管员，开发完善智慧监管服务平台，对全市蔬菜大棚、合作社和农资门店进行GIS精准定位，网格化监管实现数字化智慧化，蔬菜生产、农药实名制销售、蔬菜质量检测和蔬菜交易等大数据资源实现互联互通、智慧分析，蔬菜质量实现全程可追溯。截至11月底，共抽检蔬菜样品10.6万批次、农药576批次和肥料230批次，蔬菜抽检合格率稳定在99.6%以上。

3. 政务领域的区块链应用

我国的电子政务建设至今已经取得了相当的成绩，积累了大量的政务数据，达到了全球领先的水平。但是这些庞大的要素在"互联网+"的改造下还有巨大的潜力空间。政务数据孤岛、资源碎片化、发展不平衡、协同缺乏互信以及监督不到位等问题仍然时有涌现。党的十九大提出要加快数字中国和智慧社会的建设，这一切都离不开政务信息化建设的有效支持，区块链技术的诞生将有助于探索数字经济时代的政府治理新模式，建立健全现代化治理体系和提升现代化治理能力，帮助中国智慧政府建设驶入快车道。

作为我国区块链应用的重点示范领域，政务民生的区块链应用落地始于2018年，目前应用的主要方面包括政府数据共享、互联网金融监管、电子发票、精准扶贫、医疗健康数据、智慧出行和社会公益服务等。利用区块链技术可以有效地构建可信数据库，对很多领域的数据进行全流域管理，有利于政府高效、全面和立体化地监管各行各业。区块链技术也有利于智慧城市的构建，尤其是在数字化技术赋能的基础设施层面，比如，交通、能源和电力等，同时有效地实现城市间的数据共享。

在世界范围内也已经有不少区块链政务应用落地，但是整体上仍属于小规模的尝试，在这样的尝试当中政务区块链也发现一些难题，比如，区块链政务应用的顶层设计和标准规范的缺失，政务管理业务梳理难度大，系统安全方面仍需谨慎对待以及重复建设现象等。

实际案例 13-5　上海浦东出台全国首个政务领域"区块链建设标准"

作为新生事物并处在应用初始阶段，众多区块链产品在安全性、开放性和健壮性等方面参差不齐，不同链条结构不一、数据跨链共享难。若政府各部门分头建设，不仅技术选型困难，也会造成全区同质化、碎片化及低效化建设，容易形成大量"孤岛""烟囱"，对电子政务"云资源"也是很大的浪费，所以建立规范化标准成为当务之急。

上海浦东率先探索建立政务区块链标准，在"万马奔腾""管网密布"之前，先把准方向、挖好"共同沟"，明确建链、上链及跨链等基本规范。在上海市市场监管局、上海市大数据中心的指导下，通过浦东市场监管局与浦东电子政务办共同努力，促成标准的制定与发布。

该标准紧密结合浦东新区电子政务现状，以电子政务、公共数据相关规章制度、政策文件为指引，充分吸收已颁布的电子政务、公共数据及密码应用等领域的国家、地方标准的已有成果，确保技术内容的一致性和协调性。标准制定过程中，邀请来自工信部电信研究院（中国信通院）、上海仪电集团、华为公司及蚂蚁集团等业界专家参与标准制定与评审。同时，标准文本向社会广泛征求意见，提升标准内容的可操作性。

4. 电子存证领域的区块链应用

在司法活动中,"信任成本"是一个非常重要的成本,甚至是最大的成本。传统电子数据在司法实践中被法庭明确采信的比例低,很大程度上是因为传统电子数据存在容易修改、伪造等"信任危机",当事人提交电子数据以及法庭认定电子数据都需要耗费巨大成本。比如,当事人需要将电子数据进行公证,法庭需要足够的技术支撑来辨别电子数据的可信度。区块链技术在司法中的适用建立了一种去中心化的信任结构,可以降低"信任成本",提升诉讼效率。从技术层面看,区块链技术最大的优势在于赋予电子数据以"指纹",且可以保证写入区块链的数据不被更改,这主要通过哈希值和去中心化实现。基于这两大技术,区块链证据保证了存入区块链上的证据不被修改,继而保证其真实性,解决电子数据的转化式应用和电子数据的无痕修改两大难题。

区块链与电子数据存证的结合,可以有效地为司法存证,知识产权电子合同管理等业务赋能。最高人民法院目前正搭建人民法院司法区块链统一平台,计划统筹协调法院系统的区块链平台建设。"司法链"是基于区块链技术的电子证据平台。使用区块链技术来进行司法存证,用户可以直接通过程序将操作行为全流程地记录于区块链,比如在线提交电子合同、维权过程和服务流程明细等电子证据,由公证处、CA/RA 机构、司法鉴定中心以及法院等节点来进行全流程记录,保证全链路可信,全节点见证。

2018 年 9 月,最高人民法院发布《关于互联网法院审理案件若干问题的规定》,第 11 条认可了区块链作为收集、固定和防篡改数据的技术手段。而值得注意的是,这是我国首次以司法解释形式对区块链技术电子存证进行法律确认。

一年多来,区块链存证已经在地方法院系统开花结果。目前,杭州互联网法院、北京互联网法院、深圳互联网法院均已通过与商业机构合作的形式,上线了"司法链"平台,且运行状况良好。从整体来看,区块链存证在司法领域已经付诸于实践,也被看作是区块链落地最深入的一个场景。根据工信部日前公布的两批区块链项目备案名单来看,凭证也是应用最多的领域之一。

实际案例 13-6　区块链举证进入法庭

北京互联网法院秉持"中立、开放、安全、可控"的原则,联合北京市高院、司法鉴定中心和公证处等司法机构,以及行业组织、大型央企、大型金融机构和大型互联网平台等 20 家单位作为节点共同组建了"天平链"。

天平链于 2018 年 9 月 9 日上线运行。通过利用区块链本身技术特点以及制定应用接入技术及管理规范,实现了电子证据的可信存证、高效验证,降低了当事人的维权成本,提升了法官采信电子证据的效率。上线运行后吸引了来自技术服务、应用服务、知识产权和金融交易等 9 类 23 家应用单位的接入。天平链的建设及运行,实现了以社会化参与、社会化共治的方式,践行"业务链、管理链、生态链"三链合一的"天平链 2.0"新模式,打造了社会影响力高、产业参与度高、安全可信度高的司法联盟区块链。

"天平链实现了法院与存证平台的数据直通，法官的工作界面就可以直接验证证据，这跟原来传统的电子证据取证流程相比，能够极大地提升效率，降低成本。"北京信任度科技 CEO 马臣云向《链新》解释天平链的优势时表示："传统的电子取证需要公证处，或者是由司法鉴定中心出具一个鉴定报告或供述的方式提供证据，要多几个环节。"

目前，"天平链"存证数据已经达到 7 429 万条，跨链存证数据约 5 亿条。

5. 供应链领域的区块链应用

供应链是指围绕核心企业，从配套零件开始，制成中间产品以及最终产品，最后由销售网络把产品送到消费者手中，将供应商、制造商和分销商直到最终用户连成一个整体的功能网链结构。供应链管理的经营理念是从消费者的角度，通过企业间的协作，谋求供应链整体最佳化。成功的供应链管理能够协调并整合供应链中所有的活动，最终成为无缝连接的一体化过程。

在供应链中，商流、物流、信息流和资金流相互交错，协同难度极高。核心企业对供应链的控制力不强，从而导致对整个供应链的整合和管理陷入低效无序和混乱的状态。此外，如果供应链监管不足将会导致货品质量问题，假冒伪劣产品会损害采购者和消费者的利益。而在传统供应链模式下面，信息分布于诸多的企业成员，缺少一个可信任的围绕商品的信息载体和平台。信息孤岛导致成员需要对数据进行核对，审计等一系列问题，投资业务难度也不断增加。

供应链未来的发展更强调信息的可视化，保证所有企业成员在商品流通过程当中可以查看相关信息，消除信息不对称的情况，以带来系统整体效率的提升。供应链之间也要求进一步优化流程和需求管理，从而避免牛鞭效应的影响。产品溯源则能够有效地解决传统供应链行业取证困难，责任主体不明确等问题。

目前，区块链和供应链的结合主要体现在"区块链+供应链"资金流、信息流和物流等。

实际案例 13-7 "区块链+汽车供应链金融"解决方案发布

2018 年 8 月 10 日，由中国平安旗下金融壹账通与福田汽车集团福田金融共同打造的"福金 All-Link 系统"在北京发布。该系统是区块链技术在汽车供应链金融领域的首次应用，借助区块链技术优势打造的汽车供应链金融解决方案。

福金 All-Link 系统基于真实贸易背景，采用信息化系统，利用金融壹账通领先的区块链技术，配合电子签名技术，把非标准化的"应收账款"转化为能在平台流转的"福金通数字凭证"（电子凭证）资产，在平台上实现"福金通数字凭证"（电子凭证）资产的闭环运营。

目前，金融壹账通已在全国企业端部署有超过 37 000 个节点，并实现了区块链在金融、房产、汽车、医疗、基建和环保六大生态圈中的应用，其中仅金融相关场景就有支付、清结算、保险、资产交易、贷款和供应链金融等。

本章小结

1. 区块链的定义和特征。从狭义来讲，区块链是一种按照时间顺序将数据区块以顺序相连的方式组合成的一种链式数据结构，并以密码学方式保证不可篡改和不可伪造的分布式账本。从广义来讲，区块链技术是利用块链式数据结构来验证与存储数据、利用分布式节点共识算法来生成和更新数据、利用密码学的方式保证数据传输和访问的安全并利用由自动化脚本代码组成的智能合约来编程和操作数据的一种全新的分布式基础架构与计算范式。区块链具有去中心化、开放性、自制性、不可篡改性和匿名性5个特征。区块链的发展经历了三个阶段。

2. 区块链的反思。区块链在实际应用和落地当中面临一定的困难，包括传输效率、泛在计算和存储、共识建立、监管和组织管理等。

3. 区块链的类型。区块链主要包括公有链、联盟链和私有链三种类型。公有链是最为开放的区块链类型。联盟链是一个半开放的系统，需要注册许可才能够访问的区块链系统，联盟链可以做到较好的节点连接和较低的维护成本。私有链是最为封闭的系统，仅限于企业机构或单独个体的内部使用，私有链交易速度极快，并且能够提供更好的隐私保护和较低的交易成本。

4. 世界各个国家区块链政策和产业状况。世界各国对区块链和数字加密货币的态度各不相同。我国积极推进区块链技术的应用，但是严厉禁止虚拟数字货币的流通。在实践当中，我国的区块链发展迅猛，从企业数量、融资投资额度和技术专利等多个方面都位居世界前列。

5. 产业区块链化。区块链的产业价值主要体现在三个方面：数据的可信性、数据的获取效率和数据的安全性。目前，我国区块链的代表产业应用领域包括金融服务领域、产品溯源、政务民生领域、电子存证和供应链领域。

课后习题

1. 什么是区块链？区块链的狭义和广义定义分别是什么？
2. 区块链具有哪些特征？
3. 区块链的发展经历了哪些阶段？每个阶段的特点是什么？
4. 区块链的初始设想在实践当中遇到了哪些难题？
5. 区块链的类型有哪些？分别有什么特点？
6. 我国对待数字加密货币和区块链技术的态度是怎样的？
7. 我国的区块链产业发展状况如何？在国际上的位置怎样？
8. 区块链在我国行业当中的应用价值主要有哪些方面？
9. 区块链在我国的行业实践领域主要有哪些？具体的应用内容是什么？
10. 结合你的专业，试着思考区块链可能的应用机会。

章后案例

中国法定数字货币（DCEP）全面启航！[1]

中国人民银行是主要经济体中第一家引入并试点官方数字货币的央行，中国央行数字货币的正式名称为"DCEP"（数字货币和电子支付工具），非正式名称为"数字人民币"（E-CNY）。中短期内，DCEP 可能是对实体货币的补充，但未来也有可能取代银行电子货币。

出于保护货币主权与法币地位、降低纸币与硬币的发行流通成本、提高支付效率以及提高央行对货币供给和流通的控制力等原因，我国最早从 2014 年就开始了在数字货币领域的探索，2014 年央行成立数字货币研究小组，旨在论证央行发行数字货币的可能性。2016 年 7 月央行启动数字票据交易平台原型研发工作，2017 年 1 月中国数字货币研究所成立，"区块链电子钱包"的 iOS 版上线。央行下属数字货币研究所在深圳成立"深圳金融科技有限公司"，并参与贸易金融区块链等项目开发。2020 年 2 月，央行数字货币研究所专利"一种数字货币的生成方法及系统"对外公示（2019 年 8 月 29 日申请），标志着央行有关数字货币发行全流程专利都已经申请完毕，包含生成、流通和回笼。

进入 2020 年，我国法定数字货币（DCEP）进入测试阶段，央行数字货币研究所开展与全国主要城市、银行以及互联网巨头的合作，测试场景不断丰富。2020 年 1 月，央行官微发布《盘点央行的 2019：金融科技》，指出基本完成了数字货币顶层设计、标准制定、功能研发和联调测试等工作。2020 年 5 月，央行行长易纲表示，数字货币将在深圳、苏州、雄安、成都以及冬奥会场景进行内部封闭试点测试。四地测试场景各不相同，其中成都试点场景是太古里的商户；苏州测试场景是相城区企事业单位工作人员的交通补贴发放；深圳测试场景为银行内部员工党费交纳；雄安则邀请商户召开数字货币的试点推介会。7 月以来，央行数字货币研究所先后与滴滴、B 站、美团及京东数科等平台合作，共同促进数字人民币的移动应用功能创新及线上、线下场景的落地应用。

数字人民币的出现，是国家为了应对一系列新的技术挑战和商业模式技术性变革制定出的新策略，推出的一种面向未来货币形式。

1. 定位：央行数字货币是对 M0 的替代

我国央行法定数字货币的定位是对现有纸钞的替代，也就是 M0 的替代。公众持有的央行数字货币是央行的负债，基于 100% 准备金发行，由中央银行进行信用担保，具有法偿性，本质是以央行担保并签名的加密数字串形式存在的货币。与纸币一样具有货币的基础职能：价值尺度、流通手段、支付手段和贮藏价值。而目前的支付宝等电子支付是基于现有的银行账户体系，将 M1、M2 电子化的支付工具。央行数字

---

[1] 资料来源：互联网，有删节。金融界. DCEP 落地在即 人民币 3.0 时代即将来临（https://baijiahao.baidu.com/s?id=1680387786601912300&wfr=spider&for=pc）；新浪财经. 数字货币 DCEP 即将试点，央行为什么要发行数字货币（https://baijiahao.baidu.com/s?id=1655267677762865392&wfr=spider&for=pc）；腾讯网. 突发，DCEP 宣布重大消息！举国沸腾！（https://new.qq.com/omn/20211028/20211028A0BNW500.html）等。

货币的目标是构建一个兼具安全性与灵活性的简明、高效、符合国情的数字货币发行流通体系。

2. 关键要素："一币，两库，三中心，四节点"

根据前央行数字货币研究所所长姚前在 2018 年发布的论文《中央银行数字货币原型系统实验研究》，央行数字货币体系的核心要素主要有三点"一币、两库、三中心"。

"一币"是指由央行负责数字货币的"币"本身的数据要素和数据结构。

"两库"是指数字货币发行库和数字货币商业银行库。数字货币发行库是指人民银行在央行数字货币私有云上存放着央行数字货币发行基金的数据库。数字货币商业银行库是指商业银行存放央行数字货币的数据库，可以在本地也可以在央行数字货币私有云上。相比于传统的实物货币发行环节，发行库和银行库的设计，更多地考虑为数字货币创造一个更为安全的存储和应用执行空间，既能够分门别类地保存数字货币，又能防止内部人员非法领取或者外部的恶意袭击的同时还能承载一些特殊的应用逻辑。

"三中心"指的是认证中心、登记中心和大数据分析中心。认证中心是央行对央行数字货币机构及用户身份信息进行集中管理，是系统安全的基础组件，也是可控匿名设计的重要环节。登记中心记录央行数字货币及对应用户身份，完成权属登记；记录流水，完成央行数字货币生产、流通、清点核算及消亡的全过程登记。这也是全新理念的数字化铸币中心，因为传统的纸币不存在持有人登记的概念，也没有流转过程中全生命周期的信息。姚前表示，我国央行的数字货币登记系统可能做两套，一套基于区块链，另一套基于传统集中式方式，优先考虑后者。大数据分析中心使用大数据、云计算等技术对海量数据进行处理，主要用于反洗钱、支付行为分析以及监管调控指标分析等。

"四节点"是指中心管理系统、数字货币投放系统、额度控制系统和货币终端。2019 年 8 月，央行数字货币研究所提交了关于数字货币生成、流通、回笼的专利，在原模型的基础上进一步明确了央行数字货币的四大节点。其中，中心管理系统用于接收货币投放系统的货币生成请求，并进行校验，分配数字货币额度。数字货币投放系统在发送请求并获得批准后，生成数字货币并发送至货币终端。额度控制系统根据规则对中心管理系统的额度凭证进行校验。货币终端则是公众用于货币接收和使用的载体。

3. 运营模式：中央银行-商业银行二元模式

我国央行数字货币的投放模式为"二元模式"，由央行按照 100% 准备金将数字货币兑换给商业银行，商业银行或商业机构再对接公众。具体可以将 CBDC 运行分为三层体系：第一层参与主体为央行和商业银行，涉及数字货币的发行、回笼以及商业银行之间的转移；第二层是商业银行到个人或者企业用户的存取，CBDC 在商业银行库和个人或企业数字货币钱包之间转移；第三层是在个人或企业用户之间的流通。

4. 技术路线：混合架构，不预设技术路线

DCEP 采用混合架构，不预设技术路线。根据央行数字货币研究所所长穆长春的介绍，央行层面是技术中性的，央行不会干预商业机构的技术路线选择，商业机构对老百姓兑换数字货币的时候，可以用区块链、传统账户体系、电子支付工具及移动支付工具等一系列技术。并且，无论采取哪种技术路线，央行都能适应。只要商业机构能够达到央行对并发量、客户体验和技术规范的要求，无论采取哪种技术路线都可以。

5. DCEP 与虚拟货币的区别

央行货币研究所所长穆长春表示央行的数字货币，不同于比特币等加密资产，也不同于 Libra 等稳定币，DCEP 属于法币，具有无限法偿性和稳定的币值。

1）与 Libra 对比

首先，Libra 由公司发行，以一篮子银行存款和短期国债作为信用基础。而 DECP 由央行发行，以政府信用背书，具有无限法偿性。其次，在支付方式上，Libra 采用一种混合架构，即中心化的分布式处理架构和区块链技术相结合的分层混合技术路线，目前主要应用场景为跨境支付、跨境汇款等。DECP 采用中央银行—商业银行二层架构，主要定位于替代 M0，应用场景更加广泛。最后，Libra 在没有网络的条件下不可以进行交易，但是 DECP 可以。

2）与比特币对比

比特币这样的加密资产，最大的优势就是摆脱了传统银行账户体系的控制，央行的 DCEP 也有这个特征。最大的不同在于比特币等无政府、无监管，而 DCEP 是主权货币，由央行统一监管。此前央行表态不会要求每笔交易双方实名，保留实体货币的强匿名性。但 DCEP 的交易会留痕，通过大数据分析的手段可以对可疑交易进行识别，从而打击洗钱、逃税等违法行为。

3）关于数字货币的使用

据有关报道，只要下载 App，安装了装有数字货币的钱包，你就可以使用央行数字货币了，可以不开立银行账户或者绑定支付账户。由于央行的数字货币采用的是最新的双离线技术，它的支付过程可以不依赖网络，只要用装有数字货币钱包的手机，拿在一起碰一碰，就可以方便地完成转账或者支付，这让使用非常方便。

央行数字货币开启以后，带来了很多的好处，具体包括三个方面。

第一，有利于高效使用国家的宏观经济政策。因为数字货币电子支付以后，就可以借助平台的大数据分析，更便捷高效地掌握货币的供需及流向，从而制定更加合理的财政货币政策的决策。

第二，加强了央行对支付结算的统一监控。现在商业数字支付应用广泛，体系庞大，急需管理。而数字货币开启就有对所有的商业数字支付结算进行统一监管的条件。

第三，起到整顿社会经济秩序的作用。反洗钱、反逃脱、反诈骗，加强了社会诚信体系建设。目前，普通的现金交易具有完全匿名的特点，因此可能会导致洗钱、逃税、诈骗等不良行为，而数字钱包的使用额度有限额安排，只有上传身份证或银行卡才可以提高认证等级和使用额度。这实际上就让经济犯罪无从逃脱，加强了央行的有效管理，有利于中国社会诚信交体系的建设。

思考题

1. 什么是 DCEP？它有哪些特点？
2. 我国的 DCEP 基于区块链技术，有哪些优点？
3. 从实践来看，DCEP 与其他虚拟货币的差异在哪里？
4. DCEP 的发行将为我国的经济发展带来哪些好处？
5. 结合案例和生活经验，你如何看待数字货币的发展？

14 云计算与物联网

学习目标

- 定义云计算
- 理解云计算的特性
- 了解云交付模型和云部署模型
- 理解云计算的关键技术
- 掌握云计算对于电子商务的价值
- 了解物联网的概念和体系架构
- 了解物联网关键技术

先导案例

当 12306 走向云端，人们还在为买票发愁吗？[1]

12306 算得上世界上规模最大的实时交易系统之一，购票人数可能达到数亿级别，意味着买票的时候你可能会同时遭遇上亿的竞争对手。此时，如果网站的处理能力和实际访问需求难以跟上，直接结果就是网站打不开或者系统不稳定。起初，12306 曾想过用分线路、分时段的方法进行分流，不过效果并不明显，毕竟用户不会那么"自觉"地去分批买票。

乍看之下，12306 有点像电商系统，车票就是售卖的商品，未出售的车票就是库存。不过仔细与淘宝、天猫等电商网站对比之后，就会发现 12306 的业务属性要复杂很多。例如，北京到上海的 1 461 车次一共有 30 个停靠站，假设一个人从北京出发，那么他可能选择廊坊北到上海 29 个停靠站作为自己的终点站，所以单个 1 461 车次，一次座位复用计算最多涉及 30×（30－1）/2=435 个商品（SKU）。如果再算上不同类型的车票（卧铺、硬座和站票），则共有 1 305 种产品。看到了吧，这可不是简单的库存叠加，还要结合一些人性化的因素。

在 2017 年年初的春运期间，12306 网站的单次订票交易平均响应时间为 0.5 秒、网站 PV 值日均超过 400 亿次，在云端的查询次数日均高达 250 亿次。如果要回溯 12306 的上云之路，还要从 2014 年说起，那时候 12306 就开始与阿里云的工程师探讨如何把余票查询系统放到云上。在之后的春运售票期间，12306 将 75% 的余票查询业务切换到了阿里云上。云计算资源的伸缩性也能大幅节省成本支出。

"云化"后的余票查询系统能够做到按需获取所需要的服务器虚拟机资源，可以动态调整网络带宽，利用这些可扩展资源，解决在高流量和高负载情况下，系统无法快速弹性扩展导致的性能瓶颈和系统崩溃问题。此外，两地三中心混合云模式提高了 12306 的灾备能力。

在子系统上云的一期改造之后，12306 开始利用 GemFire（Pivotal 企业级大数据 PaaS 平台的一部分）改造订单查询系统。在改造过程中，12306 并没有用传统的 Unix 小型机，而是大胆地部署了十几台 x86 服务器进行余票计算和查询功能，单次查询的最长时间从之前的 15 秒左右下降到 0.2 秒以下，缩短了 75 倍以上。经历了两地三中心混合云架构应用和 Pivotal Gemfire 改造后，12306 达到每秒至少支持 10 000 次以上的事务处理，基本满足高并发需求。通过 GemFire 多集群技术，实现多重的高可用性，确保高峰压力和系统异常的情况下保证业务的持续性。

总的来说，云计算和大数据技术对于传统业务架构的颠覆毋庸置疑，而阿里云和 12306 的牵手也算是一次成功的应用。未来，当智能化手段更多地赋能日常生活的方方面面，人们也将受益于这种红利，最终让出行变得更加便捷和高效。

---

[1] 资料来源：https://cloud.zol.com.cn/678/6784950.html，有删节。

随着电子商务的普及，电子商务业务的复杂性也在不断提高。从 12306 的案例可以看出，传统技术很难跟上用户和业务的增长。这个难题也会越来越多地出现在电子商务的其他领域。云计算为解决这一问题提供了一个很好的解决方案。在未来的电子商务发展当中，云服务将成为一个关键的技术基础设施，为电子商务的创新和发展提供强有力的支撑。

14.1 云计算概述

14.1.1 云计算的概念

云计算是并行计算、分布式计算和网格计算（Grid Computing）的发展，是对可配置的软硬件资源（包括服务器、数据存储器、计算机网络、应用程序和其他服务）进行共享访问的模型。通过互联网，用户不需要任何经验也能快速访问云计算提供的各种资源。

2002 年亚马逊推出的亚马逊 Web 服务平台（Amazon Web Service，AWS）开创了云计算的先河，该平台是一套面向企业的服务，提供远程配置存储、计算资源以及业务处理功能。直到 2006 年，"云计算"（Cloud Computing）这一术语才出现在实业领域。在这个时期，Amazon 推出其弹性计算云服务（Elastic Compute Cloud，EC2）和简单存储服务（Simple Storage Service，S3），使得企业通过"租赁"存储容量和处理能力来运行其企业应用程序成为可能。同年，Google Apps 也推出了基于浏览器的企业应用服务，2008 年，谷歌推出 Google 应用引擎（Google App Engine），正式开展云计算服务。微软也在 2008 年发布 Azure 产品计划，并于 2010 年年初推出首款云服务产品。阿里巴巴集团于 2009 年成立阿里云计算公司，2011 年开始对外提供云计算服务。

云计算的定义有很多种，Gartner 公司将云计算定义为："云计算是一种计算方式，能通过 Internet 技术将可扩展的和弹性的 IT 能力作为服务交付给外部用户。"被业界广泛认可的是美国国家标准与技术研究院（NIST）所给的定义："云计算是一种模型，可以实现随时随地、便捷地、按需地从可配置计算资源共享池中获取所需的资源（网络、服务器、存储、应用程序及服务等），资源可以快速供给和释放，使管理的工作量和服务提供者的介入降低至最少。这种云模型由五个基本特征、三种服务模型和四种部署模型构成。"

云计算是一种商业计算模型，它将计算任务分布在由大量计算机构成的资源池上，使各种应用系统能够根据需要获取计算能力、存储空间和信息服务。云计算不是一种新的 IT 技术，也不是一个新的 IT 架构，而是一种全新的 IT 资源交付模式，它将传统的 IT 产品、能力通过互联网以服务的形式交付给用户。结合集群技术，云计算可将庞大的计算处理任务自动分拆成许多较小的子任务，再交给由大量服务器组成的集群系统，经搜寻、计算、分析之后将处理结果返回给用户。通过这项技术，网络服务提供者可以在数秒之内，处理数以千万条计甚至亿条计的信息，以很低的成本达到和"超级计算机"同样强大的处理能力。我们平常所使用的搜索引擎、网络邮箱、云盘等都使用了云服务。

云计算的核心思想是将大量用网络连接的计算机资源进行统一管理和调度，构成一个计算资源池向用户提供服务。对于用户而言，在云计算环境下，无需自建系统，可以更加专注于自己的业务，"云"中的资源是可以随时获取、随时扩展、按需使用并按需收费的。对于企业用户而言，云计算帮助他们降低了初始投资，需要时购买，不需要时就退购。云计算帮助企业解决了信息化的基础成本，因此云计算对于许多对成本比较敏感的中小企业而言具有极大价值。

14.1.2 云特性

根据目前业界的广泛认识,一个有效的云环境应具有以下五个基本特性。

1. 按需自助服务(On Demand Self-Service)

按需自助服务使得用户能够在无需与云服务提供商沟通的情况下,根据自己的需求定制云计算资源。通过按需自助服务,用户可以对云计算的使用情况进行规划。例如,需要多少的计算和存储资源,以及如何管理和部署这些服务等。一旦配置好了,对自助提供的 IT 资源的访问可以自动化,不再需要云用户或云服务提供者的介入。

2. 泛在接入(Ubiquitous Access)

泛在接入是一个使云服务可以被广泛访问的能力。云计算需要支持一组设备、传输协议、接口和安全技术,使得云用户可以通过各种网络渠道,以统一标准的机制(如浏览器、相同的 API 等)获取服务。

3. 多租户(Multitenancy)/资源池(Resource Pooling)

一个软件程序的实例能够服务不同的用户(租户),用户之间是互相隔离的,使得软件程序具有这种能力的特性称为多租户。云提供者的 IT 资源被整合到一个资源池,使用多租户模型来服务多个云用户,这些模型通常依赖于虚拟化技术的使用。通过使用多租户技术,可以根据云用户的需求动态分配不同的物理和虚拟 IT 资源。

4. 弹性(Elasticity)

弹性是指根据运行时条件、云用户或云提供者事先确定的要求,自动透明地扩展 IT 资源的能力。弹性通常被认为是采用云计算的核心理由,主要是因为它与降低投资成本有关。具有大量 IT 资源的云提供者可以提供很大范围的弹性。对于云用户而言,可以租用的资源似乎是无限的,可在任何时间根据需要购买任何数量的 IT 资源。

5. 可测量的使用(Measured Usage)

可测量的使用是指云平台记录对 IT 资源使用情况的能力。云提供者可以只对云用户实际使用的 IT 资源和使用时间段进行收费。可测量的使用特性与按需自助服务特性密切相关。可测量的使用并不仅记录收费所需的统计信息,还可以包括 IT 资源的使用监控以及相关报告,以提高资源的管控能力和促进优化利用。

在五个基本的特性之外,也有人提出云的可恢复(Resiliency)特性,这是一种故障转移的方式,通过在多个物理位置放置冗余的 IT 资源来实现。当一个资源出现故障时,应用就会自动被转到另一个冗余的资源上进行处理。在云计算里,可恢复特性可以是指在同一云中(但不同物理位置上)的冗余 IT 资源,也可以是跨越多个云的冗余 IT 资源。可恢复性增加了云用户应用的可靠性和可用性。

14.1.3 云交付模型

云交付模型是云提供者提供的具体的、事先打包好的 IT 资源组合。最基础和最常见的云交付模型有三种：基础设施作为服务、平台作为服务和软件作为服务，这三种模式是互相关联的，且可以组合起来使用。

1. 基础设施作为服务（IaaS）

IaaS（Infrastructure as a Service）由以基础设施为中心的 IT 资源组成，可以通过基于云服务的接口和访问工具使用和管理这些资源。与传统的服务器托管或外包环境相比，IaaS 中 IT 资源通常是虚拟化的，这样在运行时扩展和定制基础设施就变得简单了。IaaS 环境一般要允许云用户对其资源配置和使用进行更高层次的控制。IaaS 提供的 IT 资源通常是未配置好的，管理的责任直接落在云用户身上。对云环境需要有更高控制权的用户会使用这种模型。一个典型的 IaaS 环境的核心和主要的 IT 资源就是虚拟服务器，虚拟服务器的租用是通过制定服务器需求来完成的，如 CPU 处理能力、内存空间和磁盘存储空间等。虚拟服务器相当于裸机，云用户既可以安装 Windows 操作系统，也可以让它运行 Linus 操作系统。亚马逊的弹性计算云 EC2 和 S3，微软 Azure 云的虚拟主机等都是典型的 IaaS 产品。

根据 Gartner 的调查，2020 年全球公共云计算 IaaS 市场规模为 643 亿美元，同比增长 40.7%；中国为 119 亿美元，同比增 53.7%。其中，亚马逊占 40.8%，微软云占 19.7%，阿里云占 9.5%，谷歌云占 6.1%，华为云占 4.2%。

2. 平台作为服务（PaaS）

PaaS（Platform as a Service）交付模型对资源的抽象层次更进一步，提供即时可用的软件开发平台，它可以帮助用户在云端开发、测试和部署应用程序。平台负责管理底层硬件、操作系统、运行环境、安全性以及数据库等相关资源。PaaS 是预先定义好的"就绪可用（ready-to-use）"环境，一般由已配置好的 IT 资源组成。PaaS 通过应用程序接口 API 提供云资源服务，这些 API 可包含具体的业务处理逻辑的实现，为开发带来了极大的方便，提高了开发效率，减少了开发成本。与 IaaS 相比，PaaS 云用户省去了建立和维护裸的基础设施 IT 资源的管理负担。但同时，用户的自主权降低，只能使用特定的编程环境，并遵照特定的编程模型。如 Google App Engine 只允许使用 Java 和 Python 语言、基于 Django 的 Web 应用框架和调用 Google App Engine SDK 来开发在线应用程序服务。典型的 PaaS 平台有 Google App Engine 和微软 Azure 云的 Web Apps 等。

3. 软件作为服务（SaaS）

SaaS（Software as a Service）提供给云用户的服务是运行在云计算基础设施上的应用程序，即 SaaS 上仅运行由云服务提供商开发的应用，用户可通过网页浏览器在互联网上使用这些应用程序。在 SaaS 模式出现之前，企业必须在本地硬件上安装运行有授权许可的软件程序，自行管理服务器的可用性、安全性、容灾备份、软件补丁和系统升级等操作。但是大多数企业并不具备专业的软硬件维护能力。在 SaaS 模式中，企业的信息技术团队不必担心上述问题，SaaS 服务提供商已经包揽了一切管理服务。SaaS 模式对很多企业产生了划时代的重要影响，可以大幅度降低企业信息技术的投资和运维成本，让企业把主要精力和资源全部投入到其主营业务中去。

云用户对 SaaS 模式的云资源管理权限非常有限，SaaS 实现通常是由云提供者提供的，但也可以是任何承担云服务拥有者角色的实体来提供。例如，一个组织在使用 PaaS 环境时是云用户，他可以建立一个云服务应用程序，然后将它部署在同一环境中作为 SaaS 向其他云用户提供，那么这家组织实际上就承担了这个基于 SaaS 的云服务的提供者角色。典型的 SaaS 产品有 Salesforce online CRM、微软的 Office 365 和 SAP Business By Design 等。

不同交付模式下，云提供商和云用户负责管理内容的不同（图 14-1）。

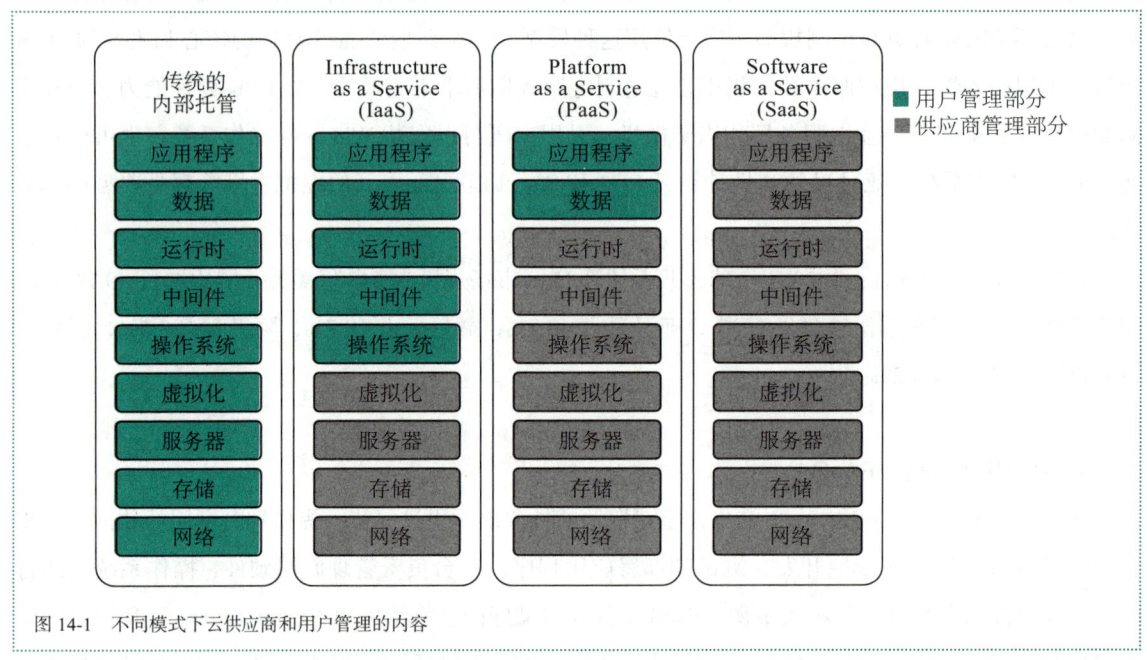

图 14-1　不同模式下云供应商和用户管理的内容

三种云交付模型中用户和云提供者的行为对比如表 14-1 所示。

表 14-1　云交付模型的对比

云交付模型	常见的云用户行为	常见的云提供者行为
SaaS	• 使用和配置云服务	• 实现、管理和维护云服务 • 监控云用户的使用
PaaS	• 开发、测试、部署和管理云服务以及基于云的解决方案	• 实现配置好的平台和在需要时提供底层的基础设施、中间件和其他所需的 IT 资源 • 监控云用户的使用
IaaS	• 建立和配置裸的基础设施，安装、管理和监控所需的软件	• 提供和管理需要的物理处理器、存储、网络资源 • 监控云用户的使用

随着云计算不断发展，不同的云交付模型之间也会相互渗透融合，同一种产品往往横跨两种以上的类型，如阿里云就提供 IaaS+PaaS 服务。除了基本的三种交付模型外，近年来也出现了许多云交付模型的变种，每种都是由不同 IT 资源的组合构成。如数据库作为服务（Database as a Service，DBaaS）、存储作为服务（Storage as a Service）等。

IDC 最新发布的《全球及中国公有云服务市场（2020 年）跟踪》报告显示，2020 年全球公有云服务整体市场规模（IaaS/PaaS/SaaS）达到 3 124.2 亿美元，同比增长 24.1%，中国公有云服务整体市场规模达到 193.8 亿美元，同比增长 49.7%，为全球各区域中增速最快的。

14.1.4 云部署模型

云部署模型表示的是某种特定的云环境类型，主要是以所有权、大小和访问方式来区别的。常见的云部署类型有四种：公有云、社区云、私有云和混合云。

1. 公有云

公有云（Public Cloud）是最常见的云部署模型，由第三方云提供者拥有，云用户可通过 Internet 访问。云提供者负责创建和持续维护公有云及其 IT 资源，云里的 IT 资源通常按照事先描述好的云交付模型（IaaS、PaaS 或 SaaS）提供，而且一般需要付费才能提供给云用户，也有通过增加广告的方式来免费提供的。对云提供者来说，由于用户量巨大，资源规模优势明显，因而运营成本较低。对于中小型企业而言，通过使用公有云能以较低的成本获得优质的 IT 服务。阿里云和百度云是典型的公有云，提供公有云服务的厂商还有谷歌、亚马逊、微软和 Salesforce 等。

2. 社区云

社区云（Community Cloud）类似于公有云，只是它的访问被限制为特定的云社区用户。社区云可以由社区成员提供，也可以由第三方提供。社区中的成员不一定能够访问或控制云中的所有 IT 资源，社区外的组织通常不能访问社区云。

实际案例 14-1 "一朵云"管用爱用受用，折射上海社区治理数字化转型

为推动智能化与社区治理融合、提升基层社会治理效能，上海市于 2019 年年底上线了"上海社区云"，这是上海在基层落实"一网通办""一网统管"的一个重要载体，是"社会治理一张网"设在基层社区的一个重要端口和平台。

社区治理更精细，城市就更有向心力、凝聚力。为集成、共享、协同庞杂的社区数据，一朵专为社区治理而生的"云"——"社区云"，眼下正在积聚各方能量。2020 年年底前，上海 6 077 个居村委会将全部上"社区云"，全市各区、各街镇正踩足油门，向这个目标全力冲刺。截至 9 月底，"社区云"居社互动平台上线用户数

83.6 万个、覆盖家庭约 56.6 万户。

作为城市运行"一网统管"的居村平台,"社区云"被定位为社区应用的"统一入口"。它并非一个割裂的系统,而是在已有系统上不断"做加法",在实战应用中不断创新提升,从而能更好支撑城市数字化转型。市民政局局长朱勤皓接受采访时表示,"社区云"是个兼容并蓄的平台,通过居民自治、共治,可以进一步提升社区治理效能。

已试点近一年的浦东新区"远程智慧帮办"系统不久前与"社区云"成功对接,全新的功能、进阶的服务,让不少基层人员直呼"管用""爱用""受用"。在普陀区,"社区云"居社互动平台建设取得新进展——本地人口库信息完善度达 99%,已具备平台建设条件。为及时解决"社区云"推进过程中的堵点、难点,长宁区虹桥街道建立了"社区云工作自治交流群",由专人 24 小时为居民提供技术与政策指导服务。顺应人民群众对美好生活的新期待,上海这座超大型城市正在自身数字化转型中努力实现"实战中管用、基层干部爱用、群众感到受用"的目标,让技术赋能城市安全运行、治理效能提升。

3. 私有云

由于公有云存在一些安全性和稳定性以及访问性能方面的问题,众多拥有较大 IT 资源和软件系统的组织选择部署私有云(Private Cloud)。采用私有云时,从技术上讲,企业或组织既是云用户,又是云提供者。私有云一般构建在企业防火墙后,因而可以提供对数据、安全性和服务质量最有效的控制。用户通过内部网使用云服务,使用体验较好,但由于组织需要创建和维护私有云中的 IT 资源,成本较高,一般只有大型组织或对数据有很高安全性要求的组织才会部署私有云,如银行、保险等大型金融企业。

4. 混合云

混合云(Hybrid Cloud)是由两个或以上不同云部署模型组成的云环境。由于私有云和公有云各有优缺点,云用户可能会选择把处理敏感数据的 IT 应用部署到私有云上,而将其他不敏感的 IT 应用部署到公有云上,这种组合就是混合云部署模型。由于不同云环境存在的差异性,以及私有云和公有云在管理责任上的分离,混合云部署架构的创建和维护可能会很复杂和具有挑战性。如先导案例中 12306 网站使用的就是混合云。

除了上述四种基本云部署模型外,还存在其他变种。例如,Amazon 推出的虚拟私有云(Virtual Private Cloud,VPC)允许用户在 AWS 上创建网络隔离的专有云,用户可以完全控制该专有云的网络配置。

14.1.5 云计算的优势

云计算为什么拥有划时代的优势？主要原因在于它的技术特征和规模效应带来的巨大性价比优势。

企业的 IT 开销主要分为三部分：软硬件开销、能耗和管理成本。受摩尔定律的影响，硬件成本在不断下降。但能源和人力资源成本的上升，能耗和管理成本上升非常迅速，目前管理成本占了 IT 开销的很大部分，而能耗开销也越来越接近硬件开销。许多云计算平台的规模都很大，如亚马逊拥有超过 28 个数据中心，每个数据中心需要为 50 000～80 000 台服务器供电和散热，能耗巨大。据统计，2014 年美国数据中心的电能消耗为 700 亿千瓦时，约占美国能源消耗的 2%。云基础设施可以集中部署在电力资源比较丰富、散热条件好的地方。阿里、华为、腾讯和国内三大移动通信运营商等一批企业都将其云数据中心落户贵州，就是利用贵州省电力资源丰富、温度适宜利于散热、场地成本低等优势。由于大型数据中心的规模经济，其资源消耗比中小型数据中心更为经济。

对于电子商务企业来说，使用公有云服务具有以下的优势。

1. 成本低

云计算与传统数据中心（IDC）相比，资源的利用率有很大的提升。对电商企业而言，IDC 一般采用服务器托管或虚拟主机等方式对网站提供服务，每个租用 IDC 的网站所获得的网络带宽、CPU 处理能力、内存容量和存储空间都是固定的。然而，大多数网站的访问流量都不是均衡的，有的时间性很强，有的季节性很强。例如，平时访问的人不多，但是到元旦、"双十一"等优惠时段则会流量暴涨；再如，12306 网站在节前会比平时高出几倍，甚至几十倍的访问量。在传统模式中，企业往往会面临两难情况：IT 硬件投入过多会造成资源浪费；投入不足则导致访问过于繁忙，系统响应慢，从而失去潜在的顾客和营收。企业为了应对这些突发流量，通常会按照峰值要求配置服务器和网络资源，导致资源的平均利用率很低，可能只有 10%～15%。而云计算平台提供的是有弹性的服务，它能根据每个租用者的需要在一个超大的资源池中动态分配和释放资源，而不需要为每个租户预留峰值资源。并且，公有云平台的租户数量非常多，支撑的应用种类也是五花八门，比较容易平稳整体负载，因而云计算资源利用率可以达到 80% 左右。资源利用率的提升可以降低云服务商的运营成本，从而也会降低企业租用云服务的成本。

同时，在公有云中，云用户无需投入资源对软硬件系统进行维护，如操作系统升级和数据库维护等，这些工作都可由云服务商完成，云用户的管理成本几乎为零。

云计算有更低的硬件和网络成本、更低的管理成本和电力成本，也有更高的资源利用率，这是云计算成为划时代技术的根本原因。

2. 可用性得到充分保障

2017 年，英国航空公司（British Airways）由于员工意外关闭数据中心电源导致系统中止服务。像这种由于操作系统升级不兼容、网络问题或服务器电源系统故障等原因造成的意外情况在公有云系统中基本不存在。业内主要的公有云服务商都可以提供充分的可用性保障，做到 99.99% 以上的在线可用性。

3. 网络安全和物理安全

公有云服务商投入了大量的资金和资源以保障云环境的物理安全、网络安全和数据安全。他们会对发现的诸多系统漏洞安装补丁程序，同时进行测试以发现和修补漏洞。云服务商还会提供合规性认证，证明其满足当地和国家有关安全和隐私方面的法律规定。

4. 响应延迟最小化

延迟指的是用户操作和系统反馈之间的时间差，响应延迟最小化在实现实时操作、提升用户体验等方面具有重要意义。衡量这一指标的决定性要素是终端用户应用（如浏览器）和硬件反馈之间的往返时长。主要的云服务商目前都可以提供多个"可用区"，即在同一地理区间内通过低延迟、高吞吐量和高冗余网络连接的、物理层面彼此隔离的位置。如亚马逊 AWS 云在全球 18 个地区拥有 53 个服务可用区。

5. 可靠的容灾备份

分布式公有云可实现跨地区复制和点对点数据恢复，为用户提供全面可靠的容灾备份服务。如果企业数据库意外受损，云服务可以帮助它们恢复系统到可正常操作的时间点。虽然企业自行安装、管理、测试恢复系统和复制文件从技术上是安全可行的，但这项复杂工作对大多数企业来说非常昂贵。

6. 简单快速开发

企业向云计算的转型推动了"开发运维一体化"（DevOps）模式的出现，目前这种开发方式得到了很好的普及和应用。和传统开发方式相比，开发运维一体化使软件开发和信息技术操作二者之间整合更紧密。云端系统可以为开发人员提供丰富的开发语言和框架选择、最先进的云开发环境以及更便利的协作和支持平台。这大大提高了应用软件的开发速度和部署速度。

7. 订阅式收费

云服务价格通常是根据用户数量和使用的计算资源确定的。大多数情况下，订阅式收费的价格和用户选定软件功能的不同级别成正比。这样一来，企业可以自行选择所需的服务、使用时长和用户数量，即使中小型企业也容易在云端找到最适合自己需要的产品和服务。

8. 关注业务而不是信息技术

SaaS 服务使企业团队从软硬件基础设施的运维工作中解脱出来，让他们可以更专注于公司业务，以提升企业竞争优势。

14.2 云计算关键技术

14.2.1 虚拟化技术

要实现云的五大特性，在云的构建过程中，所用到的最重要的技术是虚拟化技术。虚拟化概念最早出现在 20 世纪 70 年代，当时 IBM 公司推出虚拟化技术，用于 IBM 大型机的虚拟化。虚拟化技术的核心思想是利用软件或固件管理程序构成虚拟化层，将物理资源映射为虚拟资源。

目前，云计算环境中的虚拟化包括服务器虚拟化、存储虚拟化、网络虚拟化和桌面虚拟化等。服务器虚拟化在云计算中是最重要和最关键的，是将一台物理服务器虚拟化成多台逻辑服务器，以充分发挥服务器的硬件性能，降低成本。存储虚拟化是把分布的异构存储设备统一为一个或几个大的存储池，方便用户使用和管理。网络虚拟化是在底层物理网络和网络用户之间增加一个抽象层，该抽象层向下对物理网络资源进行分割，向上提供虚拟网络。桌面虚拟化是指利用虚拟化技术将用户桌面的镜像文件存放在云数据中心，以达到桌面使用的安全性和灵活性，可以通过任何设备，在任何地点，任何时间通过网络访问属于用户个人的桌面系统。

1. 服务器虚拟化

服务器虚拟化一般指通过虚拟化软件将一台物理服务器虚拟成若干个独立的逻辑服务器，这些逻辑服务器称为虚拟机或虚拟服务器，多个虚拟机在同一物理机上各自独立运行。每个虚拟机都有自己的一套虚拟硬件，可以在这些硬件中加载操作系统和应用程序，不同虚拟机中的操作系统和应用程序可以是不同的。

运行虚拟化软件的物理服务器称为主机（Host），其底层硬件可以被虚拟化软件访问。虚拟化软件也称虚拟机管理器（Virtual Machine Manager，VMM）、虚拟机监视器（Virtual Machine Monitor，VMM）或虚拟机监控器（Hypervisor）。

虚拟服务器上运行的操作系统称为客户（Guest）操作系统。客户操作系统是在虚拟机管理程序控制下运行的，而不是直接在物理硬件上运行的。虚拟机管理程序允许多个操作系统在一个硬件平台上同时运行，它控制客户操作系统使用硬件资源的方式，发生在一个虚拟机中的事件不会影响在同一管理程序下运行的任何其他虚拟机。虚拟机管理程序保证了各虚拟机的隔离，从而确保了安全性和封装性。

在虚拟服务器上运行的客户操作系统和应用程序都不会感知到虚拟化的过程，也就是说，这些应用程序就像是在独立的物理服务器上安装执行一样。程序在物理系统上执行和在虚拟系统上执行是一样的，这种执行上的一致性是虚拟化的关键特性。

在同一服务器上运行多个虚拟机，使应用程序更好地共享服务器资源，实现了更高的资源利用率。并发运行的应用程序对资源的即时需求一般是不同的，并且相互补充，减少了服务器的空闲时间。另一个优点是应用程序开发人员可以选择在熟悉的环境和操作系统下开发应用程序。因为虚拟机可以轻松迁移到不同的物理服务器，停止虚拟机，将其状态保存为文件，将文件传输到另一台服务器，然后重新启动虚拟机运行。

虚拟化是一个技术平台，用于创建 IT 资源的虚拟实例。虚拟化软件层允许物理 IT 资源提供自身的多个虚拟映像，这样多个用户就可以共享它们的底层处理能力。虚拟化技术出现之前，软件只能被绑定在静态硬件环境中。而虚拟化打破了这种软硬件之间的依赖性，因为在虚拟化环境中运行的 VMM 软件可以模拟对硬件的需求。

根据虚拟化层实现的方式不同，服务器虚拟化包括基于操作系统的虚拟化和基于硬件的虚拟化。

1）基于操作系统的虚拟化

基于操作系统的虚拟化是指在一个已存在的操作系统上安装虚拟化软件 VMM，这个已存在的操作系统称为宿主操作系统（Host Operating System）。例如，一个用户的计算机上已安装了 Windows 10 操作系统，如果想创建虚拟服务器，就像安装其他软件一样，在宿主操作系统上安装虚拟化软件（如 Vmware Workstation、VirtualBox 等），然后在虚拟化软件中创建一个或多个虚拟机（Virtual Machine，VM），每个虚拟机 VM 相当于一台独立的计算机，分别可以安装一个客户操作系统（Guest Operating System），如 Windows 10、Linux 等。其逻辑结构图如 14-2 所示。

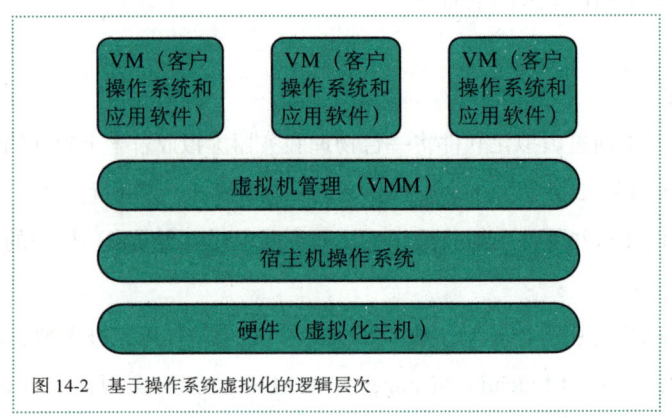

图 14-2　基于操作系统虚拟化的逻辑层次

VMM 将底层的硬件 IT 资源（如 CPU、内存、IO 设备）转换为兼容多个操作系统的虚拟 IT 资源。由于宿主操作系统本身就是一个完整的操作系统，可以用来管理物理主机，如备份与恢复、安全管理等。但这种模式会带来性能上的损失，一方面，宿主操作系统本身会消耗 CPU、内存等 IT 资源；另一方面，来自客户操作系统的对硬件资源的访问要穿越 VMM、宿主操作系统等多个层次，降低了整体性能。

2）基于硬件的虚拟化

基于硬件的虚拟化，也称裸机虚拟化，不需要在物理服务器上安装宿主操作系统，而是直接将虚拟化软件安装在物理主机硬件上，一般把这种架构中的虚拟化软件称为 Hypervisor。其逻辑结构如图 14-3 所示。

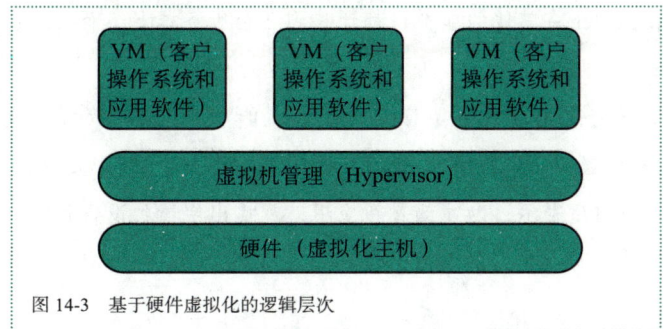

图 14-3 基于硬件虚拟化的逻辑层次

可以将 Hypervisor 理解为仅对硬件资源进行虚拟和调度的轻量型操作系统，它并不提供常规操作系统的功能。常见的 Hypervisor 软件有 IBM 的 PowerVM、VMware 的 ESX Sevrer、Citrix 的 Xen Server、Microsoft 的 Hyper-V 以及开源的 KVM 等。

Hypervisor 具有简单的用户接口，由处理硬件管理功能的软件构成，形成了虚拟化管理层，由于不需要宿主操作系统的中间环节，这种架构通常效率更高。基于硬件的虚拟化的一个主要问题是与硬件设备的兼容性，虚拟化层直接与主机硬件进行通信，意味着虚拟机中所有相关的设备驱动程序都要与虚拟机管理程序兼容。

实际案例 14-2　服务器虚拟化帮助 GE 医疗集团实现 IT 资源的灵活配置

GE 医疗集团亚太区总共有 300 多台服务器，其中有十几个物理服务器运行着虚拟机，共运行着 40 多个虚拟机。

那么，到底是什么原因，让 GE 开始在数据中心里面部署虚拟化？GE 医疗集团亚太区服务器运维经理马国超表示：对于 GE 医疗集团来说，部署虚拟化的主要原因在于希望通过虚拟化能够实现快速的基础设施服务和灵活的资源调配。

GE 医疗集团的订单系统每个季度末都会出现一个高峰值。此前为了应付这样的峰值，不得不为服务器预留出来大量的计算能力，而这些计算能力在平时则是极大的浪费。另外，作为提供服务支持的部门，马国超他们还需要满足其他部门提出的系统需求。欧洲分部要求亚洲 GE 医疗集团提供技术支持，提供 7 台服务器以便安装相关的 ERP 应用。不过马国超表示，并不希望为他们购买额外的新服务器，而是希望通过虚拟化技术来提供虚拟机服务。

由于运行的虚拟机为企业的生产系统，GE 选择了较为可靠的 SAN 方式来部署 VMware 的虚拟化方案。GE 医疗集团将三台 HP DL585 构筑成了一个 Server Farm，然后在后端连接了 SAN 存储系统，将所建立的十几台虚拟机都存储在 SAN 上面。其中包括了 DHCP/DNS、打印服务器以及订单系统、Veritas 备份系统。通过 Virtual Center 管理系统，GE 医疗集团可以在这三台 DL585 之间自由迁移虚拟机，以实现资源调配的需要。平时，3 台服务器上均衡运行着各个虚拟机，每到季度末，就会利用

Virtual Center 将其他的虚拟机都迁移到 2 台服务器上，而只保留订单系统，以满足峰值需要。

部署完成之后的事实证明，虚拟化能够帮助 GE 大幅地提升服务器的利用率，GE 的服务器利用率从原有的 10% 提升到了整合后的 60%，也能够提升资源调配的灵活性。马国超表示，以往部署新应用，从提出申请到设备到货、安装、配置，需要大概 3 个月，而现在利用虚拟机模板开设一个新的服务器应用，只需要大概 1 小时。

2. 存储虚拟化

存储虚拟化（Storage Virtualization）是指将各个分散的、异构的存储设备按照一定的策略映射成一个统一的、连续编址的逻辑存储空间，成为虚拟存储池。通过把许多零散的存储资源整合起来，提高整体资源利用率，同时降低了系统管理成本。存储虚拟化的思想是将存储资源的逻辑映像（称为卷）与物理存储分开，用户应用程序所使用的逻辑卷和物理设备之间的映射是由存储虚拟化软件来实现和管理的。对于用户来说，虚拟化的存储资源就像是一个巨大的"存储池"，用户不会看到具体的磁盘，也不必关心自己的数据经过哪一条路径通往哪一个具体的存储设备。虚拟化软件通过使用数据镜像、数据校验和多路径等技术，提高了数据的可靠性和系统的可用性。同时，还可以利用负载均衡、数据迁移、数据块重组等技术提升系统的潜在性能。

实现存储虚拟化的方式有三种：基于主机的存储虚拟化、基于存储设备的存储虚拟化和基于网络的存储虚拟化。

1）基于主机的存储虚拟化

基于主机的存储虚拟化一般是通过逻辑卷管理来实现的。虚拟化软件为逻辑卷映射到物理磁盘提供了一个虚拟层。最简单的存储虚拟化就是将一块磁盘分成多个磁盘分区（逻辑卷），每个分区可当成一个独立的磁盘一样使用。例如，我们通常在 Windows 操作系统中将一块硬盘分为 C 盘、D 盘、E 盘等。

因为不需要任何附加硬件，基于主机的虚拟化方法最容易实现、成本最低。目前，已经有比较成熟的基于主机存储虚拟化的软件产品，这些软件可以提供非常方便的图形化管理界面，可方便地进行存储虚拟化管理。从这个意义上看，基于主机的存储虚拟化是一种性价比不错的方法。但是，这种方式往往具有可扩展性差、不支持异构平台等缺点，实际运行性能也不是很好。

2）基于存储设备的存储虚拟化

基于存储设备的存储虚拟化，也称为基于存储控制器的存储虚拟化，是在存储设备的磁盘、适配器或控制器上实现虚拟化功能。目前，许多存储设备（如磁盘阵列等）的内部都有性能比较强的处理器，且都带有专门的嵌入式软件系统，可以在存储子系统的内部进行存储虚拟化，对外提供虚拟化磁盘，如支持 RAID 的磁盘阵列等。这类存储子系统与主机无关，对系统性能影响很小，也比较容易管理，且对用户和管理人员是透明的。但这种虚拟化依赖于提供相关功能的存储模块，往往需要第三方的虚拟化软件，对于包含多厂商提供异构存储设备的存储系统，这种方法的运行效果并不是很好。

3）基于网络的存储虚拟化

基于网络的存储虚拟化方法是在网络设备之间实现存储虚拟化功能，包括基于互联设备和基于路由器的虚拟化两种方式。

基于互联设备的虚拟化方法能够在专用服务器上的标准操作系统（如 Windows、Linux 等）中运行。这种方法和基于主机的存储虚拟化一样具有易使用、设备便宜等优点。同样，它也具有基于主机存储虚拟化方法的一些缺陷，因为它仍然需要一个运行在主机上的代理软件或基于主机的适配器，并且，任何主机的故障或不适当的主机配置都可能导致数据访问出现问题。

基于路由器的存储虚拟化方法是在路由器固件上实现虚拟存储功能。运行在主机上的附加软件可以进一步增强存储管理能力。在此方法中，路由器被放置于每个主机到存储网络的数据通道中，用来截取网络中任何一个从主机到存储系统的命令。由于路由器可为每一台主机服务，大多数控制模块存在于路由器的固件中，相对于基于主机和大多数基于互联设备的方法，这种方法的性能更好、效果更佳。由于不依赖于在每个主机上运行的代理服务器，这种方法比基于主机或基于设备的方法具有更好的安全性。当连接主机到存储网络的路由器出现故障时，仍然可能导致主机上的数据不能被访问。但是只有连接到故障路由器的主机才会受到影响，其他主机仍然可以通过其他路由器访问存储系统。路由器的冗余可以支持动态多路径，这也为上述故障问题提供了一个解决方法。由于路由器经常作为协议转换的桥梁，基于路由器的方法也可以在异构操作系统和多供应商存储环境之间提供互操作性。

3. 网络虚拟化

在使用云计算后，数据中心的网络需要解决内部的数据同步传送的大流量、数据备份大流量、虚拟机迁移大流量等问题。同时，还需要采用统一的交换网络以减少布线和维护工作量以及扩容成本。引入虚拟化技术后，在不改变传统数据中心网络设计的物理拓扑结构和布线的前提下，可以实现网络各层的横向整合，形成一个统一的交换结构。数据中心网络虚拟化分为核心层、接入层和虚拟机网络虚拟化。

1）核心层网络虚拟化

核心层网络虚拟化是指数据中心核心网络设备的虚拟化。它要求核心层网络具有超大规模的数据交换能力，以及足够的万兆接入能力来提供虚拟机箱技术，简化设备管理，提高资源利用率，提高交换网络的灵活性和扩展性，为资源的灵活调度和动态伸缩提供支撑。其中，VPC（Virtual Port-Channel）技术可以实现跨交换机的端口捆绑，提高冗余能力和链路互联带宽，降低网络管理和维护成本。

2）接入层网络虚拟化

接入层网络虚拟化可以实现数据中心的接入层分级设计。根据数据中心的布线要求，接入层交换机要求能够支持各种灵活的部署方式和新的网络技术。

3）虚拟机网络虚拟化

虚拟机网络虚拟化包括虚拟网络交换机和物理网卡虚拟化，在服务器内部虚拟出相应的交换机和网卡功能。虚拟交换机在插有多块网卡的服务器内部提供了多个网卡的互连，以及为不同的网卡流量设定不同的 VLAN（虚拟局域网）标签功能，使得主机内部如同存在一台交换机，可以方便地将不同的网卡连接到不同的端口。VLAN 是指管理员能够根据实际应用需求，把同一物理局域网内的不同用户，从逻辑上划分为不同的广播域，每一个 VLAN 相当于一个独立的局域网络。虚拟网卡是在一个物理网卡上虚拟出多个逻辑独立的网卡，使得每个虚拟网卡具有独立的 MAC 地址、IP 地址，同时还可以在虚拟网卡之间实现一定的流量调度策略。如 VMware 的网络虚拟化技术通过 vSphere 中的 vNetwork 网络元素，实现了虚拟网卡 vNIC、标准虚拟交换机 vSwitch、分布式交换机 dvSwitch 以及 VLAN 等功能。

4. 桌面虚拟化

桌面虚拟化是指将计算机的终端系统进行虚拟化，以达到桌面使用的安全性和灵活性。用户可以在任何时间、任何地点，采用任何设备，通过网络访问属于他们个人的桌面系统。

虚拟桌面的存储和执行（包括操作系统、应用程序和用户数据）都集中在云数据中心，用户使用终端设备通过远程协议（如 RDP、ICA、PCoIP）进行访问。桌面虚拟化将所有桌面虚拟机在数据中心进行托管并统一管理，同时用户能够获得完整 PC 的使用体验。用户可以通过客户端，或者类似的设备在局域网或者远程访问，获得与传统 PC 一致的用户体验。结合服务器虚拟化和应用虚拟化，可以将操作系统桌面呈现在用户面前，而应用程序则在服务器端运行。

桌面虚拟化将用户操作环境与系统实际运行环境分离，不必同时在一个位置，甚至是桌面系统的运行环境与安装环境拆分、应用与桌面的拆分、配置文件的拆分等，这样既满足了用户的灵活使用，也帮助 IT 部门实现了集中的控制。

虚拟化技术实现了物理资源的逻辑抽象和统一表示。通过虚拟化技术可提高资源的利用率，并能根据用户业务需求的变化而快速灵活地进行资源配置和部署。虚拟化技术将物理设备的具体技术特性加以封装隐藏，对外提供统一的逻辑接口，从而屏蔽了物理设备因多样性而带来的差异。

14.2.2 其他关键技术

1. 分布式编程模型与计算

云计算提供了分布式的计算模式，客观上要求必须有分布式的编程模型。分布式编程模型实现了在后台自动地将用户的程序分解为高效的分布式计算或并行计算模式，并在后台具体执行计算工作，包括相关的任务调度等。为使用户能更轻松享受云计算带来的服务，让用户能利用该编程模型编写简单的程序来实现特定的目的，分布式编程模型必须非常简单，而且这种功能对用户和编程人员是透明的。目前云计算主要采用了一种思想简洁的分布式并行编程模型 MapReduce。MapReduce 是一种编程模型和任务调度模型，主要用于数据集的并行运算和并行任务的调度处理。在该模式下，用户只需要自行编写 Map 函数和 Reduce 函数即可进行并行计算。其中，Map 函数中定义各节点上的分块数据的处理方法，而 Reduce 函数中定义中间结果的保存方法以及最终结果的归纳方法。

2. 海量数据分布式存储技术

云计算系统由大量服务器组成，同时为大量用户服务，因此云计算系统采用分布式存储的方式存储数据，用冗余存储的方式（集群计算、数据冗余和分布式存储）保证数据的可靠性。冗余的方式体现为同一份数据存储多个副本。通过任务分解和集群，用大量低廉的服务器替代昂贵的大型计算机，在保证性能的同时，还具有数据的高可用性、高可靠性和经济性。云计算的数据存储技术必须具有分布式、高吞吐量和高传输量的特点。云计算系统中广泛使用的数据存储系统是 Google 的 GFS 和 Hadoop 团队开发的 GFS 的开源实现 HDFS。

3. 海量数据管理技术

云计算需要对分布的、海量的数据进行分析处理，因此，数据管理技术必须能够高效地管理大量的数据。由于云数据存储管理形式不同于传统的 RDBMS 数据管理方式，如何在规模巨大的分布式数据中找到特定的数据，也是云计算数据管理技术所必须解决的问题。同时，由于管理形式不同造成传统的 SQL 数据库接口无法直接移植到云管理系统中来，目前有研究认为云数据管理提供 RDBMS 和 SQL 的接口，如基于 Hadoop 子项目 HBase 和 Hive 等。另外，在云数据管理方面，如何保证数据安全性和数据访问高效性也是研究关注的重点问题之一。云计算系统中的数据管理技术主要有 Google 的 BigTable 和 Hadoop 团队开发的开源数据管理模块 HBase。

4. 虚拟资源的管理与调度

云计算系统的平台管理技术能够使大量的虚拟化资源协同工作，方便进行业务部署和开通，快速发现和恢复系统故障，通过自动化、智能化手段实现大规模系统的可靠运行。

5. 云计算安全相关技术

有数据表明安全已经成为阻碍云计算发展的最主要原因之一。在云计算体系中，安全涉及很多层面，包括网络安全、服务器安全、软件安全、数据安全、系统安全等。现在不管是软件安全厂商还是硬件安全厂商都在积极研发云计算安全产品和方案。

14.3 物联网概述

14.3.1 物联网的概念

物联网（Internet of Things，IoT）概念最早于 1999 年由 MIT 的 Auto-ID 研究中心提出，主要建立在物品编码、RFID 技术和互联网的基础上。2005 年 11 月 17 日在信息社会世界峰会（World Summit on the Information Society，WSIS）上，国际电信联盟（International Telecommunication Union，

ITU）发布了《ITU 互联网报告 2005：物联网》，正式提出了"物联网"的概念。该报告指出，无所不在的"物联网"通信时代即将来临，世界上所有的物体都可以通过互联网主动进行信息交换。射频识别技术（RFID）、传感器技术、智能嵌入技术、云计算将到更加广泛的应用。物联网发展的里程碑出现在 2008 年到 2009 年之间，这段时间里，连接到互联网中的设备数量首次超过了全球的人口数量。据统计，到 2020 年，物联网连接的设备数量已超过 500 亿台。物联网是在通信技术、互联网和传感器等新技术的推动下，逐步形成人与人、人与物、物与物之间沟通的网络架构。

互联网的兴起引发了重大的技术变革，其演化可以分为四个阶段，如图 14-4 所示。每个阶段都对我们的社会和生活带来了深远的影响。

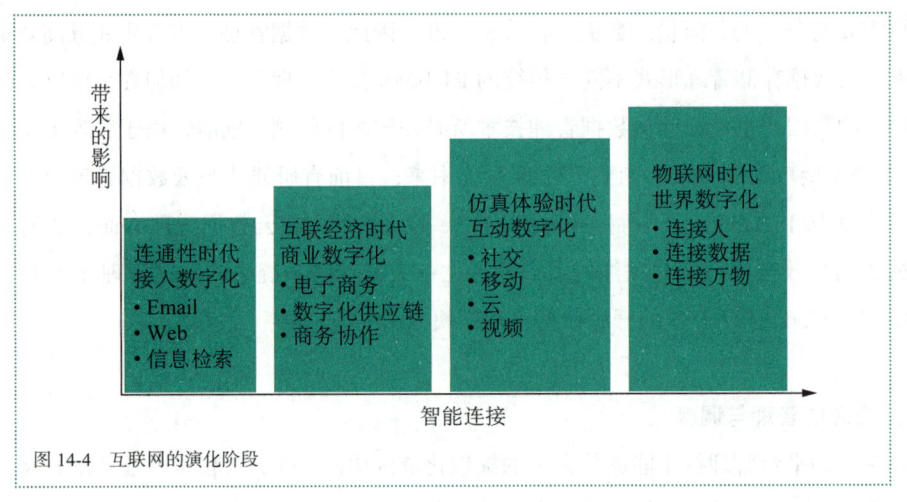

图 14-4　互联网的演化阶段

第一个阶段，即连通性时代，始于 20 世纪 90 年代中期。这个阶段人们可以通过电子邮件、Web 和信息检索来更加轻松地交流和访问信息。

第二个阶段，即互联经济时代，人们关注的内容变成了如何利用连通性来提升效率和效益，电子商务和建立供应链的数字化连接成了人们追逐的目标。同时，人们通过商务协作也能提升业务流程的效率。

第三个阶段，即仿真体验时代，以社交媒体、在线协作的涌现和各类设备广泛支持移动性为标志。从台式机、笔记本、平板电脑到手机，连通性已经无处不在。互联网的体验中进一步包含了大量的视频和社交媒体，而且可以通过移动端进行连接。越来越多的应用迁移到了云端。从本质上讲，人与人之间的互通也已经实现了数字化。

第四个阶段就是物联网时代，随着连接到互联网中的"物"比"人"越来越多，一个新的时代就此诞生，这就是物联网时代。网络将我们身边的物品和设备连接了起来，一切未连接之物都在连接之中，给人们带来新的服务和体验，同时还会带来自动化水平和流程效率的提升。物联网终将以一种全新的、激动人心的方式改变整个世界，正如互联网发展过程中的前几个阶段那样。

物联网处于发展的起步阶段，目前还没有一个能得到普遍认可的完整定义，下面列举几个典型的定义。

最早的定义由 Auto-ID 研究中心提出，其对物联网的定义为：物联网是把所有物品通过射频识别

（RFID）和条形码等信息传感设备与互联网连接起来，实现智能化识别和管理。其实质就是将 RFID 技术与互联网相结合并加以应用。

国际电信联盟（ITU）在其 2005 年的报告中对物联网的概念进行了阐述，提出任何时刻、任何地点、任何人可以连接到任意物体上，为实现无所不在的网络和无所不在的计算，物联网中广泛使用 RFID、无线技术、传感器技术、纳米技术、智能终端技术等。

2010 年中国的政府工作报告中对物联网的说明：物联网是通过传感器设备按照约定的协议，把各种网络连接起来，进行信息交互和通信，以实现智能化识别、定位、跟踪、监控和管理的一种网络。

14.3.2 物联网参考模型

物联网将所有物品通过各种智能传感设备与互联网连接起来，实现智能化识别与管理。由于设备种类繁多、应用场景繁杂、所用技术各异，不同设备之间的互联互通需要遵循一定的标准。

在将机器对机器（Machine to Machine，M2M）的通信进行标准化的过程中，欧洲电信标准化研究院 ETSI 在 2008 年创建了 M2M 技术委员会。2012 年，ETSI 和另外 13 家成员机构发起了 oneM2M（即同一个 M2M）的全球倡议，这个倡议旨在提升 M2M 通信系统和物联网的效率。oneM2M 的框架主要关注的是物联网的服务、应用和平台。oneM2M 架构将物联网功能分为三个区域：应用层、服务层和网络层。这个架构可以让不同设备通过对 IT 友好的 API 来实现互操作，同时还可以支持大量的物联网技术。

2014 年，物联网世界论坛（World Forum on Internet of Things，WF-IoT）架构委员会发布了一个七层物联网架构参考模型（图 14-5）。这个参考模型为人们使用物联网提供了一个更加清晰的视角，它包含了边缘计算、数据存储和访问，从技术角度为物联网的虚拟化提供了一个简洁的方式。

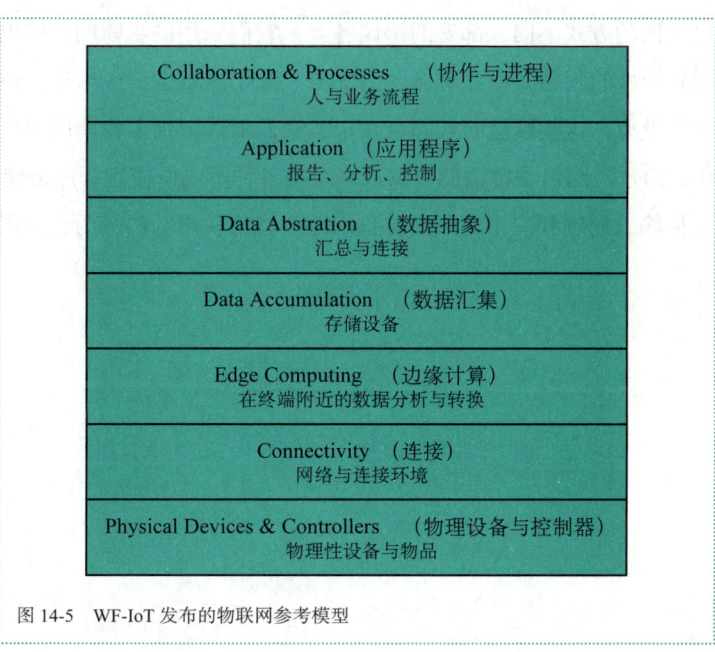

图 14-5　WF-IoT 发布的物联网参考模型

数据是从下而上穿越这个模型各层的，通过这个模型，我们可以：

（1）将物联网面临的问题分成多个部分；

（2）判断出各层所需要使用的技术，以及它们之间的相互关系；

（3）定义一个系统，让不同厂商可以提供系统中的不同组件；

（4）获得一个定义接口的流程，实现异构网络的互操作。

这七层中的每一层都有很多具体的功能，安全性也贯穿了整个模型的各层，如表 14-2 所示。

表 14-2　物联网参考模型各层功能

层次	功能
第 7 层：协作与进程层	使用和共享应用信息。这一层可以改变业务流程，落实物联网带来的优势
第 6 层：应用程序层	使用软件应用来读取数据。对数据进行监测、控制，或者基于对数据的分析结果来提供报告
第 5 层：数据抽象层	调和各种不同的数据格式，确保各种不同的源所提供的数据能够使用相同的方式表达意义。确保数据集是完整的，将数据统一存储在相同的位置，或者通过虚拟化技术将数据存储在不同的空间中
第 4 层：数据汇集层	收集数据并对数据进行存储，以备在必要时使用这些数据。将描述事件的数据转化为基于查询的信息
第 3 层：边缘计算层	也称为"雾"层。将数据转换为有利于存储和有利于上层进行处理的格式，以减少数据量。包括对数据进行分析、评估、汇总及过滤等操作
第 2 层：连接层	对数据进行可靠和即时的传输，包括在第 1 层和网络之间的数据传输，以及在网络和发生在第 3 层（边缘计算层）的信息处理进程之间的传输
第 1 层：物理设备与控制器层	收集数据，并通过网络进行查询和控制

不同行业使用物联网的方式不同，部署的协议各异，它们采用的物联网架构也应有所区分，每种架构都在解决物联网异构性的问题上存在着自己的优势。除了网络世界论坛外，还有许多其他组织和协会提出了物联网参考模型，这些模型的共同点在于，它们都认识到了物联网端点设备与数据传输网络之间需要进行互联，而这类网络中传输的数据最终会被各种不同的应用程序所使用。

按照信息生成、传输、处理和应用的原则，我们可以将物联网结构分为感知层、网络层和应用层（图 14-6）。

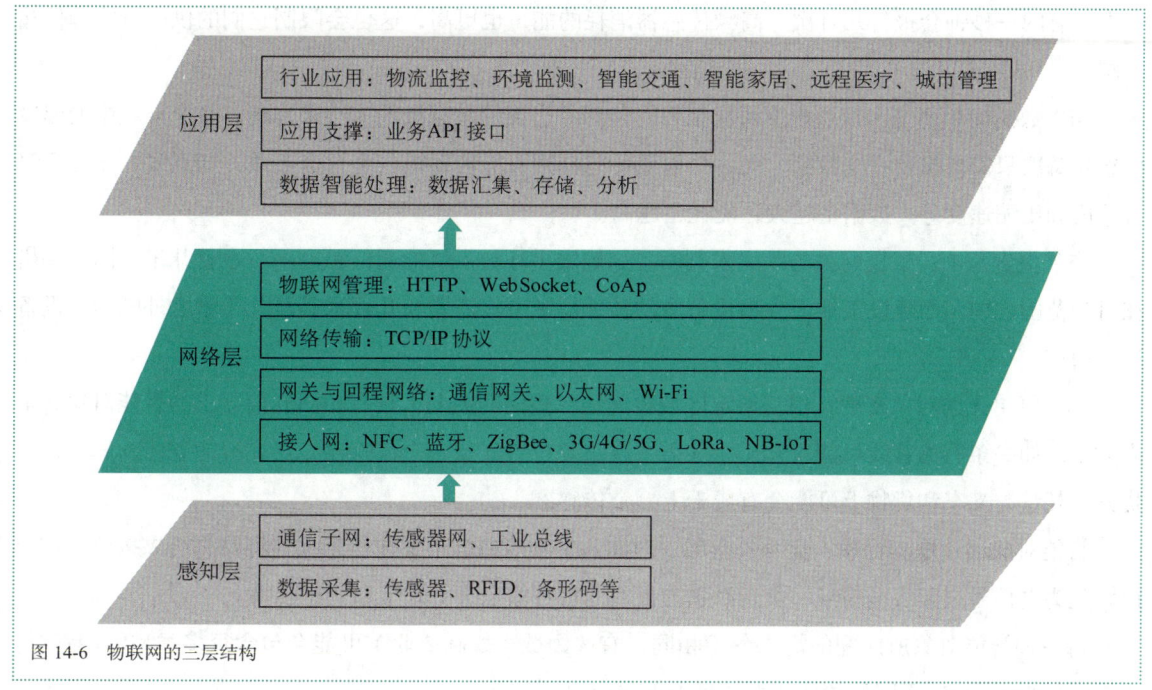

图 14-6　物联网的三层结构

14.3.3　感知层

感知层，也就是互联之"物"层，是物联网的基础。感知层犹如人的感知器官，由具有感知、识别、控制和执行等功能的多种设备组成，通过不同类型的传感器感知物品及其周围环境的各类信息。感知层包括数据采集和通信子网两个子层。以传感器、二维码、条形码、RFID、智能装置等作为数据采集设备，并将采集到的数据通过通信子网的通信模块和延伸网络与网络层的设备进行通信。延伸网络包括传感网、无线个域网（WPAN）、家庭网和工业总线等。感知层的主要组成部件有传感器（智能对象）和传感器网关，传感器有很多不同的类型，如二维码技术、RFID 技术、温/湿度传感器、光学摄像头、GPS 设备和生物识别等各种感知设备。在感知层中由感知器件和嵌入射频标签（RFID）的物体形成局部网络，协同感知周围环境或自身状态，并对获取的感知信息进行初步处理，以及根据相应规则进行响应，同时，通过各种接入网络把中间或最终处理结果接入到网络层。

从架构的角度来看，正是各类智能对象具有不同的类型和需求，催生了大量的物联网协议和架构。根据应用的场景和目的不同，智能对象的种类非常多，分类方式也有很多，如以下六种。

（1）电池供电或外部电源供电：根据智能对象是自带电池，还是通过外部电源不断供电来进行判断。电池供电的智能对象比通过无线供电的对象移动起来更加方便。但电池供电限制了设备每次可以使用的时长，以及对象可以消耗的总能源，因此这类对象的传输范围和移动频率也会受到限制。

（2）移动的还是静态的：根据对象是移动的还是长期处于同一个位置来进行判断，对象的移动频率也各不相同。移动的范围（几厘米还是几千米）往往决定了这个对象的供电方式。

（3）报告频率是低还是高：根据对象被监测参数的报告频率来判断。有的几天甚至一个月才报告一次,有的一秒钟会报告几百次。高频传感器消耗的能量也更高,这也会限制它们的供电方式和传输范围。

(4)数据简单还是丰富:根据每次报告时传感器提供的数据量的大小来判断。某个环境中的温度传感器每次只需要报告一个数字,而一个引擎传感器则可能需要报告上百个参数,如温度、压力、气流速度和压缩速度等。数据量越大,能耗也越高。

(5)报告范围:根据网关的距离来判断。如健康手环与手机的通信距离一般也就几米,因为手机在可视范围之内。而建设工地上大型设备中的传感器则可能需要和几百米甚至几千米之外的网关设备进行通信。

(6)每单元的对象密度:根据给定区域内连接在相同网关上,具有相同通信需求的智能对象数量来判断。如一条石油管线可能每几千米才需要在重要位置安装一个传感器,而在智能立体仓库中,在货架、托盘、叉车和货物上可能会有成千上万个传感器。

智能对象通过监测物理、化学、空间、时间和生物等非电子参数信息,并将监测结果按照一定规律转化为电信号或无线电信号,负责对物理世界的参数信息进行采集和数据转换。

每一种智能对象所匹配的需求各不相同,有些领域(如制造业)可能会包含很多类型的传感器。表14-3列举了一些不同移动性和吞吐量需求的应用。

表14-3 不同移动性和吞吐量的物联网应用

	低移动性	高移动性
低吞吐量	环境领域(天气传感器等) 家用领域(火警、安全、控制) 零售领域(销售系统、PoS、标识系统)	车辆通信 车队管理
高吞吐量	远程医疗 交通探头 互联家电	车载通信与娱乐系统 视频监控

传感器一般具有功耗低、体积小、集成度高、效率高和可靠性高等优点,同时也具有电量有限、通信能力(通信距离和吞吐量)有限、计算和存储能力有限等不足之处。

14.3.4 网络层

物联网环境中使用的计算资源和网络资源与传统IT环境中资源截然不同。物联网中的智能感知设备种类繁杂、性能和形态各异,部署环境也面临着温度、湿度和灰尘等影响,这些设备和传统IT环境中的设备操作方式上也有很大差异,所采用的网络通信技术也有很大不同。

网络层是物联网的中枢神经系统,主要进行信息的传递。感知层获取信息后,依靠网络层将信息传输到应用层,由应用层进行分析处理。在很多情况下,这些通信都是使用无线技术来完成的。这一层包括4个子层:接入网络子层、网关与回程网络子层、网络传输子层与物联网管理子层。

1. 接入网络子层

物联网的"最后一公里"就是接入网。物联网正以惊人的速度发展，未来可能会遇到大量应用和特殊的物联网应用场景。但无论哪种应用和场景都需要使用一种接入技术来连接设备。有些接入技术是专为物联网的场景设计的，而大多数技术都是通用的。影响使用哪种接入技术的因素主要是智能对象和信息采集设备的范围，即数据传输的距离。表14-4列出了常见的物联网接入技术的传输范围，这些技术的特性将在14.4.2节介绍。

表14-4 物联网接入技术

接入技术	传输距离	说明
NFC	小于10厘米	近场通信
蓝牙	小于10米	无线个人区域网络WPAN
ZigBee、低功耗蓝牙	小于100米	基于802.15.4
802.11a/b/g/n/ac/ax等	几百米以内	无线局域网WLAN
蜂窝网络（3G/4G/5G）	几千米	移动通信网络
LoRa	十几千米	远距离无线通信
NB-IoT	十几千米	低带宽、低速率、远程通信

物联网核心网络可使用互联网，而边缘网络则通过各种无线网络提供接入服务，这些无线网络提供被感知对象参数信息。主要的无线通信技术有：移动通信网络（即蜂窝网络，包括2G、3G、4G及5G技术），其网络覆盖较为完善，但成本高、耗电大、对不易充电的环境使用非常受限；Wi-Fi（IEEE802.11系列标准）、蓝牙（IEEE802.15.1标准）和ZigBee（IEEE802.15..4标准）等通信协议的特点是低功耗、低传输速率、短距离，一般用作个人电子产品互联、工业设备控制等领域；LoRa、NB-IoT的特点是低功耗、低传输速率、长距离，适用于智慧城市等应用场景。各种不同类型的无线接入网络适合不同的环境，可根据应用场景采用不同的技术或这些技术的组合。

要建立一个网络，设备需要与另一台设备之间建立通信连接，根据通信连接的方式不同，智能设备之间的拓扑结构（即连接方式或组网结构）主要有点到点拓扑和点到多点拓扑。

1）点到点拓扑结构

点到点拓扑是指一个节点只与另一个节点实现通信。通常是物联网设备与一台网关设备进行通信。这种结构在物联网中一般不常用。

2）点到多点拓扑结构

点到多点拓扑支持一个节点与多个不同的节点进行通信。一个或多个网关通常需要与大量物联网设备进行通信，大多数物联网技术都属于这一类。点到多点拓扑可分为星型拓扑和网状拓扑。

在很多环境中，都是由其中一台设备来从另一台设备那里收集数据。例如，在一栋大楼中，温度传感器可能会部署在这栋楼的每个房间，它们可以与中央节点（网关）进行通信，并且由中央节点将温度显示出来，同时控制这栋楼的温度。一个房间中的传感器并不需要与另一个房间的传感器进行通信。这种环境中，控制节点会部署在房间的中央位置，这就构成了一个星型拓扑，中央节点处于整个拓扑结构的中心。在这种环境中，中央节点可以承担整个网络的协调工作，负责向各个传感器建立连接并传输信号。

网状互联拓扑中的每个节点都可以与它附近多个节点进行通信，节点之间的地位是平等的，每个中间节点都可以充当它附近两个节点之间的中继设备。网状互联拓扑结构可以实现节点间直接的信息交互，或者可以扩展通信链路的范围。网状互联拓扑的一个重要特性是它的冗余性，即任何两台设备间都可能会存在多条通信路径，任何一个节点的失效都不会导致网络通信的中断，数据依然可以通过其他节点到达预期的目的地。

2. 网关与回程网络子层

物联网环境中，一个区域内会包含大量的智能对象，这些对象都围绕一台网关设备。从一台物联网设备收集到的数据可能需要转发给中心站点，由中心站点来处理这些数据。由于这类站点往往与物联网设备处于不同的物理位置，所以通过接入技术直接从传感器那里接收到的数据需要转发给另一个范围更广的网络（回程网络），并且传输到中心站点，这个工作通常由网关来负责。

一般情况下，智能对象都是在有限区域内的固定或移动设备，而网关则是固定设备。回程网络技术的选择取决于通信距离和需要转发的数据量。当物联网设备的操作是由本地站点控制时，整个环境都是稳定的情况下（如工厂内），可以使用有线的以太网作为回程技术。在不稳定或多变的环境中，无法安全地铺设线缆，这时就应该使用无线通信技术，Wi-Fi 就是最常用的技术。在多变的环境中，网状互联因为通信结构灵活，成为最常用的拓扑结构。

典型的回程网络技术如表 14-5 所示。

表 14-5　回程网络技术

技术	传输范围	说明
以太网	小于 100 米	需要给每个传感器连接线缆，适合在稳定环境中在固定位置部署传感器；通信范围不大，链路相当可靠
Wi-Fi（2.4GHz 和 5GHz）	100 米（多点）到几千米（点到点）	可以将多达 200 的客户端连接到一个 AP（无线访问点）；可用带宽高，但可能会受到其他系统的干扰；AP 需要用线缆连接
802.11ah（HaLoW、1GHz Wi-Fi）	1.5 千米（多点）到 10 千米（点到点）	可以将多达 6 000 个客户端连接到一个 AP；范围大，带宽有限，成本相对较高，不常用
蜂窝网络（如 LTE）	几千米	可以连接大量客户端；可用带宽高，不会受到环境干扰

3. 网络传输子层

在分层的通信架构中，大量物联网设备都会向网关发送数据，而网关会将数据通过另一个网络媒介（回程网络）发给一台中央节点。然而，根据环境和场景的不同，实际的实施方案往往会很灵活，会有多条通信路径。通信结构可能会包含一个对等实体到对等实体、点到点、点到多点、单播或组播通信，不同的系统可能会使用相同的通信路径。这种通信会通过多个网络媒介进行传输，如一个用来连接网关的较长距离的无线系统，另一个用于实现回程传输的无线或有线介质。

为了实现这样的通信结构，需要实施一种开放的、标准化的网络协议。在网络协议中，目前最常用的是 IP 协议。IP 是一个通用的协议，不管底层采用什么接入技术，在网络层都可以使用 IP 协议。然后，利用 IP 协议之上的传输层协议（TCP 和 UDP）来判断是由网络来控制数据包（通过 TCP），还是由应用程序来执行控制任务（通过 UDP）。用户数据报协议 UDP 是一个轻量级并且非常快速的协议，但是它不提供任何数据包传输的可靠性保障。而传输控制协议 TCP 则可提供数据包传输的可靠性和安全性保障。

4. 物联网管理子层

IP、UDP 和 TCP 都可以给物联网环境提供连通性。上层协议需要负责处理物联网设备和其他系统之间的数据传输。在一些物联网应用中采用 HTTP 协议，但 HTTP 协议是一种胖协议，比较复杂，主要用于计算机之间传输数据，并不适合在一个受限制、低内存、低带宽和高丢包率的环境中使用。一个可选的协议是 WebSocket 协议，WebSocket 是 HTML5 规范的一部分，它可以通过一条连接来建立一个简单的双向通信。有些互联网解决方案会使用 WebSocket 来管理物联网设备和外部应用之间的连接。WebSocket 经常会与其他协议结合起来使用，以解决那些物联网环境中存在的典型通信问题。

为解决 Web 协议带来的限制，IETF CoRF 工作组创建了一项新的协议：CoAP（应用受限协议）。CoAP 使用了一些与 HTTP 类似的方式，但采用了更简单的协议头部。CoAP 基于简单快速的 UDP 协议，而不是臃肿的 TCP 协议。同时 CoAP 加入了一个对物联网相当重要的特性：观察。观察可以让传感器状态的变化按照流的方式传播，而不需要接收方去查询状态的变化。

在高层使用的另一个常见的物联网协议是消息队列遥测传输（MQTT），这是为硬件性能低下的远程设备以及网络状况糟糕的情况下而设计的发布/订阅型消息协议，它需要一个消息中间件（即代理）。MQTT 使用一个基于代理的架构，传感器可以设置为 MQTT 的发布方，需要接收这类信息的应用可以设置为 MQTT 订阅方，而所有的中间系统都可以设置为代理，在发布方和订阅方之间传递信息。MQTT 使用 TCP 作为传输层协议，其客户端往往会始终让自己与代理之间的连接处于开放状态，这可能会限制它在丢包率很高或计算资源有限的环境中使用。

从架构的角度来看，需要先判断应用协议的需求。使用 TCP 作为传输层协议需要设备与端点之间维持会话，有可靠性的优势，但为了感知会话而需要消耗大量内存和处理资源。使用 UDP 协议则把控制的任务留给上层协议。同时，还需要考虑各类消息对服务质量 QoS 提出的需求，以及安全性需求。

14.3.5 应用层

应用层是物联网运行的驱动力，提供的服务是物联网建设的价值所在。感知层和网络层将收集到的信息汇总到应用层，进行统一的数据存储、分析、挖掘和应用，用于支撑跨行业、跨应用、跨系统之间的信息协同、控制、共享和互通，提升信息的综合利用能力。

应用层是物联网和用户（包括人、组织和其他系统）的接口，能够针对不同用户、不同行业的应用，提供相应的管理平台和运行平台，并与不同行业的专业知识和业务模型相结合，实现更加准确和精细的智能化信息管理。应用层应包括数据智能处理子层、应用支撑子层，以及各种具体物联网应用。数据智能处理子层是实现以数据为中心的物联网开发核心技术，包括数据汇聚、存储、查询、分析、挖掘、理解以及基于感知数据决策和行为的理论和技术。通过数据汇聚将实时与非实时物联网业务数据汇总后存放到数据库中，方便后续数据挖掘、分析、决策支持和智能处理。云计算的"云端"就在智能处理子层，主要通过数据中心来提供服务。应用支撑子层为物联网应用提供通用支撑服务和调用接口。

物联网发展的根本目标是提供丰富的基于物联网的应用。将物联网技术与行业信息化需求相结合，实现广泛智能化应用的解决方案集，关键在于行业融合、信息资源的开发利用、低成本高质量的解决方案、信息安全的保障以及有效的商业模式的开发。最上层的应用层建立不同领域中的各种应用，这些应用可分为监控型（物流监控、环境监测）、查询型（智能检索、远程抄表）、控制型（智能交通、智能家居、智慧路灯）、扫描型（手机钱包、高速公路不停车收费）等，既有行业专业应用，也有以公共平台为基础的公共应用。

实际案例 14-3 林赛公司用物联网来提高用水效率

林赛公司（Lindsay Corp）于 2014 年收购罗氏（Elecsys），它很早就开始投资物联网。此后，林赛将罗氏的远程监控和无线通信传感器与各种应用程序集成在一起，以便密切关注在恶劣和偏远环境中运行的工业设备。林赛的技术和创新副总裁 Brian Magnusson 表示，这些机器包括林赛的 Zimmatic 中心支轴式喷灌系统（pivot irrigation system），该系统可以为全国各地的农作物提供水分。

Zimmatic 系统和其他农业机械上的传感器可以为各种数据点提供中继，包括需要多少水、营养水平、土壤湿润状态和超精准划分的土地尺寸中的其他特征，另外还有林赛的 FieldNet Advisor，这是一个远程管理应用，其基础算法能够就农民应如何灌溉庄稼提供针对个人的推荐。FieldNet Advisor 还会将天气预报和其他的第三方数据考虑进来。

以前，农民手动检查土地的状态，并从其他渠道获取数据，这么做往往导致作物过度补水或补水不足。物联网系统和 FieldNet Advisor 使农民能够从收集的数据中获得更多价值并做出更准确的决策，Magnusson 如是说。

Magnusson 说："物联网设备非常重要，如果没有现场传感器传来的标定过的真实数据，分析模型的准确性就会降低。"在后端，林赛使用 Docker Enterprise 的软件（包括容器）更顺畅地在内部系统和微软的 Azure 云之间来回切换应用程序。Magnusson 表示，它是基于 API 和微服务的平台的一部分，有助于林赛快速推出应用程序更新并根据季节性需求调整计算能力。

14.4 物联网关键技术

14.4.1 感知技术

感知功能是构建物联网系统的基础，在物联网的感知层包含的关键技术有 RFID 等无线通信技术和传感器技术。

1. RFID

射频识别（Radio Frequency Identification，RFID）是一种自动识别技术，通过无线射频方式进行非接触式双向数据通信。RFID 系统包括阅读器和电子标签两部分，阅读器利用无线射频方式对记录媒体（电子标签）进行读写，从而达到识别目标和数据交换的目的。电子标签分有源标签和无源标签。有源标签自身带有电池，通信距离较远；无源标签不含电池，其电能来自阅读器发射的电磁波，把电磁波转化为自己工作的电能，其体积小、成本低，但通信距离近。

RFID 技术具有如下 6 个特性。

（1）适用性：RFID 技术依靠电磁波，可实现无接触式读写。这使得它能够无视光线及各种障碍物的影响，直接完成通信。

（2）高效性：RFID 系统的读写速度极快，一次典型的 RFID 传输过程通常不到 100 毫秒。高频段的 RFID 阅读器甚至可以同时识别、读取多个标签的内容，极大地提高了信息传输效率。

（3）独一性：每个 RFID 标签都是独一无二的，通过 RFID 标签与产品的一一对应关系，可以清楚地跟踪每一件产品的后续流通情况。

（4）简易性：RFID 标签结构简单，识别速率高、所需读取设备简单。

（5）存储容量大：条形码的容量一般为 300~3 000 个字符，而 RFID 标签的最大容量可达数兆字符。

（6）安全性、可靠性高：RFID 标签存储的是电子信息，可通过算法加密对数据进行保护。

RFID 有几个典型的工作频率，包括低频（125 kHz、133 kHz）、高频（13.56 MHz）、超高频（433 MHz、860~960 MHz）和微波（2.45 GHz、5.86 GHz）等。通信频率越高则传输距离越远，当然成本也越高。

RFID 技术在物联网中应用较早，应用范围非常广泛，包括物流、交通运输、医疗卫生、生鲜食品、智慧农业和智慧城市等领域。

2. 传感器

传感器是物联网的神经末梢，是物联网感知世界的终端模块。传感器是一种检测装置，能感受到被测量的信息，并能将感受到的信息按一定规律变换成为电信号或其他所需形式的信息输出，以满足信息的传输、处理、存储、显示、记录和控制等要求。

根据基本感知功能的不同，传感器分为热敏元件、光敏元件、气敏元件、力敏元件、磁敏元件、湿敏元件、声敏元件、放射线敏感元件、色敏元件和味敏元件十大类。传感器的存在和发展，让物体有了触觉、味觉和嗅觉等感官，让物体慢慢变得"活"了起来。

14.4.2 通信技术

物联网网络层技术根据通信距离主要可分为近距离无线通信技术和远距离无线通信技术。近距离无线通信技术主要包括 RFID、NFC、蓝牙、ZigBee、Wi-Fi 等，远距离无线通信技术包括低功耗广域网（Low-Power Wide Area Network，LPWAN）、蜂窝网络（2G/3G/4G/5G）等，LPWAN 主要有 LoRa 和 NB-IoT。

1. 蓝牙

蓝牙（Bluetooth）技术标准于 1998 年提出，作为一种小范围无线连接技术，能在设备间实现方便快捷、灵活、安全、低成本、低功耗的数据通信和语音通信，是实现无线个域网通信的主流技术之一。蓝牙采用开放的 2.4 GHz 通信频段，在 10 米以内实现 1 Mbps 的传输速率，采用 IEEE802.15.1 标准。蓝牙技术也在不断发展，新的蓝牙 5.2 技术标准在传输距离和速率上都有较大的提升。蓝牙技术具有体积小、低功率、低成本等优势，已广泛应用于各种数字设备中，特别是那些对数据传输速率要求不高的移动设备，如蓝牙耳机、蓝牙键盘、蓝牙鼠标和蓝牙音响等。

蓝牙技术规定每一对通信设备中必须一个为主设备，另一个为从设备。通信时，必须由主设备进行查找，发起配对，配对好后双方即可收发数据。理论上，一个蓝牙主设备可同时与 7 个蓝牙从设备进行配对通信。

2. ZigBee

ZigBee，也称紫蜂，是一项新型的无线通信技术，适用于传输范围近、数据传输速率低的一系列电子元器件设备之间的通信。ZigBee 底层采用 IEEE 802.15.4 标准规范的媒体访问层与物理层。

ZigBee 具有以下特点。

（1）低功耗。在低耗电待机模式下，使用普通电池可支持 1 个节点工作 6~24 个月，甚至更长，这是 ZigBee 的突出优势。而蓝牙只能工作数周、Wi-Fi 只能工作数小时。

（2）低成本。通过大幅简化协议，降低了对通信控制器的要求，而且免协议专利费。

（3）低速率。ZigBee 工作在 20~250 kbps 的速率，分别提供 250 kbps（2.4 GHz）、40 kbps（915 MHz）和 20 kbps（868 MHz）的原始速率，满足低速率传输数据的应用需求。

（4）近距离。相邻节点间的传输距离为 75 米，如果通过路由和节点间通信的接力，传输距离将可以更远。

（5）短时延。ZigBee 的响应速度较快，一般从睡眠转入工作状态只需 15 毫秒，节点连接进入网络只需 30 毫秒，进一步节省了电能。

（6）高容量。ZigBee 可采用星状和网状网络结构，由一个主节点管理若干子节点，最多一个主节点可管理 254 个子节点；同时主节点还可由上一层网络节点管理，最多可组成多达 65 535 个节点的大网。

（7）高安全。ZigBee 提供了三级安全模式，包括安全设定、使用访问控制列表（ACL）防止非法获取数据以及采用高级加密标准（AES 128）的对称密码，以确保其安全属性。

（8）免执照频段。使用开放的 ISM 频段，即 915 MHz（美国），868 MHz（欧洲），2.4 GHz（全球）。

3. NFC

近场通信（Near Field Communication，NFC）是一种短距离高频无线通信技术，电子设备之间允许进行非接触式点对点数据传输。其工作频率为 13.56 MHz，通信距离一般在 10 厘米以内，传输速率可为 106 kbps、212 kbps 或 424 kbps。

NFC 是在非接触式 RFID 技术的基础上，结合无线互联技术研发而成，它为我们日常生活中越来越普及的各种电子产品提供了一种十分安全快捷的通信方式。通过结合近场通信技术和移动通信技术，目前许多智能手机都集成了 NFC 技术，实现了电子支付、门禁、身份认证、票务、数据交换、防伪等多种功能，是移动通信领域的一种新型业务。

4. 802.11ah

802.11ah 是 802.11 协议族中面向物联网场景的一个专项协议，也称 Wi-Fi HaLow。802.11ah 协议工作在 900 MHz 频段，有效地改善了 Wi-Fi 信号易受建筑物阻挡而影响传输距离和覆盖范围的弊病，但传输速率也大大降低。其主要设计目标有：大连接（支持最高 8 191 个节点）、远距离（单个 AP 最大 1 千米的覆盖）、高可靠、低功耗和安全性好（支持 802.11 的加密标准）。但是 802.11ah 在市场化应用方面并不成功。

5. LoRa

LoRa（Long Range Radio）是低功耗广域网（LPWAN）通信技术中的一种，是美国 Semtech 公司采用和推广的一种基于扩频技术的超远距离无线传输方案。LoRa 为用户提供一种简单的能实现远距离、长电池寿命和大容量的系统。目前，LoRa 主要在全球免费频段运行，包括 433 MHz、868 MHz、915 MHz 等。LoRa 的传输距离可达几千米到十几千米，传输速率有几十 Kbps。

6. NB–IoT

窄带物联网（Narrow Band Internet of Things，NB-IoT）是 IoT 领域一个新兴的技术，支持低功耗设备在广域网的蜂窝数据连接，也属于低功耗广域网 LPWAN。NB-IoT 构建于蜂窝网络，只消耗大约 180kHz 的带宽，可直接部署于现有的移动通信网络（如 GSM 网络或 LTE 网络等），以降低部署成本、实现平滑升级。

作为一项应用于低速率业务中的技术，NB-IoT 具有以下优势。

（1）多链接。一个扇区能够支持 10 万个连接，具有支持低延时敏感度、超低的设备成本、低设备功耗和优化的网络架构。NB-IoT 足以轻松满足未来智慧家庭中大量设备联网需求。

（2）广覆盖。NB-IoT 室内覆盖能力强，比 LTE 提升了 100 倍覆盖区域能力。不仅可以满足农村这样的广覆盖需求，对于厂区、地下车库和井盖这类对深度覆盖有要求的应用同样适用。

（3）低功耗。低功耗特性是物联网应用一项重要指标，特别是一些设备不能经常更换电池的场合，如安置于高山荒野偏远地区中的各类传感监测设备，它们不可能像智能手机一样可每天充电，长达几年的电池使用寿命是最本质的需求。NB-IoT 聚焦小数据量、小速率应用，因此 NB-IoT 设备功耗可以做到非常小，电池续航时间可达几年。

（4）低成本。与 LoRa 相比，NB-IoT 无需重新建网，射频和天线基本上都是复用的。以中国移动为例，900 MHz 里面有一个比较宽的频带，只需要拿出来一部分 2G 的频段，就可以直接进行 LTE 和 NB-IoT 的同时部署。低速率、低功耗、低带宽同样给 NB-IoT 芯片以及模块带来低成本优势。

实际案例 14-4　NB-IoT 在智慧城市中的应用

NB-IoT 的出现推动了物联网的发展，也为智慧城市的建设提供了新的手段。经过半年的筹建，海口市美兰区海甸街道办智慧社区于 2018 年 9 月 11 日正式上线运行，此项目首次将 NB-IoT 技术应用于智慧城市建设，通过对水质、井盖和电动车棚等城市部件进行实时监控，将城市管理的预警、监测和监控进一步前移，全面提升所属社区的信息化水平，为基层社区治理提供创新手段。

该项目累计部署包含 54 个井盖监测终端、460 个智能烟感在内的超过 600 个物联网终端，实现了井盖监控、智能烟感、噪音监控等实时监控，并将城市部件的情况连接至街道指挥平台。城市部件侦测出异常后向街道指挥平台发送警报，并由指挥平台调度社区智能部门及时进行处置。

目前，小区对电动车管理中，大部分采用集中停放管理模式，电动车晚间充电期间意外失火容易引起火灾，给居民的生命财产安全带来巨大的隐患，一直都是社区管理中的大难题。传统有线烟感存在布线难、无法与职能部门交互的缺点，而 GSM 网的传统无线烟感因其电池使用周期短，需要频繁更换电池，存在维护成本高的缺点。基于 NB-IoT 的智慧烟感解决了上述的两个缺点，同时具备部署简单、施工维护成本低的特点，通过部署 NB-IoT 烟雾传感器能实现远程烟雾监控和报警，当网格管理员收到报警后迅速赶到现场处置，从预警到处置完毕仅用时不到 10 分钟，为及时灭火争取了宝贵的时间。

本章小结

1. 云计算的定义。云计算是一种模型，可以实现随时随地、便捷地、按需地从可配置计算资源共享池中获取所需的资源（网络、服务器、存储、应用程序及服务等），资源可以快速供给和释放，使管理的工作量和服务提供者的介入降低至最少。这种云模型由五个基本特征、三种服务模型和四种部署模型构成。

2. 云特性包括：①按需自助服务；②泛在接入；③多租户/资源池；④弹性；⑤可测量的使用。三种常见的云交付模型是：基础设施作为服务、平台作为服务和软件作为服务。常见的云部署类型有四种：公有云、社区云、私有云和混合云。

3. 对于电子商务企业来说，使用公有云服务具有以下的优势：①成本低；②可用性得到充分保障；③网络安全和物理安全；④响应延迟最小化；⑤可靠的容灾备份；⑥简单快速开发；⑦订阅式收费；⑧关注业务而不是信息技术。

4. 云计算环境中的虚拟化包括服务器虚拟化、存储虚拟化、网络虚拟化和桌面虚拟化。服务器虚拟化是云计算的基础和关键。

5. 物联网的定义。物联网是通过传感器设备按照约定的协议，把各种网络连接起来，进行信息交互和通信，以实现智能化识别、定位、跟踪、监控和管理的一种网络。2014年，物联网世界论坛架构委员会发布了一个七层物联网架构参考模型。

6. 物联网关键技术，包括感知技术和通信技术。感知技术主要有 RFID 和传感器；通信技术包括蓝牙、ZigBee、NFC、802.11ah、LoRa 和 NB-IoT 等。

课后习题

1. 什么是云计算？它和 IT 外包有什么不同？
2. 云计算涉及哪些关键技术？为什么说虚拟化是云计算的基础？
3. 电子商务企业在哪些场景中可用到云计算？
4. 简述物联网的概念。
5. 画出物联网的三层结构，并简述每层的功能。
6. 智能对象的分类方式有哪些？
7. RFID 技术有哪些特点？
8. 无线通信包括近距离和远距离通信，它们各有哪些主流通信技术？这些技术各有哪些特点？
9. 简述物联网、云计算与大数据的关系。
10. NB-IoT 的优势有哪些？

章后案例

油气勘探迎接数字化转型时代[1]

在国家连续出台扶持政策，全面推进"互联网+"，打造数字经济新优势，培育新兴产业集群的大环境下，油气行业能否抓住机遇，真正做大做强，对所有人员都是一道必答题。

考虑到全球疫情和经济形势的巨大不确定性，2020 年政府工作报告没有提出全年经济增速具体目标，但中国经济发展的具体思路十分清晰，其中加强新型基础设施建设的论述，引起广泛关注。发展新一代信息网络，拓展 5G 应用，建设数据中心，激发新消费需求、助力产业升级等，已经成为石油石化行业重点发力的领域。

自然资源部接连发布《关于矿产资源储量评审备案管理若干事项的通知》和《关于做好岩芯数字化与信息共享工作的通知》，明确提出上游勘探领域数字化提速，统一技术要求，统一管理数据信息，加快实现全国数据与信息的互通共享。

油气勘探开发，本身就具有海量数据的特点。在信息化时代之前，如何处理勘探开发过程中产生的海量信息，一直是困扰石油企业的一道大难题。得益于大数据、云计算等新兴领域的快速发展，油气勘探开发实践中的传统拦路虎，有了迎刃而解的机会。

中国石油开发的梦想云平台，堪称中国油气行业第一个形成规模的大数据平台。它以统一数据湖、统一技术平台、通用应用和标准规范体系为核心，将中国石油 60 多年的勘探与生产核心数据资产全面纳入，实现了油气勘探开发生产的跨越式迈进。

油气大数据平台的建立、完善、运营，真正实现全行业、全社会共享，是一个全新的系统工程，需要全行业甚至行业内外共同参与，共襄盛举。这不仅是一项新技术，更是一套全新的探索，基于大数据平台，油气企业的运营模式将会发生革命性的变革。

"制约油气地质大数据技术发展的最大的因素，是数据共享问题。这是横亘在油气地质大数据发展面前的一大鸿沟。"中国地质科学院研究员平英奇说。"就数字化而言，上游石油和天然气行业远远落后于其他行业。"

GlobalData 的石油和天然气分析师 RavindraPuranik 评论道："石油和天然气行业在整个价值链中每天都会生成大量数据。尽管资金充裕，它在数据管理方面却一直很差。只有当利润下降时，行业才会开始研究如何利用数据来提高运营效率。虽然现在这种情况已开始好转，但还不够。"

这种不够，直接导致了上游勘探数据的管理和分析程度低。石油行业数字化转型的主要技术，无外乎云、大、物、移、智（云计算、大数据、物联网、移动互联网、人工智能），再加上数字孪生技术。这意味着孤立的数字化，无法提供跨多种资产的跨职能洞察力。而这些资产，是在企业层面提高效率和价值所必

---

[1] 资料来源：https://baijiahao.baidu.com/s?id=1678166442160321269&wfr=spider&for=pc；有删节修改。

须的。

"2016年，我国石油报告行业进入起步阶段。大数据的含义就是将各领域的数据进行采集分析和处理，并将完全处理好的数据进行有效应用。"能源战略专家田斌说，"发展到现在，油田已基本可以实现内部的大数据共享，但是全国性共享勘探地质资料分享程度不一。"

2020年，长庆油田首个整装数字化中心站正式建成运行，采油八厂已全面建成17座中心站、110座无人值守站，实现无人值守站建设的全覆盖。冀东油田信息中心已完成钻井、录井、测井、井下、分析化验、动态监测专业库技术成果类数据的集成和需扩充的生产动态数据的梳理，编制数据同步接口12类112个，A1、A2、A5系统中的核心数据已全部入"湖"，其中结构化数据63类784万条，非结构化文档数据17类1万多个。西北油田基于分公司数据中心和石化智云平台，开展石油工程数据分析应用建设，挖掘数据价值，为工艺设计、实施及效果评价提供决策依据……

"未来的油田在需要计算数据的时候，会升到'云端'，完成高速计算，在数据需要存储时降到'湖里'，形成大数据生态系统。"冀东油田信息中心主任王者云介绍道。

国外很早就开展了数据分析与决策应用，用于提高油气勘探效率，降低勘探开发成本。

Rockwell Automation是世界上最大的工业自动化和信息解决方案提供商之一。它在全球80多个国家拥有客户，约22 500名员工。其重点业务领域之一是协助石油和天然气公司进行勘探。Hilcorp Energy是一家在阿拉斯加开采石油的公司。用于钻探、提取和精炼石油的设备非常昂贵，设备中的一个故障可能就会导致公司每天损失10万至30万美元的生产成本。为了解决这个问题，需要通过技术来远程监控这类设备的状态，并能够准确预测可能发生的故障。

Rockwell公司认识到在石油和天然气行业扩大业务的机会。从勘探现场收集数据并进行分析，以改进关键设备的预防性维护决策，从而最大限度地减少停机时间并提高性能。该公司的Connected Enterprise解决方案利用Microsoft公司的IoT平台来为放置在偏远地区的石油和天然气设备提供监控和支持。Rockwell公司目前正对石油供应链上的设备故障提供预测解决方案，实时监测其健康状况和性能，并预防其可能的故障。其提供的解决方案主要涉及下面两个领域。

1. 钻探

Hilcorp Energy在阿拉斯加有泵送设备，每天24小时钻探石油。设备的一次故障可能使Hilcorp损失惨重。Rockwell公司将泵送设备的电动变频驱动器连接到"云"端，这些设备能够被千里之外俄亥俄州的控制室所控制。传感器捕获数据，并通过Rockwell的控制网关，将这些数据传递到Microsoft Azure Cloud，Hilcorp工程师通过手中设备中的数字仪表盘软件可以访问经过分析处理的数据。这些仪表盘提供压力、温度、流量和数十个其他参数的实时信息，可帮助工程师监控设备的健康状况和性能。这些仪表盘还显示有关任何可能问题的警报。当Hilcorp的一台泵送设备发生故障时，在不到1小时内就可对其进行识别、跟踪和维修，从而节省了以前所需要的6个小时的故障跟踪时间和由此造成的大量生产损失成本。

2. 更智能的气泵

一些运输卡车使用液化天然气（LNG）作为燃料。石油公司正在更新加油站，安装液化天然气泵。Rockwell公司在这些泵上安装了传感器和变频驱动器，以收集有关设备运行、燃料库存和消耗率的实时数据。这些数据被传输到Rockwell的云平台进行处理。然后，Rockwell使用Microsoft Azure（物联网平台）

生成交互式仪表盘和报告。将结果转发给适当的利益相关方，让他们对其资本资产的健康状况有一个很好的了解。

Rockwell 的 Connected Enterprise 解决方案通过将运营数据引入云平台，并帮助他们减少成本高昂的停机时间和维护，加速了许多石油和天然气公司（如 Hilcorp Energy）的成长。这为 Rockwell Automation 等工业时代的忠实拥护者带来了新的商机。

国内油气数据资源建设紧跟国际步伐，经历了"数据库—数据银行—数据仓库—大数据中心建设"的过程，反映了石油勘探领域勘探开发数据资源管理的技术进步及数据开发利用能力提升的过程。目前，国内在技术上，从基于结构化数据表管理的数据库系统到高速分布式存储网络上的数据中心，再到具有联机事务处理和数据挖掘能力的数据仓库，最后到基于分布式存储、运算及 NoSQL 的大数据分析运算都已实现，分析应用上实现了单机数据集中管理、分布式数据管理、联机数据分析及挖掘应用和大数据"增值""有用"信息的提取能力。

思考题

1. 数据和信息对于油气勘探行业有什么价值？
2. 我国石油行业对于云服务和物联网的需要体现在什么地方？
3. 石油和天然气钻探平台可能会收集哪些类型的信息？
4. 通过在泵送设备上安装传感器，Hilcorp 公司获得了哪些商业价值？
5. Rockwell 通过传感器收集到的信息为什么要通过 Microsoft Azure 平台进行处理？

参考文献

[1] 埃弗雷姆·特班，乔恩·奥特兰德，戴维·金，等.电子商务：管理与社交网络视角［M］.占丽，孙相云，时启亮，译.北京：机械工业出版社，2020.

[2] 董永春.新零售：线上+线下+物流［M］.北京：清华大学出版社，2018.

[3] 路科，魏丽英.在线旅游发展及旅游业供应链演变研究［M］.北京：冶金工业出版社，2019.

[4] 李宏.中国在线旅游研究报告2020［R］.北京：旅游教育出版社，2021.

[5] 孙韬.跨境电商与国际物流—机遇、模式及运作［M］.北京：电子工业出版社，2020.

[6] 裴涵.农村电商运营：从策略到实战［M］.北京：电子工业出版社，2018.

[7] 李建军，罗明雄.互联网金融［M］.北京：高等教育出版社，2022.

[8] 刘永斌.互联网金融法律风险防范实务指导［M］.北京：中国法制出版社，2022.

[9] 柳荣.新物流与供应链运营管理［M］.北京：人民邮电出版社，2020.

[10] 林庆.物流3.0—"互联网+"开启智能物流新时代［M］.北京：人民邮电出版社，2020.

[11] 于文武.基于区块链技术的跨境电商商业模式优化探析［J］.国际经贸，2021（5）：159-162.

[12] 薛虹.国际电子商务法通论［M］.北京：中国法制出版社，2019.

[13] 赵旭东.中华人民共和国电子商务法释义与原理［M］.北京：中国法制出版社，2018.

[14] 温希波，邢志良，薛梅.电子商务法：法律法规与案例分析［M］.2版.北京：人民邮电出版社，2021.

[15] Y WANG, Q CHEN, D GAN, et al. Deep learning-based socio-demographic information identification from smart meter data [J]. IEEE Transactions on Smart Grid, 2018: 1-1.

[16] 吴军.智能时代：大数据与智能革命重新定义未来［M］.北京：中信出版集团股份有限公司，2016.

[17] 时炳艳.大数据将给电商发展带来哪些改变［EB/OL］.http：//www.rmlt.com.cn/2016/1230/454858.shtml，2016-12-30/2021-11-28.

[18] 詹姆士.第一次工业革命——第一辆蒸汽机车及其对交通运输业的影响［EB/OL］.https：//zhuanlan.zhihu.com/p/379136225，2021-06-09/2021-11-29.

[19] 娄岩.大数据技术应用导论［M］.沈阳：辽宁科学技术出版社，2017.

[20] 肖君.教育大数据［M］.上海：上海科学技术出版社，2021.

[21] 曾羽.大数据创造商业价值案例分析［M］.成都：电子科技大学出版社，2017.

[22] 华为区块链技术开发团队.区块链技术及应用［M］.2版.北京：清华大学出版社，2021.

[23] 李德毅.人工智能导论［M］.北京：中国科学技术出版社，2018.

［24］孙永林. 云计算技术与应用［M］. 北京：电子工业出版社，2021.

［25］高泽华，孙文生. 物联网——体系结构、协议标准与无线通信（RFID、NFC、LoRa、NB-IoT、WiFi、ZigBee 与 Bluetooth）［M］. 北京：清华大学出版社，2020.